COMMENT
NAISSENT
LES VALEURS

Du même auteur

La Créativité de l'agir, Éditions du Cerf, Paris, 1999.
George Herbert Mead : une réévaluation contemporaine de sa pensée, Economica, Paris, 2007.
Comment la personne est devenue sacrée : une nouvelle généalogie des droits de l'homme, Labor et Fides, Genève, 2016.
Les Pouvoirs du sacré : une alternative au récit du désenchantement, Seuil, Paris, 2020.
La foi comme option : possibilités d'avenir du christianisme, Éditions Salvator, Paris, 2021.

Hans Joas

COMMENT NAISSENT LES VALEURS

Avec une préface inédite de l'auteur

Traduit de l'allemand par Jean-Marc Tétaz

CALMANN
LÉVY
Liberté de l'esprit

Titre original :
DIE ENTSTEHUNG DER WERTE
Première publication : Suhrkamp Verlag Frankfurt am Main, 1997
Tous droits réservés et contrôlés par Suhrkamp Verlag Berlin

Préface inédite à l'édition française :
© Hans Joas, 2023

COUVERTURE
Maquette : olo.éditions

ISBN 978-2-7021-8848-4

« À proprement parler, il n'y a pas de certitude ;
il y a seulement des hommes certains. »

Charles Renouvier

SOMMAIRE

PRÉFACE À L'ÉDITION FRANÇAISE

C'est pour moi un grand honneur de pouvoir brièvement présenter mon livre *Comment naissent les valeurs* (all. : *Die Entstehung der Werte*) au public francophone. Qu'il s'agisse ici d'un livre relativement ancien, écrit il y a plus d'un quart de siècle, me réjouit tout particulièrement. J'ai rédigé le livre aux États-Unis, dans le cadre de mon séjour comme professeur invité à l'University of Wisconsin à Madison en automne 1996 et de mon invitation dans le cadre de la chaire Theodor Heuss à la New School for Social Research à New York, dont j'ai été titulaire durant le premier semestre 1997. Je me souviens avec gratitude des discussions sur le livre en cours de rédaction avec mes collègues et étudiants, tout spécialement avec Charles Camic à Madison et avec Richard Bernstein à New York. Qu'un livre trouve de nouveaux lecteurs plusieurs décennies plus tard a quelque chose de très consolant, cela d'autant plus qu'il paraît presque simultanément en italien, en espagnol et français. À l'image de ce qui a été le cas pour mon livre sur George Herbert Mead, qui fut publié en français en 2007, c'est-à-dire vingt-sept ans après l'original allemand, je ne peux qu'espérer que le présent ouvrage soit lui aussi salué dans une recension par l'exclamation : « Mieux vaut tard que jamais[1] ! »

---

1. Jérôme Truc, « Recension de : Hans Joas, George Herbert Mead. Une réévaluation de sa pensée. Paris, 2007 », in : *Réseaux* 153 (2009), p. 191-194, ici p. 191.

Le livre que le lecteur tient entre les mains représente un tournant dans mon développement intellectuel. Il clôt la série de livres qui se réfèrent de façon centrale au pragmatisme américain ; outre la monographie sur Mead, on trouve aussi en français la traduction de mon essai ambitieux pour développer une théorie de l'action à partir du pragmatisme[1]. Sans que je m'en sois douté à l'époque, je constate rétrospectivement que ce livre ne marque pas simplement un achèvement, mais aussi et surtout le commencement d'une nouvelle phase de mon travail et le point de départ de vastes enquêtes sur l'histoire de la morale – de ce qu'on appelle « la période axiale » du Ier millénaire avant l'ère chrétienne et de la genèse de l'universalisme moral jusqu'à l'histoire des droits de l'homme depuis les Révolutions américaine et française. Ces recherches sont encore en cours. De ces travaux ont été traduits en français jusqu'à présent une étude sur l'histoire des droits de l'homme[2] ainsi qu'un essai d'ample dimension exposant les faiblesses du récit historique de Max Weber et proposant une conception alternative à la thèse d'un processus progressif de désenchantement universel[3].

La distance temporelle me permet de mesurer les possibles lacunes du livre. L'argumentation de *Comment naissent les valeurs* se déroule sur deux plans. On y trouve d'une part une phénoménologie du type d'expériences que je caractérise comme des expériences d'auto-transcendance : de la prière à l'amour, de l'ébranlement par l'autre dans la pitié à la fusion avec la nature. Je voulais d'autre part reconstruire une discussion philosophique

---

1. Hans Joas, *La Créativité de l'agir*, Paris, 1999.
2. Hans Joas, *Comment la personne est devenue sacrée. Une nouvelle généalogie des droits de l'homme*, Genève, 2016.
3. Hans Joas, *Les Pouvoirs du sacré. Une alternative au récit du désenchantement*, Paris, 2020.

dans laquelle la question de la genèse des valeurs était posée et recevait des réponses très variées. Dans les pages qui suivent, j'affirme que cette discussion prend son départ avec les réflexions de Friedrich Nietzsche et de William James dans les années quatre-vingt et quatre-vingt-dix du XIXe siècle et se poursuit jusque dans les années 1930. À notre époque, c'est surtout Charles Taylor qui a remis cette thématique à l'honneur.

Rétrospectivement, je ne me démarque aucunement des idées que je défendais alors, mais je constate certaines lacunes. En ce qui concerne la phénoménologie des expériences j'aurais dû souligner plus clairement de quelle façon les expériences « négatives », comme la peur existentielle ou la violence, se distinguent des expériences « positives » dans lesquelles nous développons, plein d'enthousiasme, un lien à des valeurs ou des personnes. Je me suis exprimé sur ces questions dans des écrits ultérieurs ; dans mon premier livre sur la sociologie de la guerre, j'ai abordé en particulier les questions de la violence ; dans un ouvrage ultérieur, j'ai traité des expériences de la peur (en lien avec le théologien protestant Paul Tillich[1]). En ce qui concerne le second plan, c'est-à-dire la discussion philosophique, c'est seulement plus tard que j'ai pris conscience que j'aurais absolument dû prendre en compte deux autres penseurs, qui font incontestablement partie de la discussion que je reconstruis : Josiah Royce et Ernst Troeltsch. À l'époque, je connaissais déjà quelques écrits de l'un et de l'autre, mais pas leurs livres essentiels dans ce contexte. Il s'agit en particulier de *The Problem of Christianity*,

---

1. Hans Joas, *Kriege und Werte. Studien zur Gewaltgeschichte des 20. Jahrhunderts*, Weilerswist, 2000 (traduction anglaise : *War and Modernity*, Oxford, 2003) ; id., *Braucht der Mensch Religion ? Über Erfahrungen der Selbsttranszendenz*, Fribourg-en-Brisgau, 2004 (traduction anglaise : *Do We Need Religion ? On Experiences of Self-Transcendence*, Boulder 2008).

de Josiah Royce, paru en 1913, un livre qui opère une transformation sémiotique de la psychologie de la religion de William James, et de la combinaison de la psychologie de la religion, de l'histoire de la religion et de la sociologie de la religion mise en œuvre par Troeltsch depuis sa conférence de St Louis en 1904[1]. J'ai depuis lors traité longuement de ces deux penseurs dans mes publications[2].

Il convient encore de mentionner que j'aurais pu aborder plus en détail le développement de ces questions dans la sociologie de l'après-guerre. À la fin de l'introduction du présent ouvrage, j'ai certes mentionné Alain Touraine, Shmuel Eisenstadt et Amitai Etzioni comme contributeurs importants à cette discussion ; mais je vois aujourd'hui plus clairement que j'aurais dû mentionner davantage et mieux caractériser les apports de Robert Bellah et de Philip Selznick[3]. Au moins la pensée de Paul Ricœur joue-t-elle un rôle décisif dans le chapitre conclusif. D'autres contributeurs français à une sociologie des valeurs, comme Raymond Boudon et Nathalie Heinich, ne sont pas mentionnés pour la simple raison que leurs travaux sur cette question sont parus après la publication originale de ce livre. Une traduction tardive a l'inconvénient de ne permettre d'intégrer ni les travaux ultérieurs des auteurs abordés ni les propres travaux de l'auteur.

---

1. Josiah Royce, *The Problem of Christianity* (1913), Washington, DC, 2001 ; Ernst Troeltsch, *Psychologie und Erkenntnistheorie* (1905), in : id., *Schriften zur Religionswissenschaft und Ethik (1903-1912)*, éd. par Trutz Rendtorff en collaboration avec Katja Thörner (= *Kritische Gesamtausgabe*, vol 6.1), Berlin/Boston, p. 215-256.

2. Par ex. à propos de Royce : Hans Joas, *Les Pouvoirs du sacré* (*op. cit.*), p. 60-75 ; sur Troeltsch, *ibid.*, p. 113-136, ainsi que, id., *Comment la personne est devenue sacrée* (*op. cit.*), p. 155-210 (« Ni Kant ni Nietzsche »).

3. Sur ces auteurs, de façon plus détaillée, cf. maintenant Hans Joas/Wolfgang Knöbl, *Social Theory. Twenty Introductory Lectures*, Cambridge, 2009.

Au moins a-t-on supprimé dans la traduction les allusions devenues obsolètes.

Je n'aimerais pas conclure cette brève préface sans remercier Jean-Marc Tétaz, qui est lui-même un théologien protestant de haut niveau, d'avoir pris l'initiative de traduire ce livre. Comme dans ses traductions antérieures, il a réalisé un travail remarquable. Au cours des années que dure notre collaboration, il est devenu pour moi un partenaire de discussion important. Il me reste à souhaiter que ce livre soit compris comme une contribution à un échange intellectuel qui, en France et dans le monde francophone aussi, confronte les uns aux autres les esprits séculiers et religieux, mais contribue aussi à les mettre en relation.

Hans Joas, 2023

PRÉFACE
DE L'ÉDITION ORIGINALE ALLEMANDE

Ce livre, qu'à vrai dire je n'avais pas prévu, trouve son origine dans deux types de questions qu'on m'a fréquemment adressées ces dernières années. Le premier type provenait des controverses entre le libéralisme et le communautarisme, le second des discussions sur le livre consacré à la théorie de l'agir que j'ai publié en 1992 et dont la traduction française a paru en 1999.

Dans les débats autour du communautarisme, on constate rapidement que tous les efforts pour protéger ou revivifier les attachements aux valeurs obligent à tirer au clair une autre question : comment naissent ces attachements aux valeurs ? Cette question n'a toutefois pas trouvé de réponse adéquate, ni dans les contributions de philosophie morale ni dans les travaux de science politique ou dans les diagnostics sociologiques. On élude du coup une question fondamentale tant pour la transmission que pour l'apprentissage des valeurs. C'est d'autant plus regrettable qu'une clarification de cette question promet aussi de proposer une forme de médiation entre les partisans du « libéralisme » et du « communautarisme ».

Bien qu'elles proviennent d'un autre horizon, certaines discussions autour de mon livre *La Créativité de l'agir* (Paris, Cerf, 1999) allaient dans la même direction.

À moult reprises, on s'est interrogé sur la dimension normative de la théorie de l'agir que j'ai proposée. Cette question a parfois pris la forme d'un procès d'intention lorsqu'on en vint à insinuer que j'aurais fait de la créativité la valeur suprême, que ce soit pour m'en féliciter ou pour me le reprocher. Les deux réactions reposent sur une méprise identique qu'auraient pu éviter tant certains énoncés univoques contenus dans le livre que l'épigraphe avec sa référence à la critique et à l'autocritique. Mais il ne suffit pas de récuser une méprise pour répondre de façon satisfaisante à la question posée. Un critique a relevé à juste titre qu'une théorie de la créativité restait trop étroite tant qu'elle traitait seulement de la production de nouvelles solutions sans aborder aussi celle des nouveaux critères d'évaluation. Dans ce contexte aussi, on ne saurait donc éviter la question : que signifie la réorientation de notre compréhension de l'agir que je propose – à la suite du pragmatisme – pour notre conception des normes et des valeurs ? Et en particulier : comment émergent les normes et les valeurs ?

C'est une suggestion d'Amitai Etzioni qui m'a incité à mettre en forme mes réflexions sur cette question. J'en profite pour témoigner ici de ma reconnaissance envers un groupe de sociologues et de philosophes nord-américains dont les travaux ont été pour moi depuis mes années d'études un modèle et un stimulant et dont certains m'ont aidé personnellement de moult façons par leurs encouragements et leur soutien. Il s'agit – par ordre alphabétique – de Robert Bellah, Richard Bernstein, Amitai Etzioni, Donald Levine, Philip Selznick, Charles Taylor et Edward Tiryakian. Sans eux, mes livres seraient inconcevables.

Mes remerciements s'adressent aussi à ceux qui se sont donné la peine de lire tout ou partie de la première version du manuscrit et m'ont donné des indications précieuses pour l'améliorer. De mes amis, il faut citer ici en premier lieu Axel Honneth et Peter Wagner. Je dois d'importantes indications à Christoph Menke pour le chapitre sur Nietzsche, à Donald Levine pour celui sur Simmel, à Gunnar Schmidt pour celui sur Dewey et à Hartmut Rosa pour celui sur Taylor. Dieter Rucht a fait des propositions perspicaces pour certaines sections. La critique détaillée que Robert Westbrook a faite d'une première version du chapitre sur Dewey a conduit à une transformation complète de ce chapitre. Je suis également très reconnaissant pour les excellentes propositions et objections de mes collaborateurs Jens Beckert, Berit Bretthauer et Wolfgang Knöbl. Matthias Schloßberger m'a aidé pour la rédaction des notes et des index et m'a aussi suggéré d'importants compléments. Je remercie Karin Goihl d'avoir comme toujours effectué avec rapidité les importants travaux de dactylographie, sans jamais perdre son humour et sa bonne humeur.

Mon lecteur Friedhelm Herborth a accompagné avec son soin habituel la publication de ce livre aussi ; je lui dois une reconnaissance particulière pour, au bon moment, m'avoir empêché par ses conseils et sa détermination de surcharger ce livre théorique d'une partie empirique.

Ma femme, Heidrun, a soutenu de ses encouragements la rédaction de ce livre plus encore que les précédents. J'aimerais l'en remercier, elle qui incarne pour moi tant de valeurs, en lui dédiant ce livre.

Hans Joas, 1997

CHAPITRE 1

LA PROBLÉMATIQUE

Ce livre pose une question claire : comment les valeurs et les attachements aux valeurs émergent-ils ? Et il essaie de donner une réponse claire à cette question : les valeurs émergent dans les expériences de la formation du soi et de l'auto-transcendance.

Le sens exact de cette réponse, et même de la question, ainsi que son urgence, ne sont peut-être pas d'emblée évidents. Les concepts utilisés dans la formulation de la question et de la réponse ne sont fixés de façon univoque ni dans la philosophie et les sciences sociales, ni dans la discussion plus largement publique ; ils sont au contraire difficiles à définir et font souvent l'objet de controverses. On pourrait ainsi se demander ce qu'est à proprement parler une valeur, et s'interroger sur la relation entre valeurs et attachements aux valeurs. Le concept de valeur est-il aujourd'hui encore un concept philosophiquement acceptable ? Ne faudrait-il pas plutôt considérer que la discussion publique des valeurs est irrémédiablement vieux jeu et reste en retard par rapport à l'état de la conscience philosophique contemporaine ? Le concept de valeur peut-il rester l'un des concepts clés des sciences sociales dès lors que l'on a pris conscience des difficultés que l'on rencontre à l'opérationnaliser pour l'utiliser dans la recherche empirique ? Ne serait-il pas préférable de le remplacer par d'autres concepts correspondant mieux aux démarches des différentes orientations suivies par la recherche, par exemple par des termes comme « attitude », « pratiques » ou « culture » ? Quelle est en fait la relation entre « valeurs » et « normes », deux catégories qui sont souvent utilisées comme si elles étaient interchangeables ?

Ces questions suggèrent que mon interrogation de départ implique peut-être divers postulats implicites, qui pourraient être problématiques, ou qu'elle n'est, par hypothèse, pas aussi urgente que je le présuppose. Mais la situation est encore beaucoup plus désagréable en ce qui concerne ma réponse. Le concept de « soi » qu'implique ma façon de parler de formation du soi et d'auto-transcendance fait sans conteste partie du vocabulaire des sciences sociales empiriques depuis qu'il a été introduit, à la fin du XIXe siècle, par des penseurs américains comme William James, Charles Horton Cooley et George Herbert Mead. Pour ma part, je considère – et ce livre le montrera clairement – que la conception de la personnalité humaine et de son développement dénotée par ce terme représente effectivement l'une des grandes découvertes dans l'histoire des sciences sociales et constitue un progrès théorique incontestable. Cela n'empêche pas que l'on ne saurait prétendre que ce concept soit totalement incontesté et que toutes les écoles de pensée soient aujourd'hui conscientes des implications logiques ou des conséquences empiriques de cette conception. On ne saurait certes contester que la formation du soi est reconnue de toutes parts comme un objet sérieux de la psychologie sociale et de la théorie de l'éducation – en sociologie, on parle la plupart du temps de recherches sur la socialisation ; mais il ne fait guère de doute que l'autre terme que j'utilise, « auto-transcendance », suscite surtout du scepticisme chez les esprits séculiers héritiers des Lumières parce qu'il sonne comme un terme religieux, mystique, voire ésotérique, dès qu'il doit signifier davantage qu'un simple altruisme et que la disposition morale à faire passer, au moins occasionnellement, des buts collectifs réputés « supérieurs » avant ses intérêts individuels privés.

Dans les situations intellectuelles où le sens des concepts clés pour l'auto-compréhension culturelle est controversé ou instable, les études empiriques ne suffisent pas à l'affaire ; le travail herméneutique est lui aussi requis. Même si notre but est de parvenir à des explications aux contours clairs, nous ne pouvons pas présupposer que les concepts utilisés dans l'explication seraient compris partout comme nous le proposons. Dans cette situation de concurrence, nous sommes par conséquent contraints de passer d'un bâtiment conceptuel à l'autre, de chercher à comprendre chacun d'eux et de les rendre perméables l'un à l'autre. Nous allons prêter attention à d'anciennes réponses en nous remémorant le genre de questions auquel ces réponses furent jadis données et revenir à ces anciennes solutions à la lumière de nouveaux problèmes. Dans les développements qui suivent, c'est donc très consciemment que les tentatives de clarification des concepts vont main dans la main avec des interprétations de textes philosophiques et sociologiques et avec des efforts pour caractériser empiriquement la situation culturelle dans laquelle se trouvent certaines importantes sociétés occidentales.

La question de la genèse des valeurs est un problème qui requiert d'urgence une clarification. Cela vaut aussi bien pour la discussion publique que pour le travail théorique universitaire des spécialistes. Dans toutes les sociétés occidentales, on assiste aujourd'hui à de larges débats sur le changement et la perte des valeurs, sur les chances et les dangers de ces processus, sur la nécessité de rendre leur vitalité aux valeurs anciennes ou sur la recherche de nouvelles valeurs. La recherche empirique en sciences sociales ne permet guère de douter que, durant ces dernières décennies, des valeurs que l'on appelle

« post-matérialistes » ont continué à se répandre dans les sociétés occidentales hautement développées. Une mentalité centrée sur le travail, l'épargne et l'acquisition de sa propre maison a été remplacée toujours davantage, au moins dans les jeunes générations, par des orientations axiologiques non instrumentales, qui déclarent souhaitables des choses comme la créativité esthétique, la réalisation de soi individuelle et la protection de la nature contre l'agression que lui fait subir l'être humain. Ce qui a été analysé avec les moyens de la recherche sociale quantitative surtout par Ronald Inglehart et ses élèves[1] est confirmé par des enquêtes de style plutôt qualitatif. Une enquête a adopté une démarche originale : elle s'est intéressée aux enfants des personnes qui avaient été interrogées dans les années 1950 pour fournir la base d'une étude classique sur la psychè de l'« Organization Man », c'est-à-dire de l'employé des grandes organisations[2]. Si l'on en croit les résultats de cette enquête, la différence entre les deux générations au sein d'une même famille est spectaculaire. Les pères se sont concentrés exclusivement sur la vie professionnelle et ont relégué toutes les impulsions non instrumentales dans leur vie privée, où la vie devait toutefois se dérouler elle aussi dans le cadre étroit du conformisme social avec les voisins ; les fils (et les filles) essaient pour leur part de trouver un style de vie hautement individuel qui les contraigne à tirer une frontière moins rigoureuse entre le travail et les loisirs. Ils désirent exercer une activité professionnelle qui laisse place à une réalisation de soi individuelle et créative dans

---

1. Cf. Ronald Inglehart, *The Silent Revolution. Changing Values and Political Styles among Western Publics*, Princeton, 1977 ; id., *La Transition culturelle dans les sociétés industrielles avancées*, Paris, Economica, 1993.

2. Paul Leinberger et Bruce Tucker, *The New Individualists. The Generation after the Organization Man*, New York, 1991 ; William H. Whyte Jr., *The Organization Man*, New York, 1956.

le travail lui-même comme dans le profil de leur existence tout entière.

Il va de soi que ces résultats ne constituent pas encore une véritable explication du changement des valeurs. Beaucoup d'explications se contentent de mettre en relation la prospérité économique et le changement des valeurs. Mais ce lien trop simple se heurte à des objections sérieuses[1]. Il n'est nullement vrai que partout et toujours les orientations axiologiques de types matérialiste et instrumental aient dominé dans les époques de pénurie matérielle. De même le triomphe des valeurs post-matérialistes n'exclut-il pas que se produise un rapide retour à des valeurs matérialistes lors de périodes qui verraient menacée la satisfaction des besoins matériels. La thèse du changement des valeurs se rapporte à un phénomène d'agrégation ; on ne sait pas de façon claire si un individu accorde vraiment la préférence à des valeurs post-matérialistes ou s'il considère simplement que la satisfaction de ses besoins matériels est suffisamment assurée par ailleurs. Quoi qu'il en soit, ce changement des valeurs présuppose à l'arrière-fond une stabilité économique et juridique. Sans emploi et sans chance de participation démocratique, il est sans doute plus difficile et plus rare d'opter pour une orientation post-matérialiste.

Mais les causes de ce changement des valeurs ne sont pas les seules à ne pas être complètement tirées au clair ; il en va de même de ses conséquences. Selon le point de vue axiologique à partir duquel on les évalue, les conséquences d'une orientation post-matérialiste, par exemple pour le comportement sur le marché du travail ou dans le champ politique, seront jugées de façon

---

1. Cf. par exemple Helmut Thome, *Wertewandel in der Politik ? Eine Auseinandersetzung mit Ingleharts Thesen zum Postmaterialismus*, Berlin, 1985 ; cf. aussi Hans Joas, *La Créativité de l'agir*, Paris, Cerf, 1999, p. 265 ss.

différente. Les jugements sont plus univoques là où il n'est pas question de changement des valeurs, mais de perte des valeurs. Depuis que le sociologue français Émile Durkheim a développé son concept d'« anomie », à la fin du XIXe siècle, on distingue dans les sciences sociales – certainement à juste titre – le changement des valeurs d'un affaiblissement de leur pouvoir de cohésion, voire de leur perte pure et simple. Tandis que les interprétations d'un changement des valeurs peuvent prendre des formes diverses, optimistes ou pessimistes, une perte des valeurs ne peut guère être perçue autrement que comme un phénomène de crise. C'est d'ailleurs pour l'explication de phénomènes jugés généralement de façon négative que l'on recourt effectivement à la thèse de la perte des valeurs, que ce soit dans la discussion publique ou dans les sciences sociales. En font partie des phénomènes comme la désintégration des liens familiaux, l'abandon ou la détérioration des espaces publics, les problèmes d'addiction et en particulier les actes de violence semble-t-il sans motif et faisant exploser toute forme de rationalité téléologique, en particulier lorsqu'ils sont le fait de jeunes. Dans ces cas, les travaux de sciences sociales suggèrent souvent d'admettre comme explication que certains processus sociétaux ont un effet destructeur sur les valeurs. Mais on a affaire à de vives controverses dès qu'il s'agit d'identifier ces processus ; les uns mettent en évidence les effets négatifs de l'économie de marché et du capitalisme, tandis que d'autres renvoient à l'éducation permissive, à la perte des modèles et du courage nécessaire pour exiger de la discipline[1].

Les diagnostics formulés par les sciences sociales sont donc souvent lourds de conséquences et font l'objet

---

1. Plus précisément sur ces questions Hans Joas, « Handlungstheorie und Gewaltdynamik », in : Wolfgang Vogt (dir.), *Gewalt und Konfliktbearbeitung*, Baden-Baden, 1997, p. 67-74.

d'intenses discussions publiques. La sphère publique est assoiffée de ce genre de thèses et accueille avec avidité les analyses du changement des valeurs et de la perte de valeurs que lui offrent les sciences sociales.

Mais dès qu'il s'agit de savoir quel comportement adopter face aux conséquences de ces phénomènes, le public a la plupart du temps l'impression d'être abandonné à lui-même par la science. Si l'éthos de la neutralité axiologique dans les sciences signifie que les sciences ne peuvent que poser des diagnostics, et non proposer des thérapies, cette déception est inévitable. L'abstinence axiologique des sciences – et souvent aussi de la philosophie – ouvre alors l'espace – ou le créneau – à des synthèses superficielles, voire à un traitement purement stratégique de la requête insatisfaite du public. Avec des titres comme *Der Ehrliche ist der Dumme,* le *Petit Traité des grandes vertus* ou *Values Matter Most*[1], des livres rédigés par des journalistes ou des écrivains et consacrés au thème des « valeurs » ont paru dans les plus importantes sociétés occidentales et ont connu de grands succès. Pendant longtemps, c'étaient surtout des forces conservatrices qui, dans le débat politique, réclamaient un retour aux « family values » (Dan Quayle), un « tournant spirituel et moral » (Helmuth Kohl) ou un « back to basics » (John Major). Tout au moins dans la rhétorique politique, les « valeurs » jouent en ce moment un rôle essentiel – ne serait-ce que pour dénier à l'adversaire toute qualité morale et pour souligner à quel point sa propre conduite des affaires est digne de confiance. Les dénonciations de scandales, réels ou prétendus, se

---

1. Ulrich Wickert, *Der Ehrliche ist der Dumme. Über den Verlust der Werte*, Hamburg, 1994 ; Ben Wattenberg, *Values Matter Most : How Republicans or Democrats or a Third Party Can Win and Renew the American Way of Life*, New York, 1995 ; André Comte-Sponville, *Petit Traité des grandes vertus*, Paris, 1995.

succèdent à un rythme toujours plus rapide, remplaçant les débats de fond sur les programmes politiques, mais aussi sur les questions de valeurs. Ce genre d'attitude peut provoquer dans l'électorat une forme de cynisme face à « la classe politique » dans son ensemble et produire une forme de désaffection à l'égard de la politique qui prend les traits d'une désaffection à l'égard des politiciens. Durant les deux ou trois décennies qui se sont écoulées depuis les grands mouvements sociaux des années 1960, on pouvait avoir l'impression que les débats sur les valeurs étaient le domaine des conservateurs. Aux États-Unis, le débat sur le communautarisme a changé la donne en profondeur[1]. Dans cette discussion, des intellectuels influents ont fait valoir qu'il était nécessaire de défendre ou de revivifier les valeurs ancrées dans la communauté contre la progression de l'individualisme sous toutes ses formes : orientation utilitaire, fixation sur les droits et focalisation sur la réalisation de soi esthétique ; des valeurs « communautariennes » peuvent en effet être le présupposé requis pour atteindre des buts politiques tels que la protection et le développement de l'État-providence, que l'on considère usuellement plutôt comme des projets « de gauche ». Dans toute une série de champs politiques, on a par conséquent essayé d'éviter l'opposition entre la droite et la gauche ou de combattre les polarisations traditionnelles, sans toutefois aller jusqu'à déclarer obsolète le schéma gauche-droite. Dans ces débats, on a porté un jugement ambivalent sur l'héritage des années 1960 en ce qui concerne tant l'accélération de la démocratisation que le renforcement des tendances hédonistes et individualistes. L'influence de cette discussion américaine sur la politique européenne

---

1. Amitai Etzioni (dir.), *New Communitarian Thinking. Persons, Virtues, Institutions, and Communities*, Charlottesville, University of Virginia Press, 1995.

dans les différents camps politiques est plus ou moins grande selon les pays.

Même si le nombre de ceux qui prennent au sérieux et approuvent une politique des valeurs va augmentant, une question reste sans la moindre réponse dans le débat public : comment est censé se former un attachement plus fort à des valeurs (anciennes ou nouvelles) ? Comment se forme en général un attachement aux valeurs ? Il existe un large consensus négatif : les valeurs ne peuvent pas être produites rationnellement ; elles ne peuvent pas davantage être diffusées par endoctrinement. Ulrich Wickert le sait : « Les valeurs ne peuvent être ni volées, ni transmises, ni créditées. Le sens de la vie et l'engagement pour la communauté ne peuvent être simplement objets de prescription[1]. » Il est manifeste que les attachements axiologiques ne sont pas le produit d'intentions conscientes ; et pourtant, nous n'éprouvons pas le « je ne peux pas faire autrement » résultant d'un fort attachement axiologique comme une limitation de notre liberté, mais comme son expression la plus forte[2]. Sans vouloir fournir un recueil de conseils efficaces à l'intention des politiciens ou des éducateurs, ce livre aimerait contribuer à tirer au clair justement cette question : de quelles expériences résulte ce sentiment apparemment paradoxal d'un attachement aux valeurs qui ne fait pas l'objet d'un choix tout en étant vécu comme le produit d'une volonté libre ?

Lorsqu'on introduit cette question dans une discussion, on se heurte régulièrement à trois types d'objections. Sans pouvoir d'entrée de jeu rendre totalement justice à ces objections, il n'en faut pas moins les aborder brièvement, ne serait-ce que pour préciser la problématique. Il y a d'abord des perspectives dans lesquelles un

---

1. Wickert, *Der Ehrliche ist der Dumme*, p. 40.
2. Excellent sur cette question : Harry Frankfurt, « The Importance of What We Care About », in *Synthese* 53 (1982), p. 257-282.

débat sur les valeurs et sur la formation des attachements axiologiques semble superfétatoire parce qu'on y attribue à l'agir humain et à son orientation axiologique une influence somme toute négligeable sur le cours des processus sociaux et historiques. C'est le cas entre autres des approches matérialistes radicales, mais aussi des théories fonctionnalistes extrêmes. Si je vois bien, on ne défend presque nulle part aujourd'hui un matérialisme radical. Même dans les cercles influencés par le marxisme, on est assez largement disposé à reconnaître à l'information culturelle de l'agir humain et des institutions une autonomie au moins partielle. D'un point de vue sociologique, il me paraît clair que moins on est convaincu que les attitudes politiques ou les mouvements sociaux résultent presque automatiquement des intérêts et des ressources matérielles, plus la discussion sur les valeurs doit gagner en intensité. Si nous examinons les mouvements écologiques ou les vagues de réveil religieux, nous observons certes qu'ils ne se déroulent pas dans un espace qui serait totalement libre d'intérêts et indépendant de toutes ressources économiques. Mais il n'est nullement acquis pour autant que nous ne puissions leur reconnaître un caractère d'orientation axiologique qu'au sens où certains mouvements, après avoir pris de l'ampleur, se révèlent capables de développer une alternative axiologique fondamentale. Il est au contraire possible qu'un changement radical de l'orientation axiologique soit une dimension *constitutive* de ces mouvements. Certes, ce genre de changements de l'orientation axiologique n'apparaissent pas simplement par hasard. Pour leur apparition, ou au moins pour leur propagation, on peut souvent identifier les conditions socio-structurelles qui incitent à rechercher une autre interprétation des principes justifiant la validité d'une hiérarchie de statuts. Mais la question posée par la disponibilité de valeurs alternatives, par l'affinité de certains systèmes de croyances avec le changement socio-structurel et par les conditions de l'innovation « idéologique » renvoie au caractère irréductible de la dimension culturelle, même dans ce genre de diagnostics influencés par le matérialisme[1].

L'autre variante d'une analyse qui ignore délibérément les orientations axiologiques ou qui en réduit l'importance se rencontre dans le fonctionnalisme extrême défendu avant tout par Niklas Luhmann. Dans cette perspective, il existe certes des « codes » et des « subsystèmes » culturels, mais seulement au sens de principes fonctionnels porteurs d'un sens propre dans le droit, la science, l'art, l'éducation, la religion, la politique ou l'économie. Luhmann enterre avec un sourire attendri l'idée que les valeurs culturelles offriraient la chance de prendre de la distance avec les principes fonctionnels des différents subsystèmes et de représenter le tout de la société, une idée pourtant défendue encore par ses prédécesseurs dans la tradition fonctionnaliste. Il défend de façon si décidée la différenciation fonctionnelle comme principe de l'organisation sociétale et de l'évolution historique que tout argument qui attesterait à ce principe une portée seulement limitée apparaît comme une forme de nostalgie. Ce n'est pas ici le lieu pour réfuter en détail cette approbation sans reste de la modernité comprise comme différenciation fonctionnelle. Il suffira d'indiquer que la thèse fondamentale de la différenciation fonctionnelle et du caractère systémique des domaines sociétaux n'est nullement introduite avec des arguments empiriques ni d'une manière qui, d'une façon ou d'une autre, l'ouvrirait à la dimension empirique ; elle constitue au contraire une position a priori. Mais de sérieuses objections doivent être soulevées contre cette position a priori, ainsi que

---

1. L'approche la plus différenciée de ces questions se trouve maintenant chez David Lockwood, *Solidarity and Schism. The Problem of Disorder in Durkheimian and Marxist Sociology*, Oxford, 1992.

contre la logique de l'argumentation et de l'explication fonctionnelles en général[1].

Le deuxième type d'objections sceptiques contre toute discussion sur les valeurs provient d'une tout autre perspective. Le soupçon de certains critiques libéraux et postmodernes est que toute discussion sur les valeurs représente une tentative d'octroyer aux autres certaines valeurs. En particulier dans le cadre de l'ordre social actuel, avec son extrême différenciation culturelle, son pluralisme accompagné souvent d'un multiculturalisme croissant, une tentative pour réduire les différences en recourant au discours sur les valeurs ne serait pas simplement condamnée à l'échec, elle serait même dangereuse. Loin d'atteindre sans résistance leur but, les efforts pour rendre obligatoire un système de valeurs déterminé provoqueraient bien plutôt des mouvements en sens contraire. Si les différents milieux et subcultures d'une société insistaient chacun sur leurs propres valeurs, cela conduirait tendanciellement à une « balkanisation » parfois violente des conflits politiques intérieurs. Il conviendrait donc de préférer à ces discussions, plaident les libéraux, l'orientation de tous sur des procédures axiologiquement neutres permettant la coopération et la communication pacifiques ; ou alors, si l'on suit les postmodernes, d'opter pour un éthos du respect de la différence et de la tolérance générale. Mais tant le débat déjà évoqué sur le communautarisme que celui sur les implications éthiques de la « postmodernité[2] » ont mis clairement en évidence qu'une simple polarisation entre les tenants et les adversaires d'une discussion sur les valeurs ne rendait pas justice à l'affaire en jeu. Les libéraux doivent accepter

---

1. Pour plus de détails, cf. Hans Joas, *La Créativité de l'agir*, Paris, Cerf, 1999, p. 221 ss.

2. Cf. Judith Squires (dir.), *Principled Positions. Postmodernism and the Rediscovery of Values*, Londres, 1993.

qu'on leur demande s'il n'est pas au moins nécessaire que la valeur des procédures axiologiquement neutres qu'ils favorisent fasse l'objet d'un consensus et soit intériorisée à titre de valeur ; et les postmodernes ne peuvent éviter de défendre la tolérance et le respect pour l'autre comme des contenus axiologiques qui ne sauraient être à leur tour relativisés. Cela ne signifie naturellement pas que les doutes sur le sens de la discussion sur les valeurs que nourrissent les libéraux et les postmodernes doivent être déclarés caducs à la légère. On se contentera provisoirement de retenir ici que le scepticisme ne suffit pas pour occulter la question traitée dans ces pages. Dans le chapitre conclusif de ce livre, j'indiquerai un possible chemin pour penser ensemble « le Bien » et « le Juste » sans succomber à ces objections sceptiques.

Au point où nous en sommes, il faut encore commenter une troisième objection, et même la réfuter. Cette objection vise à contester toute signification à la discussion sur les valeurs à une époque de complète incertitude sur ces dernières. Pour l'affirmation selon laquelle nous vivons dans une époque de ce genre, c'est la thèse postmoderne de la fin de tous les grands récits qui s'avère encore une fois décisive[1]. C'est tout particulièrement Zygmunt Bauman qui a entrepris avec un grand sérieux la tentative – peut-être paradoxale – de chercher une éthique pour une époque de complète incertitude[2]. Son « éthique postmoderne » est une éthique pour une époque dans laquelle l'incertitude sur le fondement des valeurs est devenue inévitable. Sa recherche le conduit à Emmanuel Levinas et à sa philosophie de l'autre comme « fond sans fondement » des impulsions morales. De la société comme une « fabrique de

---

1. Jean-François Lyotard, *La Condition postmoderne. Rapport sur le savoir*, Paris, Minuit, 1979.

2. Zygmunt Bauman, *Postmodern Ethics*, Oxford/Cambridge (Mass.), 1995.

moralité », il nous conduit aux « sources pré-sociétales de la morale ». Malgré tout le respect que je porte à cette tentative, j'aimerais exprimer quelques doutes tant sur la pertinence du diagnostic de départ que sur la viabilité de la solution proposée. La thèse de la fin des méta-narrations marque à juste titre l'épuisement des philosophies de l'histoire téléologiques et évolutionnistes et la fin de leur crédibilité face à la réalité du XXᵉ siècle. Mais elle représente elle-même un méta-récit, qui entend désigner une rupture historique irréversible. Si nous sommes disposés à parcourir cette boucle réflexive, nous voyons alors que prendre congé des interprétations téléologiques et évolutionnistes de l'histoire ne nous dispense pas d'adopter un rapport réflexif à la provenance de nos idéaux et au destin que connut leur réalisation. Il peut d'ailleurs parfaitement en résulter une légitimité restreinte pour une pensée téléologique ou évolutionniste. Nous n'avons alors aucune certitude que nous sommes entrés dans une époque de complète incertitude et qu'il n'y aura plus jamais de traces d'une nouvelle certitude. Dans ces conditions, on ne saurait en effet considérer la parole de Nietzsche sur « la mort de Dieu » comme une vérité positive.

Il faut également se garder de prendre le diagnostic de Bauman sur la fin de la certitude comme une thèse empirique sur la diffusion des doutes axiologiques au sein de la population des sociétés occidentales. Même l'adepte le plus convaincu de la thèse de l'incertitude ne contestera pas que beaucoup de personnes continuent à être convaincues de leurs valeurs particulières et manifestent une indignation passionnée si l'on vient à les violer. Pour la sociologie – une fois encore à la suite d'Émile Durkheim, cela a toujours été l'indicateur le plus sûr pour la validité factuelle des valeurs. Mais dans la perspective de la philosophie de l'histoire inavouée qu'implique la thèse de la fin de toute certitude, on voit l'assurance axiologique empiriquement constatable comme le signe que la nouvelle de la fin de la certitude n'est pas encore parvenue à toutes les oreilles. Mais avons-nous vraiment le droit d'interpréter aujourd'hui l'assurance axiologique comme un signe d'inculture ou comme l'expression d'une conscience historiquement inadéquate ? Ne serait-ce pas un élitisme bien pire que celui dont firent preuve les intellectuels qui prétendaient à un accès privilégié à la logique de l'histoire ?

Il y a encore une autre manière de rendre justice au décalage entre la certitude axiologique subjective, si répandue, et l'incertitude contemporaine concernant la justification des valeurs. Dans l'un des livres américains des années 1980 consacrés au diagnostic du présent qui souleva le plus d'intérêt, les auteurs rapportent les expériences qu'ils ont faites dans les interviews portant sur la justification des valeurs manifestement endossées. Les réactions étaient souvent désemparées, et les gens ainsi pris au dépourvu s'en trouvaient contrariés. Une personne interrogée répondait ainsi aux essais pour la pousser à expliquer pourquoi la véracité était bonne et le mensonge mauvais : « Je ne sais. C'est comme ça. C'est un principe. Je n'ai pas envie de me creuser la cervelle pour le mettre en doute. Ça fait partie de moi. Je ne sais pas d'où ça vient, mais c'est très important[1]. » Le groupe d'auteurs réuni autour de Robert Bellah interprète cette réponse, avec sa certitude axiologique embarrassée, comme l'expression de la perte d'une langue commune qui facilitait les justifications. La personne interviewée ne pouvait manifestement pas faire référence aux Dix Commandements de la tradition judéo-chrétienne et admettre qu'il existait un consensus sur leur validité entre elle et son partenaire de discussion. Si elle ne dispose plus de commandements

---

1. Robert N. Bellah *et al.*, *Habits of the Heart. Individualism and Commitment in American Life*, Berkeley, University of California Press, 1985, p. 7.

qui seraient le produit d'une révélation divine, elle n'a pas non plus à sa disposition un vocabulaire séculier qui lui permettrait de justifier rationnellement la morale – comme la philosophie morale de Kant – et de défendre la valeur de la véracité. Sans l'existence tacite de prémisses partagées formant l'arrière-plan d'un dialogue, toute recherche de justification ne fait qu'approfondir le désaccord et contraint à des constructions intellectuelles compliquées, souvent trop exigeantes pour la personne en cause. Ce qu'il conviendrait de constater ne serait alors pas l'absence de certitudes axiologiques, mais l'absence d'évidences partagées.

Mais peut-être n'est-ce pas encore une description tout à fait adéquate. Le groupe des personnes qui menèrent les entretiens ne met manifestement pas en doute la valeur de la véracité ; il n'aimerait pas davantage insinuer qu'il n'existerait pas de possibilité de justifier cette valeur. Peut-être ne devons-nous pas simplement constater que beaucoup d'individus sont tout à fait certains de leurs valeurs ; peut-être la thèse de la fin de toute certitude sous-estime-t-elle l'importance du consensus axiologique dans nos sociétés. Les droits fondamentaux, les idées de justice ou le refus de la violence physique peuvent compter sur une large approbation. Il y a certes aussi des conflits de valeurs – par exemple concernant le droit à l'avortement –, mais ceux-ci ne sont pas représentatifs d'une perte de tout vocabulaire commun[1]. Si ce diagnostic est correct, la certitude collective se démarque de l'image d'une prétendue incertitude. Nous n'avons pas seulement

---

1. Contre les thèses d'Alasdair McIntyre (cf. id., *Après la vertu. Étude de théorie morale*, Paris, PUF, 1997) et en faveur des positions de Charles Taylor (cf. id., *Les Sources du moi*, Paris, Seuil, 1998). Cf. aussi les remarques de Jerome Schneewind dans sa recension du livre de Taylor in *Journal of Philosophy* 88 (1991), p. 422-426, surtout p. 424 s.

à comprendre pourquoi certains individus trouvent qu'il est si difficile d'articuler leurs valeurs et de les fonder dans cette articulation, mais pourquoi c'est le cas même de sociétés modernes entières. L'inadéquation de la façon dont elles se décrivent elles-mêmes, qui résulterait selon le groupe réuni autour de Bellah de la suprématie des idiomes « individualistes », n'est pas à corriger en informant tous les individus de l'incertitude dans laquelle ils vivraient, mais en réorientant la réflexion vers les fondements de notre expérience des valeurs.

C'est justement le but essentiel de ce livre. Il n'a pas l'intention de propager certaines valeurs et d'appeler à les renforcer – bien que je sois tout à fait disposé à avouer que certaines de mes orientations axiologiques et de mes inquiétudes m'ont motivé à le rédiger. Je cherche plutôt à identifier les contextes d'action et les types d'expérience dans lesquels s'origine le sentiment subjectif que quelque chose est une valeur. Il s'agit aussi pour moi de mettre à disposition les moyens théoriques les mieux appropriés pour décrire ces expériences. Nous connaissons tous, je suppose, le sentiment que quelque chose provoque une émotion d'une grande intensité et est manifestement à évaluer comme bon ou mauvais. Il arrive certes souvent que nous considérions intellectuellement quelque chose comme doté de valeur sans ressentir pour autant de fortes émotions – mais cela ne signifie pas que certaines valeurs ne soient pas profondément ancrées dans notre vie émotionnelle. Nous pouvons naturellement être convaincus que nous devons pouvoir justifier nos orientations axiologiques, et il est tout à fait possible que la justification et la discussion soient pour nous d'une haute valeur – cela ne signifie toutefois pas que, dans les faits, nous ayons acquis nos valeurs par le moyen de justifications et de discussions et que nous y renoncerions si nous éprouvions de la difficulté à les justifier. Les développements de ce livre cherchent à s'approcher de ce noyau de l'expérience humaine dans lequel émergent pour nous des valeurs.

Ces développements sont nécessaires parce que ni la philosophie ni la sociologie contemporaines ne disposent d'une offre convaincante pour répondre à la question que l'on vient de soulever. Vue sous cet angle, la situation a déjà été meilleure. Je prétends qu'entre la fin du XIXᵉ siècle et les années trente du XXᵉ siècle, toute une série de penseurs importants étaient conscients de cette problématique et que leurs réponses méritent incontestablement d'être rappelées à notre mémoire, même si, souvent, elles étaient peut-être unilatérales ou fallacieuses. Une grande partie de ce livre consiste par conséquent en une investigation qui essaie d'entreprendre un travail de mémoire pour rappeler ces réponses à la recherche. Cela commence par un bref regard rétrospectif sur le penseur qui, le premier, a posé la question de la genèse ou de la généalogie des valeurs au sens que nous donnons à ce terme dans ces pages : Friedrich Nietzsche. Ce faisant, il s'agira de comprendre pourquoi cette question n'a pas été posée avant lui, ou pourquoi elle ne pouvait pas l'être. L'hommage à l'audace intellectuelle avec laquelle Nietzsche a accompli ce pas va ici de pair avec la critique de la réponse qu'il donna à sa question. Aussi fallacieuse, et même aberrante que soit la réponse qu'il expose avant tout dans *La Généalogie de la morale*, elle n'en marqua pas moins profondément la suite de l'histoire intellectuelle allemande et européenne dans ce domaine.

On a en revanche à peine pris note du fait que, de l'autre côté de l'Atlantique, un contemporain de Nietzsche n'était pas moins radical dans son questionnement, mais développait une réponse beaucoup plus féconde. C'est pourquoi je vais traiter amplement de cet auteur, le pragmatiste américain William James, et en particulier de son œuvre sur *La Diversité de l'expérience religieuse*. James a clairement distingué l'une de l'autre

« religion » et « moralité ». Pour lui, la religion n'est pas une sorte d'hyper-moralité, elle n'est pas une intensification du contrôle de soi ; elle repose au contraire sur des expériences d'abandon de soi. Mais il analyse ces expériences seulement dans la perspective des individus *« in their solitude »*. Tant dans son noyau empirique que dans les moyens théoriques auxquels elle recourt, la réponse proposée par James servira de transparent pour les interprétations ultérieures. Car malgré son importance pour guider la suite de nos réflexions, cette réponse n'en souffre pas moins – telle que je l'interprète – de limites empiriques et d'insuffisances théoriques. C'est pourquoi, après James, nous allons analyser surtout des écrits sur la religion d'Émile Durkheim, Georg Simmel, Max Scheler et John Dewey. Bien que ces écrits, et par conséquent les interprétations des pages qui suivent, traitent essentiellement de la religion, l'enjeu en reste à chaque fois le problème de l'engagement axiologique [*Wertbindung*] en général, et pas seulement le problème de l'engagement axiologique motivé religieusement. Dans son étude sur la religiosité archaïque, Durkheim a opposé à l'individualisme de James un collectivisme tout aussi radical en faisant naître les valeurs des états extatiques d'une collectivité. Il ne dispose toutefois pas des moyens nécessaires pour aborder la dimension de l'interprétation de l'expérience ainsi que la formation d'une identité individuelle qui se démarquerait de la collectivité. Dans son œuvre métaphysique tardive, Georg Simmel a essayé de saisir l'auto-transcendance de la vie dans le langage de la philosophie de la vie pour expliquer ainsi la genèse des valeurs. Max Scheler relie une phénoménologie très stimulante de la sensibilité pour les valeurs avec l'essai aussi ambitieux que problématique d'une fondation d'une éthique matérielle des valeurs. John Dewey pense les expériences intersubjectives d'ouverture des limites de l'identité dans la relation aux autres, à soi, à la nature et à Dieu. Tous ces penseurs permettent d'obtenir aussi bien des éléments empiriques importants pour élaborer une phénoménologie plus riche des expériences axiologiques que des moyens théoriques pour comprendre ces expériences. John Dewey, qui est comme James un représentant du pragmatisme américain, est à mon sens celui qui a suggéré la perspective d'intégration théorique la plus performante, et du coup la possibilité d'une réponse consistante à la question de la genèse des valeurs, même si ce résultat est faussé par un message trop conditionné par son époque, et sans doute intenable – une sacralisation de la démocratie. Même si ces tentatives rétrospectives ne peuvent prétendre à l'exhaustivité, il ne s'en dessine pas moins une réponse à la question soulevée.

Pour conférer à cette réponse des contours plus précis, on abordera ensuite le penseur contemporain qui, sans être le seul à s'être tourné vers la question de la genèse des valeurs, est celui qui s'y est intéressé de la façon la plus conséquente : Charles Taylor. Je prétends en effet que cette question a été refoulée depuis les années 1930 et, par la suite, largement oubliée. Les mérites et les limites des travaux de Taylor doivent par conséquent être exposés avant que je puisse formuler de façon adéquate ma propre réponse, affirmant que les valeurs et les engagements axiologiques émergent dans les expériences de formation de soi et d'auto-transcendance. À cette fin, il convient en outre de se demander – dans un chapitre spécifique qui discute avant tout l'œuvre de Richard Rorty – si le concept de soi peut encore être utilisé malgré les remises en cause dont il fait l'objet de la part des penseurs de la « post-modernité ». Si l'on parvient à l'établir, il faudra montrer, dans un dernier pas de l'argumentation, comment cette thèse sur la genèse des valeurs peut être intégrée dans des réflexions sur une morale universaliste fondées de façon tout à fait différente. La proposition que je développe à ce sujet dans ces pages, essentiellement à partir de suggestions issues du pragmatisme, sera finalement confrontée à l'éthique de la discussion de Jürgen Habermas. Il en résulte une perspective qui permet de faire médiation entre le libéralisme et le communautarisme.

Il va sans dire que la contribution théorique présentée dans ces pages est en lien avec différents essais empiriques – y compris ceux de l'auteur de ce livre – pour déterminer dans quelles sociétés quelles valeurs sont actuellement ancrées dans des traditions vivantes et quelles sont les chances dont disposent aujourd'hui les mouvements d'orientation axiologique pour parvenir à dépasser un individualisme orienté sur les idées d'utilité, de droits ou de réalisation de soi et pour donner un sens contemporain aux idéaux d'esprit communautaire *(Gemeinschaftlichkeit)*, de fraternité et d'amour du prochain. Mais la présente contribution n'est pas un diagnostic sociologique du présent, et elle ne constitue pas un élément d'une sociologie historique des valeurs. Elle doit bien plutôt clarifier une problématique qui se situe au niveau anthropologique et que les recherches empiriques passent généralement sous silence plutôt qu'elles n'entreprennent d'y répondre.

À plusieurs reprises, j'ai affirmé dans ces pages que la question de la genèse des valeurs avait été négligée depuis la Seconde Guerre mondiale, mais je n'ai encore ni amené la preuve de cette assertion ni tenté de l'expliquer. Si tant est qu'on puisse effectivement en établir l'exactitude, elle me semble trouver son explication dans la façon dont la croyance au progrès a dominé l'époque du « court rêve d'une prospérité perpétuelle » (Burkart Lutz). Si l'histoire est elle-même conçue comme un processus de modernisation largement spontané (à la façon des sciences sociales universitaires) ou comme progrès nomologique conduisant au socialisme (à la façon des marxistes), les valeurs sont alors tellement profondément inscrites dans ces prétendues tendances historiques qu'il devient totalement impossible de penser qu'elles puissent être détachées de cette histoire et de prendre en compte leur perspectivisme et la fragilité de leur réalisation. On peut clairement observer[1] comment d'importantes écoles de pensée de l'après-guerre sont nées de fortes impulsions axiologiques de l'avant-guerre, mais se sont précisément efforcées de s'émanciper de leur point de départ axiologique et d'apparaître comme solutions, en continuel progrès professionnel, à des problèmes purement scientifiques. C'est ainsi que les idées imprégnées d'éthique de Wittgenstein donnèrent naissance à l'étude de l'usage quotidien de la langue dans la « philosophie du langage ordinaire », ou que la critique de l'utilitarisme par Talcott Parsons fut à l'origine, dans le champ de la sociologie et des sciences politiques, d'une théorie systémique mécanique impliquant des hypothèses quasiment behavioristes sur l'agir humain. Une science sociale se réclamant de la neutralité axiologique apparaîtra toutefois moins surprenante qu'une philosophie se souciant peu du domaine des valeurs et s'efforçant d'adopter une méta-position neutre même dans le traitement des questions éthiques.

Je ne veux pas fournir ici davantage d'indices pour le désintérêt porté par la philosophie aux questions qui se posent à ce propos ; on complétera un peu ce qui manque dans le chapitre consacré à Charles Taylor, qui constitue sur ce point l'exception la plus notable à notre diagnostic. Il convient en revanche de mettre plus précisément en évidence ce qu'ont d'insuffisantes les contributions à ces questions fournies par les théories sociologiques en concurrence. Il n'est malheureusement pas possible d'épargner

---

1. Cf. Jeffrey Alexander « Theorizing the Good Society : Ethical, Normative and Empirical Discourses », *Canadian Journal of Sociology* 25 (2000), p. 271-309.

quelques complications au lecteur qui ne serait pas spé-
cialiste de cette discipline. Mais l'effort pourrait en valoir
la peine dans la mesure où la discussion critique servira
aussi à délimiter un peu plus précisément le concept de
« valeur » dans le champ conceptuel auquel il appartient,
avant d'entrer dans la discussion proprement constructive.

Depuis cent ans, et donc depuis qu'existe la sociologie
comme discipline universitaire, il y a une fracture permanente entre les représentants d'une pensée, le plus souvent
influencée par les sciences économiques, qui comprend
l'agir humain comme la poursuite de son avantage individuel, d'intérêts clairs ou au moins de préférences stables
et largement indépendantes de tout contexte, et ceux qui
insistent sur ce qu'a d'irréductible la dimension normative
de l'agir humain. La controverse entre « utilitaristes » et
« normativistes » traverse tout le développement théorique
de la sociologie, sans que l'on puisse pour autant prétendre
que la discipline n'aurait produit aucune tentative pour
faire la synthèse des orientations en conflit ou pour trouver
une troisième voie. Ma thèse est que les deux partis en
présence sur la ligne de front principale entre utilitaristes
et normativistes – tout au moins dans les formes que ces
positions ont prises par le passé et dans lesquelles elles sont
défendues aujourd'hui – rencontrent les plus grandes difficultés pour analyser la genèse des valeurs (et des normes).
Étudier ces difficultés est instructif pour comprendre le
problème dont traitent ces pages. Cela permet en outre
de rendre plausible l'option méthodique adoptée dans ce
livre : ne pas se rattacher à l'une des deux orientations,
mais partir des contributions anciennes et nouvelles qui
s'élèvent au-dessus de cette controverse.

Pendant longtemps, les approches étiquetées comme
« utilitaristes » n'ont en *aucune* façon essayé d'expliquer
l'origine des valeurs et des normes. Soit on considérait
simplement les valeurs comme évidentes – par exemple au
sens où tout agir pouvait être conçu comme une aspiration

à des biens privés ou instrumentaux. Soit on les considérait comme totalement exogènes, comme situées à l'extérieur du champ d'intérêt de la discipline, de sorte que la théorie économique, mais aussi les théories sociologique et psychologique – même si cela était manifestement moins justifié – pouvaient simplement faire abstraction de leur genèse ou les concevoir comme les produits de conditions naturelles ou les objets de variations contingentes. Cette époque est aujourd'hui clairement révolue, et les appels à prendre en compte les spécificités des valeurs et des normes ainsi que leur genèse résonnent de toutes parts. Et pas seulement parmi les critiques des approches utilitaristes, mais aussi parmi leurs défenseurs. Comme on va toutefois le montrer, tous les essais en ce sens souffrent du caractère restrictif de leurs hypothèses de départ. Certes, les défenseurs de ces approches ne déclarent plus que la pluralité des valeurs serait illusoire face à la réalité dure de l'orientation universelle sur l'utilité et la rationalité ni que la question de la genèse des valeurs serait dépourvue de pertinence. Mais ils sont contraints d'expliquer la genèse des valeurs en recourant à une théorie dont l'identité repose sur un noyau formé justement par des hypothèses restrictives sur le rôle des valeurs dans l'agir humain. Comment une théorie qui met l'accent sur l'optimisation individuelle (ou collective) des calculs d'utilité peut-elle expliquer non seulement le comportement des personnes eu égard aux règles existantes, mais aussi la genèse de telles règles et des valeurs qui vont au-delà des règles ?

Prenons à titre d'exemples deux représentants respectés et exigeants des approches « utilitaristes » : James Coleman et son essai pour expliquer « la genèse des normes[1] », ainsi que Michael Hechter et sa compilation

---

1. James S. Coleman, *Foundations of Social Theory*, Cambridge (Mass.), 1999, p. 249, 251 et 273.

des explications sur l'origine des valeurs[1]. Coleman commence intelligemment par diviser le problème en deux sous-problèmes. Il veut expliquer d'une part la genèse d'un besoin de normes, et d'autre part la satisfaction de ce besoin par la réalisation des normes effectives. Dans ses développements sur le besoin de normes, il montre qu'une « action ayant des effets externes [...] provoque un intérêt pour l'action chez les acteurs qui subissent ces effets », et que, souvent, ces effets externes « ne peuvent pas être surmontés par de simples transactions grâce auxquelles le contrôle sur cette action pourrait être confié à ceux qui sont l'objet de ces effets ». Nombreux sont les prédécesseurs de Coleman qui se sont plus ou moins contentés de conclure d'une situation requérant une régulation normative à la genèse des normes à partir de cette situation[2]. Cette manière de faire est évidemment irrecevable puisque la requête d'une régulation normative n'implique nullement qu'elle soit toujours satisfaite et que l'existence de normes ne se limite nullement aux domaines qui requièrent une régulation normative sur le modèle de la situation décrite. Mais Coleman ne commet pas cette erreur.

---

1. Michael Hechter, « The Role of Values in Rational-Choice Theory », in *Rationality and Society* 6 (1994), S. 318-333 ; id., « Values Research in the Social and Behavorial Sciences », in : Michael Hechter, Lynn Nadel et Richard E. Michod (éd.), *The Origine of Values*, New York, 1993, p. 1-28 – Une autre version du néo-utilitarisme, l'« exchange theory », a elle aussi pris conscience de ce problème. Cf. Karen S. Cook *et al.*, « Exchange Theory : A Blueprint for Structure and Process », in : George Ritzer (éd.), *Frontiers of Social Theory. The New Syntheses*, New York, 1990, p. 158-184, ici p. 169 ss.

2. On trouvera un exemple carrément paradigmatique de cette manière de procéder dans le livre d'Edna Ullmann-Margalit, *The Emergence of Norms*, Oxford, 1977. Cf. sur ce point et de façon générale pour la critique de ce type d'approches les excellentes remarques de Jens Beckert, *Grenzen des Marktes. Die sozialen Grundlagen wissenschaftlicher Effizienz*, Francfort-sur-le-Main, 1997, p. 45 ss.

Il fait un pas de plus et entreprend de spécifier les conditions dans lesquelles la requête est effectivement satisfaite. C'est le cas (dans son langage théorique) lorsque « des bénéficiaires d'une norme qui agissent rationnellement sont sous cette condition dans la situation soit de répartir de façon égale, grâce à la sanction, les coûts en résultant, soit de créer pour le groupe des bénéficiaires des sanctions de deuxième degré qui soient suffisantes pour inciter un ou plusieurs bénéficiaires à prononcer des sanctions efficaces contre les acteurs visés ». Il s'agit à mon sens d'une démonstration admirablement claire du fait que des normes *peuvent* émerger même dans le cadre hypothétique d'un agir exclusivement rationnel. Dans la mesure où cela a été mis en doute par les critiques normativistes de l'utilitarisme, cette démonstration constitue un acquis. Mais la démonstration de Coleman ne saurait prétendre être effectivement l'explication la plus plausible pour la genèse de normes en général. Établir que, même dans les conditions d'un modèle de l'action qui exclut d'abord la dimension normative, il est possible d'expliquer tant la requête d'une régulation normative que la satisfaction de cette requête ne permet en effet pas d'exclure qu'un modèle de l'action qui prendrait d'emblée mieux en compte la dimension normative autorise à formuler d'autres hypothèses plausibles sur la genèse des normes, des hypothèses qui, de surcroît, seraient plus fréquemment applicables au plan empirique.

À cela vient s'ajouter une autre difficulté. Coleman se limite à la thématique de la genèse des « normes ». Il ne dit rien de la genèse des « valeurs ». Ce silence ne poserait pas de problème si nous pouvions considérer que ces deux concepts sont interchangeables ou que l'explication de la première question entraîne l'explication de la seconde. Mais cela ne va pas du tout de soi, comme le montre l'usage de ces concepts par l'autre représentant d'une pensée utilitariste dont nous allons parler maintenant.

Michael Hechter aborde immédiatement le problème des valeurs. Il les définit comme des « critères d'évaluation relativement généraux et durables » et les distingue des préférences, qu'il considère comme « instables plutôt que durables, et comme particulières plutôt que générales ». Il distingue les normes *tant* des valeurs *que* des préférences parce qu'elles sont extérieures à l'acteur – et non intérieures – et qu'elles requièrent une sanction pour être efficaces. Il énumère un nombre déconcertant de voies par lesquelles semblent pouvoir émerger les valeurs, mentionnant à ce titre les conditions biologiques, les processus d'institutionnalisation et les expériences personnelles. Il en conclut finalement que tous ces facteurs se combinent d'une façon ou d'une autre : « Le tout dans le tout, il en résulte que pour chaque individu quelques valeurs naissent par le biais de la sélection naturelle [...], que d'autres sont le sous-produit des environnements physiques et institutionnels et que le reste est le sous-produit d'une histoire personnelle[1]. » Cette explication ne donne pas l'impression de proposer une théorie particulièrement convaincante.

Dans notre contexte, un autre point est toutefois plus intéressant. Hechter mentionne la sélection naturelle comme l'une des sources de la genèse des valeurs et utilise explicitement le concept de valeurs à propos des animaux. Il est alors immédiatement clair qu'il utilise ce concept d'une manière spécifique, qui ne va pas sans être problématique. À ses yeux, les valeurs sont certes plus durables et plus générales que les préférences, mais elles ne se trouvent pas sur un plan logique fondamentalement différent de ces dernières.

---

1. Michael Hechter, *Values Research (op. cit.)*, p. 3, 13 et 15.

On pourrait alors aussitôt demander pourquoi nous avons besoin de deux termes distincts si la différence entre valeurs et préférences est seulement quantitative, et non qualitative. Mais un autre point est plus important encore. Il me semble que cet usage du concept de « valeur » est en désaccord avec l'usage de la langue quotidienne. Nous connaissons tous le décalage entre « valeurs » et « préférences » pas seulement au sens d'une différence entre des buts à court et à long terme, mais dans un sens plus profond : au sens où nous considérons certains de nos désirs comme n'étant pas bons ou, à l'inverse, au sens où nous ne parvenons pas à transformer ce que nous jugeons être bon en un désir vital dans notre existence. Les « valeurs » évaluent en ce sens aussi nos « préférences ». Au moyen des valeurs, nous prenons position aussi sur nous-mêmes. Hechter a naturellement raison d'attribuer aux animaux comme aux êtres humains des orientations stables et durables ; mais voulons-nous vraiment admettre que les animaux possèdent – comme les humains – la capacité de se rapporter à leurs préférences sur le mode de l'évaluation réflexive ? Cela exigerait en tout cas une argumentation plus laborieuse que celle qu'il nous propose. En revanche, si nous avons affaire ici à une différence anthropologique fondamentale, il serait de première importance de distinguer avec précision la question de la genèse des valeurs du problème de la genèse des préférences et des désirs. Cette question porterait en effet sur la façon dont peuvent proprement émerger les standards réflexifs grâce auxquels nous jugeons les évaluations incarnées dans nos désirs.

Ces réflexions aboutissent à un premier résultat : la question de la genèse des valeurs doit être clairement distinguée de la question de la genèse des normes, mais aussi de la question de la genèse des préférences et des désirs. Les contributions des théoriciens « utilitaristes » les plus importants passent d'une façon ou d'une autre à côté de ces distinctions. Quel que soit le jugement que l'on porte sur les explications qu'ils proposent pour la genèse des normes ou des désirs, leurs apports restent insatisfaisants lorsqu'on s'interroge sur la genèse des valeurs.

Proposer dès maintenant mes propres définitions ne correspondrait pas à la démarche adoptée pour ce livre. Il ne s'agit pas de résoudre les problèmes en posant simplement des définitions ; la détermination du concept n'intervient pas au début, mais à la fin du chemin emprunté par la réflexion. À ce stade, on entend simplement rendre attentif aux points où des distinctions pourraient s'avérer importantes.

Mais peut-être que les problèmes se résolvent si nous nous tournons vers l'alternative « normativiste » à l'utilitarisme. Dans la sociologie de ces dernières décennies, son représentant le plus important est incontestablement Talcott Parsons. Dans son œuvre – cela vaut tant de sa critique de l'utilitarisme que de ses travaux positifs – le concept de « valeur » a toujours été une catégorie clé, peut-être même la catégorie centrale. Je ne veux pas le montrer ici en détail[1]. Parsons et son école avaient sans le moindre doute vu clairement que les valeurs n'exprimaient pas des désirs, mais qualifiaient ce qui est digne d'être désiré – et cette différence est considérée comme une conception usuelle de l'histoire des idées : « Une

---

1. Cela commence déjà dans un article de 1935 : Talcott Parsons, « The Place of Ultimate Values in Sociological Theory », in : *International Journal of Ethics* 45 (1935), p. 282-316. Son ouvrage principal occupe naturellement une place centrale dans cette problématique : *The Structure of Social Action*, New York, 1937. Parmi les écrits plus tardifs, je renvoie seulement à : Talcott Parsons, « On the Concept of Value-Commitments », in : id., *Politics and Social Structure*, New York, 1969, p. 439-472. On trouvera une étude remarquable sur le développement de l'œuvre de Parsons dans Harald Wenzel, *Die Ordnung des Handelns. Talcott Parsons' Theorie des allgemeinen Handlungssystems*, Francfort-sur-le-Main, 1991.

valeur n'est pas simplement une préférence, mais une préférence qui est ressentie et/ou considérée comme justifiée[1]. » Il sépare aussi clairement valeurs et normes. Mais tandis que chez Hechter les normes sont considérées comme quelque chose d'extérieur, Parsons, influencé sur ce point par Émile Durkheim, Sigmund Freud et George Herbert Mead, s'intéresse tout particulièrement à leur intériorisation – aux processus par lesquels les attentes en matière de comportement, initialement extérieures, deviennent des éléments constitutifs de la vie intérieure d'une personne. C'est pourquoi Parsons ne put jamais introduire la distinction entre normes et valeurs comme une distinction entre des points d'orientation extérieurs et intérieurs. Pour lui, les normes sont des spécifications de valeurs culturelles générales eu égard aux situations parti- culières de l'action. Les orientations de l'agir des acteurs concrets résultent à ses yeux de valeurs intériorisées.

Bien que valeurs, normes et préférences soient ainsi distinguées les unes des autres avec une précision accep- table, il en résulte l'impression que les trois niveaux sont reliés les uns aux autres comme les degrés d'une hié- rarchie. Dans cette théorie, le système général des valeurs forme les normes morales et juridiques par le biais des processus d'institutionnalisation, en configurant des dis- positions biologiques encore vagues et plastiques pour en faire des structures pulsionnelles orientées sur des objets déterminés. Même si l'échec possible de ces processus n'est aucunement passé sous silence, des conflits de prin- cipe entre ces trois niveaux semblent exclus. C'est sur ce point que portent toute une série de critiques adressées

---

1. Central pour cette question : Clyde Kluckhohn *et al.*, « Value and Value-Orientations in the Theory of Action. An Exploration in Definition and Classification », in : Talcott Parsons/Edward Shils (éd.), *Toward a General Theory of Action*, New York, 1951, p. 388-433. La citation se trouve à la p. 396.

à Parsons, à partir d'orientations fort diverses. Au sein même de l'école de Parsons, on remarqua bientôt que la théorie – malgré l'importance qu'elle accorde au rôle des valeurs pour l'agir humain – ne contribue en rien à comprendre comment les valeurs sont en fait « appliquées » dans des situations concrètes. On se demanda si les acteurs n'étaient en réalité que les marionnettes des valeurs culturelles[1] – ou alors si, dans la dynamique des situations quotidiennes, il fallait toujours que des valeurs vagues soient peut-être d'abord traduites en orientations concrètes par l'acteur lui-même, mises en balance avec d'autres considérations et, parfois, révisées en fonction des conséquences de l'action. Une autre objection est redevable à l'influence des anthropologues et des historiens de la culture sur la sociologie[2]. Dans l'œuvre de Parsons, les « valeurs » ne sont en effet ni identifiées par le biais d'une analyse herméneutique approfondie des cultures ni présentées en recourant à une « description dense » (« *thick description* », Clifford Geertz) ; elles sont les résultats d'un processus d'abstraction, des constructions tirées du tout formé par une culture, et sont ensuite considérées comme responsables de certaines actions concrètes. Cette objection ne porte pas seulement sur la nécessité de travailler empiriquement avec de meilleures

---

1. L'expression utilisée par Harold Garfinkel, un élève et critique de Parsons, est « *cultural dopes* ». Cf. id., *Studies in Ethnomethodology*, Englewood Cliffs, NJ, 1967, p. 66. Cette critique fut le point de départ de recherches, longtemps très fructueuses, en ethnométhodologie. D'autres critiques ont également relevé ce point, par exemple Ann Swidler, « Culture in Action », in : *American Sociological Review* 51 (1986), p. 273-286.

2. Au sein de la tradition héritière de Parsons, Jeffrey Alexander s'est tout particulièrement efforcé d'ouvrir la réflexion dans cette direction ; parmi ses nombreux travaux en ce sens, cf. par ex. Jeffrey Alexander/Philip Smith, « The Discoures of American Civil Society : A New Proposal for Cultural Studies », in : *Theory and Society* 22 (1993), p. 151-208.

méthodes que celles utilisées par Parsons afin d'identifier les valeurs qui orientent véritablement l'agir et de faire ainsi pièce au scepticisme résultant des difficultés à rendre fructueux dans le travail empirique le concept de « valeur », d'une importance si centrale au plan théorique. L'objection conteste également, au plan théorique, que les valeurs existent sur un mode séparé – complètement distinct des autres manières que nous avons de nous référer au monde, qu'il s'agisse de la relation cognitive aux objets ou de la réflexion sur nous-mêmes. Le concept même de « valeur » inciterait à diluer les schémas symboliques et à les détacher des pratiques dans lesquelles ils acquièrent leur efficace[1]. Une troisième objection pourrait finalement faire valoir[2] que Parsons ne s'est purement et

---

1. Pour cette raison, Robert Bellah ne parle ni de « valeur » ni de « culture », mais de « traditions » et de « pratiques ». Cf. id., « The Idea of Practices in « Habits ». A Response », in : Charles H. Reynolds/Ralph V. Norman (éd.), *Community in America. The Challenge of « Habits of the Hearth »*, Berkeley, 1988, p. 269-288.

2. Cette objection a été d'abord soulevée par Alain Touraine. Elle était à l'origine étroitement liée à une version de la première objection qui portait sur le problème de l'application des valeurs à des situations particulières. Le point de départ de Touraine était l'expérience tirée d'une recherche portant sur la sociologie des organisations dans le monde industriel. Il constatait que, en règle générale, les décisions ne pouvaient pas être interprétées comme la simple application de principes généraux à des situations particulières, mais qu'elles étaient bien plutôt le résultat de transactions entre des acteurs aux intérêts hétérogènes, dotés de différents potentiels de pouvoir. Cf. Alain Touraine, *Production de la société*, Paris, 1973, surtout p. 92 ss. Tandis que Touraine courait initialement le risque de comprendre la culture comme une simple ressource dans les luttes de pouvoir, il s'est toujours davantage affranchi de cette vision dans ses écrits ultérieurs, où il comprend la culture comme une réalité intrinsèquement sujette à tensions et à conflits. Pour sa conception de la culture, le concept de « valeur » lui semble en général peu utile. Mais même si nous remplacions ce concept par d'autres (par exemple « orientations culturelles »), le problème de leur genèse subsisterait. Parmi les successeurs de Parsons, c'est Shmuel Eisenstadt qui a accordé le plus

simplement jamais occupé du problème de la genèse des valeurs. Il parle certes d'innovations axiologiques fondamentales à l'aune de l'histoire universelle, par exemple dans la Réforme protestante ; de même, la généralisation des valeurs fait partie à ses yeux des dimensions les plus importantes du changement social qu'il diagnostique à l'époque moderne. Mais la généralisation des valeurs n'est naturellement pas synonyme d'innovation axiologique, et les innovations analysées par Parsons sont, dans sa théorie, des degrés d'un processus historique évolutionniste qui ne laisse aucune place à une ouverture de principe.

Cette brève traversée des travaux de l'approche normativiste nous laisse ainsi avec plus de questions que de réponses. Les représentants critiques de cette école s'efforcent d'éliminer ses faiblesses, tout comme d'ailleurs les sociologues empiriques de la culture. Mais il n'en

---

d'importance au problème de la genèse des valeurs. Il part de la philosophie de la créativité de Martin Buber. Elle lui fournit la perspective à partir de laquelle il peut percevoir les déficits dans la conception de Parsons. Cf. très clair maintenant : Shmuel Eisenstadt, « Social Structure, Culture, Agency, and Change », in : id., *Power, Trust, and Meaning. Essays in Sociological Theory and Analysis*, Chicago, 1985, p. 1-40. On trouvera aussi un point de départ intéressant chez Amitai Etzioni, *The Active Society*, New York, 1968. Dans cet ouvrage, Etzioni travaille non seulement avec un concept de culture plus large que Parsons parce qu'il accorde davantage d'importance à la dimension du savoir social ; il porte aussi un intérêt plus marqué pour les manières dont les systèmes sociaux donnent corps à des valeurs, ainsi que pour les problèmes que pose l'implémentation de valeurs démocratiques. Mais lui aussi laisse ouverte la place où se pose la question de la genèse des valeurs plutôt que d'y apporter une réponse. Cf. sur ce point Hans Joas, « Economic Action, Social Action, and the Genesis of Values. An Essay on Amitai Etzioni's Contribution to Social Theory », in : David Sciulli (éd.), *Macro Socio-Economics. From Theory to Activism*, Londres/Armonk, N.Y., 1996, p. 35-50 ; Edward Lehman, « The Cultural Dimensions of "The Active Society" », in : Wilson Carey McWilliams (dir.), *« The Active Society » Revisited*, Oxford, 2006, p. 23-52.

a pas résulté jusqu'à présent de véritable synthèse, pas plus d'ailleurs que dans les écrits des écoles de pensée qui ne relèvent ni d'une orientation utilitariste ni d'une orientation normativiste[1]. Sans pouvoir véritablement le démontrer ici, l'argumentation proposée jusqu'à présent a tout au moins pu rendre plausible l'idée que la réponse à la question de la genèse des valeurs va de pair avec une réorientation de notre compréhension de l'agir humain. Face à des réductions utilitaristes et normativistes de l'agir humain, seule une compréhension attentive à la créativité de l'agir peut – telle est ma conviction – expliquer la genèse des valeurs. La distinction entre valeurs, normes et désirs ; la clarification de leur rôle spécifique dans la dynamique de l'agir humain ; la relation qu'entretient notre référence axiologique au monde avec d'autres modes de notre compréhension du monde et de nous-mêmes, voilà les tâches qui nous attendent sur la suite de notre chemin. Les développements qui suivent essaient de faire quelques pas sur ce chemin. Le premier pas consiste à faire retour au point de l'histoire des idées où la question de la genèse des valeurs a été posée dans toute sa radicalité.

---

1. Cf., pour une tentative de synthèse, Hans Joas, *La Créativité de l'agir*, Paris, Seuil, 1999.

CHAPITRE 2

LA GENÈSE DES VALEURS :
UNE GÉNÉALOGIE DE LA MORALE ?

(Friedrich Nietzsche)

La question de la genèse des valeurs apparaît à la fin du XIXe siècle. L'usage du concept de « valeur » en dehors des contextes économiques (et de certains contextes mathématiques) date d'ailleurs aussi de cette époque. L'usage actuel de ce concept dans la discussion publique ne provient donc pas du langage courant. Son emploi international tire son origine de la philosophie allemande du XIXe siècle. Comprendre cette donnée peut aider à mettre en lumière les présupposés implicites de notre questionnement.

Les enquêtes existantes sur l'histoire du concept[1] concordent à retracer le cheminement parcouru par le concept de « valeur ». De la vie économique, il passe aux sciences économiques du XVIIIe siècle puis à la philosophie du XIXe siècle pour aboutir aux sciences de la culture et de la société du XXe siècle et à l'usage public actuel. Le philosophe Hermann Lotze est une figure clé de cette

---

1. Je m'appuie en particulier sur : Jürgen Gebhardt, « Die Werte. Zum Ursprung eines Schlüsselbegriffs der politisch-sozialen Sprache der Gegenwart in der deutschen Philosophie des späten 19. Jahrhunderts », in : Rupert Hofmann, Jörg Jantzen et Henning Ottmann (éd.), *Anodos. Festschrift für Helmut Kuhn*, Weinheim, 1989, p. 35-54 ; Helmut Kuhn, « Werte – eine Urgegebenheit », in : Hans-Georg Gadamer/Paul Vogler (éd.), *Neue Anthropologie*, vol. 7,

histoire. À partir de son œuvre et de son enseignement, on peut tirer les fils conduisant aux théories des valeurs du néo-kantisme, de la phénoménologie, mais aussi de la philosophie de la vie. Néanmoins, pour la philosophie de la vie, et en particulier pour la discussion publique, plus encore que Lotze, c'est l'usage spectaculaire du concept de valeur par Friedrich Nietzsche qui a été décisif. Derrière tous ces développements, on trouve Emmanuel Kant qui, dans la critique de l'utilitarisme de son époque, avait parlé occasionnellement[1] de la « valeur absolue » des êtres rationnels et de leur qualité de fins-en-soi, des êtres qui, pour cette raison justement, échappent à toute évaluation sous l'angle de leur possible utilité pour des fins déterminées. Mais l'usage que la philosophie des valeurs fait du concept ne provient pas de cette formulation kantienne ; on l'a plutôt redécouverte rétrospectivement, après que s'est formé le nouvel usage du concept. Celui-ci s'est constitué parce que des thèses essentielles de la philosophie post-kantienne allemande avaient perdu leur plausibilité au cours du XIXe siècle alors que certaines frontières tirées par Kant n'inspiraient plus guère de respect. « Le royaume des valeurs est formulé contre Kant, qui avait récusé toute réalité empirique au monde moral et avait privé de réalité le monde phénoménal, mais aussi

---

Stuttgart 1974, p. 343-373. Cf. en outre l'excellente vue d'ensemble de l'histoire de la philosophie due à Herbert Schnädelbach, dont je ne partage toutefois ni les conclusions ni la perspective finale : Herbert Schnädelbach, *Philosophie in Deutschland 1833-1933*, Francfort-sur-le-Main, 1983, p. 343-373. Sur l'histoire du concept aux États-Unis, cf. Abraham Edel, « The Concept of Value and its Travels in Twentieth-Century America », in : Murray G. Murphy/Ivar Berg (éd.), *Values and Value Theory in Twentieth-Century America. Essays in Honor of Elizabeth Flower*, Philadelphie, 1988, p. 12-36.

1. Hans-Georg Gadamer a rendu attentif à cet usage du concept in : « Das ontologische Problem des Wertes », in : *Kleine Schriften IV*, Tübingen, 1977, p. 205-217, ici p. 207.

contre Hegel, qui avait soumis le monde moral au diktat de la logique propre au procès historique[1]. » Dans une culture aussi imprégnée de conscience historique et aussi marquée par le développement des sciences historiques de l'esprit et de l'État que l'était la vie universitaire allemande du XIXᵉ siècle, on ne pouvait plus estimer suffisante la conception kantienne de la liberté morale comme pur postulat. À l'inverse, la philosophie spéculative de l'histoire d'un Hegel, et plus encore celle du positivisme classique avaient peu de force de conviction dans une telle culture, dans la mesure où l'étude précise de la diversité historique et culturelle ainsi que le sentiment du temps propre à l'époque ne permettaient pas une confiance emphatique dans le sens de l'histoire ou dans son progrès. La philosophie des valeurs naît justement là où vient à fondre la confiance placée dans une variante historisante d'une pensée affirmant l'identité du vrai et du bien.

La genèse du concept n'est en effet nullement une innovation conceptuelle innocente ; c'est ce qu'ont clairement relevé surtout ceux qui croyaient pouvoir défendre l'unité métaphysique du vrai et du bien[2]. Le concept de « valeur » prend la place qu'occupait le concept de « bien » dans la tradition philosophique. Mais tandis que, dans la tradition, on pouvait attribuer à ce bien un statut accessible par la contemplation rationnelle du cosmos ou par la révélation divine, ce qui lui conférait un « être » – et même un être supérieur aux autres étants – le concept de « valeur » est inséparable d'une relation au sujet qui accomplit un acte d'évaluation. À la place de l'unité métaphysique du vrai et du bien, la philosophie des valeurs fait intervenir le dualisme de la « facticité » et de la « validité » : le domaine des états de fait constatables

---

1. Gebhardt, « Die Werte » (art. cit.), p. 48.
2. Ainsi, du point de vue d'un fort scepticisme catholique contre la modernité : Kuhn, « Werte – Eine Urgegebenheit » (art. cit.), p. 354.

fait face à un autre mode d'être singulier dans lequel sont donnés les valeurs et les actes d'évaluation. La philosophie des valeurs n'établit pas cette opposition ; dans ses différentes variantes, elle s'efforce au contraire de la surmonter. C'est pourquoi le chemin menant des sentiments de valeur seulement subjectifs à l'objectivité des jugements de valeur est pour elle aussi important que la relation entre les sentiments de valeur et les jugements de valeur d'un côté, les affirmations factuelles de l'autre. Mais vouloir repasser derrière la dimension subjective de l'acte d'évaluation apparaît à tous les représentants de la philosophie des valeurs comme une rechute dans une mauvaise métaphysique appartenant au passé ou dans un mélange, inacceptable pour la science, de science et de « prophétie professorale » (Max Weber).

Aussi longtemps que le Bien était pensé comme l'être suprême, on ne pouvait trouver que purement et simplement absurde la question s'interrogeant sur sa genèse. La question de la genèse peut sans doute être posée pour chaque étant individuel, mais certainement pas pour cet être vers lequel tous les êtres tendent et que l'être humain doit reconnaître. La question de la genèse des valeurs présuppose par conséquent *le tournant vers la subjectivité* qu'accomplit la philosophie des valeurs. Pour l'apparition de cette question, ce tournant est toutefois une condition seulement nécessaire, et non suffisante. Il aurait tout aussi bien pu conduire à une nouvelle formulation de l'objectivité axiologique. Certes, les valeurs ne pouvaient plus être conçues comme indépendantes du sujet – mais dans l'acte nécessairement subjectif de l'évaluation, il devait être possible de trouver maintenant les conditions de leur validité universelle. Ouvert par Kant, ce chemin est celui qu'empruntera en particulier la philosophie des valeurs du néo-kantisme. Pour cette forme de pensée, la question du mode d'être de la validité des valeurs et de la relation entre leur valeur objective et la connaissance ou l'engagement axiologiques subjectifs acquit une importance centrale. Sa distance par rapport à une métaphysique précritique, c'est-à-dire pré-kantienne, était aussi grande que son éloignement par rapport à une philosophie de l'histoire téléologique ou évolutionniste. Mais cette distance ne conduisit pas à un second pas, plus radical encore : la prise de conscience de *la contingence historique des valeurs* elles-mêmes. Tout au contraire, on pourrait plutôt affirmer que l'entreprise de la philosophie des valeurs visait tout entière à parer à la menace représentée par cette prise de conscience et à utiliser les moyens offerts par la philosophie universitaire pour faire face aux dangers culturels qu'elle impliquait. Les philosophes néo-kantiens des valeurs comme Wilhelm Windelband ou Heinrich Rickert étaient carrément habités par une conscience missionnaire prétendant que seule la philosophie des valeurs qu'ils défendaient et une philosophie conçue comme théorie de l'acte d'évaluation pouvaient éviter l'effondrement dans un relativisme axiologique sans fond. Pour eux, le royaume idéal des valeurs valables ne pouvait justement pas *naître* de l'agir et de l'expérience des humains ; il appartenait à un autre mode d'être, et les sujets ne pouvaient pour cette raison qu'incarner et découvrir les valeurs, sans être capables de les produire. C'est pourquoi ce n'est pas cette sorte de philosophie des valeurs qui est intéressante pour la question de la genèse des valeurs, mais seulement les orientations de pensée disposées à penser la subjectivité *et* la contingence de l'acte d'évaluation. C'est dans ce cadre seulement que la question de la genèse des valeurs n'est pas limitée à la participation des sujets contingents à un royaume de validité idéal mais est rapportée aussi à la genèse de la validité idéale à partir d'une subjectivité contingente.

Friedrich Nietzsche est le premier à avoir accompli ce pas. Il était tout à fait conscient, parfois presque jusqu'à l'excès, de la nouveauté et de la témérité de son entreprise et il a exposé ce qu'il avait à dire avec le grand geste de celui qui a traversé « le vaste et dangereux pays[1] » et qui sait que peu nombreux sont ceux dont le courage peut se mesurer au sien, alors que les esprits médiocres et sans liberté se boucheront les oreilles pour ne pas entendre ce qu'il annonce. Mais lui, Nietzsche, était préoccupé depuis l'enfance déjà par « le problème de l'origine du mal[2] » qui se transforma au cours de son développement intellectuel, et en particulier de sa formation historique et philologique, pour prendre la forme du questionnement suivant : « Dans quelle condition, l'être humain s'est-il inventé ces jugements de valeur "bon" et "mauvais" ? *Et quelle valeur ces jugements ont-ils eux-mêmes[3] ? »* Les seuls précurseurs qu'il semble reconnaître en ces matières sont les psychologues utilitaristes et évolutionnistes anglais qui travaillaient à une histoire génétique de la morale, ainsi que leurs épigones allemands mais sa démarche fait rapidement sentir que sa réponse n'a rien à voir avec celle que ceux-ci ont donnée et qu'il les utilise pour égarer le lecteur – comme il le révèle plus tard[4] – et lui donner l'impression d'un froid travail scientifique. Car Nietzsche ne veut nullement fournir simplement une explication scientifique de la genèse des valeurs, pour autant qu'il vise quelque explication scientifique ; avec la question de la genèse des valeurs, il entend nous rendre libres de mettre en question ces mêmes valeurs. Rebuté par l'éthique de la compassion, le « bouddhisme pour Européens[5] » de son

---

1. Friedrich Nietszche, *La Généalogie de la morale*, in : id., *Œuvres*, Paris, Flammarion, 2020, p. 843-973, ici p. 846.
2. *Ibid.*, p. 847.
3. *Ibid.* (traduction légèrement modifiée).
4. Friedrich Nietzsche, *Ecce homo*, in : *ibid.*, p. 1201-1297, ici p. 1279. Je *ne* considère *pas* non plus les contributions utilitaristes et évolutionnistes comme les précurseurs d'une conception de la genèse des valeurs et ne les discute donc pas davantage dans ces pages.
5. Nietzsche, *Généalogie (op. cit.)*, p. 850 (traduction corrigée).

ancien modèle philosophique Arthur Schopenhauer, il se voit entraîné vers la question de la « valeur de la compassion et de la morale de la compassion », et à partir de là vers le programme d'une « critique des valeurs morales[1] ». Cette critique ne fait pas preuve de la moindre timidité face à la valeur des traditions morales judéo-chrétiennes en cours – au contraire, ce qui attire Nietzsche, c'est justement la perspective que le « bien » pour l'être humain n'est pas plus bénéfique que le « mal », « de sorte que c'est bien la faute de la morale si le type humain ne pouvait jamais atteindre à la plus haute magnificence et splendeur qui lui est possible. De sorte que la morale serait justement le danger des dangers[2] ? » Nietzsche a lui-même parfaitement ressenti ce qu'avait d'inquiétant sa manière de questionner, et ce côté inquiétant subsiste jusqu'aujourd'hui ; mais pour lui et pour ses lecteurs, l'effet libérateur de cette absence de ménagement, ainsi que la perspective d'être affranchi d'une pression morale insupportable, avaient davantage de poids.

Dans les pages qui suivent, il n'est naturellement pas possible de rendre vraiment justice à l'œuvre de Nietzsche dans son entier – avec ses contradictions, ses ambiguïtés et les controverses dont elle fait l'objet. Dans notre contexte, nous devons nous contenter d'un coup de projecteur sur l'écrit de Nietzsche dans lequel il développe avec le plus de précision sa solution au problème de la genèse des valeurs. Il s'agit de son « écrit polémique » (*Streitschrift*) de 1887 sur *La Généalogie de la morale*, et en particulier de sa première dissertation. Je ne retrace donc pas la façon dont la conception de Nietzsche s'est peu à peu développée jusqu'à ce qu'elle trouve une expression provisoire dans les aphorismes d'*Humain, trop humain* et les paragraphes de *Par-delà le bien et le mal* ; je ne regarde

---

1. *Ibid.*, (traduction modifiée).
2. *Ibid.*, p. 851.

pas non plus comment, après *La Généalogie de la morale*, Nietzsche a élargi toujours davantage ce qu'il pensait avoir saisi et l'a transposé des valeurs morales à l'ensemble des valeurs. Seule la radicalisation de sa critique des valeurs dans une « inversion de toutes les valeurs », comme le formule la phrase conclusive de *L'Antichrist*, cet écrit maudissant le christianisme au bord de la folie[1], ne doit pas être perdue de vue.

Nietzsche part de la psychologie morale de l'utilitarisme positiviste anglais, on l'a déjà mentionné. Il entre par conséquent en matière avec des arguments qui visent l'identification, par Herbert Spencer, du bien avec l'utile, et non plus encore l'explication prétendant que les actions non égoïstes auraient été à l'origine qualifiées de bonnes par ceux auxquels elles étaient utiles avant que l'habitude ait amené à oublier le lien entre l'utilité et le bien, de sorte que finalement le bien a été ressenti comme « bon » en soi, et plus à cause de son utilité. Nietzsche n'a que mépris et moquerie pour l'invraisemblance psychologique et la naïveté historique de ces explications. Sa propre explication résulte d'abord d'une simple inversion de la thèse qu'il attaque. L'origine du prédicat « bon » n'est pas l'assignation d'utilité par les autres, mais l'auto-approbation de ceux qui sont supérieurs. « Ce sont plutôt les "bons" eux-mêmes, c'est-à-dire les nobles, les puissants, les supérieurs en position et en pensée qui ont éprouvé et posé leur façon de faire et eux-mêmes comme bons, c'est-à-dire excellents, par contraste avec tout ce qui est bas, bas d'esprit, vulgaire et populacier. À partir de ce sentiment de la distance, ils ont fini par s'arroger le droit de créer des valeurs et de forger des noms de valeurs : qu'avaient-ils à faire de l'utilité[2] ! » Cette idée est si difficile à conquérir

---

1. Friedrich Nietzsche, *L'Antichrist. Malédiction sur le christianisme*, in : *ibid.*, p. 1125-1199, ici p. 1199.
2. Nietzsche, *Généalogie (op. cit.)*, p. 855.

et à imposer parce qu'elle présuppose de refouler l'influence inhibitrice « que le préjugé démocratique exerce dans le monde moderne sur toutes les questions d'origine[1] ». Mais Nietzsche développe la véritable pointe de sa thèse là seulement où il se détourne de nouveau des hommes supérieurs pour porter son attention vers les inférieurs. Parce qu'ils sont par nature plus faibles, ils ne peuvent pas s'approuver face à ceux qui sont plus forts ; ils développent au contraire des sentiments de haine et de vengeance à l'encontre de ceux qui leur sont supérieurs, mais ne peuvent pas les assouvir vraiment en raison de leur infériorité et se réfugient pour cette raison dans une vengeance imaginaire. Cette vengeance imaginaire se fige sous forme de ressentiment – elle prend la forme d'un regard torve sur les qualités des hommes supérieurs et d'un doute sur tout ce qui illustre leur supériorité. Tout cela resterait un ressentiment toxique, mais finalement impuissant, s'il ne se trouvait pas des personnes pour articuler et systématiser le ressentiment en l'orientant vers un système de valeurs dans lequel tout ce qui est noble et fort est dévalorisé, tandis que tout ce qui impuissant et faible s'y trouve valorisé. Nietzsche voit d'abord dans les castes sacerdotales des cultures antiques les porteurs de cette dévalorisation des valeurs chevaleresques et aristo-cratiques, ces castes sacerdotales dans lesquelles au moins la valeur de la « pureté » est posée en concurrence de la valeur de la « force ». La forme d'existence sacerdotale, que Nietzsche appelle – formulation lourde d'ambivalence – une forme « essentiellement dangereuse[2] » parce qu'elle brise l'auto-approbation noble encore intacte et prépare le sol à toutes sortes d'états maladifs, mais aussi à l'option en faveur de ces états maladifs ; elle fournit ainsi la condition de possibilité pour la genèse d'idéaux

---

1. *Ibid.*, p. 857.
2. *Ibid.*, p. 860.

nés du ressentiment. Toute la troisième dissertation de
La Généalogie de la morale est en conséquence consacrée à la genèse des idéaux ascétiques dans la forme de
vie sacerdotale. Dans l'histoire, un peuple a eu toutefois
encore bien plus d'influence que les castes sacerdotales ;
il est pour cette raison le meilleur exemple pour l'effet
historique du ressentiment né de l'impuissance : « les
Juifs, ce peuple de prêtres, qui finalement n'a su avoir
raison de ses ennemis et de ses dominateurs que par un
renversement radical de leurs valeurs, donc *un acte de
vengeance cérébrale*[1] ». Avec les Juifs commence « le sou-
lèvement des esclaves dans la morale », selon la célèbre
formule que Nietzsche avait déjà utilisée dans *Par-delà
le Bien et le Mal.* Jésus-Christ et son évangile de l'amour
sont compris pas Nietzsche comme la quintessence des
valeurs et des idéaux juifs ; sa mort sur la croix est à
ses yeux un appât auquel pouvaient mordre les adversaires d'Israël, qui devinrent ainsi les victimes du soulè-
vement des esclaves. Une fois que cette dévalorisation des
idéaux nobles s'est imposée, il en est fait de la jouissance
innocente des forts ; ils sont alors saisis par la mauvaise
conscience et les sentiments de culpabilité – et les maîtres
succombent à la contagion des esclaves. La Judée a vaincu
Rome, et la suite de l'histoire de l'Occident n'a cessé
de confirmer cette victoire, renforçant constamment la
domination des idéaux nés du ressentiment. On a certes
assisté à la Renaissance à une brève recrudescence de
l'« appréciation noble de toute chose », mais celle-ci fut
aussitôt refoulée à nouveau « grâce à ce mouvement de
ressentiment fondamentalement populacier (allemand et
anglais), que l'on appelle la Réforme[2] ». Mais c'est surtout
la Révolution française qui représente pour Nietzsche une
véritable victoire de la « Judée » – et les mouvements

---

1. *Ibid.*, p. 861.
2. *Ibid.*, p. 877.

démocratiques et socialistes ultérieurs du XIXe siècle sont à ses yeux anathèmes et annonciateurs d'une époque de médiocrité culturelle et de massification.

Malgré l'essor du culte autour de la personne et de l'œuvre de Nietzsche à la fin du XIXe siècle, la critique de cette construction aventureuse n'en a pas laissé subsister grand-chose. En 1897 déjà, Ferdinand Tönnies, l'un des classiques de la sociologie allemande naissante, accuse Nietzsche de « profonde inculture sociologique[1] ». Max Scheler prit très au sérieux la psychologie nietzschéenne du ressentiment et la différencia plus avant. Il voit dans la thèse nietzschéenne du ressentiment comme source des jugements de valeur moraux « la découverte la plus saisissante […] parmi les fort rares découvertes faites récemment sur l'origine des jugements de valeur moraux […], même s'il devait se révéler que soit fausse l'affirmation spécifique voulant que la morale chrétienne, et en particulier l'amour chrétien soient la fine fleur du ressentiment[2] ». C'est justement à démontrer la fausseté de cette thèse, et donc à réfuter la dévalorisation de la tradition judéo-chrétienne que vise le travail de Scheler sur « Le ressentiment dans l'édification de la morale ». Il atteint son point décisif là où Scheler caractérise l'idée chrétienne d'amour dans son opposition à la pensée grecque antique. Ce qui caractérise cette idée, c'est ce que Scheler appelle « l'inversion du mouvement de l'amour ». « Ici, on gifle avec effronterie l'axiome grec de l'amour, axiome selon lequel l'amour serait une aspiration de l'inférieur vers le supérieur. Au contraire, l'amour doit faire ses preuves

---

1. Ferdinand Tönnies, *Der Nietzsche-Kultus. Eine Kritik*, Leipzig, 1897, p. 102.

2. Max Scheler, « Das Ressentiment im Aufbau der Moral » (1915), in : id., *Vom Umsturz der Werte. Abhandlungen und Aufsätze* (Werke, vol. 3), Berne, 1955⁴, p. 33-147, ici p. 37. Traduction française : *L'Homme du ressentiment*. Traduction revue et corrigée, Paris, Bartillat, 2022. Nous citons d'après l'édition allemande.

justement en ceci que ce qui est noble s'incline et s'abaisse vers ce qui est sans noblesse, celui qui est en bonne santé vers le malade, le riche vers le pauvre, le beau vers le laid, l'homme bon et sain vers celui qui est mauvais et mesquin, le Messie vers les publicains et les pécheurs – et cela *sans* la peur antique d'y perdre quelque chose et de devenir soi-même sans noblesse, mais dans la conviction spécifiquement religieuse que, dans l'acte même consistant à "s'incliner", dans cette manière de se laisser glisser, dans cet "abandon", on conquiert ce qu'il y a de plus élevé, on devient semblable à Dieu[1]. » Cette conception de l'amour est constitutive pour le christianisme, et il en résulte une autre idée de Dieu que celle que possédait l'Antiquité classique. Dieu devient le Dieu aimant ; il n'y a plus d'idée du Bien qui pourrait être supérieur à l'amour divin. Pour l'agir humain aussi, « il n'y a plus de principes rationnels, plus de loi et de "justice" qui auraient le droit de servir de guide indépendamment de l'amour, en le précédant et se plaçant au-dessus de lui, de son action et de sa distribution aux êtres conformément à ses valeurs[2] ». C'est cette essence de l'amour chrétien que Nietzsche n'a absolument pas comprise[3].

Scheler ne se contente pas de contester le lien entre ressentiment et morale chrétienne de l'amour sur le terrain de l'histoire des idées ; il donne aussi à sa critique une portée psychologique. À cette fin, il distingue deux formes d'attention que le fort peut porter au faible. Cette attention peut d'une part être fondée dans une haine primaire de soi et être une manière de se fuir soi-même par laquelle on

---

1. *Ibid.*, p. 72.

2. *Ibid.*, p. 74.

3. À la suite de Scheler, Maurice Merleau-Ponty a, dans un article de jeunesse, retourné contre Nietzsche l'argument du ressentiment et ramené à son ressentiment son interprétation erronée du christianisme, cf. *id.*, « Christianisme et ressentiment », in : *La Vie intellectuelle* 36 (1935), p. 278-306, spéc. p. 292.

cherche davantage à se détourner de soi qu'à se tourner vers l'autre. C'est probablement à cette forme d'attention aux plus faibles que pourrait s'appliquer la conception de Nietzsche selon laquelle les supérieurs seraient contaminés par le ressentiment des esclaves. Mais l'attention peut aussi, d'autre part, résulter d'une capacité à aimer surabondante. Si l'on voit les choses ainsi, c'est celui qui aime avec générosité qui est le fort ; quant à l'égoïste, il est un être humain dont les forces vitales créatrices sont inhibées et réduites à la préservation de soi et à l'affirmation de soi face aux autres. L'amour secourable jusqu'à l'oubli de soi, tel que le recommande l'éthique chrétienne, est alors l'expression d'une force de la personnalité, et non du ressentiment dû à l'impuissance. Scheler conteste que Jésus-Christ – ce qui correspondrait à la thèse du ressentiment – aurait promis le salut aux pauvres, aux malades et aux marginaux en inversant simplement les valeurs – avec l'idée d'amour, il a au contraire créé un point de référence axiologique qui surplombe les classifications en vigueur et met en lumière leur ultime nullité. « Face à un monde dans lequel règne comme un reflet des ultimes valeurs éthiques de la personnalité la propension à considérer les êtres humains classés par position sociale, possession, force vitale et pouvoir, on ne pouvait rendre compréhensible la découverte d'une *sphère* toute nouvelle et supérieure de l'être et de la vie, une sphère du "Royaume de Dieu", dont l'ordre est indépendant de tout ordre axiologique terrestre et vital, d'aucune autre façon qu'en soulignant avec insistance l'ineptie de l'ordre précédent pour cet ordre supérieur des valeurs positives[1]. » Ainsi, l'éthique chrétienne de l'amour ne naît pas d'une simple inversion d'une éthique de la distinction pseudo-naturelle, pas davantage que l'amour débordant ne peut être une conséquence du ressentiment.

---

1. *Ibid.*, p. 84.

Malgré ce rejet radical, Scheler donne quelques gages à Nietzsche en reconnaissant l'existence de déformations historiques de l'éthique chrétienne ; il lui accorde aussi que l'idée d'amour présente des prédispositions psychologiques à servir de camouflage bienvenu à des simulacres de l'esprit d'amour secrètement nourris de ressentiment. Mais si l'on affranchit l'idée chrétienne d'amour de ces formes trompeuses, la distance qui la sépare d'un mouvement social des défavorisés est indéniable. Comme certains représentants des idées démocratiques et socialistes qu'il haïssait, Nietzsche a commis une rétroprojection historique, passant du coup à côté du noyau proprement religieux du christianisme.

Si Scheler réfute avec minutie les aspects de l'explication nietzschéenne relevant de la psychologie et de l'histoire des idées, il ne fait qu'effleurer brièvement sa dimension sociologique. Sur ce point, c'est Max Weber qui donna une formulation décisive à la critique relativisant la thèse de Nietzsche. Un long passage de l'introduction à ses études comparatives en sociologie des religions sur « L'éthique économique des religions mondiales » est consacré plus au moins explicitement à cette tâche ; il contribua sans doute à définir l'orientation de ces études sur un certain nombre de questions importantes[1]. Weber voit dans la thèse de Nietzsche l'un des essais pour proposer une interprétation réductionniste du rapport entre les éthiques religieuses et le monde, c'est-à-dire pour reconduire l'éthique aux intérêts en présence, considérés comme la dimension véritablement déterminante. Dans cette perspective, l'« essai brillant » de Nietzsche constitue à ses yeux un phénomène parallèle à la critique de la religion par le matérialisme historique. Autant il récuse cette dernière, autant conseille-t-il de faire preuve de prudence face aux thèses de Nietzsche.

---

1. Max Weber, « Introduction », in : id., *Sociologie des religions* (Jean-Pierre Grossein, présentation et traduction), Paris, Gallimard, 1996, p. 331-378, spéc. p. 336 ss.

« Si la transfiguration éthique de la miséricorde et de la fraternité a été une "révolte d'esclaves" de la part de ceux qui n'ont pas été avantagés, soit par la nature elle-même, soit par les perspectives offertes par le destin, et si donc l'éthique du "devoir" a été le produit de sentiments de vengeance "refoulés", parce qu'impuissants, éprouvés par des êtres bornés, condamnés à travailler et à gagner leur pain, nous aurions là, à l'évidence, une solution très simple pour les problèmes les plus importants posés à la typologie de l'éthique religieuse[1]. » Mais les éthiques sociales et économiques des religions mondiales ne sont pas aussi faciles à ramener à un dénominateur commun que ce qu'expose Nietzsche. Entre les mains de Weber, la généralisation de génie proposée par Nietzsche se transforme en un programme de recherche empirique en sociologie historique[2] ; Weber s'y interroge sur le rôle revenant aux intérêts et au ressentiment pour la genèse et les métamorphoses des éthiques religieuses. Le résultat auquel aboutit l'immense recherche menée sur ces questions par Weber lui-même est, en ce qui concerne la thèse de Nietzsche, largement négatif. Pour l'autre grande religion mondiale plaçant au sommet de son échelle des valeurs les valeurs de compassion, à savoir la religion bouddhiste, Weber rejette totalement l'explication suggérée par Nietzsche. La doctrine hindouiste de la réincarnation faisait déjà résulter la souffrance individuelle de la faute individuelle ; quant au bouddhisme, il trouve incontestablement son origine dans des cercles privilégiés et n'a rien à voir avec une doctrine née de la rancune[3]. Pour la théorie de Weber, la

---

1. *Ibid.*, p. 336.
2. Bien mis en évidence par Wolfgang Schluchter, *Religion und Lebensführung* (2 vol.), Francfort-sur-le-Main, 1988.
3. Max Weber, *Wirtschaft und Gesellschaft*, Tübingen, 1922, p. 359 s. ; trad. franç. *Sociologie de la religion* (Isabelle Kalinowski, trad.), Paris, Flammarion, p. 472 s.

question des facteurs religieux induisant une « rationalisation » éthique de la conduite de vie joue un rôle tout à fait central. Mais pour expliquer ce processus, Weber fait intervenir des causes qui « dans la plupart des cas n'ont rien à voir avec le ressentiment[1] ». C'est seulement pour le développement de la valeur reconnue à la souffrance dans l'éthique religieuse que Weber est prêt à reconnaître une certaine légitimité à la thèse de Nietzsche. Ici aussi, Weber me semble toutefois avoir d'emblée un autre point de départ que Nietzsche. Tandis que Nietzsche présuppose que le contentement des forts est une donnée originaire qui ne pose pas de problèmes et reconduit toute forme de justification à la pression exercée par les faibles, Weber fait l'hypothèse d'un besoin (« pharisien ») doté de profondes racines psychologiques qui cherche à donner un sens aussi à son bonheur et à le justifier. « L'homme heureux se contente rarement du fait d'être heureux ; il éprouve de surcroît le besoin d'y avoir *droit*. Il veut être convaincu qu'il "mérite" son bonheur ; surtout : qu'il le mérite en comparaison avec d'autres [...]. Le bonheur veut être "légitime"[2]. » Depuis toujours, les religions fournissent ainsi, selon Weber, une « théodicée du bonheur ». À un regard superficiel, cette idée pourrait paraître fort proche de celle de Nietzsche ; elle me semble néanmoins en différer sur un point essentiel. Avant leur inversion due au ressentiment, les valeurs se trouvent en quelque sorte pour Nietzsche en dehors de la sphère où une justification serait nécessaire. Elles sont l'expression inaltérée du sentiment propre des êtres supérieurs, ce sentiment qui s'effondre sous les coups du ressentiment le contraignant à se justifier. Nietzsche ne considère pas les valeurs « aristocratiques » comme l'expression d'une tentative pour se justifier soi-même, mais comme l'expression de soi avant

---

1. Weber, « Introduction », p. 337 (traduction modifiée).
2. *Ibid.* (traduction modifiée).

l'émergence d'une contrainte à la justification. Weber part en revanche de l'idée que toutes les expériences ont besoin d'être interprétées et que faire l'expérience de sa propre puissance ne peut jamais avoir lieu hors de toute perception d'une disparité dans la répartition des biens porteurs de bonheur. Que Weber ait été ou non conscient d'une différence sur ce point par rapport à Nietzsche, passer de l'idée du caractère originel des valeurs aristocratiques à la conception d'une théodicée du bonheur semble ici plus plausible, tant psychologiquement qu'historiquement.

Tel n'est toutefois pas le thème spécifiquement nietzschéen ; il faut plutôt le chercher là où ces valeurs du bonheur – quelle que soit leur explication – cèdent la place à une transfiguration religieuse de la souffrance. Mais, sur cette question aussi, Weber procède autrement que Nietzsche. Pour ce dernier, l'expérience d'une moindre dotation en biens porteurs de bonheur suffisait à mettre en marche la dynamique de la formation des valeurs à partir du ressentiment. Pour Weber en revanche, l'interprétation de la souffrance était d'emblée inscrite dans une tout autre conception, à savoir « que certaines formes de souffrance et d'états anormaux provoqués par la mortification étaient des moyens pour obtenir des forces surhumaines : magiques ». Weber admet donc ce que Nietzsche exclut : que la souffrance et la privation puissent valoir comme une force positive, pas seulement à la suite de l'inversion de leur appréciation mue par le ressentiment, mais par « les états extatiques, visionnaires, hystériques [...][1] » qu'elles provoquent. Pour Weber, éviter ce qui est tabou et s'abstenir de ce qui est impur sont déjà des attitudes inséparables des croyances archaïques aux démons ; leurs effets vont dans le même

---

1. *Ibid.*, p. 338. Nietzsche connaît lui aussi une appréciation positive de la souffrance, lorsque celle-ci naît de la prise de risque et distingue celui qui la subit.

sens. Une nouvelle étape décisive a été atteinte lorsque, à partir des pratiques magiques qui existaient à côté des cultes communautaires primitifs, se développèrent des cultes de délivrance qui promettaient de surmonter la souffrance individuelle et entreprirent à cette fin de clarifier la responsabilité de cette douleur. Qui donc n'a jamais été touché individuellement par une souffrance ? Même les hommes puissants et supérieurs de Nietzsche peuvent devenir malades et finissent à coup sûr par vieillir, ou perdent peut-être un être cher. Si l'on suit Weber, le besoin de délivrance attira de nombreuses personnes vers ces cultes, qui fournirent à leur tour le terreau pour des mythes du rédempteur, une croyance populaire à un sauveur, à une figure porteuse de salut. Ce sauveur revêtait en règle générale « un caractère à la fois individuel et universel ». Il « se portait garant du salut pour l'individu, et pour chaque individu s'adressant à lui[1] ». Ce qui fait la particularité du peuple juif, c'est pour Weber que « chez ce peuple, et avec cet esprit de conséquence chez lui seulement […] – dans des circonstances très particulières – la souffrance d'une communauté ethnique, et pas d'un individu, [est devenue] l'objet des espérances religieuses de délivrance[2] ». Weber a étudié le caractère exact de ces conditions dans son étude sur le judaïsme antique[3]. Weber n'est pas seulement exempt de l'antijudaïsme de Nietzsche[4] ; il propose aussi une alternative substantielle pour expliquer le rôle remarquable joué par l'histoire de

---

1. *Ibid.*, p. 340.

2. *Ibid.* (traduction modifiée).

3. Max Weber, *Le judaïsme antique* (Isabelle Kalinowski, traduction), Paris, Flammarion, 2010.

4. Je parle d'antijudaïsme (Judenfeindschaft) et pas d'antisémitisme puisque Nietzsche n'était manifestement pas un antisémite raciste, mais que sa haine du christianisme le poussa à l'hostilité face à l'histoire de la religion juive. Pour le reste, Nietzsche n'est nullement exempt de notes racistes.

la religion juive dans le développement de la « théodicée de la souffrance ».

C'est dans la suite du texte que Weber s'approche le plus de la thèse de Nietzsche, même si son point de départ est différent. Il y explique en effet que, partout, une religiosité prophétique du sauveur était sans doute de nature à attirer surtout les couches sociales inférieures et que, dans ce type de religiosité, on recourut toujours davantage aux violations des règles de comportement proclamées par les prophètes pour expliquer la souffrance. Souvent, la « théodicée de la souffrance » implique effectivement une valorisation positive de la souffrance ; de même, elle est régulièrement teintée d'une dépréciation du bonheur lourde de ressentiment. Mais ici aussi, on remarque vite que Weber restreint fortement la portée de la thèse nietzschéenne. Cela commence avec l'idée de Nietzsche selon laquelle la répartition des biens assurant le bonheur ne posait pas de problèmes aux « puissants », une idée qui ne paraît pas plausible à Weber. Même pour les « puissants », et à l'aune de leurs propres critères, se pose la question de savoir si le succès revient toujours aux meilleurs et si chaque échec est mérité. Weber considère que de grands systèmes intellectuels comme les doctrines de la réincarnation ou de la prédestination sont ancrés dans un besoin métaphysique de donner un sens au monde et à la vie ; il estime que la question de la justice ne se nourrit nullement du seul besoin de vengeance et n'est pas posée uniquement par les couches sociales opprimées, mais représente une dimension inévitable de notre position dans le monde. Tant l'idée d'une compensation pour la souffrance ici-bas que l'idéal de la justice peuvent certes porter des traces de ressentiment ; elles n'en proviennent pas moins de sources spécifiques. Sans doute Weber n'analyse-t-il guère ces racines dans l'expérience ou les dynamiques de leur interprétation. Il s'intéresse plutôt aux transformations par lesquelles les images du monde religieuses et les éthiques religieuses nées de ces expériences passent sous l'influence des intérêts et des contraintes institutionnelles. Mais il ne laisse pas de doute sur un point : il se refuse à réduire les idées aux intérêts comme il estimait que Nietzsche l'avait fait dans *La Généalogie de la morale*.

La Généalogie de la morale de Nietzsche partage en effet avec la critique de la religion mise en œuvre par les Lumières (et par le matérialisme historique) l'idée que son analyse nous affranchit de la foi parce qu'elle met en évidence un processus plus fondamental, permet de jeter un coup d'œil dans l'atelier et de voir « comment sur la Terre *se fabriquent des idéaux*[1] ». Mais à la différence de Feuerbach et de Marx, Nietzsche semble même retomber dans la critique de la religion telle que la pratiquaient les Lumières du XVIIIe siècle. Il décrit en effet le processus de formation des idéaux par des images intentionnalistes, soulignant le caractère volontaire de la duperie. Fourberie et mensonge, faux-monnayage et magie noire – voilà les attributs qui lui semblent convenir – et pas seulement comme moyens stylistiques hyperboliques, mais comme description objective. Dans le cadre déjà de la genèse des idéaux chevaleresques et aristocratiques à partir du sentiment de soi des hommes forts et supérieurs, il lui avait ainsi semblé plausible « de considérer l'origine même du langage comme une manifestation de la puissance des seigneurs[2] ». Même si cela peut fournir une indication salutaire sur la dimension de pouvoir présente dans nos systèmes de classification, ce n'en est pas moins une exagération abusive. L'idée que la langue proviendrait d'actes de désignation unilatéraux et que la socialité serait constituée par la domination renoue elle aussi avec les conceptions du XVIIIe siècle et retombe derrière la

---

1. Nietzsche, *Généalogie (op. cit.)*, p. 872.
2. *Ibid.*, p. 855.

critique décisive qu'en fit Herder[1]. Même si, dans ces pages, on n'a fait droit qu'à quelques rares voix de la critique anti-nietzschéenne, leurs arguments devraient suffire à détruire la force de conviction à laquelle pourraient prétendre les thèses de Nietzsche lorsqu'il s'agit d'expliquer la genèse des valeurs.

Mais quel est l'effet de la critique nietzschéenne de la morale sur la réflexion morale ? L'histoire de sa réception montre ici toute l'ambiguïté de l'argumentation de Nietzsche. A-t-il récusé toute morale, considérée comme hostile à la vie et négatrice de la vie – ou bien avait-il en vue une morale supérieure faisant la synthèse de la morale et des « pulsions de la vie » ? Nietzsche a-t-il finalement dérivé toutes les valeurs du ressentiment ; ou bien a-t-il ouvert la perspective d'une autoposition souveraine des valeurs, et reconnu ainsi une seconde possibilité de donner naissance à des valeurs ? Une vue d'ensemble de l'œuvre de Nietzsche qui ne s'arrête pas aux déclarations déformées par une haine souvent aveugle de tout ce qui est chrétien ne laisse pas le moindre doute : la critique nietzschéenne de la morale est mue par une forte impulsion morale. Chez de nombreux interprètes[2], on trouve

---

1. Johann Gottfried Herder, « Abhandlung über den Ursprung der Sprache » (1772) in : id, *Werke*, vol. 2, Berlin/Weimar, 1982, p. 89-200 ; ainsi que ma présentation in : Hans Joas, *La créativité de l'agir* (*op. cit.*), p. 84 ss.

2. On trouvera une approche unilatéralement positive par exemple chez Alexander Nehamas, *Nietzsche. Life as Literature*, Cambridge (Mass.), 1985 ; cf. aussi Walter Kaufmann, *Nietzsche. Philosopher, Psychologist, Antichrist*, Princeton, 1950, 2013[6]. Complexe et équilibré : Bernard Yack, *The Longing for Total Revolution. Philosophic Sources of Social Discontent form Rousseau to Marx and Nietzsche*, Princeton N.J., 1982, p. 310-364. Bref et synthétique : Martin Seel, *Versuch über die Form des Glücks. Studien zur Ethik*, Francfort-sur-le-Main, 1995, p. 27-33 ; Mirko Wischke, « Der "Kampf der Moral mit den Grundinstinkten des Lebens". Über die Ambivalenz im

par conséquent des essais d'interprétation bienveillante, qui cherchent à résoudre le paradoxe d'un message moral formulé par le critique le plus radical de toute morale. Le plaidoyer nietzschéen pour une approbation dionysiaque du monde peut alors être reformulé comme la requête à développer une disponibilité à s'avouer sans contrainte ses propres désirs, indépendamment de leur valeur morale. Cette disponibilité rend la personne plus spontanée, davantage capable de prendre des décisions et plus ouverte au plaisir. Le souci des autres, de l'appréciation de ses propres actions et de leurs conséquences perd en importance. Une personne peut alors devenir plus riche en tensions et vivre la morale comme une instance parmi d'autres au lieu d'y voir ce qui la détermine en totalité. Cela diminue la contrainte à l'hypocrisie et à la dissimulation. Dans cette lecture, la critique nietzschéenne de la morale n'élimine pas la morale, mais elle modifie radicalement son ancrage dans la personne. De cette manière, on récuse toute morale simplement conventionnelle, mais aussi toute morale universaliste qui dominerait sans partage la vie intérieure d'une personne au prix de l'oubli de ses propres désirs et penchants. On peut alors dire – et Nietzsche lui-même le fait à moult reprises – que la

---

Perspektivismus Friedrich Nietzsches », in : *Synthesis Philosophica* 21 (1996), p. 39-48 ; Robert J. Antonio, « Nietzsche's Antisociology : Subjectified Culture and the End of History », in : *American Journal of Sociology* 101 (1995), p. 1-43. Les travaux de Volker Gerhardt sont très importants : « Die Moral des Immoralismus. Nietzsches Beitrag zu einer Grundlegung der Ethik », in : Günther Abel/Jörg Salaquarda (dir.), *Krisis der Metaphysik*, Berlin/New York, 1989, p. 411-447 ; id., « Selbstbegründung. Nietzsches Moral der Individualität », in : *Nietzsche-Studien* 21 (1992), p. 28-49 ; id., « Die Tugend des freien Geistes. Nietzsche auf dem Weg zum individuellen Gesetz der Moral », in : Simone Dietz *et al.* (dir.), *Sich im Denken orientieren. Für Herbert Schnädelbach*, Francfort-sur-le-Main, 1996, p. 198-213. Déjà Simmel argumentait de cette façon, cf. *Schopenhauer und Nietzsche*, Berlin, 1907.

critique de la morale, et même la négation de Dieu (telle que Nietzsche la comprend) rend enfin possible la libération en vue de la véritable moralité. Elle transformerait la morale pour en faire « la *vertu de l'auto-législation singulière*, l'*éthique de la singularité souveraine*[1] ». Lorsque Nietzsche parle de valeurs aristocratiques, il aurait en vue – dans cette interprétation – non l'arbitraire individuel et l'hédonisme, mais la dignité et la noblesse de l'individu. La critique du ressentiment serait alors aussi un plaidoyer pour la libération de l'individu qui lui permettrait de devenir lui-même.

Une interprétation moins bienveillante soulignera au contraire que l'impulsion éthique incontestable de Nietzsche est d'emblée contrecarrée par une perspective dans laquelle la domination fondée sur des différences naturelles apparaît inévitable. Du coup, la plupart des êtres humains ne peuvent accéder à la dignité qu'en se mettant au service du développement des grands individus et en les soutenant. Si toute appréciation, et même toute désignation verbale, n'est rien d'autre qu'une position opérée par les supérieurs, il se pose alors immédiatement une question : qui parvient à imposer la position qu'il opère face aux autres positions ? Ce qui peut porter des traits ludiques quand il s'agit d'un individu créatif singulier revêt chez Nietzsche les traits de l'arbitraire – qui peut aller jusqu'à la violence – aussitôt que le rapport entre individus entre en jeu. Nietzsche déjà avait proclamé l'impératif de l'obéissance face aux autorités contingentes et promis à tous – hormis les individus exceptionnels capables de poser souverainement des valeurs ou de s'incliner librement devant ceux qui les posent – que seule la contrainte exercée par les grandes guerres ou les bouleversements sociaux pourrait les guérir du nihilisme. Les idéologies allemandes de la Première Guerre mondiale,

---

1. Gerhardt, « Die Tugend des freien Geistes » (art. cit.), p. 203.

tout comme les tentatives fascistes pour produire de nouveaux mythes, pouvaient sans difficulté se réclamer de motifs présents chez Nietzsche[1]. Tout particulièrement en Allemagne, l'influence de Nietzsche contribua à charger les besoins métaphysiques d'affects antidémocratiques[2]. La démocratie et la prospérité pour tous pouvaient être ressenties comme un « nihilisme pratiqué » (Gottfried Benn) face auquel on voyait dans la guerre ou le mouvement national-socialiste la promesse de poser de nouvelles réalités éthiques. Être attentif aussi à cette ligne de la réception, une ligne enracinée dans sa critique de la morale, ne signifie pas rendre Nietzsche responsable de développements politiques et intellectuels survenus longtemps après sa mort. Si l'orientation négative de sa critique est tout à fait claire, ses tentatives de dépasser la morale restent aporétiques ; elles proposent une image qui oscille entre « l'amoralité innocente » des enfants et l'auto-négation « sur-humaine » des impulsions morales par un César agissant de façon amorale. Ce qui en fait l'unité, c'est seulement la distance par rapport à l'image idéale de l'individu moral qui avait provoqué la colère de Nietzsche. Sa rage face à cette image idéale était si grande que toute alternative lui semblait plus attirante. Mais, du coup, il restait fixé sur les prémisses de la morale et de la philosophie morale qu'il attaquait. Il essayait seulement de l'inverser – et non de la surmonter par une pensée qui prendrait véritablement un autre départ.

On a déjà remarqué à plusieurs reprises à quel point la critique morale de Nietzsche restait prisonnière des

---

1. Hans Joas, « Ideologies of War. The First World War as Reflected in the Contemporary Social Sciences », in : id., *War and Modernity* (*op. cit.*), p. 55-81.

2. Il est effrayant de constater que c'est le cas aujourd'hui encore. Cf. Botho Strauss, « Anschwellender Bockgesang », in : Heino Schwilk/Ulrich Schlacht (dir.), *Die selbstbewußte Nation*, Berlin, 1994, p. 19-40.

dichotomies de la philosophie morale de Kant[1]. Alors que Kant oppose le devoir et l'inclination, et établit la morale dans la seule dimension du devoir, de sorte que, exclu de la morale, le bonheur ne peut plus figurer dans ce cadre que sous la forme de la félicité morale, c'est-à-dire de la félicité née de la moralité, Nietzsche veut éradiquer ce « péché originel de la raison » en attribuant à « l'être humain bien tourné[2] » une sûreté instinctive dans l'action qui exclut le conflit entre devoir et inclination grâce à l'identité de l'inclination et de la vertu. Mais cette inversion est tout aussi unilatérale que son contre-modèle. Max Scheler déjà avait reconnu que l'image nietzschéenne du christianisme était déformée d'entrée de jeu parce qu'il le « conçoit seulement comme une "morale" dotée d'une "justification" religieuse, et non comme une "religion"[3] ». Incontestable, cette déformation porte elle aussi les traces de l'influence de Kant.

De même que l'image nietzschéenne de la morale porte la marque d'une simple inversion d'une dichotomie kantienne, de même son contre-modèle est-il le résultat d'une inversion de Schopenhauer[4]. Après la dissolution de la foi en une sphère axiologique absolue, la vie ne peut plus apparaître chez Schopenhauer que sous les traits de la manifestation d'une volonté cosmique qui, dépourvue de tout sens, tend éternellement vers une satisfaction pourtant à jamais inatteignable ; en réaction à cette conception, Nietzsche fait intervenir une « volonté de puissance » qui prend à son service toutes les opérations de la conscience

---

1. Cf. les indications bibliographiques données à la note 38, en particulier les travaux de Yack et de Seel.

2. Friedrich Nietzsche, *Le Crépuscule des idoles, ou : Comment philosopher avec le marteau*, in : id., *Œuvres* (*op. cit.*), p. 1017-1124, ici p. 1055 s.

3. Scheler, « Das Ressentiment im Aufbau der Moral » (art. cit.), p. 91.

4. Sur ce point, Joas, *La Créativité de l'agir* (*op. cit.*), p. 143 ss.

et permet aux « esprits libres » de s'élever de façon créative au-dessus de toutes les positions existantes. Tandis que, chez Schopenhauer, seul le renoncement à toute volonté promet la délivrance, Nietzsche voit le salut dans l'accroissement maximal de la « volonté de puissance ». Bien que Nietzsche ne conçoive pas cette « volonté de puissance » comme la volonté de sujets concrets, mais comme un processus suprasubjectif, on peut néanmoins reconnaître dans cette idée d'un accroissement de la vie comme source de toute valeur l'accomplissement de la métaphysique de la subjectivité[1]. Au vu des tentatives toujours renouvelées de Nietzsche et des contradictions manifestes entre ses écrits, il est vraisemblable que Nietzsche – malgré le ton emphatique auquel il recourt pour se décrire soi-même – était tout à fait conscient du caractère aporétique de ses réponses.

L'audace historique de la tentative nietzschéenne pour soulever la question de la genèse des valeurs et pour initier une inversion des valeurs en répondant à cette question nous laisse ainsi dans l'embarras. La réponse proposée par Nietzsche manque de plausibilité au point d'en être absurde, son inversion des valeurs reste profondément aporétique. Il convient par conséquent de reprendre la question avec la même audace, mais d'y répondre avec davantage de prudence.

---

1. C'est la critique de Martin Heidegger, « Le mot de Nietzsche "Dieu est mort" », in : id., *Chemins qui ne mènent nulle part*, Paris, Gallimard, 1962, p. 243-322.

CHAPITRE 3

LA DIVERSITÉ DE L'EXPÉRIENCE RELIGIEUSE
(William James)

La réflexion de Nietzsche – la radicalité de ses questionnements et la destructivité de ses réponses – donna naissance sur le continent européen, et en particulier en Allemagne, à de nombreux écrits. Pendant la crise culturelle qui précéda la Première Guerre mondiale, mais aussi pendant la guerre et par la suite, une nouvelle génération trouva dans son œuvre le pressentiment et la préfiguration géniale de ses propres motifs. Le verdict d'irrationalité prononcé par la philosophie universitaire du néo-kantisme ne suffit pas à entraver véritablement la réception de Nietzsche. Même ses adversaires le traitèrent avec respect pour son courage à regarder la vérité en face sans se faire d'illusions.

Il en alla tout autrement pour une pensée qui se développa de l'autre côté de l'Atlantique et qui partageait avec Nietzsche la radicalité du questionnement. Le pragmatisme américain, dont il est ici question, provoqua en Allemagne, à quelques exceptions près, une vraie tempête d'indignation parmi les philosophes. Les réactions furent la plupart du temps si pleines de préjugés et de déformations caricaturales qu'on ne peut souvent pas parler d'une compréhension sérieuse et d'une récusation argumentée. Je considère ce moment de l'histoire intellectuelle comme l'un des aiguillages décisifs dans la vie intellectuelle allemande du XXe siècle. On manqua une occasion d'articuler une critique de la modernité d'une manière démocratique, ou compatible avec la démocratie, et cela n'alla pas sans conséquence. Il ne devient possible de pondérer les choses autrement qu'après la Seconde Guerre mondiale, sous l'effet de la catastrophe du IIIe Reich et de ses crimes ainsi que d'un nouvel ordre politique installé en Allemagne de l'Ouest essentiellement par les États-Unis[1].

Ce sont avant tout deux stéréotypes qui, dans les années précédant la Première Guerre mondiale, empêchèrent en Europe, et parfois même aux États-Unis, une compréhension adéquate du pragmatisme. Pour les uns, toute pensée venant d'Amérique ne pouvait exprimer que l'esprit américain – et celui-ci faisait l'objet d'un préjugé n'y voyant qu'un esprit commerçant crasse et un utilitarisme sans pitié. Pour les autres, il était peu vraisemblable, voire exclu, que puisse venir d'une Amérique réputée « inculte » une contribution nouvelle et originale à la pensée ; aussi n'attendaient-ils des penseurs américains que des versions sans relief et pleines de méprises des idées bien plus profondes des philosophes européens. On retrouve sans peine ces deux stéréotypes dans les prises de position sur le pragmatisme considéré comme la philosophie de l'Amérique. Là où le pragmatisme fut compris comme un utilitarisme vulgaire, on s'appuya sur l'interprétation affirmant que ses représentants auraient tout simplement remplacé l'idéal de la vérité par l'idée d'utilité pratique ; une telle conception ne méritait plus

---

1. J'ai exposé cela en détail dans le chapitre « Amerikanischer Pragmatismus und deutsches Denken : Zur Geschichte eines Missverständnisses », in : Hans Joas, *Pragmatismus und Gesellschaftstheorie*, Francfort-sur-le-Main, 1992, p. 114-145. On y trouvera aussi la plupart des références citées de nouveau dans les pages qui suivent.

qu'on parle à son propos de « philosophie[1] ». Avec de telles prémisses, le pragmatisme ne pouvait avoir de place pour une philosophie des valeurs, une éthique ou une philosophie de la religion. Là où le pragmatisme était interprété comme une simple copie épigonale des originaux européens, on pensait la plupart du temps trouver ces originaux dans l'empirocriticisme d'un Ernst Mach, le fictionalisme d'un Hans Vaihinger, ou alors justement dans la philosophie de la vie de Nietzsche. C'est soi-disant à Georg Simmel que l'on devrait le bon mot, aussi présomptueux que trompeur, déclarant que le pragmatisme « serait ce que les Américains ont compris de Nietzsche[2] ». Cette formulation est trompeuse parce qu'elle reconduit la proximité d'idées ressentie entre Nietzsche et le pragmatisme à une réception américaine du penseur allemand, sans pouvoir établir l'importance constitutive d'une telle réception pour cette école de pensée. La formule de Simmel est par ailleurs présomptueuse parce que, dans cette proximité d'idées, elle ramène la différence qu'elle perçoit entre les deux aux limites de la compréhension pour Nietzsche en Amérique. Si l'on conçoit les choses ainsi, la pensée de Nietzsche peut effectivement apparaître comme la profonde mise en question de tous les idéaux, le pragmatisme en revanche comme leur abandon naïf et ignorant.

---

1. Ainsi Werner Bloch, « Der Pragmatismus von Schiller und James », in : *Zeitschrift für Philosophie und philosophische Kritik* 152 (1913), p. 1-41 et 145-214.

2. Cette déclaration orale de Simmel est transmise par Rudolf Pannwitz in : Kurt Gassen/Michael Landmann (dir.), *Buch des Dankes an Georg Simmel*, Berlin, 1958, p. 240. Sur la relation entre Nietzsche et le pragmatisme, on relèvera aussi dans la littérature de cette époque Richard Müller-Freienfels, « Nietzsche und der Pragmatismus », in : *Archiv für Geschichte der Philosophie* 26 (1913), p. 339-358, et Werner Eggenschwyler, « War Nietzsche Pragmatist ? », *ibid.*, p. 37-47.

Ce mur de méprises et de déformations caricaturales doit être abattu pour permettre d'apercevoir la modernité du pragmatisme et la productivité des solutions qu'il propose[1]. La question dont nous traitons ici, la genèse des valeurs, ne représente évidemment qu'un aspect d'un édifice beaucoup plus vaste. Dans ces pages, nous défendons la thèse que l'œuvre de James dans son entier, mais en particulier sa théorie de l'expérience religieuse, contient une clé pour répondre à cette question, une clé dont la signification dépasse de beaucoup le domaine un peu étroit de la religion. Face au livre de James sur la religion,

---

1. L'honnêteté oblige d'ajouter : William James et ses contemporains américains ne sont pas non plus libres de stéréotypes culturels déformants, entre autres face à la pensée allemande. James en particulier faisait souvent des remarques désobligeantes, empreintes de préjugés nationaux, sur des figures essentielles de l'histoire intellectuelle allemande. En outre, sa large ignorance de figures européennes essentielles pour la réflexion moderne sur la religion (de Feuerbach à Kierkegaard) correspondait à l'ignorance européenne vis-à-vis des nombreuses contributions américaines. On peut éventuellement considérer sa remarque sur Schopenhauer comme amusante, malgré son côté superficiel (« Quant à Schopenhauer, personnellement, son pessimisme fort en gueule ressemblait à un chien qui préférerait voir le monde dix fois pire qu'il est plutôt que de perdre l'occasion d'aboyer dessus, et auquel rien n'aurait déplu davantage que de perdre sa raison de se plaindre bruyamment » ; cf. Ralph Barton Perry, *The Thought and Character of William James*, vol. a, Boston, 1935, p. 724). En revanche, la plupart de ses déclarations sur Nietzsche témoignent de sa large incompétence. Dans *La Diversité de l'expérience religieuse*, James fait une fois directement référence à *La Généalogie de la morale* de Nietzsche, sans véritablement la discuter. Sa position est ambiguë. D'une part, il estime que « l'antipathie du pauvre Nietzsche » vis-à-vis des faibles était elle-même maladive ; d'autre part, il semble reconduire cette antipathie au caractère de Nietzsche : « L'« homme fort » avec une mentalité de carnivore, le type de grande taille, cannibale, ne peut voir dans la gentillesse et l'autodiscipline du saint que moisissure et morbidité, et ne peut le considérer qu'avec pur dégoût. » Cf. William James, *The Varieties of Religions Experience*, New York, 1902, cité d'après l'édition Cambridge (Mass.), 1985, ici p. 297.

il ne semble pas avoir existé en Europe les mêmes barrières que face à la théorie de la vérité (une théorie que l'on a mal comprise) dans son cours sur le pragmatisme[1]. La théorie de l'expérience religieuse proposée par James est le fruit d'un développement intellectuel qui prit son départ d'une profonde crise personnelle et qui dura des décennies. Cette crise avait une teneur qui dépasse la personne de James. Y jeter un coup d'œil peut montrer que l'intérêt de James pour la religion ne résulte pas d'une foi religieuse naïve et inébranlable, mais d'une prise de conscience de la contingence du monde comparable à l'attitude de Nietzsche.

Les témoignages autobiographiques de James et la littérature biographique sur son compte[2] ne laissent

---

1. Quelques-uns des plus importants penseurs allemands du début du XXᵉ siècle ont été, bien au contraire, profondément influencés pas ce livre, d'une façon qui mériterait une étude plus précise. Pour la réception du livre de James, le premier à jouer un rôle important est Ernst Troeltsch, cf. sa recension in : *Deutsche Literaturzeitung* 25 (1904), nᵒ 2, col. 3021-3027 ; plus tard id., « Empirismus und Platonismus in der Religionsphilosophie. Zur Erinnerung an William James », in : id. *Zur religiösen Lage, Religionsphilosophie und Ethik* (*Gesammelte Schriften*, vol. 2), Tübingen, 1913, p. 364-385. Max Weber parle aussi de cette œuvre, peut-être par l'intermédiaire de Troeltsch. Cf. maintenant : Wilhelm Hennis, « Die "spiritualistische" Grundlegung der "verstehenden Soziologie" : Ernst Troeltsch, Weber und William James' "Varieties of religious experience" », in : id., *Max Webers Wissenschaft vom Menschen. Neue Studien zur Biographie des Werkes*, Tübingen, 1996, p. 50-71. Je n'aborde pas ici l'importance de la réception de James pour Heidegger, Wittgenstein, Scheler et Simmel.

2. La littérature biographique sur James est extrêmement riche. Je cite ici seulement le livre brillant de George Cotkin, *William James, Public Philosopher*, Urbana, Ill., 1994. – Pour l'interprétation de la théorie de la religion et de sa genèse, le livre de Levinson reste aujourd'hui encore insurpassé et indispensable : Henry Samuel Levinson, *The Religious Investigations of William James*, Chapel Hill, N.C., 1981. Cf. aussi : Bennett Ramsey, *Submitting to Freedom*, New York, 1993, ainsi que : Ellen Kappy Suckiel, *Heaven's Champion.*

pas le moindre doute sur la dimension philosophique de la grave dépression dont souffrit James de 1867 à 1872 et qui ébranla sa personnalité. Comme presque nul autre de ses contemporains, James ressentait la tension entre une image du monde déterministe, prétendument attestée par les sciences modernes de la nature, et les valeurs constitutives d'une image chrétienne de l'être humain. À la différence de ce qui était le cas en Allemagne où, depuis la fin du XVIIIᵉ siècle, l'idéalisme spéculatif était venu se glisser entre la religion et la science, une coexistence pacifique entre la religion et la science semblait possible dans la culture américaine, si l'on fait abstraction d'exceptions comme le transcendantalisme d'Emerson. James comprit très vite que les bases de cette coexistence avaient perdu leur stabilité. Si tout est déterminé, quelle importance conservent donc les décisions libres de la volonté ? S'agit-il simplement d'illusions de celui qui agit ? Mais si elles sont davantage qu'une simple manière de s'illusionner soi-même, peut-on encore défendre l'image du monde donnée par les sciences de la nature ?

C'est dans cette antinomie, philosophiquement somme toute conventionnelle, qu'apparut d'abord au jeune James le problème paralysant sa volonté et privant le monde d'un sens capable de motiver l'action. La première idée qui amena un peu de lumière dans l'obscurité de sa dépression, James l'emprunta au néo-kantien français

---

William James's Philosophy of Religion, Notre Dame, Ind., 1996. La modernité de James est clairement identifiée par : Martin Marty, *Modern American Religion*, vol. 1 : *The Irony of It All (1893-1919)*, Chicago, 1986, p. 63 ss. On trouvera un choix de textes sur la théorie de la religion de James et une bibliographie abondamment commentée in : Donald Capps/Janet Jacobs (dir.), *The Struggle for Life. A Companion to William James' « The Varieties of Religious Experience »* (Society for the Scientific Study of Religion, Monograph Series, Number 9), s.l., 1995.

Charles Bernard Renouvier[1]. Celui-ci avait essayé d'établir la possibilité de la volonté libre en faisant appel à l'expérience consistant à retenir volontairement une idée contre d'autres idées qui nous assaillent. La concentration de la pensée et l'attention volontaire devenaient ainsi le premier exemple de la possibilité de libres décisions de la volonté. James donna tout de suite à cet argument de Renouvier une tournure plus radicale, volontariste : « Mon premier acte de volonté libre doit être de croire à la liberté de la volonté[2]. » Il ne s'agit plus simplement ici de chaque acte de concentration comme tel, mais de l'idée substantielle de la volonté libre. James formule sa décision volontaire de croire à la possibilité de décision de la volonté. Cette décision pouvait être ressenti comme une délivrance parce que, auparavant, seul le suicide apparaissait pouvoir être un acte volontaire : « Jusque-là, quand j'ai eu envie de prendre une initiative libre, comme oser agir spontanément sans attendre soigneusement que la contemplation du monde extérieur détermine tout pour moi, le suicide me paraissait la seule forme virile dans laquelle mettre mon audace ; maintenant, je vais faire un pas de plus avec ma volonté, je vais non seulement agir avec elle, mais y croire ; croire en mon existence individuelle et en mon pouvoir créateur. Pour être sûre, ma

---

1. Synthétique : Charles Bernard Renouvier, *Essais de critique générale*, Paris, 1875. (C'est de cette œuvre qu'est tirée l'épigraphe de ce livre, citée ici d'après l'édition Paris 1912, *Deuxième Essai*, vol. 1, p. 366. Cette phrase a été citée avec approbation par James dans « Bain and Renouvier » (1876), in : id., *Essays, Comments, and Reviews*, Cambridge (Mass.), 1987, p. 321-324, ici p. 325. Dans la littérature sur James, l'importance des idées de Renouvier a été quelque peu relativisée, cf. Louis Menan « W. James and the Case of Epileptic Patient », *New York Review of Books*, 17 décembre 1998, p. 81-93.

2. William James, notation dans son journal de 1870, citée in : Henry James (éd.), *The Letters of William James*, 2 vol., Boston, 1920, ici, vol. 1, p. 147.

foi ne peut pas être optimiste – mais je poserai la vie (la vie réelle, la vie bonne) dans la résistance autonome de l'ego face au monde. La vie doit consister [...] à faire, à souffrir et à créer[1]. »

Une déclaration comme celle-là suffit à réfuter l'image de James comme Américain naïf dont l'optimisme historique ne serait pas contaminé par la profonde crise de la culture en Europe et qui pour cette raison serait resté superficiel. Mais on pourrait alors avoir l'impression que James serait une sorte de proto-existentialiste qui aurait pris une décision non motivée en faveur de la liberté. Il y a effectivement des ressemblances sur ce point, et l'idée de James s'inscrit dans le cadre de ce discours de l'héroïsme responsable, un discours qui l'accompagna sa vie durant. Un regard plus précis montre toutefois que James ne se contenta pas d'une décision sans motivation, mais s'efforça précisément de lui donner un fondement. Non qu'il eût cherché à restaurer de vieux fondements métaphysiques. Ce qu'il avait en vue, c'était une nouvelle manière de comprendre tant la science que la religion. Il n'essaya pas de livrer une base inattaquable pour la liberté de la volonté de sorte que celle-ci dût apparaître comme logiquement nécessaire, accessible sans un acte de décision propre. Il s'interrogea bien plutôt, à l'inverse, sur les conditions de possibilité de la décision qu'il avait prise.

Dans cette démarche, un pas essentiel consista à essayer de démontrer que les sciences de la nature ne donnaient elles-mêmes aucune raison de développer une image déterministe du monde. Beaucoup de thèmes de James deviennent compréhensibles à partir de là. James vit de façon particulièrement claire la différence entre la révolution scientifique spectaculaire opérée par Darwin et l'évolutionnisme populaire d'Herbert Spencer. Pour

---

1. *Ibid.*, p. 148.

James, Darwin avait justement enseigné à voir que l'apparition et le développement des espèces se déroulaient dans un univers caractérisé par le hasard, le changement et l'ouverture historique, tandis que Spencer faisait de ces idées une nouvelle théorie de l'histoire, qui prétendait à la certitude et dans laquelle une voie déterminée du progrès paraissait inéluctable[1].

James reprend beaucoup plus directement que Spencer les idées de Darwin lorsqu'il essaie de comprendre toutes les opérations psychiques à partir de leur fonctionnalité pour l'adaptation active de l'organisme à son environnement. La liberté de volonté aide elle aussi l'être humain à survivre dans son environnement et ne se trouve donc pas en contradiction avec les découvertes de Darwin. La *Psychologie* de James, parue en 1890, constitue l'imposante synthèse de ses efforts dans cette direction. La science peut à son tour être comprise comme un essai actif pour répondre aux exigences de l'environnement. Dans cette perspective, les idéologies scientistes ne reflètent justement pas la façon dont la science est effectivement pratiquée. Bien sûr, souligne James, la science ne fournit pas non plus de certitudes définitives ; mais, si elle produit des explications plausibles, elle nous permet d'agir avec succès. L'épistémologie et la philosophie de la science développées par le pragmatisme produisent une conscience appropriée de la science qui – sans jamais créer de base inébranlable – nous permet d'agir avec succès dans des conditions d'incertitude. Dans son œuvre tardive, James développa finalement l'idée d'un « univers pluraliste » – un univers qu'on ne doit justement pas comprendre de façon déterministe, mais comme un

---

1. L'importance d'une philosophie indéterministe de la science pour James est montrée en détail dans le livre de Paul Jerome Croce, *Science and Religion in the Era of William James. Eclipse of Certainty, 1820-1880*, Chapel Hill, N.C., 1995.

champ de possibles dans lequel du nouveau peut surgir aussi de l'activité humaine[1].

Mais la question de la possibilité de la science et d'une connaissance vraie dans des conditions d'incertitude ne constituait qu'une ligne des efforts de James. L'autre ligne, dont j'ai l'impression qu'elle le préoccupait bien davantage encore, était la question de la possibilité de la foi religieuse dans ces mêmes conditions, c'est-à-dire à une époque où plus aucune institution ne fournissait de certitude dogmatique, où on avait cessé de rêver à une preuve valable de l'existence de Dieu et où, au contraire, certains contenus cognitifs centraux de la tradition chrétienne, comme la doctrine de la création, pouvaient être considérés comme définitivement réfutés par la science, ainsi que le montrait justement le darwinisme. Dans ce domaine – la façon de voir la religion en général et le christianisme en particulier – les différences entre James et Nietzsche sont particulièrement manifestes, ce qui pourrait amener certains à sous-estimer la modernité de James. Tandis que James avait vécu la décision de croire pour lui-même à la liberté de la volonté comme la délivrance d'un univers déterministe aboutissant à une impasse, l'« erreur de la liberté de la volonté » est pour Nietzsche l'occasion d'une nouvelle diatribe contre le christianisme. Pour Nietzsche, le concept de « volonté libre » est « le tour de force théologique le plus mal famé qu'il y ait, pour rendre l'humanité "responsable", à la façon des théologiens, ce qui veut dire : *pour rendre*

---

1. Cf. William James, *The Principles of Psychology* (1890), Cambridge (Mass.), 1983 ; id., *Philosophie de l'expérience. Un univers pluraliste*, Paris, Les empêcheurs de penser en rond, 2007. Mon interprétation de James est fortement influencée par Eduard Baumgarten, *Die geistigen Grundlagen des amerikanischen Gemeinwesens*, vol. 2, Francfort-sur-le-Main, 1938, p. 99-211 : Pour la place de James dans le pragmatisme, cf. aussi Hans Joas, *La Créativité de l'agir* (op. cit.), p. 136 ss.

l'humanité dépendante des théologiens...[1] ». « Volonté libre », le concept a pour lui une odeur de sanction et de jugement, il y renifle la tentative d'« infester l'innocence du devenir, avec le « péché » et la « peine ». Le christianisme est une « métaphysique du bourreau...[2] ». La nostalgie de Nietzsche le porte vers une « innocence du devenir » affranchie des catégories de responsabilité et de culpabilité ; et cela lui fait prendre conscience que l'idée selon laquelle les actions procèdent d'une décision consciente prise auparavant est une idée fausse. Mais il n'essaie pas, avec autant d'esprit de suite que James, de développer une description plus adéquate de la façon dont sont connectées la volonté et l'action ; il tend au contraire à exclure la volonté de la dynamique de l'action, faisant l'hypothèse d'une « volonté de pouvoir » hypostasiée derrière « l'innocence du devenir[3] ».

La différence entre James et Nietzsche est encore plus considérable sur une autre question : l'ébranlement de la certitude croyante dogmatique rend-il intenables aussi les valeurs du christianisme ? La « mort de Dieu » signifie-t-elle aussi la fin de la morale chrétienne ? Pour Nietzsche, à y bien regarder, ce n'est même pas une question. Il se raille de ces « Anglais aux esprits superficiels » et de ces « femmelettes moralisatrices à la [George] Eliot » qui croient pouvoir défendre la morale même sans qu'elle jouisse d'une garantie religieuse. Sûr de son fait, il proclame la vanité de ce genre de tentative : « Si l'on renonce à la foi chrétienne, on s'enlève du même coup le *droit* à la morale chrétienne. Celle-ci ne s'entend absolument pas de soi [...]. Le christianisme est un système,

---

1. Friedrich Nietzsche, *Le Crépuscule des idoles* (*op. cit.*), p. 1061.
2. *Ibid.*, p. 1062.
3. À comparer avec William James, « The Will » in : id., *Talks to Teachers on Psychology and to Students on Some of Life's Ideals*, New York, 1899, p. 169-196.

un ensemble d'idées et d'opinions sur les choses. Si l'on en arrache un concept essentiel, la croyance en Dieu, on brise en même temps le tout : on ne garde plus rien de nécessaire entre les doigts. Le christianisme admet que l'homme ne sache point, ne puisse point savoir ce qui est bon, ce qui est mauvais pour lui : il croit en Dieu qui seul sait. La morale chrétienne est un commandement ; son origine est transcendante ; elle est au-delà de toute critique, de tout droit à la critique ; elle ne renferme que la vérité, en admettant que Dieu soit la vérité – elle existe et elle tombe avec la foi en Dieu[1]. » Pour James, nombre de points affirmés dans ce texte comme des évidences claires et certaines étaient ambigus et incertains. Sur ce point aussi, Nietzsche reste, plus qu'il ne semble en être conscient, prisonnier de son adversaire, le christianisme dogmatique et une morale comprise comme commandement. Si l'on compare les religions mondiales et les différentes Églises chrétiennes, qu'est-ce qui incite donc à considérer le christianisme comme une unité close sur soi au point que ses valeurs ne puissent être justifiées que dans un unique cadre ? Pourquoi faudrait-il d'emblée exclure d'autres fondations de la morale que les fondations religieuses ? Et pourquoi, enfin, faudrait-il comprendre toute morale comme un commandement d'origine transcendante ?

Qui n'est pas avide de pouvoir à tout prix donner leur congé aux valeurs chrétiennes va poser ce genre de questions et vouloir procéder avec plus de modération que Nietzsche. La différence entre Nietzsche et James ne tient pas à la radicalité du questionnement, mais à l'ouverture pour envisager différentes réponses. Pour James, il n'est pas établi que, si Dieu n'existe pas, tout est permis ; quant à la « mort de Dieu », elle n'est pas

---

1. Nietzsche, *Le Crépuscule des idoles*, p. 1081s. (traduction corrigée).

pour lui un fait indubitable. Il ne s'approche de la religion ni en apologiste ni avec la conviction, positiviste ou nietzschéenne, qu'il s'agirait d'une réalité dépassée ; ce qui anime sa recherche, c'est la question de la possibilité d'une foi religieuse à une époque post-métaphysique où règne l'esprit scientifique.

Le premier témoignage important pour la façon dont James y répond à ce genre de questions est son essai « The Will to Believe[1] », dont le seul titre a suscité bien des interprétations erronées. Cela invitait à voir dans un plaidoyer pour la volonté de croire un engagement hyper-volontariste en faveur d'une tromperie de soi recourant à l'autosuggestion[2], voire une approbation cynique donnée à la tromperie d'autrui ou une formation de mythe visant à conquérir ou à conserver le pouvoir[3]. Bien que James ait par la suite regretté le titre choisi pour son essai en raison des nombreuses méprises auxquelles il avait donné lieu et

---

1. William James, « La volonté de croire », in : *L'Immoralité de la croyance religieuse*. William Clifford, *L'Éthique de la croyance*, suivi de William James, *La Volonté de croire* (Benoît Gauthier, traduction et notes), Marseille, Agone, 2018, p. 45-85. La traduction de Loÿs Moulin, datant de 1916 et plusieurs fois rééditée, n'est pas fiable (*N.d.T.*).

2. Cette interprétation abusive semble indestructible, en particulier en Allemagne. On la retrouve dans l'introduction de Peter Sloterdijk à la nouvelle édition allemande du livre de James sur l'expérience religieuse (« Chancen im Ungeheuren. Notiz zum Gestaltwandel des Religiösen in der modernen Welt im Anschluß an einige Motive bei William James », in : William James, *Die Vielfalt der religiösen Erfahrung*, Francfort-sur-le-Main, 1997, p. 11-34). Il attribue dans ce texte au pragmatisme « une métaphysique presque nue de la réussite » (p. 30) et affirme, retombant dans les plus vieux clichés : « C'est précisément l'américanisme dans les choses religieuses – la combinaison de la mentalité du prospecteur de pétrole et de la piété du succès » (p. 33).

3. Cette compréhension abusive joua un rôle important dans la réception fasciste de James et dans les discussions critiques qu'elle suscita. Cette question trouva son point de départ en particulier dans l'interview de Benito Mussolini publiée par le *Sunday Times* de

estimait qu'il eût mieux valu parler du « droit de croire » que de la « volonté de croire[1] », il n'avait pas choisi ce titre par hasard. La « volonté de croire » était une version plus développée de l'idée qui avait aidé James à sortir de la dépression. La réponse, encore provisoire, de James à la question de la genèse des valeurs est contenue dans l'argumentation de cet essai.

Dès le début de son texte, James fait comprendre qu'il ne s'agit pas pour lui d'appeler à croire à quelque chose que l'intellect nous interdirait, voire à quelque chose que nous aurions reconnu ne pas être vrai. Il anticipe même les méprises dont il sera néanmoins la victime en écrivant que l'idée d'une foi choisie par une motion de la volonté doit apparaître comme une simple bêtise ou une abjection irrationnelle. Ce que James a en vue est quelque chose d'autre. Il veut nous encourager à croire si nous ressentons une inclination à croire sans qu'il existe de motifs logiquement contraignants qui parleraient contre la foi. On ne peut croire, si l'on suit James, que ce qui s'offre à nous comme une possibilité vivante. Une possibilité vivante est, selon la définition proposée par James, ce vers quoi nous porte une tendance de notre volonté. Dans

---

Londres le 11 avril 1926. Interrogé sur ses maîtres à penser intellectuels, Mussolini y nomme James dans le même souffle que Nietzsche et Sorel. (« Le pragmatisme de William James a eu un grand rôle pour moi dans ma carrière politique. James m'a appris qu'une action doit être jugée par ses résultats plutôt que par sa base doctrinale. J'ai appris de James cette foi en l'action, cette volonté ardente de vivre et de se battre qui a fait une part du succès du fascisme. » Cité ici d'après Perry, *The Thought and Character of William James*, [*op. cit.*], vol. 2, p. 575. Parmi la littérature sur cette question, cf. surtout Peter Vogt, *Pragmatismus und Faschismus. Kreativität und Kontingenz in der Moderne*, Weilerswist, Velbrück, 2002.

1. Cf. sa lettre à F.H. Bradley du 16 juin 1904 (cité d'après Perry, *op. cit.*, vol. 2, p. 488), dans laquelle il écrit : « [...] ma "Volonté de croire" – titre malheureux qui devrait être plutôt le "Droit de croire". »

cette tendance de notre volonté, on trouve déjà la foi, ou la disposition à croire. C'est se méprendre sur le concept de volonté de James que d'interpréter la volonté de croire comme si l'esprit se décidait à accepter un contenu de croyance en dehors de tout contexte pratique. James a bien plutôt en vue les tendances préréflexives de la volonté, qui existent toujours au préalable ; il se demande comment notre réflexion traite et doit traiter ces tendances. Son idée est par conséquent toute différente de celle de Pascal dans son célèbre pari[1]. Pascal proposait un calcul d'utilité pour résoudre la question de la foi religieuse. Si la foi en un jugement divin reste simplement sans conséquence dans l'hypothèse où ce jugement n'existe pas tandis qu'elle a pour effet d'atténuer la peine s'il existe (par exemple en empêchant de commettre des méfaits), il est alors rationnel de croire. James montre que le résultat d'un tel calcul n'est pas une foi, qu'il ne possède aucune intensité de nos forces psychiques, avant d'ajouter en souriant, à l'adresse de Pascal : « et si nous étions à la place de la divinité, peut-être prendrions-nous un plaisir particulier à refuser la récompense éternelle aux fidèles de cette espèce[2]. » On pourrait dire que Dieu ne tombe pas dans le piège d'un calcul rationnel de ce genre.

Mais qu'est-ce qui fait obstacle à l'approbation réflexive d'une disposition préréflexive à croire ? Pour James, c'est l'éthos de la méthode scientifique qui semble nous faire obligation de ne croire que ce qui est confirmé par les moyens de l'entendement. James est certes fort éloigné d'attaquer l'éthos de la science. Il le considère au contraire comme indubitablement justifié pour la solution de nos problèmes cognitifs. Mais il demande ici – comme dans le reste de son œuvre – si nous comprenons correctement

---

1. Blaise Pascal *Pensées*, n° 397, in : id., *Œuvres complètes II* (Michel Le Guern, éd.), Paris, Gallimard (Pléiade), 2000, p. 376-381.
2. James, « La volonté de croire » (art. cit.), p. 51.

la méthode scientifique lorsque nous la concevons comme une accumulation de connaissances confirmées. L'image se modifie si nous tenons pour envisageable – attitude « faillibiliste » – la révision de nos connaissances et, inversement, si nous nous croyons certes capables de connaissances vraies, mais pas d'une ultime certitude d'être parvenus à la vraie connaissance. Croire à la vérité et éviter l'erreur, ce ne sont pas pour James deux formulations différentes d'un seul et même commandement, mais deux commandements différents dont on peut disputer de l'ordre de priorité. Il ne va pas de soi que nous dussions donner la préférence à éviter l'erreur si cela restreint notre accès à la vérité ou nous empêche de répondre à certaines questions. Dans ces cas, donner la préférence à la seconde maxime nous appauvrirait, alors qu'une préférence pour la première nous disposerait à chercher des réponses aussi là où une confirmation ne nous semble pas (encore) possible.

James accorde aux sciences qu'il peut être salutaire pour elles de procéder conformément à la seconde maxime, même s'il restreint aussitôt cette concession : elle ne vaut que pour l'appréciation des connaissances, pas pour les processus créatifs de la découverte puisque, dans ces derniers, l'intuition des chercheurs et leur intérêt passionné à la confirmation de leurs intuitions jouent un rôle indispensable. Dans les questions morales en particulier, celui qui agit ne peut pas, en règle générale, attendre une démonstration exhaustive, mais doit agir sans obtenir lui-même la certitude qui serait en principe possible. Il en résulte le dilemme suivant : dans la logique de la situation morale, la décision de ne pas agir mais d'attendre une confirmation est elle-même une décision qui n'est nullement neutre d'un point de vue moral. La tension entre les deux maximes de l'action est encore plus marquée partout où la confiance naît ou est nécessaire. James donne l'exemple de celui qui tombe amoureux. Qui attend froidement, dans une attitude défensive, d'obtenir de l'autre des signes sûrs de son amour attendra la plupart du temps en vain. Pour entrer dans le processus intersubjectif dans lequel prend forme une confiance réciproque, il est nécessaire que je fasse crédit à l'autre et que je sois moi-même convaincu être en principe digne de son amour. Je dois me considérer moi-même comme « digne d'amour » et l'autre comme « capable d'amour » pour que l'amour puisse naître. Sans la foi dans la possibilité de l'amour, l'amour ne naît pas. « Il y a donc des cas où un phénomène ne peut se produire s'il n'est précédé d'une foi antérieure en son avènement. *Et là où la foi dans un fait peut aider à le faire advenir...*[1] » Donner ici la préséance à la maxime de l'attente serait destructeur. L'option inverse est non seulement légitime, mais la seule solution constructive : « pour ce qui est des vérités qui dépendent de notre action personnelle, la foi qui se fonde sur le désir est en conséquence certainement légitime et peut-être même indispensable[2]. »

Ce qui vaut dans le domaine de la confiance interpersonnelle s'applique aussi, si l'on suit James, au domaine religieux. Si être disposé à croire est une présupposition nécessaire pour la religion, toute règle qui voudrait nous interdire « de faire connaissance avec les dieux[3] » est irrationnelle. La prescription nous enjoignant de ne croire que ce nous offre l'expérience quotidienne nous exclurait des expériences extra-quotidiennes – mais pourquoi devrions-nous nous exclure ainsi ? pourquoi devrions-nous donner à la crainte la priorité face à l'espoir ? Si notre attitude face au monde modifie l'expression du monde, il n'y a aucune raison contraignante d'affronter le monde sans confiance. Il va de soi que cela ne fournit pas

---

1. *Ibid.*, p. 76.
2. *Ibid.*, p. 77.
3. *Ibid.*, p. 81 (traduction modifiée).

davantage un motif contraignant en faveur d'une attitude religieuse – voire d'une attitude religieuse déterminée. James requiert expressément le respect face à l'attitude des autres et la tolérance entre croyants et non-croyants. Mais le droit de croire – aussi à une époque déterminée par la science et privée de certitude métaphysique – ne lui paraît pas avoir été réfuté. Contre les contraintes du scientisme, il essaie au moins de maintenir ouverte la possibilité de la foi. Dans un essai « The Moral Philosopher and the Moral Life[1] », James donne aussi à la question de savoir si, en général, une morale sans religion est concevable une réponse pesant le pour et le contre, loin de toute position dogmatique. Pour lui, la morale peut recouvrir des choses très différentes. Elle peut aller de l'effort pour éviter les actes mauvais jusqu'aux tentatives ambitieuses de changer le monde. Il ne conteste absolument pas que la moralité soit possible sans religiosité et que dans un univers dans lequel il n'y aurait pas de conscience plus élevée que la conscience humaine une éthique pourrait parfaitement trouver un ancrage ; c'est uniquement pour les formes de morale plus exigeantes et plus passionnées que l'on ne trouve jusqu'à présent dans l'histoire de l'humanité que des exemples de motivations marqués au coin de la religion. C'est pourquoi la foi religieuse augmenterait la probabilité qu'un individu dépasse une morale prudentielle et trouve la force et l'endurance nécessaires pour modifier le monde. James dit cela en psychologue et en défenseur de la foi religieuse ; il ne proclame toutefois aucune certitude, mais en appelle uniquement à des observations fondées sur l'expérience.

---

1. William James, « The Moral Philosopher and the Moral Life » (conférence de 1891, publiée en 1896), in : id., *The Will to Believe and Others Essays in Popular Philosophy*, Cambridge, 1979, p. 141-162.

Toutes ces références à la religion obéissent à un geste défensif, dû à la place à laquelle l'ont réduite les sciences et l'esprit du temps. Avec son grand livre sur la « diversité de l'expérience religieuse », James passe à l'offensive. Il ne défend plus les possibilités de la foi religieuse même à l'époque présente, mais il demande ce qu'est véritablement ce que, sans trop y réfléchir, nous appelons « religion » comme si ce mot suffisait à tout clarifier. La façon dont il pose cette question et dont il essaie d'y répondre est assez largement considérée comme une innovation révolutionnaire dans l'histoire de l'étude de la religion. L'idée méthodique fondamentale de James consiste à prendre les *expériences religieuses* comme point de départ d'une théorie de la religion. À une époque où règne une forme triviale de psychologie, on oublie trop facilement la rupture avec les travaux antérieurs que cela représentait alors. Le livre de James n'est pas seulement le texte classique de la première psychologie de la religion et un exemple difficile à surpasser de phénoménologie de l'expérience religieuse[1]. Il ouvre aussi un nouvel accès à ce qu'on pourrait appeler une « religiosité post-métaphysique[2] ». Du même coup, cette œuvre fournit le premier

---

1. Cf. l'appréciation chez James M. Edie, *William James and Phenomenology*, Bloomington, 1987, p. 49 ss. Edie souligne que les phénoménologues les plus influents ont contribué dans une moindre mesure à une phénoménologie de l'expérience religieuse et que, la plupart du temps, la phénoménologie de la religion, malgré son nom, suit moins la méthode de l'interprétation de l'expérience que ne le fait William James.

2. Je pense qu'il est justifié de voir cette innovation chez James, et non déjà dans la découverte de « l'expérience religieuse » initiée surtout par Friedrich Schleiermacher à la fin du XVIIIᵉ siècle. D'une part, on peut affirmer que James devait accomplir pour la science de la religion qui se développa dans la seconde moitié du XIXᵉ siècle le même tournant que celui que Schleiermacher avait réalisé cent ans plus tôt dans la théologie protestante (cf. sur ce point aussi Volkhard Krech/ Hartmann Tyrell, « Religionssoziologie um die Jahrhundertwende »

élément pour donner une réponse constructive à la question de la genèse des valeurs.

Pour rendre compréhensible ce qui fait la spécificité de l'analyse de la religion proposée par James, il est utile de relever d'abord ce que cette analyse *n'est pas*. Elle ne s'intéresse ni aux constructions doctrinales de la théologie ni aux institutions ecclésiastiques. En opposition marquée à ce genre de science de la religion, James proposa de « faire totalement abstraction du domaine institutionnel, de ne rien dire de l'organisation ecclésiastique, d'aborder aussi peu que possible la théologie systématique et ses concepts de Dieu » et décida de se limiter « tout simplement [...] à la religion personnelle[1] ». La religion personnelle lui apparaît donc comme la *« primordial thing »* ; il est par conséquent logique qu'il fasse reposer son étude sur la définition suivante de la religion : « "Religion" doit donc signifier pour nous : les sentiments, les actions et les expériences d'individus dans leur isolement, qui croyaient être eux-mêmes en relation avec le divin[2]. » Ce qui pour James définit la religion, c'est ainsi chaque relation d'un individu *solitaire* à ce qui est compris d'une façon ou d'une

---

in : id. (dir.), *Religionssoziologie um 1900*, Würzburg, 1995, p. 11-78, ici p. 35 ss.). D'autre part, quelque grandiose que fût la tentative de Schleiermacher pour dépasser avec Kant les justifications métaphysiques de la foi tout en empêchant, contre Kant, l'identification de la religion et de la moralité, elle reconduisit finalement la classification des systèmes religieux à un « schématisme intemporel », alors que James, comme on le verra, argumentait de façon plus herméneutique. Pour la relation entre James et Schleiermacher et une critique dans cette perspective, cf. déjà le fragment de Dilthey datant de 1911 « Das Problem der Religion », in : id., *Gesammelte Schriften*, vol. VI, Leipzig/Berlin, 1924, p. 288-305, surtout p. 292 et 300.

1. William James, *The Varieties of Religious Experience* (*op. cit.*), p. 32. Dans les deux versions existantes, la traduction française n'est pas fiable. C'est pourquoi nous donnons les références dans l'édition américaine et traduisons nous-mêmes les citations (*N.d.T.*).

2. *Ibid.*, p. 34.

autre comme le divin. Au début de son étude, James ne délimite que vaguement ce qu'est ce « divin » : il doit « signifier une réalité originelle qui presse l'individu à une réponse solennelle et sérieuse, et pas à une malédiction ou une plaisanterie[1] » – en aucun cas il ne s'agit donc toujours d'une divinité personnelle. Il va de soi pour James que ce noyau de l'expérience individuelle du divin donne par la suite naissance aussi à des constructions doctrinales et à des institutions, mais celles-ci restent toujours des phénomènes secondaires face au phénomène primaire qu'est l'expérience religieuse individuelle. Anticipant les objections évidentes contre un individualisme aussi radical, James ajoute : « Dans une perspective au moins, la religion personnelle s'avérera plus fondamentale que la théologie ou l'Église. Une fois qu'une Église s'est établie, elle vit de seconde main, sur le sol de sa tradition ; mais tous les *fondateurs* sont à l'origine redevables de leur force à la communauté directe avec le divin[2]. » James cherche pour cette raison à s'approprier un matériel qui exprime ce genre d'expérience directe du divin.

La façon dont James étudie ce genre d'expérience est par ailleurs caractérisée par une démarcation claire de toutes les explications en « rien d'autre que[3] », c'est-à-dire face à toutes les tentatives pour comprendre le religieux comme l'expression simplement déplacée d'autres besoins qui y seraient en fait à l'œuvre. Au XXᵉ siècle, les interprétations marxistes ou psychanalystes ont souvent dominé la conscience publique ; elles rendent responsables de la religion soit la recherche d'une consolation dans l'au-delà des espoirs de justice ou de bien-être, soit la projection d'une image paternelle ou des désirs de fusion érotique avec des figures imaginaires. À l'époque de James, ce

---

1. *Ibid.*, p. 39.
2. *Ibid.*, p. 33.
3. *Ibid.*, p. 19.

n'était pas tant ces conceptions qui provoquèrent son opposition décidée qu'un matérialisme médical vulgaire ainsi qu'une anthropologie pour laquelle la religion n'était qu'une survivance d'époques primitives. Contre ces deux conceptions, l'objection la plus importante de James consistait dans la maxime typiquement pragmatiste faisant valoir que l'on devrait juger de la foi, comme des thèses des sciences, non d'après leur origine, mais d'après leurs conséquences. Dans les sciences de la nature et dans le domaine de la technique, il serait inconcevable que nous puissions réfuter une hypothèse en arguant du caractère névrotique de son auteur. La même chose devrait valoir pour les *religious opinions*. James distingue – en référence directe à la philosophie allemande des valeurs de la même époque – entre « jugements d'existence » et « jugements de valeur » et récuse l'idée que l'on puisse dériver les seconds des premiers. Il veut dégager l'espace permettant d'étudier la religion d'une façon qui prenne en compte la diversité empirique des phénomènes religieux en général sans les faire apparaître comme des aberrations par rapport à la seule vraie foi ou comme de simples illusions dont seraient victimes des personnes incultes. Il s'agit de commencer par regarder ce qu'est « l'expérience religieuse » et ce qu'est « la foi » sans que l'origine de cette expérience ou de cette foi vaille comme prétention dogmatique à la vérité ou comme preuve certaine de leur non-vérité. Cela ne signifie toutefois pas, pour James, que l'on puisse ignorer la question de leur origine – au contraire ! Même si la réponse à cette question ne décide pas de la valeur d'une croyance religieuse, nous comprenons cette foi correctement seulement si nous pouvons la voir avec son ancrage dans l'expérience. Dans son étude, James n'entend donc pas apprécier la valeur des expériences religieuses, mais les décrire ; dans cette description, il ne s'intéresse toutefois pas aux formes dans lesquelles s'exprime une rationalisation de ces expériences, mais aux expériences elles-mêmes, même si celles-ci ne sont accessibles qu'au gré des formes dans lesquelles elles reçoivent une expression rationalisée.

Ce programme démarque aussi la question de James sur l'origine et la genèse de la croyance religieuse de toute forme de réductionnisme historique ou évolutionniste. James se prononce clairement[1] contre la thèse qui voudrait que les idées religieuses soient traînées du passé – comme si les questions qui préoccupent les individus lorsqu'ils réfléchissent à leur destin devaient trouver de meilleures réponses grâce à la science, ou devaient être interdites au profit de la science parce que celle-ci ne peut pas y répondre. Ce sont des individus vivants qui font toujours à nouveau des expériences religieuses. Aussi l'expérience religieuse ne saurait-elle être reconduite à une réalité plus ancienne. Pour James, il n'est d'ailleurs nullement vraisemblable que des formes historiquement plus anciennes puissent nous révéler davantage de choses que les formes plus développées[2]. Une forme « plus développée » ne désigne pas pour James les formes historiquement les plus récentes, mais les phénomènes dont la forme est plus prégnante. Il espère en effet déchiffrer dans les « exagérations et [les] perversions » des structures également présentes dans les cas moins évidents. C'est par voie empirique et inductive qu'il entend établir comment sont organisées ces structures. C'est pourquoi il ne donne qu'une définition vague du concept clé d'« expérience religieuse » ; il craint que toute délimitation plus précise de l'objet empêche de le percevoir dans toute sa diversité. Il ne présuppose aucune essence de la religion, nul besoin, organe ou point de départ « religieux ». Pour lui, « religion » est plutôt une appellation qui regroupe des phénomènes de la vie humaine difficiles à délimiter ; dès

---

1. *Ibid.*, p. 387.
2. *Ibid.*, p. 12.

que nous sommes prêts à admettre cela, nous prenons conscience que tous les sentiments religieux ne sont rien d'autre que nos sentiments naturels rapportés à des objets religieux[1]. Peut-être même n'existe-t-il aucune essence commune à tous les objets et toutes les actions religieuses – tout cela ne signifie cependant pas qu'il n'y ait pas d'expérience religieuse, mais seulement que celle-ci ne peut pas être isolée de l'ensemble des expériences que nous faisons dans notre vie. Une étude sur l'expérience religieuse est pour cette raison une étude de l'expérience humaine dans l'une de ses formes les plus intenses et les plus universelles.

Avec une curiosité insatiable et une implication personnelle tout à fait perceptible, James collecte une masse de témoignages d'expériences religieuses afin de réaliser son programme. Il fait appel essentiellement à deux sortes de matériaux. Il utilise d'une part des écrits, journaux intimes et autoportraits littéraires dus à des virtuoses religieux : des saints, des fondateurs de secte et autres génies de la foi de toutes les époques et de toutes les religions mondiales. Il recourt d'autre part à une collection de témoignages autobiographiques concernant principalement des expériences de conversion qui avaient été rassemblés par les premiers psychologues de la religion américains et avaient été mis à sa disposition. Son livre contient de longues citations littérales tirées de ces deux sortes de témoignages ; outre le génie stylistique de James, c'est sans doute ce qui explique que ce livre ait été aussi captivant et profondément émouvant pour tant de lecteurs.

Dans notre contexte, il n'est ni nécessaire ni possible de présenter la richesse de cette enquête. Des descriptions et des analyses des phénomènes religieux comme la conversion et la prière, l'expérience mystique et la « nouvelle

---

1. *Ibid.*, p. 31.

naissance » personnelle, j'isole les éléments qui sont d'importance pour la question de la genèse des valeurs. Si je vois bien, il s'agit pour l'essentiel de trois éléments.

Le premier point qu'il faut mentionner est que, pour James, la question de l'expérience religieuse se distingue d'emblée clairement de la question de l'expérience morale. À l'époque victorienne, la religion était considérée, selon une formule célèbre de Matthew Arnold, comme n'étant rien d'autre qu'une moralité teintée d'émotions. Le caractère de la morale semblait être une chose claire, ainsi que le fait que toute religion contienne de la morale ; ce qui semblait en revanche toujours plus obscur pour les contemporains de James, c'était ce qui, outre des postulats « non scientifiques », venait s'ajouter positivement à la morale dans la religion. Avec la façon dont il délimite son objet, James pose d'emblée de tout autres accents. Pour lui, la religion n'est pas seulement un ornement qui vient décorer la morale, elle est au contraire quelque chose de fondamentalement différent de la morale. « La pure moralité accepte certes la loi qui règne dans le tout, en ce sens qu'elle la reconnaît et y obéit, mais elle lui obéit peut-être avec le cœur le plus lourd et le plus froid, et ne cessera jamais de le ressentir comme un joug. Dans une religion forte et développée, le service du Très-Haut n'est en revanche jamais ressenti comme un joug. À la place d'une soumission sourde, qu'elle laisse loin derrière elle, on rencontre une attitude d'accueil qui peut revêtir toutes les formes imaginables de la sérénité joyeuse à la joie enthousiaste[1]. » Même si, dans les faits, elles sont souvent liées l'une à l'autre, la religion et la morale déploient leurs forces dans des directions opposées. Tandis que la morale nous limite dans nos possibilités d'action, nous interdit certains buts et nous défend certains moyens, la religion agrandit nos possibilités d'action.

---

1. *Ibid.*, p. 41.

Alors qu'on peut caractériser l'être humain guidé par la morale comme un athlète de haut niveau qui doit se concentrer sur sa volonté pour agir moralement, l'être humain religieux vit, si l'on suit James, de sa passion et de son excitation, « une dimension supplémentaire [...] dans des domaines dans lesquels la morale au sens strict peut au mieux incliner la tête et faire silence[1] ». Cette dimension passionnée du religieux appartient pour lui à la religion si celle-ci doit d'une façon ou d'une autre être quelque chose de déterminé.

La stricte distinction entre la religion et la morale n'est certainement pas le résultat de l'arrière-fond puritain de la culture américaine. Elle provient bien plutôt de la rupture avec cette tradition, une rupture que William James n'eût pas besoin d'accomplir personnellement puisque son père, Henry James Sr, avait déjà entrepris avec ses écrits l'essai d'« humaniser le calvinisme » (Giles Gunn). Le christianisme non protestant n'avait jamais réduit à ce point la religion à la morale, et le christianisme protestant a toujours connu des mouvements de réveil et des rébellions esthétiques s'opposant à l'étroitesse d'une simple morale. Si l'on fait ainsi preuve de compréhension pour le caractère passionnel du religieux, la formule de Marx qualifiant la religion d'opium du peuple paraîtra probablement absurde parce qu'elle prête à la religion un effet apaisant et consolateur alors qu'il aurait été tout aussi possible, et même plus plausible, d'interpréter la religion comme un facteur qui augmente la force et la compétence des acteurs.

L'attention de James est attirée par toute une série de phénomènes empiriques de la religiosité parce qu'ils font apparaître de façon particulièrement claire la différence entre religiosité et moralité. L'analyse des expériences mystiques démontre que celles-ci ne sont ni présupposées

---

1. *Ibid.*, p. 46.

pour l'agir moral ni requises par la morale – que l'individu n'a pas besoin de viser ces expériences pour y être exposé. La longue discussion critique avec les courants d'une religion de l'« *healthy-mindedness* » – c'est-à-dire avec une pensée exclusivement « positive » portée par une réaction compulsive contre le pessimisme calviniste du péché – s'explique également par le fait que James y voit un mouvement populaire contre la domination de la moralité sur la religiosité. Aussi importants dans l'Amérique de la fin du XIXe siècle qu'ils le sont de nouveau aujourd'hui, ces courants font pourtant l'objet d'un rejet inquiet de la part de James, qui ne pouvait pas considérer qu'une ignorance superficielle du mal et de la faute soit une attitude adéquate. À partir de ces courants contemporains, il se tourne aussi vers la doctrine de la justification par la foi seule de Martin Luther, vers l'enseignement de John Wesley insistant sur le fait qu'on doit apprendre à accepter la grâce de Dieu, ainsi que sur les conversions méthodistes ; dans tous ces exemples, il voit à l'œuvre la force libératrice et fortifiante du religieux. Le dénominateur commun de tous ces courants consiste pour lui dans la force motrice qui pousse à « faire atteindre le repos au petit soi privé et crispé et constater qu'un soi plus grand est là[1] ». Manifestement fasciné, il revient toujours sur les exploits grandioses ou repoussants, héroïques ou ascétiques que la religiosité a rendus possibles à toutes les époques et dans toutes les cultures.

Démarquer les expériences religieuses des expériences morales est le présupposé nécessaire non seulement pour pouvoir prendre en compte les états d'exception dans la vie humaine, mais aussi l'attitude inscrite dans la durée de la personne religieuse, cette attitude qui caractérise tout son rapport au monde. Cet état de la religiosité, James l'appelle l'« état de foi » ou « de confiance »

---

1. *Ibid.*, p. 96.

(« *faith state*[1] »). Cet état a pour lui une dimension cognitive et une dimension affective ; pour éviter les ambiguïtés, il propose de désigner la dimension affective par le terme d'« état de sécurité[2] ». James ne conçoit naturellement pas ces deux dimensions comme étant réellement séparées et ne considère pas la dimension cognitive comme la dimension véritablement décisive ; ce serait à ses yeux retomber dans les dualismes cartésiens que le pragmatisme entreprend justement de surmonter. James énumère les traits suivants comme caractéristiques de cet « état de sécurité » : ce qui est central, c'est « la perte de tout souci, le sentiment que, finalement, tout va bien se passer ; la paix, l'harmonie, la *disponibilité à exister* même si les circonstances extérieures ne changent pas [...]. Une passion du vouloir, de la confiance, de l'admiration est le centre incandescent de cet état d'esprit[3]. » En deuxième lieu, cet état est lié au sentiment que l'on prend conscience de vérités jusqu'alors ignorées, des vérités dont l'expression linguistique est difficile, voire impossible. En troisième lieu, avec cet état se modifie aussi l'image objective dans laquelle le monde apparaît. Le monde se manifeste au croyant dans sa beauté et sa nouveauté permanentes. Enfin, le croyant est traversé en ce sens par un flux de bonheur qui peut aller jusqu'à l'extase.

Cette caractérisation de la dimension affective contient déjà des indications renvoyant aux traits cognitifs de l'état de foi. Il est d'ores et déjà clair que la foi n'est pas simplement un tenir-pour-vrai cognitif qui pourrait être ébranlé par un discours argumentatif. Certes, des

1. James emprunte cette expression à James Leuba, « Studies in the Psychology of Religious Phenomena », in : *American Journal of Psychology* 7 (1896), p. 345-347, ici p. 345.
2. James, *Varieties* (*op. cit.*), p. 201.
3. *Ibid.*

postulats cognitifs sur un ordre inaccessible au sens (« un ordre invisible[1] ») appartiennent de façon essentielle à la foi, mais ils n'ont pas le statut d'hypothèses intellectuelles. Pour l'idée qu'il a en vue, James trouve une expression adéquate en comparant l'imagination ontologique de la personne religieuse avec l'attitude vitale fondamentale des amants : « Celui qui aime a une sensation notoire de l'existence continue de sa dulcinée même lorsque son attention se porte à d'autres objets et ne se représente pas ses traits à cet instant. Il ne peut pas l'oublier ; elle l'influence sans interruption[2]. » La foi est donc une attitude face à la réalité qui est portée par le sentiment certain de la présence d'une force plus puissante. C'est pourquoi James donne autant d'exemples pour le sentiment d'une présence des objets de la foi. Toute l'expérience montre que les arguments en faveur ou en défaveur de cette conviction ne sauraient atteindre ce sentiment certain d'une présence. La foi ne peut être produite par des preuves, mais elle ne se laisse pas non plus réfuter par des démonstrations. « Si vous avez des intuitions, celles-ci proviennent d'une couche de votre être qui est plus profonde que la couche bavarde qu'habite le rationalisme. Toute votre vie subconsciente, vos impulsions, votre foi, vos besoins, vos pressentiments ont préparé les prémisses dont votre conscience commence maintenant à sentir le résultat ; et quelque chose en vous *sait* de façon absolue que ce résultat doit être plus vrai que n'importe quel discours construit logiquement, perspicace, rationaliste, quelle que soit l'intelligence dont il puisse faire preuve pour vous contredire[3]. »

Outre cet élargissement de nos possibilités d'action rendu possible par le « religieux », le deuxième élément

---

1. *Ibid.*, p. 51.
2. *Ibid.*, p. 66.
3. *Ibid.*, p. 67.

souligné par James est donc le sentiment de certitude de la foi, un sentiment fondé à son tour dans le sentiment d'une présence et largement immunisé contre la *ratio*. C'est en particulier dans l'analyse des expériences mystiques qu'il met en évidence la « qualité noétique[1] » de ces expériences. Des expériences de ce genre ne sont pas vécues par le sujet simplement comme des états affectifs, mais comme des illuminations, des prises de conscience et des révélations soudaines, qu'il est sans doute difficile de transposer verbalement, mais qui diffusent une autorité intense. Contrairement à ce que l'on pourrait croire, James ne sacrifie pas l'argumentation rationnelle à l'autorité irrationnelle de ce genre d'expériences d'évidence. « La vérité mystique est existante seulement pour l'individu qui fait l'expérience vive de ce ravissement, et pour personne d'autre[2]. » On ne peut pas davantage faire un usage argumentatif de ce genre de vérité que de la certitude sensible comme telle. Mais cela ne signifie pas qu'elle ne ferait pas partie de l'expérience humaine et qu'une compréhension de cette propriété de notre expérience ne puisse pas avoir une importance centrale.

James oppose constamment les traits affectifs et cognitifs de la foi à des descriptions d'un état de mélancolie et de dépression. Leur seul intérêt n'est pas d'y trouver la réminiscence de la dépression qui fut si décisive pour l'itinéraire intellectuel de James et qui subsiste comme arrière-fond sombre de ses descriptions si inspirées de la joie des croyants. Elles ont une fonction plus importante encore : par ce contraste, James nous invite à une expérience de pensée qui démontre l'impossibilité vitale de faire abstraction des contenus axiologiques porteurs de sens dans notre expérience du monde. Qui voit la foi comme un simple ajout irrationnel au monde des

---

1. *Ibid.*, p. 302.
2. *Ibid.*, p. 321.

faits n'a pas encore compris que nous ne pourrions ni vivre ni agir dans un monde constitué de simples faits. « Imaginez-vous, si cela vous est possible, être tout d'un coup dépouillés de tous les sentiments que votre monde actuel provoque en vous, et essayez de vous représenter comment ce monde existerait rien que pour lui, sans votre interprétation positive ou négative, confiante ou inquiète. Il vous sera à peine possible de vous représenter de façon réaliste un tel état de négativité et de mort. Aucune partie de l'univers ne serait plus importante qu'une autre ; et toute l'accumulation de ses choses ainsi que la suite complète de ses événements seraient sans signification, sans caractère propre, expression ou perspective[1]. » Pour nous, le monde des faits purs n'est pas simplement neutre ; il est mort. Bien que ce soit nos besoins organiques (et spirituels) qui confèrent au monde intérêt et signification, nous ne les vivons pas comme des ajouts apportés au monde, mais comme le monde lui-même. James recourt une fois encore à l'exemple de l'amant pour qui l'être aimé et le monde entier autour de lui se présentent sous un autre jour que pour une personne sans amour. Pour James, l'amour et la foi sont des cas de « sensation de valeur en général[2] » ; ce qui le préoccupe n'est pas tant la genèse de telle ou telle valeur que la genèse de ce qui, en général, confère pour nous de la valeur au monde.

Même si, avec la foi, James veut décrire une attitude durable face au monde, ce qui l'intéresse particulièrement, c'est de comprendre la genèse d'une telle attitude dans l'expérience. C'est la raison pour laquelle les expériences mystiques et les expériences de conversions occupent une place si large dans son exposé et se voient accorder la priorité sur l'expression sans doute centrale de la religiosité individuelle : la prière. James n'aborde cette dernière

---

1. *Ibid.*, p. 126.
2. *Ibid.* (« *sens of value in general* »).

que vers la fin de son livre, bien qu'il l'appelle « l'âme et l'essence de la religion », « la religion réalisée[1] ». Pour l'intention qui préside à ces pages, nous pouvons tirer de l'analyse de la prière un troisième élément.

Sous le nom de « prière », James ne désigne pas simplement la répétition de formules sacrées ou la demande adressée à un être supérieur, mais – englobant de telles formules – toute forme de communication intime avec le divin. La prière constitue une tentative pour entrer en communication avec les forces dont la présence est ressentie comme certaine dans la foi et pour, de cette manière, entretenir un lien avec la force dont découle l'énergie vitale de l'individu. Comprise ainsi, la prière constitue la religion. Qui peut prier est religieux – même s'il ne se soucie pas des doctrines religieuses ou n'y a aucun accès. La prière est un mouvement dans lequel le soi s'ouvre[2] à cette source d'énergie se trouvant à l'extérieur de l'individu. Déjà dans sa *Psychologie* de 1890, James avait dérivé l'impulsion à la prière de la socialité constitutive de l'être-homme[3]. Parce que nous nous rapportons à nous-mêmes comme à un vis-à-vis social, nous aurions besoin d'un vis-à-vis social idéal – et nous ne le trouverions que dans la prière. Dans sa grande étude sur l'expérience religieuse, il met plus clairement en évidence le moment de l'ouverture du soi ainsi que de la relation à l'idéal.

Opposer l'expérience religieuse à l'expérience morale implique déjà l'idée qu'à la discipline morale correspond du côté de la religion une capacité à renoncer à soi (« *self-surrender* »), à s'abandonner aux forces qui nous attirent à elles. Dans son analyse des expériences de conversion, James distingue certes d'abord le type volontaire de celui

---

1. *Ibid.*, p. 365 s.
2. *Ibid.*, p. 406, note.
3. William James, *The Principles of Psychology* (*op. cit.*), vol. 1, p. 301.

du renoncement à soi et relève que le premier construit peu à peu pour soi les nouvelles attitudes propres à la foi tandis que l'autre se contente d'éliminer les obstacles et d'être emporté par la nouvelle foi[1]. Mais à peine James a-t-il introduit cette distinction qu'il la relativise en déclarant qu'un moment de renoncement à soi est indispensable aussi dans le type volontaire. L'ancien soi vise à se dépasser dans un nouveau soi ; tandis que sa volonté appartient encore à l'ancien soi, il fait l'expérience vive des forces qui le conduisent au nouveau soi comme d'une libération des contraintes de l'ancien soi. La façon dont James souligne justement le caractère non volontaire des expériences religieuses l'incite à une rétractation de son ancienne formule « la volonté de croire » plus marquée encore que celle à laquelle il avait déjà procédé au vu des méprises auxquelles cette formule avait donné lieu. Il souligne maintenant que « nous pouvons développer une confiance face à une conviction dont nous possédons déjà les prémisses, mais nous ne pouvons donner naissance à aucune conviction à partir de rien si notre perception nous assure exactement du contraire[2] ». Il n'est plus question non plus que nous nous décidions à croire par un acte de spéculation intellectuelle. James conçoit maintenant les choses plutôt comme elles sont comprises dans la tradition chrétienne avant lui : la foi est elle-même une grâce que nous pouvons nous efforcer d'acquérir sans toutefois pouvoir exercer sur elle de contrainte.

C'est surtout dans les chapitres centraux de son livre que James élabore l'idée du caractère non volontaire de la foi. À l'optimisme superficiel de « l'esprit sain », James oppose d'abord une phénoménologie de « l'âme malade »

---

1. James s'appuie ici sur Edwin Diller Starbuck, *Psychology of Religion*, New York, 1899. James doit beaucoup à la collection documentaire de cet auteur.

2. James, *Varieties*, p. 174.

et du « soi divisé » pour montrer ensuite comment le clivage intérieur des individus peut être surmonté par les expériences de conversion et de nouvelle naissance[1]. Déjà avec sa *Psychologie*, James est l'un de ceux qui jouent un rôle décisif dans l'introduction de l'idée de « soi » (*self*)[2]. Quoi que l'on pense de la conception qu'il développe dans ce livre-là, l'étude sur l'expérience religieuse ne présuppose pas que le procès de la formation du soi soit un processus sans crise ; elle conçoit au contraire l'intérieur de l'être humain comme un champ de bataille entre « deux âmes prétendument liées par une hostilité mortelle[3] » : le soi effectif et le soi idéal. Cette tension entre l'ancienne et la nouvelle volonté, entre une volonté inférieure et une volonté supérieure dans la personne, James l'illustre avec un passage des *Confessions* de saint Augustin qui la décrit comme un conflit déchirant véritablement la personnalité. Il ne s'agit pas simplement ici d'une opposition entre deux options axiologiques ; c'est toute la personne qui se trouve en jeu lorsqu'elle doit décider quelles options axiologiques sont véritablement les siennes. James ne conteste pas que, souvent, nous ne sommes pas confrontés à des choix aussi dramatiques et que notre caractère se modifie aussi de façon progressive ; mais une fois de plus, il s'intéresse davantage à la forme la plus marquée, à la collision des options axiologiques dans l'individu qui change pour prendre une nouvelle

---

1. James est tout à fait conscient que la signification de ce genre d'expériences individuelles est particulièrement grande là où – comme dans la plupart des dénominations américaines – une conscience particulièrement marquée du péché va de pair avec une faible confiance dans le soulagement institutionnel (sacramentel) de l'individu. Le catholicisme et l'anglicanisme épiscopalien ont beaucoup moins besoin de la « nouvelle naissance » individuelle et d'un « *reawakening* » (réveil) collectif (cf. James, *Varieties*, p. 166).
2. Pour plus de détails, cf. le chapitre 8 de ce livre.
3. *Ibid.*, p. 143.

forme dans laquelle l'ancien déchirement n'existe plus. C'est ce qu'il appelle une « transformation[1] » du soi. La conversion est une « unification » du soi parce qu'elle surmonte la déchirure devenue insupportable par la formation d'une unité de niveau supérieur. Et la prière est pour James la répétition quotidienne d'une telle expérience bouleversante de la transformation. Elle libère toujours à nouveau de l'énergie provenant de la source qui joue un rôle constitutif pour le soi.

La pensée de William James, et en particulier sa phénoménologie évocatrice et clairvoyante de la phénoménologie religieuse, confère des contours plus précis à la question de la genèse des valeurs dans trois directions. Il existe manifestement des expériences d'attraction et d'exaltation distinctes et différentes de l'expérience morale. Celles-ci peuvent revêtir une forme de certitude indépendante d'arguments cognitifs. En outre, on ne peut pas atteindre ces expériences par un effort de la volonté, mais seulement par un renoncement à soi, à condition toutefois que des forces idéales viennent raffermir et porter l'individu au gré même de ce renoncement. Si les descriptions que James donne des phénomènes ont une grande force d'évocation, sa conceptualité n'en reste pas moins souvent difficile à cerner. À cela s'ajoute qu'il fait preuve d'une grande retenue lorsqu'il s'agit de tirer des conclusions de ses descriptions. Son respect de l'irréductible subjectivité propre à l'expérience individuelle contient certes une dimension axiologique que James savait parfaitement articuler[2]. Mais on ne saurait parler

---

1. *Ibid.*, p. 161.
2. Cf. surtout son article « A Certain Blindness in Human Beings », in : William James, *Talks to Teachers on Psychology* (*op. cit.*), p. 132-149. Il s'agit d'un plaidoyer décidé pour le respect de la différence culturelle et contre une politique impérialiste.

d'une utilisation de la phénoménologie des expériences religieuses pour une philosophie positive des valeurs. À l'origine, James avait prévu de donner à son livre deux parties d'égale importance, une partie traitant de la psychologie de la religion et une autre de la philosophie de la religion[1]. Finalement, il se contenta d'indiquer brièvement à la fin du livre que nous connaissons ce que la seconde partie devait contenir, mais il n'écrivit jamais un volume spécifique consacré à ce thème. Aussi ne pourrions-nous que collecter les allusions de James à son panthéisme pluraliste. Mais cette question nous éloignerait de la tâche que nous poursuivons dans ces pages. Dans notre contexte, l'enjeu consiste à mieux comprendre la contribution de James à l'explication de la genèse des valeurs et à la relativiser de façon critique en la démarquant d'autres contributions à ce problème. Le concept d'expérience peut-il vraiment jouer le rôle que lui attribue James ? Quelle est la relation entre l'expérience et le sentiment de certitude ? Les valeurs doivent-elles avoir un appui religieux ? Voilà quelques-unes des questions auxquelles les chapitres suivants vont essayer de répondre.

---

1. Cf. la préface de *The Varieties of Religious Experience*.

CHAPITRE 4

EXTASE COLLECTIVE
(Émile Durkheim)

Choisir entre Nietzsche et James, c'est choisir entre une généalogie de la morale radicalement hostile au christianisme, réduisant la morale à une question de pouvoir, et une phénoménologie de l'expérience religieuse individuelle respectant l'infinie diversité de la subjectivité. Ce choix, tous les lecteurs voudront le faire eux-mêmes ; et il dépendra de leur attitude préalable face à la religion et à la foi. Qui pose en revanche la question plus abstraite de la genèse des valeurs n'est pas contraint de considérer le choix entre Nietzsche et James comme une alternative épuisant les solutions offertes par l'histoire des idées. Tandis que Nietzsche a joué, et joue encore, un grand rôle surtout dans la pensée allemande et que l'influence de James perdure en Amérique jusqu'aujourd'hui, la sociologie universitaire a, elle aussi, une solution classique à proposer. Cette solution ne peut pas simplement être ramenée à Nietzsche ou à James, même si son auteur connaissait certainement ces deux œuvres. Il s'agit de la théorie de la religion d'Émile Durkheim, le classique de loin le plus important de la sociologie française. Se tourner vers cette théorie permettra d'élargir et de relativiser la réponse reposant jusqu'à présent sur les analyses de James.

La théorie de la religion de Durkheim trouve sa forme la plus élaborée dans son livre publié en 1912 *Les Formes élémentaires de la vie religieuse*[1]. Le noyau empirique de cette œuvre est une étude du totémisme, la (prétendue) religion des aborigènes d'Australie, dans la mesure où celle-ci pouvait être reconstruite sur la base des récits de voyage et des travaux de recherche disponibles à l'époque. Le choix de cet objet peut paraître à première vue quelque peu absurde ; il risque d'effrayer et d'éloigner certains lecteurs potentiels extérieurs aux cercles spécialisés. Mais il s'explique par l'hypothèse « évolutionniste » sur laquelle repose l'étude de Durkheim. Il croyait en effet que « toutes les fois […] qu'on entreprend d'expliquer une chose humaine prise à un moment donné du temps – qu'il s'agisse d'une croyance religieuse, d'une règle morale, d'un précepte juridique, d'une technique esthétique, d'un régime économique – il faut commencer par remonter jusqu'à sa forme la plus primitive et la plus simple, chercher à rendre compte des caractères par lesquels elle se définit à cette période de son existence, puis faire voir comment elle s'est peu à peu développée et compliquée, comment elle est devenue ce qu'elle est au moment considéré[2] ». Durkheim part donc de l'idée que, pour expliquer les phénomènes sociaux actuels, nous devons remonter à leurs formes les plus anciennes, et que celles-ci sont plus simples, c'est-à-dire moins complexes que les formes ultérieures. Pour l'intérêt porté à la genèse et aux effets de la vie religieuse, cela signifiait alors qu'il fallait remonter à la forme de religion « la plus primitive » que l'on puisse encore rencontrer – et cela semblait indubitablement être le totémisme australien.

L'intérêt pour la vie religieuse avait accompagné toute sa vie le fils de rabbin qu'était Durkheim. Son grand

---

1. Émile Durkheim, *Les Formes élémentaires de la vie religieuse* (1912), Paris, PUF, 1960[4].
2. *Ibid.*, p. 4 s.

livre sur la religion vient couronner des décennies de recherches entreprises dans ce domaine, au plus tard depuis le milieu des années 1890. Mais ses premières œuvres contiennent déjà des prises de position critique sur les recherches en science des religions. Dans ces textes déjà, Durkheim avait considéré la religion comme une affaire éminemment sociale, y voyant même la quintessence des convictions et des pratiques assurant la cohésion d'une communauté. Un certain temps, il partit de l'idée que le progrès de la division du travail devait nécessairement entraîner une diminution de l'importance revenant à ces convictions et pratiques communes ; aussi était-il logique qu'il considérât, comme les représentants typiques d'une pensée positiviste, que la religion était condamnée à disparaître. Ses premiers travaux[1] sont hésitants et peu clairs quand il s'agit de savoir ce qui prend ou doit prendre la place de la religion en voie de disparition ou si, vu l'émergence d'équivalents fonctionnels de la religion, il n'est peut-être pas judicieux de parler de sa disparition. C'est probablement dans sa recherche d'une nouvelle morale qu'il convient de voir le moteur à l'œuvre derrière les mutations théoriques de Durkheim[2] – une morale qui assure la cohésion sociale de la République française et de la société moderne dans son ensemble, tout en protégeant les valeurs de l'individualisme contre la

---

1. La meilleure étude des premiers travaux de Durkheim sur la religion est : Ernest Wallwork, « Durkheim's Early Sociology of Religion », in : *Sociological Analysis* 46 (1985), p. 201-208. Tandis que presque toute la littérature sur Durkheim voit une rupture entre ces travaux et les travaux ultérieurs – rupture pour laquelle on donne par ailleurs des dates très variables –, cette thèse est mise en question par Kurt Meier, « Gibt es einen "Bruch" in Durkheims früher Religionssoziologie ? », in : Volkhard Krech/Hartmann Tyrell (dir.), *Religionssoziologie um 1900*, Würzburg, 1995, p. 129-157.

2. Cf. Hans Joas, *La Créativité de l'agir* (*op. cit.*), p. 57-73.

critique d'un catholicisme réactionnaire[1]. Pour Durkheim comme républicain laïc résolu, la religion institutionnalisée était dès le début de son évolution un adversaire politique et moral. Un intérêt proprement théorique pour la religion ne put germer qu'au moment où commença à se désintégrer l'optimisme historique de Durkheim, qui était d'abord convaincu que la progression de la division du travail allait donner naissance presque automatiquement à la nouvelle morale qu'il cherchait. Dans son grand livre sur *La Division du travail social* de 1893[2], Durkheim traitait encore les dangers liés à la perte des valeurs, telle « l'anomie », comme des problèmes liés à la *transition* vers la société moderne, et non comme des problèmes inhérents à cette société. Cela changea déjà avec son œuvre pionnière dans le domaine empirique, sa grande étude sur le suicide de 1895[3]. Plus s'amenuisait pour lui l'espoir d'un développement spontané de la nouvelle morale, plus il se voyait contraint d'intensifier sa recherche des possibilités susceptibles de faire émerger, de soutenir et de stabiliser une telle morale. Doter la morale d'un appui transcendant ne semblait à Durkheim ni crédible ni possible. Il s'agissait par conséquent de se demander comment trouver un substitut intra-mondain à un tel appui transcendant. C'est cette constellation qui, me semble-t-il, provoqua l'intérêt passionné pour la religion de l'athée militant qu'était Durkheim et qui guida la façon dont il l'étudia.

---

1. Le livre de Mark Cladis, *A Communitarian Defense of Liberalism. Émile Durkheim and Contemporany Social Theory*, Stanford, 1992, montre excellemment l'actualité du « libéralisme communautarien » de Durkheim.

2. Émile Durkheim, *De la division du travail social*, Paris, Alcan, 1893 ; NE : Paris, Garnier, 2018 (Émile Durkheim, *Œuvres*, tome 2).

3. Émile Durkheim, *Le Suicide. Étude de sociologie*, Paris, Alcan, 1895 ; NE : Paris, PUF, 2013[14].

Ce n'est pas ici le lieu de retracer avec précision philologique la formation par étapes de la théorie de la religion exposée par le Durkheim de la maturité. Ce qui est
décisif pour la question de la genèse des valeurs, c'est
la contribution fournie par la théorie à laquelle aboutit
Durkheim[1]. La façon la plus simple de saisir ce qui fait la
spécificité de cette théorie consiste à partir de la définition
de la religion que Durkheim met à la base de son exposé.

« Une religion est un système solidaire de croyances
et de pratiques relatives à des choses sacrées, c'est-à-dire
séparées, interdites, croyances et pratiques qui unissent
en une même communauté morale, appelée Église, tous
ceux qui y adhèrent[2]. » Trois aspects de cette définition

---

1. Dans l'abondante littérature secondaire, je renvoie ici seu-
lement aux chapitres correspondants de la grande biographie de
Steven Lukes, *Émile Durkheim. His Life and Work*, Londres, 1975 ;
au manuel très complet de W. S. F. Pickering, *Durkheim's Sociology of
Religion*, Londres, 1984 – cf. aussi ma recension in : *American Journal
of Sociology* 92 (1986/87), p. 740 s. ; aux travaux de Robert Alun
Jones, indispensables pour les questions philologiques, par ex. id,
« On Understanding a Sociological Classic », in : *American Journal of
Sociology* 83 (1977/78), p. 184-205 ; id., « Robertson Smith, Durkheim
and Sacrifice : An Historical Context for "The Elementary Forms
of the Religious Life" », in : *Journal of the History of the Behavioral
Sciences* 17 (1981), p. 184-205 ; id., « Durkheim, Frazer, and Smith :
The Role of Analogies and Exemplars in the Development of
Durkheim's Sociology of Religion », in : *American Journal of Sociology*
92 (1986/87), p. 596-627 ; les travaux de François-André Isambert,
qui incluent aussi les élèves de Durkheim, par ex : id., « L'élaboration
de la notion de sacré dans l'école dukheimienne », in : *Archives de
sciences sociales des religions* 21 (1976), p. 35-56, et le cahier 69,
Relire Durkheim de la même revue, vol. 35 (1990). En Allemagne,
Horst Firsching a contribué à inscrire les théories de Durkheim dans
les discussions contemporaines des idées politiques, cf. id., *Moral
und Gesellschaft. Zur Soziologisierung des ethischen Diskurses in der
Moderne*, Francfort-sur-le-Main, 1994 ; id., « Die Sakralisierung der
Gesellschaft », in : Krech/Tyrell (dir.), *Religionssoziologie um 1900*
(*op. cit.*), p. 159-193.
2. Durkheim, *Les Formes élémentaires* (*op. cit.*), p. 65.

méritent d'être relevés. En définissant la religion comme un « système solidaire de croyances et de pratiques », Durkheim se démarque des tendances à comprendre la religion essentiellement comme un système de croyances et d'interpréter par exemple les pratiques rituelles comme de simples expressions de la croyance. Déjà dans ses premiers écrits, Durkheim s'était refusé à voir à l'œuvre dans la religion d'abord des spéculations métaphysiques. Dans sa théorie de la maturité, il souligne que toute religion contient une cosmologie. Cela ne signifie toutefois pas, à ses yeux, que le noyau de la religion consisterait à ajouter à la pensée des représentations sur ce qui serait « inconnaissable » pour les sens, mais au contraire que la classification du monde a eu lieu à l'origine en suivant des idées religieuses et que, par conséquent, la religion joue un rôle constitutif pour la faculté de penser humaine[1]. Le recours à la catégorie du « sacré » pour définir la religion ne peut lui aussi être compris qu'à condition de le comparer à d'autres définitions possibles. Durkheim se refuse avec de bons arguments, provenant de ses études dans le champ de l'histoire et de l'ethnologie des religions, à définir la religion par sa relation au « surnaturel » ou à une foi en Dieu ou dans les dieux. Le « surnaturel » présuppose en effet un concept du « naturel » ; et il convient de prendre en compte qu'il « y a des rites sans dieux, et même des rites d'où dérivent des dieux. Toutes les vertus religieuses n'émanent pas de personnalités divines [...]. La religion déborde donc l'idée de dieux ou d'esprits, et par conséquent ne peut se définir exclusivement en fonction de cette dernière[2] ». Au lieu de cela, Durkheim

---

1. Pour une analyse plus précise du sens et de la problématique de cette thèse de Durkheim, cf. Hans Joas, « Durkheim et le pragmatisme. La psychologie de la conscience et la constitution sociale des catégories », *Revue française de sociologie* 25 (1984), p. 560-581.

2. Durkheim, *Les Formes élémentaires* (*op. cit.*), p. 49.

déclare culturellement universelle la division dichoto-
mique en sacré et profane, c'est-à-dire la mise à part de
certaines choses, convictions et pratiques comme incom-
mensurables avec toutes les autres. Le troisième aspect
à souligner dans la définition de Durkheim est la façon
dont il attribue clairement un caractère social au religieux.
« Les représentations religieuses sont des représentations
collectives qui expriment des réalités collectives ; les rites
sont des manières d'agir qui ne prennent naissance qu'au
sein des groupes assemblés et qui sont destinées à susciter,
à entretenir ou à refaire certains états mentaux de ces
groupes[1]. » Toutes les relations individuelles au sacré se
voient soit dérivées du collectif – comme les cultes individuels – soit, comme la magie, opposées au religieux à
proprement parler.

Pour Durkheim, l'essence de la religion consiste dans
une relation collective au sacré, tant cognitive que pratique. Il va de soi qu'une définition permet seulement de
délimiter le phénomène du religieux, mais pas de l'élucider. Aussi les parties essentielles du livre de Durkheim
sont-elles consacrées à récuser les conceptions erronées
sur les formes élémentaires de la vie religieuse et à exposer
et analyser les représentations religieuses et les pratiques
rituelles des aborigènes australiens. Dans ce contexte,
Durkheim élabore la thèse que le véritable noyau du totémisme consiste dans l'idée d'une force supra-personnelle.
« Le totémisme est la religion, non de tels animaux, ou
de tels hommes, ou de telles images, mais d'une sorte de
force anonyme et impersonnelle, qui se retrouve dans
chacun de ces êtres, sans pourtant se confondre avec
aucun d'eux[2]. » La pensée religieuse n'a donc pas pour
point de départ des personnalités mythiques, des dieux
ou des esprits, mais « des pouvoirs indéfinis, des forces

---

1. *Ibid.*, p. 13.
2. *Ibid.*, p. 269.

anonymes, plus ou moins nombreuses selon les sociétés, parfois même ramenées à l'unité [...][1] ». Le caractère sacré des choses et pratiques sacrées n'est donc pas en lien avec leur substance, mais repose sur le fait qu'elles sont comprises comme les incarnations de ce principe du sacré, comme les incarnations d'une force active en leur sein de façon sensible.

Avec la question de la genèse de cette idée d'une force du sacré, Durkheim s'approche du point culminant de son enquête. Pour répondre à la question de la genèse du totémisme, il nous rappelle le fait familier qu'une assemblée diminue le contrôle de tous les participants et exerce sur eux des effets puissants et stimulants. C'est surtout le cas si elle dure un certain temps et si sont données certaines conditions susceptibles d'être décrites plus en détail. Ces effets sont d'autant plus marqués si l'autodiscipline habituelle des participants est faible. Durkheim utilise un grand nombre de métaphores naturalistes pour décrire ce qu'il a en vue : il parle de la température croissante qui règne entre les participants, d'une tension électrique qui s'établit, d'un effet d'écho ou d'avalanche. Il évoque « le démon de l'inspiration oratoire » qui se saisit d'un orateur lorsqu'il parvient à établir la communication avec ses auditeurs. « Son langage a une sorte de grandiloquence qui serait ridicule dans les circonstances ordinaires ; ses gestes ont quelque chose de dominateur ; sa pensée même est impatiente de la mesure et se laisse facilement aller à toute sorte d'outrances. C'est qu'il sent en lui comme une pléthore anormale de forces qui le débordent et qui tendent à se répandre hors de lui ; il a même parfois l'impression qu'il est dominé par une puissance morale qui le dépasse et dont il n'est que l'interprète[2]. »

---

1. *Ibid.*, p. 285.
2. *Ibid.*, p. 300.

L'effet de cette excitation n'est cependant pas toujours l'expérience d'un accroissement de ses propres forces. À partir d'un certain point, elle est selon Durkheim l'expérience dans laquelle la personne est subjuguée, jusqu'à avoir l'impression de se perdre soi-même. « On conçoit sans peine que, parvenu à cet état d'exaltation, l'homme ne se connaisse plus. Se sentant dominé, entraîné par une sorte de pouvoir extérieur qui le fait penser et agir autrement qu'en temps normal, il a naturellement l'impression de n'être plus lui-même. Il lui semble être devenu un être nouveau : les décorations dont il s'affuble, les sortes de masques dont il se recouvre le visage figurent matériellement cette transformation intérieure, plus encore qu'ils ne contribuent à la déterminer. Et comme en ce moment, tous ses compagnons se sentent transfigurés de la même manière et traduisent leur sentiment par leurs cris, leurs gestes, leur attitude, tout se passe comme s'il était réellement transporté dans un monde spécial, entièrement différent de celui où il vit d'ordinaire, dans un milieu tout peuplé de forces exceptionnellement intenses, qui l'envahissent et le métamorphosent[1]. »

Ces descriptions qui oscillent entre le totémisme et le monde moderne rendent claire l'idée centrale de Durkheim. L'expérience de la perte de soi dans l'extase du collectif – Durkheim parle lui-même d'« effervescence collective[2] » – est en même temps l'expérience d'une force – d'une puissance extraordinaire qui emporte l'individu et le transporte dans un autre monde. Les effets de cette force sont indubitables ; elle est réelle au plus haut point. Pour Durkheim, cette force n'est rien d'autre que

---

1. *Ibid.*, p. 312.
2. Dans mon exposé, j'ai remplacé par le terme « extase collective » ce concept qui n'est jamais devenu courant hors des cercles sociologiques.

l'effet de la réunion des individus pour former un collectif. Déjà dans son analyse du totem, il s'était en permanence efforcé de présenter le totem aussi bien comme incarnation de la force sacrée que comme « symbole de cette société déterminée qu'on appelle clan[1] ». Et la constatation de cette double fonction lui donnait l'occasion de pousser plus avant son interrogation : « Si donc il est, à la fois, le symbole du dieu et de la société, n'est-ce pas que le dieu et la société ne font qu'un ? Comment l'emblème du groupe aurait-il pu devenir la figure de cette quasi-divinité, si le groupe et la divinité étaient deux réalités distinctes ? » Et Durkheim d'en conclure : « Le dieu du clan, le principe totémique, ne peut donc être autre chose que le clan lui-même, mais hypostasié et représenté aux imaginations sous les espèces sensibles du végétal ou de l'animal qui sert de totem[2]. »

Pour Durkheim, l'étude de l'extase collective est donc un essai pour élucider la genèse de cette « apothéose ». Il part de l'idée que les expériences inouïes de la perte de soi et d'une force faisant disparaître le quotidien ne peuvent, en règle générale, être interprétées par les personnes concernées de façon froidement rationnelle comme le simple effet de leur interaction. Ces expériences requièrent au plus haut point d'être intégrées dans des cadres quotidiens, surtout lorsqu'elles sont révolues et que le quotidien reprend ses droits. Si l'on suit Durkheim, c'est en reconduisant leurs expériences à des puissances préexistantes avec lesquelles ces personnes ont été en contact seulement à l'endroit et au moment de leur rassemblement que se produit cette intégration. C'est pourquoi elles n'interprètent pas la force anonyme comme la force de leur propre collectivité. Résultant nécessairement de l'expérience de la perte de soi, leur

---

1. *Ibid.*, p. 294.
2. *Ibid.*, p. 294 s.

certitude affective d'avoir affaire à l'action de puissances supérieures se transforme ainsi en un attachement à des attributs de la situation dans laquelle elles ont fait cette expérience, sans que cet attachement puisse encore faire l'objet d'une réflexion. Cette attribution est la source dont se nourrit la classification du monde en deux domaines, selon qu'une chose ou une action est ou non reliée à cette expérience extraordinaire. Est profane tout ce qui ne fait pas montre d'un tel lien ; est sacré tout ce qui correspond à cette expérience, quel qu'en soit le degré de médiation. Décrit par Durkheim de façon métaphorique, mais de façon évocatrice, le moment de la perte de soi n'est donc pas, dans la plupart des cas, une perte irrémédiable, mais un dépassement des limites du soi vers les forces de la société interprétées comme des forces sacrées.

Durkheim ne limite pas ces expériences aux « états passagers ou intermittents[1] » de ce genre. Il estime que, de façon fort semblable, certaines périodes historiques sont caractérisées par une intensification des interactions sociales, une hyperactivité collective et la stimulation des forces individuelles. Elles trouvent leur expression dans des actes héroïques et barbares sortant des cadres quotidiens. L'intensité des phases révolutionnaires devient ainsi compréhensible. Mais Durkheim voit l'influence stimulante de la vie collective à l'œuvre même à l'intérieur du quotidien le plus normal, dans la mesure où la reconnaissance des autres nous motive toujours à nouveau. « Il n'est, pour ainsi dire, pas un instant de notre vie où quelque afflux d'énergie ne nous vienne du dehors. L'homme qui fait son devoir trouve, dans les manifestations de toute sorte par lesquelles s'expriment la sympathie, l'estime, l'affection que se semblables ont pour lui, une impression de réconfort, dont il ne se rend pas compte le plus souvent, mais qui le soutient. Le sentiment que la société

---

1. *Ibid.*, p. 301.

a de lui rehausse le sentiment qu'il a de lui-même[1]. »
C'est de cette tension entre l'expérience dans laquelle se
constitue le sacré et la force qui nous porte dans la vie
quotidienne que, revenant au cas élémentaire du totémisme, Durkheim tire finalement l'explication de la forme
particulière que prennent les actions collectives dans les
sociétés australiennes et des effets qu'elles déploient. Il
voit la vie de ces sociétés rythmée par une temporalité
dans laquelle se succèdent la dissolution en petits groupes
et leur rassemblement pour de grandes cérémonies. Les
expériences extraordinaires décrites par Durkheim sont
faites à l'occasion de ces rassemblements – mais la force
qui naît dans ces expériences porte les individus dans les
périodes de dispersion spatiale et rend ainsi possible leur
vie quotidienne. L'extase collective donne de la vitalité
aux individus ; sa répétition renouvelle régulièrement la
vitalité de leurs forces.

Savoir si l'analyse de la vie religieuse des aborigènes
australiens proposée par Durkheim était correcte est
une question qui n'a pas besoin de nous occuper dans
ces pages[2]. Les sections suivantes du livre de Durkheim
sont pour l'essentiel consacrées à dériver de cette base les
concepts des âmes, des esprits et de dieu et à étudier les
différentes sortes de rites. Dans une synthèse conclusive,
Durkheim montre clairement qu'il croit que les thèses qu'il
a développées sur l'exemple du totémisme sont générali-
sables. Il pense avoir montré que la formation des idéaux
est une question susceptible d'être élucidée scientifique-
ment. L'idéal, explique-t-il, « est un produit naturel de la
vie sociale. Pour que la société puisse prendre conscience
de soi et entretenir, au degré d'intensité nécessaire, le

---

1. *Ibid.*, p. 302.
2. Sur la relativisation du totémisme des Australiens, cf. Claude
Lévi-Strauss, *Le Totémisme aujourd'hui*, Paris, PUF, 1962, ainsi que
la littérature indiquée à la note 8.

sentiment qu'elle a d'elle-même, il faut qu'elle s'assemble et se concentre. Or cette concentration détermine une exaltation de la vie morale qui se traduit par un ensemble de conceptions idéales où vient se peindre la vie nouvelle qui s'est ainsi éveillée ; elles correspondent à cet afflux de forces psychiques qui se surajoutent alors à celles dont nous disposons pour les tâches quotidiennes de l'existence. Une société ne peut ni se créer ni se recréer sans du même coup créer de l'idéal. Cette création n'est pas pour elle une sorte d'acte surégatoire, par lequel elle se compléterait une fois formée ; c'est l'acte par lequel elle se fait et se refait périodiquement[1]. » Sur l'exemple des formes élémentaires de la religion, Durkheim croit donc avoir mis en lumière le secret de toute religion : c'est le dynamisme de la formation d'idéaux dans l'expérience de l'extase collective. Aussi areligieuse soit-elle, son explication ne saurait donc en aucun cas être confondue avec la théorie de la religion du matérialisme historique. Durkheim lui-même accordait la plus grande importance à cette différence[2]. Certes, ils voient tous deux dans la religion un phénomène social, mais Durkheim ne veut justement pas comprendre la religion de manière réductionniste comme la simple traduction des intérêts matériels dans des formes illusoires. Son argumentation fait valoir que, dans l'extase collective, la vie sociale produit des phénomènes *sui generis* qui obéissent à des lois spécifiques et ne peuvent être reconduits ni à une réalité individuelle ni à une réalité matérielle dépourvue de dimension idéale. À la différence de Nietzsche[3] et de Marx, Durkheim propose

---

1. Durkheim, *Les Formes élémentaires* (*op. cit.*), p. 603.
2. *Ibid.*, p. 605.
3. Dans son premier grand travail, Friedrich Nietzsche a lui aussi développé une conception de l'extase collective ; mais je ne vois pas qu'elle ait joué pour lui un quelconque rôle positif dans sa généalogie de la morale. Cela tient certainement au fait qu'il s'est servi d'un concept de morale préexistant qui, à la différence de Durkheim, était

donc une explication non réductionniste et areligieuse de la religion et de la formation des valeurs. – Comment mettre en relation cette explication avec celle de James ?

Pour répondre à cette question, il est probablement utile de se rapporter d'abord à la discussion directe de Durkheim avec James. Il ne fait pas le moindre doute que Durkheim était familier des travaux de James en général, et de sa théorie de la religion en particulier. Dans son livre sur les formes élémentaires de la religion, il mentionne deux fois la *Psychologie* de James et une fois son étude sur la religion. Dans ce cadre, il approuve explicitement James quand celui-ci se refuse à considérer les convictions religieuses comme de simples illusions des croyants, mais y voit le résultat d'*expériences* spécifiques. Il s'agit bien sûr d'expériences qui se distinguent clairement des expériences susceptibles de servir de pierres de touche à des énoncés scientifiques. Mais cela ne les rend nullement moins fructueuses ou sans conséquence pour ceux qui font de telles expériences. Néanmoins, après avoir accordé ce point à James, Durkheim objecte que du fait d'une telle expérience religieuse ne suit « aucunement que la réalité qui la fonde soit objectivement conforme à l'idée que s'en font les croyants[1] ». James n'avait toutefois pas prétendu que toutes les interprétations d'expériences religieuses par les croyants étaient des énoncés vrais sur la réalité ; pour lui, ils se rapportent simplement à quelque chose qui requiert sans le moindre doute une interprétation. Lorsque Durkheim polémique contre l'interprétation – qu'il prête abusivement à James – des expériences religieuses comme des intuitions objectives privilégiées,

aussi éloigné que possible de la dynamique des idéaux. Cf. Friedrich Nietzsche, *La Naissance de la tragédie ou hellénisme et pessimisme*, Paris, Le Livre de Poche, 1994.

1. Durkheim, *Les Formes élémentaires* (*op. cit.*), p. 597.

son adversaire est donc, de façon tout à fait générale, l'interprétation religieuse des expériences religieuses. Toute interprétation d'expériences religieuses qui laisse de la place à une lecture religieuse de celles-ci entre en collision avec le résultat prétendument empirique de Durkheim, selon lequel « la cause objective, universelle et éternelle[1] » de ces expériences n'est rien d'autre que la société en état d'excitation.

Dans son cours sur le pragmatisme de 1913-1914[2], Durkheim discute de la théorie de la religion de James de façon plus détaillée que dans son livre sur *Les Formes élémentaires de la vie religieuse*. La douzième leçon est tout entière consacrée au thème « Le pragmatisme et la religion ». Durkheim y propose d'abord un résumé équitable et précis de la théorie de la religion de James, soulignant tout particulièrement que James ne se concentre pas sur les institutions ou les systèmes de convictions religieuses, mais sur les expériences religieuses des individus. Il relève aussi les analyses proposées par James de l'expérience d'une présence de puissances supérieures dépassant l'individu, sa thèse des sources inconscientes de cette idée ainsi que les interprétations profondes que James propose de la sainteté (« *saintliness* »), de la mystique, de la conversion et de la prière. Ici aussi, il exprime son scepticisme face à une interprétation religieuse de ce genre d'expériences ; dans le cadre d'une évaluation d'ensemble du pragmatisme, il ajoute, avec prudence et retenue, une remarque critique reprochant à James de réduire tous les phénomènes de la religion à

---

1. *Ibid.*

2. Émile Durkheim, *Pragmatisme et sociologie. Cours inédit prononcé en Sorbonne et restitué par Armand Cuvillier d'après des notes d'étudiants*, Paris, Vrin, 1955. Une version électronique est disponible en ligne : http://classiques.uqac.ca/classiques/Durkheim_emile/pragmatisme_et_socio/pragmatisme_et_socio.html (consultation le 24 octobre 2020 à 12 h).

la dimension de l'expérience *individuelle*. Cette objection aurait certainement mérité d'être développée de façon plus détaillée, même si sa place dans le cours est un peu surprenante dans la mesure où Durkheim considère que l'individualisme radical de James serait ancré dans l'orientation générale du pragmatisme, alors que James est le seul pragmatiste à ne pas considérer la religion d'abord comme un phénomène social[1].

Mais ici, les différences entre Durkheim et James sont moins surprenantes que leur accord sur un point essentiel. Durkheim accepte manifestement l'idée méthodique fondamentale de James, qui consiste précisément à *faire des expériences religieuses le point de départ d'une théorie de la religion*. Pour le lecteur d'aujourd'hui, cet accord entre le classique français de la sociologie de la religion et le représentant le plus célèbre de la théorie de la religion au sein du pragmatisme américain peut paraître peu spectaculaire. On a en effet oublié que cette manière de procéder représentait une modification véritablement révolutionnaire dans l'étude de la religion. William James était le premier auteur à mettre en œuvre de façon conséquente une telle démarche dans une science de l'expérience religieuse ; un but essentiel de ses cours sur la théorie de la religion consistait justement à apporter la preuve de la fertilité de sa méthode.

Pour cette innovation méthodique, c'est incontestablement à James que revient la priorité. On sait que, depuis sa réception des travaux de Robertson Smith, en 1895, Durkheim avait placé ce thème au centre de son travail. Il est vrai aussi que, dans son travail le plus important après son tournant vers la théorie de la religion, son article « De la définition des phénomènes religieux[2] », Durkheim

---

1. Cf. le chapitre 7 de ce livre.
2. Émile Durkheim, « De la définition des phénomènes religieux » (1899), in : id., *Journal sociologique*, Paris, PUF, 1969, p. 140-165.

s'était efforcé de dépasser les approches contemporaines inspirées par la théologie et la psychologie de la religion et de placer au centre de son travail les actes cultuels, et donc les pratiques, comme l'avait fait avant lui Robertson Smith. Mais chez Durkheim et chez son modèle, la relation entre le culte et la foi, entre les pratiques et les expériences, était restée une question encore totalement irrésolue, dans cet article comme dans les autres écrits de cette phase. Même si l'on trouve tôt chez Durkheim des remarques éparses, relevant de la psychologie des masses, qui anticipent l'idée d'effervescence collective, celles-ci ne jouent encore aucun rôle systématique dans la construction théorique de Durkheim. Ce n'est donc ni la prise en compte des pratiques religieuses ni l'attention portée à l'effervescence collective qui peuvent seules avoir amené Durkheim à l'idée que l'étude de la genèse des valeurs ultimes devait prendre pour point de départ l'analyse de *l'expérience religieuse* des collectifs. Un indice supplémentaire est fourni par le fait que l'article sur les systèmes primitifs de classification publié en 1903 par Durkheim et Marcel Mauss[1] ne contient pas encore cette idée. Elle n'a donc été développée qu'après cette date, c'est-à-dire à une époque proche de la réception du livre de James par Durkheim et Mauss. Même si les références de Durkheim à James ne sont pas particulièrement spectaculaires pour ce qui concerne la théorie de la religion, cela ne signifie nullement que James n'ait pas pu exercer une influence essentielle sur la façon dont Durkheim fonde sa théorie de la religion sur l'analyse de l'expérience religieuse.

Par chance, il existe un autre texte qui montre la provocation que représenta le travail de James pour les

---

1. Émile Durkheim et Marcel Mauss, « De quelques formes primitives de classification. Contribution à l'étude des représentations collectives » (1903), maintenant in : Marcel Mauss, *Essais de sociologie*, Paris, Seuil (Points), 1971, p. 193-219.

deux penseurs français. Dans la revue *L'Année sociologique*, Mauss publia en 1904 une longue recension du livre de James[1]. Le ton de cette recension est extrêmement critique, Mauss y jouant presque au maître d'école, souvent pédant. Dans la longue liste des reproches de Mauss, on trouve des points comme l'absence d'une définition claire des concepts « expérience » et « expérience religieuse » chez James, l'influence du protestantisme libéral sur les conceptions de la religion chez James, l'importance trop grande accordée aux types pathologiques d'expérience religieuse, l'usage de concepts métaphysiques et la projection rétrospective de l'individualisme moderne. Dans son élan sermonneur, Mauss va jusqu'à proposer à James un autre titre pour son livre, afin de souligner la portée limitée de sa validité : une « Étude sur quelques états psychologiques relatifs à la religion », voire, encore plus étroit, sur quelques « sentiments strictement individuels attachés à quelques phénomènes religieux strictement individualisés dans nos sociétés[2] ». Il aurait été facile pour James de répondre point par point aux reproches de Mauss. Ainsi, c'est très consciemment qu'il avait évité de donner des définitions strictes au début de son exposé. Il estimait en effet ridicule de « formuler une définition abstraite de l'essence de la religion pour passer ensuite à la défense de cette définition contre tous ceux qui l'attaqueraient[3] ». Pour James, s'approcher d'une compréhension du divin consistait justement à s'engager sans réserve dans l'analyse de la diversité de l'expérience religieuse. Son concept d'« expérience » ne saurait davantage faire l'objet d'une définition rapide ; on y accède seulement si

---

1. Marcel Mauss, Recension de William James, *Varieties of Religious Experience*, in : id., *Œuvres*, vol. 1, Paris, Minuit, 1968, p. 58-65.
2. *Ibid.*, p. 63.
3. James, *Varieties* (*op. cit.*), p. 28.

l'on prend en compte la position philosophique de James, c'est-à-dire son « *radical empiricism* », voire l'ensemble de son pragmatisme. – James aurait pu faire valoir que sa proximité avec un protestantisme libéral n'était pas plus dommageable pour une théorie générale de la religion qu'une proximité avec les traditions religieuses catholique ou juive. Contre le reproche de s'être trop appuyé sur le matériel psychopathologique, James s'était prévenu dans son livre déjà en avançant deux fortes raisons. D'une part, il était tout simplement tolérant face à ce qu'il est convenu d'appeler des pathologies et ne tenait pas la caractérisation d'un phénomène comme pathologique pour une propriété naturelle immuable, mais pour un fait culturel hautement variable. D'autre part, il essayait, comme nous l'avons vu, de faire valoir la différence entre genèse et validité aussi pour l'expérience religieuse. Si James utilisait des concepts métaphysiques, c'est que, à la différence de Durkheim et de Mauss, il ne partageait pas leur confiance positiviste dans un dépassement de la métaphysique. Et finalement, se concentrer de façon prétendument exclusive sur les phénomènes modernes que sont les expériences hautement individuelles ne limitait pas davantage le domaine phénoménal pris en compte que la focalisation quasiment exclusive de la sociologie de la religion de Durkheim et Mauss sur les cultures archaïques.

Mais peu importe qui aurait finalement obtenu gain de cause dans cette controverse imaginaire. À nouveau – comme dans l'appréciation des références directes à l'œuvre de James sous la plume de Durkheim – il ne faut pas nous laisser induire en erreur par la façon dont Mauss souligne démonstrativement les points de désaccord avec James. Dans un passage important de sa recension, Mauss expose les raisons pour lesquelles il récuse l'usage que James fait du concept d'« expérience ». Il se refuse à utiliser le terme « expérience », voire celui d'« états de conscience » pour désigner des états psychiques dans lesquels sont mises en question l'autonomie de la personnalité, et même sa capacité à avoir une conscience. Pour Mauss, les tentatives bouddhistes ou autres d'atteindre un « nirwana », c'est-à-dire un état dans lequel la conscience se retire de tout lien avec le monde, constituent un appauvrissement, voire une destruction de l'« expérience » ; il en va de même des sentiments mystiques ou des sensations extatiques. Pour lui, il s'agit de tout sauf d'une expérience pour la simple raison qu'il entend réserver le concept d'« expérience » aux processus d'apprentissage dûment ordonnés et en lien avec la réalité.

Cela peut sembler n'être qu'une vaine querelle de mots. Mais en fait, derrière ce refus frappant d'accepter l'usage terminologique de James, se cache une question tout à fait fondamentale. Mauss ne veut certainement pas contester que, d'un point de vue objectif, la mystique, l'extase ou la transe constituent des modifications de la forme et du contenu de la conscience humaine. Ses remarques sont plutôt une sorte de combat d'arrière-garde. Pour Durkheim et Mauss, l'enjeu incessant était de défendre une compréhension cartésienne de l'esprit humain contre les tendances du pragmatisme et du bergsonisme qui gagnaient alors en importance. Mais le thème de la religion les contraignait à concéder toujours davantage au moins l'existence de certains « états psychologiques » qui ne se laissaient pas décrire dans la conceptualité de la philosophie cartésienne de la conscience puisque leur caractéristique consistait en ceci que les individus n'y restaient justement pas enfermés dans la boîte de leur conscience, mais ouvraient les frontières de leur moi, se transcendaient eux-mêmes et modifiaient leurs relations fondamentales au monde et à eux-mêmes. En 1904, Mauss se battait encore pour confiner les états psychologiques dans une sphère qui ne devait pas être subsumée sous le concept d'« expérience » – tandis que plus tard, dans la version finale de la théorie de la religion de Durkheim, ces phénomènes seraient bien sûr pris en compte comme des expériences et que l'analyse des expériences collectives se verrait même attribuer le rôle clé.

On peut par conséquent résumer en trois points les différences entre James et Durkheim. D'abord, l'approche individualiste de James diffère radicalement de l'approche collectiviste de Durkheim. Ensuite, Durkheim représente une pensée évolutionniste, James une pensée moderniste. Enfin, Durkheim comprend sa théorie de la religion comme une contribution visant à rendre possible la perpétuation des fonctions de la religion *sans* rester attaché à la foi religieuse, alors que l'intérêt principal de James consiste justement à défendre les droits de la foi personnelle contre les contraintes de pensée modernes. Mais, outre ces divergences, on trouve aussi des points communs manifestes. On a déjà mentionné l'accord sur la démarche méthodique : la science de la religion doit être construite sur la base de l'analyse de l'expérience personnelle. Un autre accord porte sur la distinction entre deux composants que James désigne comme la différence entre la religion et la morale, Durkheim comme les deux caractéristiques de la morale. Clarifier ce point d'accord va permettre de rattacher plus étroitement l'analyse du sacré aux questions de philosophie morale.

William James avait séparé l'une de l'autre la religion et la morale parce que, à ses yeux, la morale restreignait les possibilités d'action alors que la religion ouvrait justement à de nouvelles possibilités d'action. Dans sa théorie de la religion, Durkheim souligne pour sa part le double caractère de l'« autorité morale ». Dans ses travaux de philosophie morale datant des années durant lesquelles il travaillait à son livre sur la religion, Durkheim précise cette conception avant tout en débat avec la philosophie morale de Kant[1]. Contre l'utilitarisme, il donne raison sans réserve à Kant pour reconnaître que le moment du devoir constitue un élément nécessaire de la définition des règles morales. Mais, contre Kant, il insiste sur le fait que nous sommes incapables d'accomplir des actions uniquement par devoir. Une « certaine désirabilité[2] » constitue par conséquent une caractéristique du fait moral. « C'est ce désirable *sui generis* que l'on appelle généralement le bien[3] ». Le « bien » et le « devoir » sont contenus dans toutes les actions morales, dans des combinaisons variables et complexes. Durkheim voit ici un parallèle direct avec le caractère du sacré tel qu'il peut être observé empiriquement : le sacré est tout à la fois objet d'amour et de crainte. Durkheim se défend contre toutes les tentatives d'accorder la primauté à l'une des composantes du fait moral. Il ne lui semble exister pour cela nulle raison historique ou systématique. Si le sacré fait déjà montre de la même dualité, celle-ci ne semble pas être apparue avec l'émergence d'une morale séparée de la religion. Si l'on accorde la priorité au bien, alors le caractère obligatoire disparaît de la morale parce que le devoir lui-même doit être déclaré désirable. Il s'agit donc pour Durkheim de maintenir la tension entre le devoir et le bien, même s'il est prêt à accorder que, dans la réalité, les deux moments ne sont pas nécessairement séparés, mais peuvent se pénétrer réciproquement. « Nous éprouvons un plaisir *sui generis* à faire notre devoir, parce qu'il est le devoir. La notion du bien pénètre jusque dans la notion de devoir comme la notion

---

1. Cf. surtout Émile Durkheim, « Détermination du fait moral » et « Jugements de valeur et jugements de réalité », in : id., *Sociologie et philosophie*, Paris, PUF, 2010, p. 49-90 et 117-141.
2. *Ibid.*, p. 50.
3. *Ibid.*, p. 51.

de devoir et d'obligation pénètre dans celle de bien[1]. »
Chez Durkheim, on trouve ainsi au cœur de la morale
la même tension que celle que James décrit comme une
tension entre la morale et la religion. Chez tous deux,
la morale n'est pas définie exclusivement par l'impératif
comme chez Nietzsche, de sorte que la religion ne puisse
plus alors être pensée que comme justification métaphysique de cet impératif. Sur cette question, la proximité
entre Durkheim et James est même plus grande que ne
le laisseraient supposer au premier abord les différences
terminologiques. Autant Durkheim souligne le caractère
sacré permanent de la morale[2], élargissant pour cela son
concept de sacré bien au-delà des religions traditionnelles, autant il insiste sur le fait que l'impératif n'est pas
« la vraie caractéristique de ce que la morale a de religieux. Tout au contraire, on pourrait montrer que plus
une morale est essentiellement religieuse, plus aussi l'idée
d'obligation est effacée[3]. » Chez Durkheim aussi, la vraie
dimension religieuse n'est pas l'impératif, l'obligatoire,
le restrictif – mais, comme chez James, le désirable, ce
qui fortifie et qui motive[4].

Tout ce dialogue imaginaire entre Durkheim et James
laisse probablement une impression quelque peu confuse.
Il devrait certes être devenu clair que tous deux s'accordent
dans l'idée que pour expliquer la genèse des valeurs
nous devons remonter à des actions et des expériences
dans lesquelles un soi s'ouvre, dans lesquelles une perte
momentanée de soi conduit au contact de puissances qui

---

1. *Ibid.*, p. 64
2. *Ibid.*, p. 80 ss.
3. *Ibid.*, p. 82.
4. Dans ses travaux sur l'éducation morale, Durkheim a aussi souligné le caractère double de la morale, maintenant comme simultanéité
de la discipline et de la motivation. Cf. Émile Durkheim, *Éducation
et sociologie*, Paris, PUF, 1968 ; sur cette question, cf. Cladis, *A
Communitarian Defense of Liberalism* (*op. cit.*), p. 185-225.

peuvent fortifier le soi. Mais ni l'approche évolutionniste et collectiviste de Durkheim ni l'approche moderniste et individualiste de James n'est probablement tout à fait convaincante. À mes yeux tout au moins, il semble en résulter trois perspectives dans lesquelles il faut clarifier les choses plus avant.

D'abord, l'analyse du totémisme par Durkheim laisse largement ouverte la question des conséquences qu'il en faut tirer pour les sociétés modernes. Certes, Durkheim montre clairement qu'il considère que des extases collectives sont pensables aussi dans les sociétés modernes. Le rôle joué par la mémoire des mouvements de masse pendant la Révolution française est indéniable[1]. Des événements de ce genre ne sont pas pour lui des phénomènes marginaux, primitifs ou irrationnels de la socialité, mais au contraire un présupposé constitutif pour que les liens sociaux aux collectivités et aux valeurs soient dotés de charges affectives. Aussi le sacré ne disparaît-il pas au cours du processus progressif de différenciation sociale ; selon Durkheim, ni les individus ni les ordres sociaux ne pourraient en effet subsister sans un noyau sacré. C'est surtout dans sa contribution à l'affaire Dreyfus[2] que Durkheim expose clairement que, pour lui, la sacralité d'une société moderne, différenciée et individualisée,

---

1. L'influence en particulier de l'Histoire de la Révolution française d'Albert Mathiez sur Durkheim est soulignée par Edward Tiryakian, « Durkheim, Mathiez, and the French Revolution. The political context of a sociological classic », in : *Archives européennes de sociologie* 29 (1988), p. 373-396. En anthropologie et en sociologie, d'importants auteurs ont prolongé de façon créative l'idée durkheimienne d'« effervescence collective ». Cf. par exemple Victor Turner, *Le Phénomène rituel : structure et contre-structure*, Paris, PUF, 1990 ; Roger Caillois, *L'Homme et le Sacré*, Paris, Gallimard, 1939.

2. Émile Durkheim, « L'individualisme et les intellectuels », in : *Revue bleue. Revue politique et littéraire* 35 (1898), p. 7-13 ; maintenant in : id., *La Science sociale et l'action*, Paris, PUF, 1970, p. 263-279.

repose justement dans le principe des droits inaliénables et de la dignité de l'individu. Cette sacralisation moderne de l'individu constitue à ses yeux l'appui affectif de la nouvelle morale. Il est donc totalement aberrant de voir, après la mort de Durkheim, des critiques qualifier son insistance sur l'extase collective d'apologie des défilés fascistes et autres rituels de masse du national-socialisme ou du communisme[1]. Ces régimes étaient aussi éloignés que possible des intentions politiques et morales de Durkheim. Si néanmoins cette méprise a été possible, c'est seulement parce que Durkheim n'a pas vraiment clarifié la façon dont naît l'attachement aux valeurs de l'individualisme dans les sociétés modernes. Quel enthousiasme collectif peut conduire à l'attachement à l'individualisme ? D'autres expériences jouent-elles un rôle décisif pour cet attachement ? Ou alors l'individualisme moderne n'a-t-il aucun avenir parce qu'il ne peut plus produire lui-même les engagements dont il est pourtant tributaire ? Aussi génial que soit le lien qu'elle établit avec l'individualisme moderne, l'explication évolutionniste et collective proposée par Durkheim ne donne finalement pas de réponse à ces questions.

On pourrait faire les objections inverses à William James. L'accent unilatéral qu'il met sur l'expérience individuelle correspond peut-être mieux que l'analyse de Durkheim aux conditions des sociétés modernes. Mais

---

1. Léon Brunschvicg est censé avoir qualifié les « Reichsparteitage » du NSDAP à Nuremberg de cérémonies religieuses au sens de Durkheim (cf. Steven Lukes, *Émile Durkheim : His Life and Work*, Londres, 1973, p. 339, n. 71). Dans des lettres des années 1936 et 1939, Marcel Mauss a relevé l'incapacité de Durkheim et de ses élèves (donc de lui-même) à prévoir que les moyens modernes de l'organisation de masse pourraient être mis au service du mal. Cf. Svend Ranulf, « Scholarly Forerunners of Fascism », in : *Ethics* 50 (1939), p. 16-34. Sur cette question, cf. aussi Marcel Fournier, *Marcel Mauss*, Paris, Fayard, 1994, p. 683-691.

elle incite James à passer comme chat sur braise sur les « communautés excitées[1] » apparaissant dans ses sources et à projeter de façon anachronique dans le passé une individualisation de la prière et du rituel. La relation entre l'expérience individuelle et l'expérience collective requiert indubitablement d'être clarifiée, par-delà les positions de James et de Durkheim.

Ce problème renvoie immédiatement à une autre difficulté. Tant chez James que chez Durkheim, l'interprétation d'une expérience semble résulter de l'expérience elle-même. Durkheim reproche certes à James de ne pas distinguer la réalité incontestable de l'expérience individuelle de l'interprétation, toujours contestable, de cette expérience par l'individu[2]. Mais dans son propre exposé, même l'interprétation collective de l'expérience collective résulte de cette dernière, sans que les individus participants à l'expérience collective développassent diverses interprétations de cette expérience qu'ils transformeraient ensuite en une interprétation collective, au gré d'un processus (traversé de jeux de pouvoir) de discussion et de confrontation. Les deux penseurs négligent donc le rôle joué par l'interprétation de l'expérience. En lien avec la relation non élucidée entre expérience individuelle et collective, ce désintérêt a des conséquences considérables. Dans la théorie de James, on ne se rend pas compte de la façon dont l'individu reste tributaire d'une langue partagée avec d'autres et d'un répertoire culturel d'éléments interprétatifs, même dans l'interprétation de ses expériences personnelles les plus intenses. Chez Durkheim, c'est un autre aspect qui reste dans l'ombre : même dans la fusion de l'extase collective, les individus ne forment pas vraiment un être unique, si bien que l'intégration de leur expérience dans la vie quotidienne

---

1. William James, *Varieties* (op. cit.), p. 229.
2. Cf. Durkheim, *Les Formes élémentaires* (*op. cit.*), p. 597.

doit nécessairement présenter des variantes individuelles. Même l'attachement au sacré constitué collectivement et sa compréhension ne sont pas identiques chez tous les individus. Dans la théorie de la religion de Durkheim, on ne trouve pas un traître mot sur la formation de l'individu au gré de la différenciation par laquelle il se distingue justement du collectif.

Pour le rapport interprétatif à soi, Durkheim ne dispose pas de la moindre catégorie théorique. L'absence d'une telle catégorie est masquée avec peine par le recours à une langue métaphorique dans un livre par ailleurs d'une remarquable clarté conceptuelle. James fait pour sa part partie des pionniers d'une théorie du soi. Tandis que chez James et chez les auteurs qui s'inscrivent à sa suite, cette théorie sert à étudier la formation du soi dans les processus de la communication quotidienne, dans sa théorie de l'expérience religieuse, James a en vue la formation du soi dans l'interaction du soi isolé avec le divin. Ainsi, comme chez Durkheim, la relation entre la communication quotidienne et l'expérience extra-quotidienne reste chez James une question non élucidée. Dans les chapitres suivants, il s'agira par conséquent de se demander si d'autres penseurs ont mieux réussi à éclairer l'interaction entre expérience individuelle et expérience collective de même que la relation entre expérience quotidienne et expérience extra-quotidienne.

CHAPITRE 5

L'IMMANENCE DE LA TRANSCENDANCE
(Georg Simmel)

La focalisation sur la dynamique de l'expérience humaine ne suffit pas à donner une réponse satisfaisante à la question de la genèse des valeurs, car elle ne permet d'élucider ni la relation entre l'expérience individuelle et l'expérience collective ni le rapport entre l'expérience quotidienne et l'expérience extra-quotidienne. Dans ces conditions, il paraît sensé de se tourner vers un autre penseur qui – parfaitement familier des auteurs abordés jusqu'ici – promet de contribuer à faire avancer notre enquête. Des travaux de Georg Simmel, on peut certainement attendre une profonde compréhension pour l'expérience individuelle et pour les présupposés culturels de sa différenciation, mais aussi pour les problèmes de l'interprétation des expériences et de la compréhension des formations culturelles. À cela s'ajoute qu'il a joué un rôle décisif dans l'interprétation de la philosophie de Nietzsche avec son livre *Schopenhauer et Nietzsche* ; il s'est aussi confronté à l'œuvre de James et au pragmatisme. Ses échanges avec son contemporain Émile Durkheim donnèrent même lieu, en France, à un essai pour reconduire la théorie de la religion de Durkheim à des inspirations venues de Simmel[1]. Nous pouvons par conséquent partir

---

1. Sur Nietzsche : Georg Simmel, *Schopenhauer und Nietzsche*, Berlin, 1907. Sur le pragmatisme : id., « Le conflit de la culture

de l'idée que la question qui nous intéresse ici a été discutée par les penseurs abordés jusqu'à présent dans des discussions tissant une toile serrée.

Georg Simmel est un penseur qui, en règle générale, ne révèle pas ses sources et dont les développements brillants se soustraient la plupart du temps à tout énoncé univoque et à toute conclusion définitive. Plus encore que chez les auteurs discutés jusqu'ici, tenter d'isoler chez Simmel une réponse aux contours clairs à notre question rectrice oblige à négliger certains aspects de son œuvre et à ne pas suffisamment prendre en compte la complexité de son développement ; cela reste inévitable même si l'on s'efforce de développer cette réponse en traversant toute son œuvre. Depuis l'une des premières appréciations de l'importance de Simmel[1], un schéma en trois phases s'est établi pour rendre compte de l'évolution de sa pensée : après une première phase, positiviste et évolutionniste, Simmel serait passé par une phase néokantienne avant de

moderne », in : id., *Philosophie de la modernité*, T. II, Paris, Payot, 1990, p. 229-260 (sur ce point, cf. les remarques in : Hans Joas, *Pragmatismus und Gesellschaftstheorie*, Francfort-sur-le-Main, 1992, p. 122 s.) Sur les échanges entre Durkheim et Simmel, cf. Werner Gephardt, « Soziologie im Aufbruch. Zur Wechselwirkung von Durkheim, Schäffle, Tönnies und Simmel », in : *Kölner Zeitschrift für Soziologie und Sozialpsychologie* 34 (1982), p. 1-25. Sur la thèse attribuant à Simmel une influence décisive sur Durkheim : Simon Deploige, *Le Conflit de la morale et de la sociologie*, Paris, 1911 ; cf. sur cette question aussi Horst Firsching, « Émile Durkheims Religionssoziologie – made in Germany ? », in : Krech/Tyrell (éd.), *Religionssoziologie um 1900* (*op. cit.*), p. 351-363.

1. Cf. les développements de Max Frischeisen-Köhler, « Georg Simmel », in : *Kant-Studien* 24 (1920), p. 1-51 ; ils restent sur bien des points aujourd'hui encore du plus haut intérêt. Une autre périodisation intéressante, aussi en trois phases (période sociologique, période de concentration, période métaphysique), a été présentée par Hermann Gerson dans sa thèse de doctorat peu connue mais importante, cf. id., *Die Entwicklung der ethischen Anschauungen bei Georg Simmel*, diss. phil., Université de Berlin, 1932.

devenir un représentant de la philosophie de la vie. Ce qui est déroutant, c'est que Simmel a régulièrement retravaillé des textes des phases antérieures pour les incorporer dans de nouveaux écrits et que, à l'inverse, on trouve souvent déjà dans des travaux plus anciens une prémonition des motifs qui deviendront centraux par la suite. Chez un esprit aussi ouvert aux impressions que celui de Simmel, tout schéma distinguant différentes phases est par conséquent artificiel ; il serait préférable de dire que les idées qui le préoccupaient ont reçu une articulation à chaque fois différente en fonction des divers courants intellectuels de l'époque.

La philosophic et la sociologie de la religion et de la morale – et donc les champs thématiques dans lesquels nous pourrons selon toute vraisemblance trouver une réponse à la question de la genèse des valeurs – sont des questions qui ont intéressé Simmel dans les trois phrases de son œuvre. Déjà dans son *Introduction à la science morale*, une œuvre de jeunesse dans laquelle Simmel traite aussi bien de la dérivation historique et psychologique des catégories centrales du jugement moral que de leurs structures logiques et de leurs conséquences psychologiques, il s'était efforcé de distinguer la morale et la religion[1]. Durant la phase médiane, il rédigea plusieurs articles sur la sociologie de la religion, qui donnèrent naissance au livre *La Religion* (1906) qui parut en seconde édition en 1912, retravaillé au gré de motifs caractéristiques de sa troisième phase[2]. Et, à la fin de la vie de Simmel, virent le

---

1. Georg Simmel, *Einleitung in die Moralwissenschaft. Eine Kritik der ethischen Grundbegriffe*, Berlin, 1892-93 (maintenant : Francfort-sur-le-Main, 1989/91).

2. Georg Simmel, *Die Religion*, Francfort-sur-le-Main, 1906[1], 1912[2] ; la seconde édition a fait l'objet d'une traduction française : id., *La Religion*, Belfort, Circé, 1998. Les travaux épars sur la sociologie de la religion sont aisément accessibles in : Georg Simmel, *Gesammelte Schriften zur Religionssoziologie* (Horst Jürgen Helle,

jour les « quatre chapitres métaphysiques » réunis dans le livre *Lebensanschauung*[1] (1918 ; titre français : *Méditations sur la vie*). Nous n'allons pas tarder à constater que – à la différence de ce qui était le cas chez James et Durkheim – on ne peut se limiter chez Simmel aux textes relevant du champ de la religion si l'on veut discuter et comprendre la réponse qu'il donne à notre question. C'est seulement si l'on prend en compte ses écrits de guerre et son œuvre tardive avec ses profondes réflexions métaphysiques que l'on accède aux réflexions les plus importantes de Simmel.

Il semble opportun, d'abord, de situer la conception de la religion de Simmel dans le système de coordonnées qui résulte des travaux de James et de Durkheim[2]. Avec leur tendance positiviste et évolutionniste, les premiers travaux de Simmel sont bien plus proches de ceux de Durkheim que de la pensée de James. Simmel considère lui aussi qu'il est indispensable d'étudier des formations culturelles comme la religion à « leurs stades non formés » pour « les

---

éd.), Berlin, 1989 ; quatre d'entre eux ont été publiés en français dans id., *Philosophie de la religion*, Paris, Payot-Rivages, 2016. Simmel s'exprime sur ces questions aussi dans d'autres écrits qui ne sont pas directement consacrés à la sociologie de la religion. Je n'aborde pas dans ma présentation la confrontation de Simmel avec la théorie économique de la valeur et avec la question de leur base psychologique. Cf. Georg Simmel, *Philosophie des Geldes* (1900), Berlin, 1977 (traduction française : *Philosophie de l'argent*, Paris, PUF, 2007), surtout le premier chapitre ; sur cet aspect, cf. Hans Joas, *La Créativité de l'agir* (*op. cit.*), p. 50 ss.

1. Georg Simmel, *Lebensanschauung*, Munich/Leipzig, 1918[1], 1922[2] ; traduction française : *Méditations sur la vie. Quatre chapitres métaphysiques*, Belval, Circé, 2020.

2. L'interprétation de la philosophie de la religion et de la sociologie de la religion de Simmel a fait l'objet d'une attention particulière de la part des auteurs suivants : Horst Müller, *Lebensphilosophie und Religion bei Georg Simmel*, Berlin, 1960 ; Peter-Otto Ullrich, *Immanente Transzendenz. Georg Simmels Entwurf einer nach-christlichen Religionsphilosophie*, Francfort-sur-le-Main, 1981 ; Horst Jürgen Helle, « Einleitung », in : Georg Simmel, *Gesammelte Schriften*

saisir dans leurs stades les plus élevés et autonomes[1] ». Mais il ne nourrit pas l'espoir de pouvoir, grâce à cette démarche évolutionniste, identifier le véritable problème auquel répond la religion. Il considère au contraire l'hypothèse d'une telle origine univoque pour le chemin qui mène le plus sûrement à l'erreur. Comme Durkheim, mais à la différence du positivisme du XIXe siècle, Simmel conteste en outre qu'une analyse de la religion à partir de ces diverses origines suffise à dissoudre la religion en un simple tissu d'illusions : « Il faut souligner de la façon la plus décidée que, quelle que soit l'explication très terre à terre, très empirique, que l'on donne de l'émergence des représentations du supra-terrestre ct du supra-empirique, cela ne touche ni à la valeur subjective du sentiment lié à la représentation ainsi formée ni à la question générale de sa valeur objective de vérité. Le royaume de ces deux valeurs se trouve au-delà des frontières où notre distinction seulement génétique, seulement psychologique atteint son but[2]. » La distinction tranchée entre genèse et validité rappelle clairement la philosophie néokantienne des valeurs, même si Simmel n'en suit pas le style de réflexion. La genèse l'intéresse manifestement plus que la valeur, et il n'a jamais porté une grande attention à la

---

zur Religionssoziologie (*op. cit.*), p. 7-35 ; Volkhard Krech, « Religion zwischen Soziologie und Philosophie. Entwicklungslinien und Einheit des Religionsverständnisses Georg Simmels », in : *Simmel-Newsletter* 2 (1992), p. 124-138 ; id., « Zwischen Historisierung und Transformation von Religion : Diagnosen zur religiösen Lage um 1900 bei Max Weber, Georg Simmel und Ernst Troeltsch », in : Krech/Tyrell (dir.), *Religionssoziologie um 1900* (*op. cit.*), p. 313-349, surtout p. 322-327, et *passim* dans ce volume ; bref et concis : Hartmann Tyrell, « "Das Religiöse" in Max Webers Religionssoziologie », in : *Saeculum* 43 (1992), p. 172-230, ici p. 175-178.

1. Georg Simmel, « Zur Soziologie der Religion », in : id., *Gesammelte Schriften zur Religionssoziologie* (*op. cit.*), p. 36-51, ici p. 37.

2. *Ibid.*, p. 36.

systématisation des valeurs. Tandis que Durkheim récuse lui aussi le réductionnisme positiviste de la religion, il croit néanmoins pouvoir percer son mystère fondamental grâce à son analyse des formes élémentaires de la vie religieuse ; dans la combinaison d'évolutionnisme et de philosophie de valeurs du jeune Simmel, la relation entre genèse et validité reste en revanche sans aucune solution.

Simmel est aussi plus proche de Durkheim en ce qui concerne la question du caractère individuel ou collectif de la religion ; pour lui aussi, il n'y a pas de doute que le religieux a essentiellement un caractère social. Mais à la différence de Durkheim, il ne va pas jusqu'à considérer le divin comme la transformation symbolique du sociétal. Il suggère seulement de mettre en parallèle la transformation du divin et la transformation du social ; au vu de l'individualisation moderne, cela laisse du coup de la place pour la possibilité historique d'une religiosité individualisée, un point sur lequel Simmel se démarque de Durkheim. Mais la conception du social proposée par Simmel diffère de celle que défend Durkheim, ce qui a pour conséquence qu'il conçoit différemment le lien du religieux avec le social. L'idée sociologique fondamentale de Simmel est l'idée d'interaction sociale – c'est-à-dire une conception du social située entre le pur individualisme et le collectivisme intégral. En accord avec cette idée, le religieux est pour Simmel une *qualité des relations sociales* : « Les êtres humains développent dans leurs contacts, dans la dimension purement psychologique de leur interaction, la tonalité déterminée dont le développement accru, détaché, devenu une entité propre, s'appelle religion[1]. » Non seulement le religieux n'est ainsi pas limité à ses formes institutionnelles, mais il se rencontre expressément aussi dans les relations quotidiennes : Simmel donne comme exemples la relation de l'enfant à

---

1. *Ibid.*, p. 38.

ses parents, du patriote à sa patrie, et d'autres du même genre. Partout où les relations sociales font preuve d'une certaine coloration des sentiments, on a affaire à de la religiosité ; cette coloration, Simmel la décrit comme un « mélange spécifique d'abandon désintéressé et de désir eudémoniste, d'humilité et d'élévation, d'immédiateté sensible et d'abstraction sans dimension sensible ; il en résulte une tension du sentiment d'un certain degré, une intimité et fermeté spécifique de la relation intérieure, une manière pour le sujet de se positionner dans un ordre supérieur, qu'il reconnaît pourtant aussi comme quelque chose d'intime et de personnel. Ce moment religieux me paraît être contenu dans les relations indiquées plus haut, et dans maintes autres ; il leur confère une note qui les distingue des relations fondées sur le pur égoïsme ou sur la pure suggestion, ou des relations purement extérieures, ou même des relations fondées sur des forces purement morales[1]. » Dans notre contexte, il faut souligner que le religieux est ainsi clairement démarqué du phénomène moral ; il paraît pouvoir prendre la forme d'un mélange de vouloir et de devoir.

Dans la troisième perspective pertinente ici, à savoir la question de l'orientation plutôt religieuse ou plutôt areligieuse de la théorie de la religion, Simmel se distingue tant de James que de Durkheim. La façon dont il prend position sur la question de la validité a déjà suggéré qu'il considère que cette question est tout à fait hors de portée d'une enquête génétique. Il défend le bon droit d'une telle enquête tout en limitant clairement sa portée. Cela laisse ouverte la question de savoir quelle est la position de Simmel sur ce point. Défendre avec la même éloquence une thèse et son antithèse correspond au style général de Simmel – ce n'est pas à comprendre comme une expression de frivolité ou d'indifférence, mais résulte

___

1. *Ibid.*

de l'ampleur de sa compréhension et du sérieux avec lequel il a conscience de la diversité des perspectives.

La place de Simmel dans ces débats montre que son point de départ n'est identique ni à celui de Durkheim ni à celui de James. Mais quelles conséquences pouvons-nous en tirer pour notre question ? L'examen des contributions de Simmel à la théorie de la religion laisse d'abord le sentiment que la récolte reste maigre. En comprenant les formations culturelles comme des objectivations et en mettant en évidence dans ses analyses la façon dont elles naissent du flux de l'agir, Simmel fait certes montre d'une sensibilité pour les liens entre expérience, interprétation et interaction sociale. Mais il ne semble pas disposer d'une conceptualité spécifique pour l'analyse de cette relation[1]. Avec l'accent qu'il met sur l'interaction sociale, Simmel paraît certes offrir une issue pour sortir du dualisme entre expérience individuelle et expérience collective. Mais, dans les écrits portant sur la théorie de la religion, les contours exacts de cette solution restent tout à fait flous. Il faut cependant faire preuve ici de prudence. Les énoncés de Simmel sur la religion ne prennent tout leur sens qu'à condition d'être mis en rapport avec son diagnostic sociologique de la modernité[2]. Pour Simmel, la modernité n'est pas seulement caractérisée par l'ébranlement, dû aux Lumières, des certitudes axiologiques naïves, mais surtout par la modification des conditions présidant à la

---

1. Sur ce point, Habermas avait sans conteste raison de critiquer Simmel, cf. id., « Simmel als Zeitdiagnostiker » (Nachwort), in : Georg Simmel, *Philosophische Kultur*, Berlin, 1983, p. 243-253, ici p. 251.

2. Ce diagnostic est dispersé dans l'œuvre de Simmel. On en trouve la forme la plus concentrée dans la *Philosophie de l'argent* (*op. cit.*). Dans les paragraphes qui suivent, je suis redevable d'un certain nombre de choses aux travaux de Volkhard Krech (art. cit.) dont je partage la lecture – avec toutefois la réserve importante qu'en limitant ses analyses à la théorie de la religion il arrive à d'autres conclusions que celles que je tire dans ce chapitre.

genèse d'une nouvelle certitude axiologique. La diversité des attitudes en interaction immédiate, par exemple dans une grande ville moderne ; la rapidité avec laquelle ces attitudes se modifient ; l'impossibilité de véritablement assimiler toutes les impressions ; le caractère abstrait des relations entre buts et moyens, que l'argent transforme en des chaînes toujours plus longues : à ses yeux, tout cela rend indubitablement plus difficile la formation de nouvelles valeurs. Ce qui rend la religion – ou plutôt : le « religieux » en stabulation libre – intéressante pour Simmel, c'est de pouvoir y étudier la possibilité de la formation de valeurs. La façon dont Simmel définit la qualité du sentiment propre au religieux montre qu'il y voit un équilibre spécifique d'orientations polairement opposées du sentiment. Dans son article « Du salut de l'âme », datant de 1903, Simmel déclare, en généralisant cette idée fondamentale, que la formation d'une nouvelle unité, synthétique et vivante, serait la grande œuvre de la religion. « L'une des grandes réalisations intellec-tuelles de la religion consiste à faire fusionner les vastes cercles de nos représentations et de nos intérêts dans des concepts homogènes qui ne sont cependant pas abstraits comme les concepts philosophiques, mais possèdent la pleine vitalité et la possibilité d'être saisis de l'intérieur propres à l'existence intuitive, immédiate[1]. » « Dieu », « sainteté » et « vie éternelle » sont pour lui des concepts qui renvoient à un universel en éveillant la passion : « le plus universel et pourtant la possession la plus propre de chaque âme[2] ». Dans cet esprit, il explique la notion de « salut de l'âme » comme une exigence universelle, adressée à chaque individu, de faire sortir de lui-même « ce que chacun porte en soi comme ce qu'il a de plus

---

1. Georg Simmel, « Vom Heil der Seele », in : id., *Gesammelte Schriften zur Religionssoziologie* (*op. cit.*), p. 61-66, ici p. 61.
2. *Ibid.*, p. 66.

propre, qui existe déjà réellement dans l'idée, mais est encore dans une forme impure[1] ». La brève monographie sur la religion contient, en outre, la transposition de cette idée dans le domaine des relations sociales : De même que le moi [tend] en lui-même à « une synthèse d'attachement et d'expansion [...], de spontanéité et de dépendance, de donation et de réception[2] », de même l'individu recherche-t-il vers l'extérieur une synthèse de liberté et de lien. Le but est ici une « structure de ce tout visant justement l'indépendance et l'unité close de ses éléments, une structure qui s'accomplit justement avec celle-ci[3] ». La religion devient alors l'articulation utopique d'une forme d'intégration sociale allant de pair avec la plus haute individuation – une utopie qui ne demeure pas nécessairement impuissante face à la réalité, mais fait rayonner son pouvoir d'attraction dans la vie sociale et contribue ainsi à sa modification.

Un bilan intermédiaire de ces réflexions pourrait par conséquent constater que, malgré son point de départ original, la théorie de la religion de Simmel ne va guère plus loin que celle de James et de Durkheim – ne serait-ce que parce qu'elle reste peu élaborée et mérite peut-être à peine le nom de théorie de la religion. Leur insertion dans un diagnostic fort élaboré des difficultés que rencontre en modernité la formation des valeurs confère toutefois un pouvoir électrisant à ces remarques en vue d'une théorie de la religion. Mais ici aussi, la véritable intention des indications de Simmel reste peu claire. Ses descriptions inspirées des effets psychologiques de l'orientation religieuse et de l'apparoir utopique dans la transcendance sociétale ne sauraient être comprises

---

1. *Ibid.*
2. Georg Simmel, *La Religion* (*op. cit.*), p. 50.
3. *Ibid.*, p. 70.

comme de la propagande religieuse. Certes, Simmel acquiert ainsi une compréhension pour l'intérêt croissant porté à la mystique dans les premières années du siècle nouveau. Mais sa propre attitude reste une attitude de compréhension contemplative, et non d'engagement actif ou seulement de pronostic courageux sur l'avenir du « religieux ». L'accent marqué qu'il met sur l'ancrage du religieux dans les relations sociales ne le sensibilisa pas seulement aux premiers signes d'une nouvelle religiosité, mais ouvrit aussi la porte à l'idée que, dans la modernité, quelque chose de nouveau pourrait prendre la place de la religion, quelque chose qui revendiquerait les qualités du religieux sans manifester la moindre dimension de transcendance.

Car la perplexité qui émanait des propos de Simmel disparut d'un coup lorsque, à l'été 1914, se déclencha la Grande Guerre, qui allait donner sa forme à tout le XXe siècle[1]. Simmel commença immédiatement à interpréter la guerre dans la ligne de son diagnostic de la modernité des années précédentes. La guerre lui apparaît comme la grande rupture – ou du moins comme la grande chance d'une rupture – avec les tendances de la culture moderne. Tandis que, dans une culture marquée

---

1. Pour ce qui suit, cf. surtout Georg Simmel, *Der Krieg und die geistigen Entscheidungen*, Munich, 1917 (un recueil des discours et essais de Simmel pendant la guerre). Je me suis occupé à plusieurs reprises ces dernières années des interprétations de la guerre données par les auteurs classiques de la sociologie et ai aussi abordé dans ce contexte Georg Simmel. Cf. Hans Joas, « Ideologies of War. The First World War as Reflected in the Contemporary Social Sciences », in : id., *War and Modernity* (*op. cit.*), p. 55-81.
On trouvera une interprétation détaillée en particulier de Simmel dans la thèse de Michael Reiter *Opferordnungen. Philosophisches Unbehagen in der modernen Kultur und Faszination der Gewalt im Ersten Weltkrieg*, Freie Universität Berlin, 1995 (sur Simmel, p. 169-275). Je lui dois quelques suggestions sans être d'accord avec sa thèse fondamentale.

par l'argent, les relations entre moyens et fins deviennent insaisissables pour l'intuition, en situation de guerre, la détresse, et en particulier l'expérience du soldat, ramène aux buts élémentaires de la survie immédiate et à l'appréciation authentique des nécessités quotidiennes. Tandis que dans la société de la division du travail, les effets des actions individuelles se perdent dans la mer des interactions, en situation de guerre, les conséquences dramatiques du courage et de l'engagement de l'individu peuvent être vécues de façon immédiate et conduisent ainsi à reconquérir une sensibilité pour une temporalité remplie. Alors que, dans les conditions créées par la différenciation sociale, l'individu se vit avant tout dans ce qui le distingue des autres, à la guerre, il est aspiré par des expériences communautaires extatiques, il ressent le sol maternel dont il est né et retrouve ainsi sa plasticité. Dans toutes ces expériences, la guerre apporte une augmentation de l'intensité de la vie dont les courants de la critique de la culture de l'avant-guerre ne pouvaient que rêver. Il n'est donc nullement nécessaire de recourir à l'histoire prémoderne ou d'essayer de décrire le potentiel de la religion en modernité si l'on cherche des expériences dans lesquelles se forment les valeurs[1]. D'un seul coup, la guerre résout les énigmes qui avaient semblé insolubles à la recherche intellectuelle :

---

1. On pourrait estimer injuste de faire porter ici l'enquête uniquement sur les écrits de guerre de Simmel, et non sur ceux de James et de Durkheim. Certes, Durkheim a pris position sur la guerre dans deux brochures, mais il n'y établit pas le moindre lien avec les questions traitées dans sa théorie de la religion. C'est seulement plus tard, dans des conditions toutes différentes, que Roger Caillois a établi un tel lien. James n'a pas vécu la Première Guerre mondiale. Il était un militant actif contre les guerres impérialistes des États-Unis et cherchait, au niveau théorique, un « moral equivalent of war ». Cf. sur ce point, Hans Joas, « Ideologies of War » (art. cit.).

« J'ose affirmer que la plupart d'entre nous ont vécu maintenant seulement ce qu'on peut appeler une situation absolue. Toutes les circonstances dans lesquelles nous nous mouvions jusqu'alors ont quelque chose de relatif ; dans ces cas, ce qui emporte la décision, ce sont des pondérations du plus ou du moins ; elles sont conditionnées d'un côté ou de l'autre. Tout cela n'entre plus en ligne de compte maintenant ; avec l'engagement de nos forces, la vulnérabilité, l'esprit de sacrifice, nous nous trouvons face à la décision ultime qui ne connaît plus de mise en balance du sacrifice et du gain, plus de "si" ni de "mais", pas de compromis, plus de perspective quantitative. Avec cette réalité monstrueuse qu'aucune guerre avec la seule France ne pouvait nous apporter, mais seulement une guerre comme celle que nous menons actuellement, nous sommes prisonniers d'une *idée*. Car la question "l'Allemagne doit-elle être ou non ?" ne peut pas trouver de réponse avec l'entendement des personnes raisonnables et ses pesées d'intérêts toujours relatives, mais pas non plus avec un esprit enfantin. Ici, la décision appartient seulement – aussi pour celui qui n'a jamais entendu ou compris le mot "idée" – à la plus haute instance de notre être, que Kant appelle "le pouvoir des idées" – c'est-à-dire le pouvoir de saisir l'inconditionnel. Car tout ce qui est individuel et conditionné, tout ce qui nous déterminait en d'autres circonstances, se trouve en dessous de nous : nous nous trouvons – ce que par ailleurs la vie n'a permis ou demandé qu'à peu d'entre nous – sur le sol d'un absolu […], au diable avec toutes les justifications "objectives" de ce vouloir […]. Aussitôt que j'entre en matière sur ce genre de justifications, je cours justement le danger de priver ces valeurs objectives de leur objectivité [*verunsachlichen*], et le danger de quiconque entend démontrer quelque chose : être réfuté. Seul ce qui est indémontrable est irréfutable – notre volonté pour l'Allemagne, qui se place au-dessus de toute déduction[1]. »

La « situation absolue » et la capacité individuelle à « saisir un inconditionnel » : voilà ce qu'avaient cherché Simmel et, selon ce qu'il percevait, sa génération ainsi que les plus jeunes. Simmel ne voyait pas seulement la guerre comme une possibilité qu'il devait appeler ses contemporains à utiliser, mais comme l'accomplissement pratique de l'expérience axiologique dans l'esprit de sacrifice qui se saisit des masses[2]. Ce qu'on cherchait était là depuis toujours ; on avait simplement cherché dans de mauvaises directions. Sa description de l'expérience de la situation de guerre oppose l'expérience affective de la validité inconditionnelle d'une valeur aux résultats d'une pondération rationnelle. Tandis que James et Durkheim essaient d'établir une relation constructive entre l'expérience des valeurs et le caractère obligatoire de la sphère morale, dans l'interprétation de la guerre par Simmel, l'expérience de la valeur aspire si totalement l'individu qu'il ne peut plus qu'envoyer au diable les objections et les doutes de son entendement. Parce qu'il avait paru impossible d'accéder à une expérience axiologique à partir d'une culture de la rationalité, on refuse maintenant, habité par le sentiment libérateur d'une expérience axiologique vécue, tout droit de participation à la rationalité. Sa voix doit faire silence, ou on la contraindra à se taire.

Au cours de la guerre, le ton de Simmel devint plus modéré. Il ne resta plus grand-chose de l'euphorie initiale avec laquelle il proclamait les effets transformateurs de

---

1. Georg Simmel, « Deutschlands innere Wandlung » (1914), in : id., *Der Krieg* (*op. cit.*), p. 20 s.

2. Michael Reiter le formule excellemment : « L'esprit de sacrifice est le signe subjectif pour la reconnaissance de la validité absolue d'une valeur. Ainsi le sacrifice se transforme pour devenir la forme pratique de la fondation d'une valeur. » (Reiter, *Opferordnung* [*op. cit.*], p. 180).

l'expérience de la guerre. Sur un ton presque larmoyant, il exprime l'espoir qu'un aussi grand événement ne saurait rester sans le moindre effet. Vers la fin du conflit, il révoque totalement l'espoir qu'il avait placé dans la guerre ; seul l'esprit révolutionnaire idéaliste – dionysiaque ou ascétique – de la jeunesse lui semble encore justifier « l'espoir allemand[1] » – c'est-à-dire les chances d'une modernité qui se démarquerait radicalement de la modernité occidentale. Du début à la fin, Simmel s'était à peine soucié de la réalité empirique de la guerre. Mais la réponse qu'il donne à la fin de sa vie à la question de la genèse des valeurs est le résultat de ce processus : certains motifs de la théorie de la religion et de la critique de la culture de l'avant-guerre traversent l'expérience de la guerre et sa révocation résignée pour devenir la réponse apportée à notre question dans la perspective d'une philosophie de la vie[2].

Qu'il puisse y avoir une réponse inspirée par la philosophie de la vie à la question de la genèse des valeurs n'est pas quelque chose qui va de soi. Si nous considérons que l'impulsion fondamentale de la philosophie de la vie consiste à dissoudre dans le flux de la vie toutes les formes fixes et à reconquérir l'expérience vive contre

---

1. Cf. la lettre de Georg Simmel au comte Hermann Keyserling du 18 mai 1918, publiée in : Georg Simmel, *Das individuelle Gesetz* (Michael Landmann, éd.), Francfort-sur-le-Main, 1968, p. 244-247, ici p. 246.

2. Même si – il convient de le répéter – toute thèse sur l'évolution de sa pensée est très risquée. Rétrospectivement, on peut constater qu'au début de la guerre déjà, Simmel avait conscience de son caractère tragique. Aussi longtemps que nous ne disposons pas sur le vieux Simmel d'une étude philologiquement aussi précise que sur le jeune Simmel, bien des points ne peuvent que rester spéculatifs (Cf. Klaus Christian Köhnke, *Der junge Simmel in Theoriebeziehungen und sozialen Bewegungen*, Francfort-sur-le-Main, 1996)

les conventions figées, nous nous attendrions à voir ce genre de philosophie dissoudre les prétentions à la validité axiologique bien plutôt que d'y chercher une dérivation et une description de la genèse de ce qui leur confère une validité. Ou, si l'on entreprend une telle dérivation, on s'attendrait alors plutôt à une démarche réductionniste comme c'était le cas dans *La Généalogie de la morale* de Nietzsche. Mais Simmel ne prolonge pas simplement la ligne de Nietzsche. Il cherche une voie entre une philosophie de la vie cherchant à réduire la puissance de l'éthique d'un côté et une philosophie néokantienne des valeurs qui ne s'intéresse pas aux questions de genèse de l'autre. Longtemps, cette voie est restée peu claire ; Simmel apparaissait comme un penseur qui oscillait entre deux eaux, ou qui essayait, désemparé, d'embrasser ensemble Nietzsche et Kant. Dans son œuvre tardive, les contours gagnent en clarté. Il formule une réponse dont les conséquences pour l'éthique sont spectaculaires.

Pour rendre la philosophie de la vie capable de résoudre la question des valeurs, Simmel doit d'abord extraire le concept de « vie » de son opposition dualiste à celui de « forme ». Il y parvient en attribuant à la vie elle-même un caractère de transcendance. Si l'on suit Simmel, la vie ne se contente pas de couler au travers des individus, elle les fait émerger de son flux : « La vie est à la fois un flux ininterrompu et quelque chose de délimité par ceux qui la portent comme par ses contenus, qui se forme autour de points centraux individualisés ; et elle est, inversement, une forme bornée qui ne cesse d'outrepasser ses limites – voilà la constitution formant son essence[1]. » Sur l'exemple de la vie organique et de la vie de l'esprit, il montre concrètement comment la détermination d'une frontière et son dépassement s'emboîtent l'une dans

---

1. Simmel, *Méditations sur la vie* (*op. cit.*), p. 58 (traduction modifiée).

l'autre. Lorsque la conscience réfléchit sur les limites de sa connaissance, elle les a déjà dépassées. Lorsque le moi moral se dépasse lui-même, il est à la fois celui qui est dépassé et celui qui dépasse. Un moi qui ne tracerait pas de frontières ne serait pas un moi déterminé ; à l'inverse, un moi qui ne se rappellerait pas le caractère de ses frontières y serait enfermé et coupé du flux de la vie. « C'est pourquoi la transcendance de soi apparaît comme un geste unifiant l'érection et le démantèlement de ses limites, de son autre, comme le caractère de son absoluité – caractère qui rend fort bien saisissable son déploiement en termes opposés devenus autonomes[1]. » Pour Simmel, la transcendance n'est donc plus rapportée à un au-delà ; encore moins est-elle est pensée à partir d'un tel au-delà ou perd-elle sa valeur si l'on perd la foi – elle est immanente, de sorte que c'est justement *cette immanence de la transcendance* qui peut être déclarée constituer la véritable essence de la vie. Chaque fois que nous croyons avoir saisi un absolu, la vie nous ouvre les yeux et relativise cet absolu. De cette façon, « la transcendance de la vie s'avère être la vraie absoluité dans laquelle est surmontée l'opposition entre l'absolu et le relatif[2] ». Dans ces formulations, Simmel ne cherche plus une réalité dotée de valeur qui engloberait les conceptions axiologiques en concurrence, mais élève au rang de réalité dotée de valeur la vie elle-même en tant que simple vie.

Pour bien comprendre Simmel, il est toutefois important de prendre très au sérieux ce qu'il dit de la spécificité de la vie de l'esprit. « De même qu'au sein de son propre plan, le pouvoir, propre à la vie, de transcender la forme qui la délimite actuellement est le plus-de-vie – lequel constitue l'essence immédiate et inéluctable de la vie elle-même –, de même sa puissance de transcendance

---

1. *Ibid.*, p. 65 s. (traduction corrigée).
2. *Ibid.*, p. 59 (traduction corrigée).

dans le domaine des contenus objectifs, du sens logique autonome, mais non plus vital, est le plus-que-vie, qui est absolument indissociable d'elle et constitue l'essence même de la vie de l'esprit[1]. » Après avoir modifié le concept de vie de sorte qu'il contienne la production de formes individuelles et ne s'oppose pas simplement aux formes fixées, il essaie maintenant d'établir que les « mondes idéaux » de la philosophie kantienne et néo-kantienne tirent leur origine de la « vie ». Mais il ne s'agit ni de dissoudre leur idéalité en les reconduisant à une dimension simplement vitale ni d'ajouter simplement des analyses génétiques à des idéaux qui ne seraient en dernière analyse nullement affectés par l'histoire de leur genèse. De façon beaucoup plus radicale, mais aussi plus productive, Simmel entreprend de résoudre la question portant sur la manière dont, en général, des « mondes idéaux » peuvent résulter de la vie elle-même.

De même que le concept d'auto-transcendance signe la spécificité du concept de vie exposé par Simmel, de même est-ce le concept de « rotation axiale[2] » qui caractérise l'idée fondamentale par laquelle il explique la genèse de la validité idéale. Il démarque clairement la genèse des validités idéales de l'inversion de la relation entre fins et moyens telle qu'elle intervient couramment dans les longues chaînes de fins et de moyens. Cette inversion reste en effet inscrite dans la structure de l'agir téléologique. « Que quelqu'un se déclare satisfait de posséder de l'argent au lieu de se faire plaisir en l'utilisant, cela fait certes une différence dans le matériau, mais pas dans la forme essentielle de l'évaluation[3]. » Dans la « rotation axiale », il ne s'agit en revanche pas d'inverser la relation entre la fin et les moyens dans une chaîne de

---

1. *Ibid.*, p. 70 (traduction corrigée).
2. *Ibid.*, p. 87.
3. *Ibid.*, p. 88 (traduction corrigée).

moyens et de fins, mais de sortir en général de la catégorie des fins et des moyens[1]. Pour parvenir à penser
cette sortie du schéma téléologique et éviter qu'on la
comprenne de façon erronée comme un simple échec de
l'orientation téléologique, Simmel s'efforce d'abord de
relativiser en général la catégorie de « but ». Dans une
diction anthropologique, il caractérise l'être humain, qui
est le seul être naturel capable d'agir consciemment en
vue d'un but, comme un « être sans finalité » (*unzweck-
mässiges Wesen*[2]) parce qu'il peut s'élever au-dessus de
l'agir téléologique ; le royaume de la finalité devient ainsi
un domaine médian, sis entre le pulsionnel et le dépassement de la téléologie. La « rotation axiale » se joue
même sur le plan du pulsionnel, lorsque – par exemple
dans l'amour – le désir, qui est d'abord la force motrice,
conduit à un rapport personnel intense contenant alors
ses propres satisfactions, mais aussi ses requêtes et ses
normes. Simmel refuse de parler – comme Kant par
exemple – de « fin-en-soi » ; il y voit une tentative
inappropriée d'exprimer l'émancipation par rapport à
la téléologie dans un vocabulaire insuffisant pour cela.
C'est particulièrement clair dans le cas de l'agir créateur.
Tout agir créateur donne naissance à des réalités qui sont
certes de tous points de vue les produits d'appétences
vitales, mais qui, comme réalités, acquièrent pourtant
une indépendance exerçant des effets en retour sur la
vie. « La culture naîtrait en général là où les catégories
produites dans la vie et pour le compte de la vie se
mettent à sculpter en toute autonomie des formations
ayant une valeur propre, lesquelles s'avèrent objectives

---

1. Dans mon livre *La Créativité de l'agir*, je me suis efforcé de briser la domination exercée par le schéma de la fin et des moyens dans
nos conceptions de l'agir humain. Le dernier Simmel était l'un des
auteurs sur lesquels je m'appuyais pour cela, cf. *op. cit.*, p. 158-177.

2. Simmel, *op. cit.*, p. 91 (traduction corrigée).

en regard de la vie[1]. » C'est sur les exemples de l'art et de la science qu'il explique cette autonomisation des objectivations de la vie, la genèse de leur régulation interne et leurs effets en retour dans les processus de la vie, à titre d'étalons et de modèles. C'est la religion qui lui semble avoir accompli de la façon la plus complète « la rotation autour des formes que la vie produit en elle-même afin de donner *immédiatement* à ses contenus un contexte et de la chaleur, de la profondeur et de la valeur. Désormais, ces formes sont suffisamment fortes pour ne plus se laisser déterminer par ces contenus, mais pour déterminer d'elles-mêmes et très purement la vie ; l'objet auquel elles ont donné forme, et qui correspond à leur mesure maintenant sans limites, peut alors prendre en charge la conduite de la vie[2]. » Il trouve une preuve supplémentaire de l'objectivité des réalités produites par la vie créatrice dans une problématique, qu'il souligne dans son diagnostic de la modernité : une culture dans laquelle la vie « se blesse […] souvent aux structures » auxquelles « elle ne trouve pas d'accès, incapable qu'elle est de satisfaire dans sa forme subjective aux exigences qu'elle développe dans leur configuration[3] ». Mais face aux objectivations de la religion, Simmel fait preuve d'une profonde ambivalence, oscillant entre deux pôles : d'un côté, l'idée d'une dissolution des « structures de la foi dans la *vie* religieuse, dans la religiosité comme un accord (*Gestimmtheit*) purement fonctionnel du processus intérieur de la vie[4] » ; de l'autre, l'idée que les

---

1. *Ibid.*, p. 100 (traduction corrigée).
2. *Ibid.*, p. 137 (traduction corrigée).
3. *Ibid.*, p. 148 (traduction modifiée).
4. Cf. Georg Simmel, « Le conflit de la culture moderne », in : id., *Philosophie de la modernité*, t. II, Paris, Payot, 1990, p. 229-260, ici p. 254 (traduction modifiée). Sur cette problématique, cf. aussi Horst Müller, *Lebensphilosophie und Religion bei Georg Simmel* (*op. cit.*), p. 137 ss.

tendances à la dissolution observables à son époque sont le prélude à la formation de nouvelles « formes ».

Avec « l'auto-transcendance de la vie » et la « rotation axiale » vers l'objectivité, Simmel prépare le terrain pour la véritable pointe axiologique de son argument. Cette pointe résulte de la concentration de ses réflexions sur le processus vital qui donne naissance à la réalité « que l'on peut appeler le moi[1] ». Déjà dans ses réflexions sur l'auto-transcendance de la vie, Simmel avait fait plusieurs fois référence non à la structure de l'organisme, mais à la constitution du moi, pour illustrer la dialectique de la délimitation et du dépassement de la limite. Dans le troisième de ses « chapitres métaphysiques », il aborde « la mort et l'immortalité » et donne ainsi des contours plus nets au moi d'un organisme vivant limité temporellement.

Les limites d'un organisme n'ont pas seulement une signification spatiale, mais aussi une signification temporelle. Aucun organisme n'échappe à la mort ; mais l'être humain sait que, comme organisme, il doit mourir. Simmel considère que nous saisissons véritablement ce que signifie notre condition d'être mortel seulement lorsque nous ne comprenons plus la mort comme un squelette qui vient à nous de l'extérieur ou comme la transsection de notre fil de vie par les Parses[2], mais lorsque nous prenons conscience que la mort fait partie de la vie et donne forme à l'ensemble de son cours. Comprendre ainsi notre finitude devient pour Simmel un présupposé nécessaire pour la genèse de valeurs. « Si nous vivions éternellement, la vie formerait probablement une masse indistincte avec ses valeurs et ses contenus, il n'existerait pas la moindre impulsion réelle pour les penser en dehors de la seule forme dans laquelle nous les connaissons et pouvons sans limites en faire l'expérience. Mais voilà, nous mourons

---

1. Simmel, *Médiations sur la vie* (*op. cit.*), p. 169.
2. *Ibid.*, p. 152 s.

et faisons ainsi l'expérience de la vie comme de quelque chose de contingent, de passager, comme d'une chose qui pourrait, pour ainsi dire, aussi être autrement[1]. » La thématique de la contingence, dont était parti le questionnement sur la genèse des valeurs, fait ainsi retour d'une façon tout à fait inattendue. La conscience du caractère contingent de notre existence ne fait justement pas s'évaporer en pure contingence tout ce qui est doté de valeur, mais crée, en contraste avec la contingence, l'idée d'une valeur échappant à la temporalité. Le point de commutation indispensable pour la genèse de validités idéales est donc le moi qui prend conscience de sa finitude.

Pour Simmel, la catégorie du moi vient se glisser entre les pôles de la facticité et de la validité. « Ce moi se trouve dans une troisième catégorie, une catégorie spécifique requérant une exposition plus précise ; elle se situe au-delà de la réalité simplement présente du moi, mais aussi au-delà de l'idée irréelle d'une valeur simplement exigée[2]. » Pour lui, le moi résulte du même procès que celui qui conduit à produire l'idée de validité idéale. Selon Simmel, c'est seulement parce que nos désirs ne sont pas réalisés sans reste que nous pouvons faire l'expérience de la volonté comme volonté. Le moi n'aurait pour ainsi dire aucune occasion de se détacher de la réalité s'il était en harmonie avec son environnement sans que rien lui résiste. Il en va tout autrement « quand la volonté outrepasse son contact avec la réalité parce qu'elle ne l'assouvit pas, quand le moi voulant est encore là tandis que la réalité n'est plus[3] ». Comme les valeurs, le moi est une catégorie qui résulte du procès de la vie. Il ne s'agit pas seulement d'une analogie ; au contraire, le moi est lui-même traversé de validités idéales. La chose devient

---

1. *Ibid.*, p. 165 (traduction complétée).
2. *Ibid.*, p. 169 (traduction corrigée).
3. *Ibid.*, p. 166 s. (traduction corrigée).

claire lorsque Simmel explique plus en détail son concept de volonté. Il ne faut le confondre ni avec la volonté de vie de Schopenhauer ni avec la volonté de pouvoir de Nietzsche. Chez Simmel, la volonté et la vie ne se situent pas du tout sur le même plan, dans la mesure où les contenus idéaux résultant de la rotation axiale se sont introduits dans la volonté. C'est pourquoi Simmel ne peut pas voir de paradoxe logique dans la prière de Jésus à Gethsémané avant sa trahison et son arrestation, « Père, que ta volonté soit faite et non la mienne » ; il y trouve au contraire l'expression pure d'une volonté qui se sait être au plus haut point en accord avec soi lorsqu'elle suit la volonté d'une instance idéale[1]. Simmel ne décrit pas seulement cette expression pure d'un vouloir supérieur, mais aussi le conflit des volitions et le sentiment d'agitation qui se produisent lorsque nous voulons leur imposer une volonté supérieure dans laquelle nous ne nous reconnaissons pas encore complètement.

En introduisant la catégorie du « moi » dans la tension entre la contingence radicale et la validité idéale, Simmel obtient d'abord une nouvelle interprétation de l'idée d'immortalité de l'âme. Il y voit la tentative d'appliquer aussi au moi le détachement de la contingence apparu dans la constitution des valeurs. De même qu'une valeur durable émerge en situation dans des conditions contingentes, de même le caractère fortuit de notre naissance ne nous empêche-t-il pas de croire à l'éternité de l'âme. Justement parce que nous pouvons prendre conscience que notre vie effective n'épuise pas nos potentialités, nous sommes capables de nous penser par-delà notre réalité, comme la quintessence de nos potentialités infinies. Simmel reconnaît au christianisme le mérite d'avoir radicalisé

---

1. Cela correspond aux conceptions de « *self surrender* » (« renoncement à soi ») qui jouent un rôle important dans la théorie de la religion de James.

la responsabilité individuelle dans la vie d'ici-bas, une radicalisation qu'une nouvelle certitude d'immortalité est venue contrebalancer pour que la tension reste supportable. Il conclut le chapitre avec des spéculations sur le sens des conceptions, chrétiennes ou autres, d'une existence de l'âme après la mort (et de sa préexistence), dont il propose de comprendre la substantialité comme « le symbole abrégé pour le sentiment d'une identité de la personne en dernière instance ferme et permanente[1] ».

Ce ne sont toutefois pas ces spéculations sympathisant avec des expériences mystiques qui constituent le point de mire de Simmel, mais une nouvelle forme d'éthique. Il la place à l'enseigne de la formule « la loi individuelle » et la profile essentiellement contre Kant. Pour Kant et les néokantiens, le concept de « loi individuelle » devait sonner comme une pure et simple contradiction, puisque c'est l'universalité qui définit ce qui peut être appelé « loi ». C'est justement l'identification de l'universel avec l'objectif que Simmel veut faire sauter ; c'est elle en effet qui oblige à assimiler l'individuel à ce qui est (seulement) subjectif. Il considère comme inconséquent et étrangement étroit d'esprit le fait que Kant ait « très largement proclamé, en ce qui concerne la connaissance, que les formes immanentes à l'esprit donnent forme à la matière du monde [...], mais qu'il n'ait, dans le domaine pratique, tenu les déterminations *a priori* que pour des demandes et des valeurs idéales[2] ». La stratégie contraire de Simmel résulte tout naturellement de sa version de la philosophie de la vie. Comme tous les contenus idéaux, le Devoir (*Sollen*) n'est pas en opposition frontale et sans médiation avec la vie, mais il constitue l'une de ses formes. « Le devoir ne surplombe pas la vie ni ne s'oppose à elle ;

---

1. Simmel, *op. cit.*, p. 201 (traduction corrigée).
2. *Ibid.*, p. 183 s. (traduction corrigée et modifiée).

il est très précisément une des façons dont la vie prend conscience d'elle-même, tout comme l'est aussi l'être-effectif (*das Wirklichsein*)[1]. » Le moi n'acquiert pas ce qui l'oblige absolument (*Sollen*) d'une loi de la raison totalement détachée de la vie, mais il en fait l'expérience vive dans les contenus idéaux qui sont inscrits en propre. Si nous cessons de nous représenter le moi comme une pure forme dépourvue de contenus dans lesquels s'exprime le Devoir, ce n'est pas alors le Devoir lui-même qui est étranger à la réalité, mais seulement certains principes moraux et certaines philosophies morales. Simmel est tout aussi conscient de la différence qui l'oppose à Nietzsche et du fait que, nonobstant les intentions de Nietzsche, cette différence résulte de la dépendance persistante de celui-ci vis-à-vis de Kant. Pour Nietzsche, le Devoir comme loi morale reste une exigence étrangère à la vie, une exigence qu'il se contente – à la différence de Kant – de récuser au profit de la vie. Simmel veut montrer pour sa part que le Devoir lui-même peut être un moment de la vie, et donc une réalité vivante.

Ce caractère vivant du Devoir ne peut être acquis qu'à condition que le point focal de la réflexion ne soit plus, comme dans la tradition kantienne, la qualité morale de l'action isolée et du pur moi faisant face à ses actions, mais la personne tout entière dans le flux formé de toutes ses actions. Ce déplacement du point de vue, Simmel le met en œuvre en rendant attentif au caractère abstrait de l'action isolée. L'action isolée est le résultat soit d'un découpage opéré par l'observateur dans le déroulement continu d'un processus, soit d'une « scène » dans laquelle l'agir s'est condensé de lui-même. Le motif que Simmel déclare être décisif pour son argumentation est le suivant[2] : le sens de la loi morale ne peut consister qu'à s'adresser à la

---

1. *Ibid.*, p. 214 (traduction corrigée).
2. *Ibid.*, p. 255.

personne tout entière et à exiger d'elle ce qu'une situation déterminée contient d'impulsions au Devoir. L'éthique de Simmel[1] vise un idéal d'être pour l'ensemble de la vie de la personne. À partir de l'engagement axiologique constitutif de mon identité, je fais l'expérience vive de requêtes normatives qui me sont adressées ; y répondre requiert toute ma personne et je ne puis m'y faire représenter. Simmel voit le noyau de l'individualité dans cette impossibilité éthique de me faire représenter, et non dans une singularité numérique[2]. Cette individualité n'affranchit pas l'individu de l'obéissance aux lois morales universelles ; mais il doit les rapporter aux requêtes implacables de sa loi individuelle[3]. Et cette loi individuelle ne fait pas obligation de cultiver de façon égocentrique sa propre personnalité puisque, pour Simmel, l'idéal inhérent au moi appelle justement à une manifestation vivante qui, au gré d'une « rotation axiale », éloigne de l'individu et se déverse dans « des formes sociales, altruistes, intellectuelles (*geistig*), artistiques[4] ».

La réponse que Simmel donne à la question de la genèse des valeurs fait ainsi naître dans sa pensée une nouvelle éthique qui se refuse à l'alternative « Kant ou Nietzsche » et donne le ton de ce que sera une éthique de la philosophie de l'existence[5]. Il ne peut s'agir de la

---

1. Pour le développement de cette argumentation, le travail de Simmel sur Goethe comme alternative à Kant joua un rôle décisif, cf. en particulier Georg Simmel, *Kant et Goethe* (1914), Paris, Le promeneur, 2005.

2. Simmel, *Méditations sur la vie* (*op. cit.*), p. 283.

3. *Ibid.*, p. 297.

4. *Ibid.*, p. 301 (traduction modifiée).

5. Sur de nombreux points, Heidegger prend la suite de la philosophie tardive de Simmel. Cf. sur cette question Michael Großheim, *Von Georg Simmel zu Martin Heidegger. Philosophie zwischen Leben und Existenz*, Berlin, 1994, ainsi que, parmi la littérature plus ancienne Chr. Ertel, « Von der Phänomenologie und jüngeren Lebensphilosophie zur Existentialphilosophie M. Heideggers », in :

discuter ici puisque nous examinons dans ces pages la force explicative des réponses apportées à la question de la genèse des valeurs, et non la substance d'une éthique.

Dans cette perspective, la réponse finale est ambivalente. Bien qu'il disposât de points de départ riches en promesses dans sa théorie de la religion, Simmel n'a guère clarifié les questions posées par la relation entre interprétation et expérience, par le rapport entre expérience individuelle et expérience collective ou entre expérience quotidienne et expérience extra-quotidienne. La langue de la philosophie de la vie lui permet certes de surmonter la rigidité du néokantisme et le réductionnisme de Nietzsche ; mais cette langue est trop métaphorique pour analyser de façon adéquate la structure des relations intersubjectives et intrasubjectives[1]. La catégorie de l'interaction sociale, si centrale dans la sociologie de Simmel, a tendance à être recouverte par l'idiome de la philosophie de la vie ; en conséquence, la relation entre la « loi individuelle » et l'ordre social n'est pas clarifiée. La tentative radicale de tailler l'éthique de Kant pour l'adapter à un monde de l'individualité différenciée ancre certes le « Devoir » dans la « vie ». Mais tant le concept de vie que celui de Devoir sont beaucoup trop larges. Simmel veut en effet que l'on comprenne le concept de

---

Philosophisches Jahrbuch der Görres-Gesellschaft 51 (1938), p. 1-28, surtout p. 21 ss.

1. Heidegger critiquait déjà le caractère indifférencié du concept de vie, qui rapproche très étroitement – à ses yeux, trop étroitement – les problématiques biologiques et existentielles. Cf. M. Heidegger, *Être et Temps*, Paris, Gallimard, 1986, § 49, note 1. – Heidegger en tira la conséquence qu'il fallait remplacer la langue de la philosophie de la vie par une langue privée qu'il avait lui-même créée ; elle est fascinante, mais pas moins métaphorique que la langue de la philosophie de la vie ; elle rompt en outre souvent tout lien avec d'autres traditions intellectuelles et exprime ainsi sans doute une volonté philosophique de domination.

Devoir non seulement au sens des exigences morales, mais de façon très englobante comme un « état d'agrégat très général dans lequel se retrouvent pêle-mêle des espoirs et des impulsions, des revendications eudémonistes et esthétiques, des idéaux religieux, des caprices et des motions contraires à l'éthique, éléments qui se présentent d'ailleurs souvent en même temps que la dimension éthique et que tous les autres[1] ». Mais cette façon de procéder occulte les tensions internes au Devoir, ces tensions que nous avons découvertes dans la discussion sur la religion et la morale chez James et Durkheim et pour lesquelles le jeune Simmel ne manquait pas de sensibilité. Avec la formule de la « loi individuelle », Simmel ne sort pas véritablement de l'ombre de Kant parce que, pour l'éthique individualisée qu'il envisage, il semble s'orienter sur l'idée d'un Devoir compris sur le modèle de la loi – et non par exemple d'un vouloir supérieur.

D'un autre côté, Simmel a néanmoins introduit comme des éléments nécessaires pour répondre à la question de la genèse des valeurs la formation et l'attachement axiologique du moi, ainsi que la finitude de la personne, soulignant leur rôle avec beaucoup d'engagement. Il a ainsi mis en évidence au moins un autre élément indispensable pour répondre à notre question. Mais ici aussi, il ne parvint à formuler la question de la formation du moi que dans la langue de la philosophie de la vie, sans établir de lien fructueux avec l'interaction des individus. C'est pourquoi il faut accorder davantage d'attention tant à l'analyse de notre « Devoir » en fonction de la multiplicité de nos sensibilités pour les valeurs qu'à la différenciation de la « vie » dans la structure de l'interaction inter- et intra-subjective.

---

1. Simmel, *Médiations sur la vie* (*op. cit.*), p. 212 (traduction corrigée).

CHAPITRE 6

LE SENTIMENT DE VALEUR ET SON OBJET
(Max Scheler)

Max Scheler a entrepris la tentative la plus ambitieuse de présenter une phénoménologie des sentiments, et en particulier des formes de sensibilité pour les valeurs. À la différence de la phénoménologie de l'expérience religieuse de James, il est légitime, dans le cas de Scheler, de parler d'une phénoménologie du sentiment de valeur aussi au sens étroit du mot « phénoménologie », puisque Scheler s'inscrit directement dans le cadre du projet philosophique de Husserl et voulait, fût-ce d'une manière peu orthodoxe, l'élargir énergiquement au domaine du sentiment et de l'éthique – des domaines que Husserl n'avait abordés qu'avec hésitation et prudence[1]. Un tel projet est déjà d'importance. Pour Scheler, il ne constitue cependant qu'un premier pas dans une démarche visant un

---

1. L'écrit le plus important de Scheler dans ce domaine a été publié d'abord dans l'organe des phénoménologues édité par Husserl ; c'est d'ailleurs sur ce texte que s'appuie pour l'essentiel ce chapitre. Il s'agit de Max Scheler, *Der Formalismus in der Ethik und die materiale Wertethik. Neuer Versuch der Grundlegung eines ethischen Personalismus* (*Werke*, vol. 2, Berne, 1954[4], paru d'abord in : *Jahrbuch für die Philosophie und phänomenologische Forschung* 1 (1913), Partie II, p. 405-565 et 2 (1916), p. 21-478. Traduction française : *Le Formalisme en éthique et l'*'*éthique matérielle des valeurs. Essai nouveau pour fonder un personnalisme éthique* (Maurice de Gandillac, trad.), Paris, Gallimard, 1955, 1991[2].

but plus important encore : reconquérir ou fonder à nouveaux frais une « éthique matérielle des valeurs », contre la domination exercée par la tradition – protestante ou kantienne – du « formalisme en éthique ». Scheler considérait qu'il était possible de rendre sa vitalité à l'idée d'un être objectif des valeurs et de dégager une hiérarchie incontestable des valeurs ; pour cela, il entendait recourir à la méthode phénoménologique et instruire une critique radicale de Kant.

À un regard superficiel, ce but a tout l'air d'une tentative anachronique pour ignorer ou annuler la « subjectivisation » du bien survenue avec l'avènement de la philosophie des valeurs, voire déjà avec Kant. Si cette impression était correcte, on ne pourrait attendre de Scheler qu'il nous fasse progresser dans notre recherche d'une réponse à la question de la genèse des valeurs. Cette image de Scheler est effectivement l'image dominante. Hors de certains cercles catholiques, et malgré l'influence qu'il exerça en Allemagne sur les théories du droit et sur la jurisprudence, son œuvre est aujourd'hui rarement prise au sérieux et fait souvent l'objet d'attaques indifférenciées, voire de moqueries[1]. Il faut cependant se garder de sousestimer l'œuvre de Scheler. Dans les pages qui suivent, il s'agira par conséquent d'étudier en quoi sa critique du

---

1. Une des exceptions les plus importantes est Alfred Schütz. Cf. ses deux articles « Max Scheler's Philosophy » et surtout (excellent) « Max Scheler's Epistemology and Ethics », in : id., *Collected Papers*, vol. III, La Haye, 1966, p. 133-144 et 145-178. En sociologie, Scheler est parfois reconnu comme un classique. Cf. Walter Bühl, « Max Scheler », in : Dirk Kässler (éd.), *Klassiker des soziologischen Denkens*, vol. 2, Munich, 1978, p. 178-225 ; Harold Bershady, « Introduction », in : Max Scheler, *On Feeling, Knowing and Valuing*, Chicago, 1992, p. 1-46. Parmi l'ensemble de la littérature secondaire, le volume collectif édité par Paul Good est particulièrement remarquable : id (dir.), *Max Scheler im Gegenwartsgeschehen der Philosophie*, Berne/ Münster, 1975.

formalisme en éthique et sa phénoménologie du sentiment de valeur peuvent contribuer à notre question. Par la suite, Scheler a lui-même révoqué les visées plus ambitieuses de son enquête sans désavouer pour autant les résultats de ses réflexions, insistant même sur le fait que ces résultats conservaient toute leur validité[1]. Il convient donc manifestement de ne pas approuver ou rejeter globalement ses réflexions à partir de leur but le plus ambitieux, mais d'en examiner les éléments pour eux-mêmes.

Comme dans le cas de Simmel, mais pour des raisons différentes, la démarche devra être hautement sélective. Tandis que Simmel se soustrait souvent à toute position univoque en raison de sa capacité à adopter les perspectives les plus diverses, Scheler submerge le lecteur par une cataracte d'observations et d'arguments, d'interprétations et de critiques, par un « mélange étrange d'acuité, de profondeur et de légèreté[2] ». Sa prose est animée par des intuitions très fortes, carrément visionnaires ; son style est celui de la prédication prophétique plutôt que de l'évaluation posée. Il est rare qu'il développe une idée sous tous ses angles ; Scheler se jette à la hâte d'une assertion à la suivante, renvoyant sans cesse à des développements ultérieurs sur tel ou tel point. Peu de lecteurs peuvent se soustraire à l'originalité frappante de nombre de ses idées et à l'impression de courage que donne la façon dont Scheler se fraie un chemin nouveau et original. Comme celui que cherchait Simmel, ce chemin doit lui permettre de passer entre Kant et Nietzsche. C'est pourquoi il n'est pas d'un grand secours pour la compréhension de Scheler de le traiter dans le même souffle que les néokantiens

1. Cf. la préface de la troisième édition du livre sur *Le Formalisme en éthique* (daté du mois de décembre 1926), in : *Le Formalisme en éthique*, p. 20 ss.
2. Ernst Troeltsch, *Der Historismus und seine Probleme* (GS 3), Tübingen, 1922, p. 613.

ou de le cataloguer comme un « Nietzsche catholique[1] ». Il est étonnant de constater qu'on ne parle plus guère aujourd'hui de ce penseur original que Heidegger qualifiait, peu après sa mort, en 1928, comme la « force philosophique la plus puissante dans l'Allemagne actuelle, non, dans l'Europe actuelle[2] ».

Pour rendre compréhensible l'intuition fondamentale de Scheler, il faut d'abord dire quelques mots de sa tentative pour mettre radicalement en question le rôle dominant de Kant dans la philosophie morale moderne. À mon avis, cet aspect reçoit sa forme la plus éloquente là où Scheler discute de l'expression (chrétienne) « devoirs des croyants » (*Glaubenspflichten*), et (surtout) des « devoirs de l'amour » (*Liebespflichten*), pour se mesurer avec les réflexions de Kant à ce sujet[3]. On sait que Kant a contesté le bien-fondé de cette expression[4] parce qu'elle assimile la foi et l'amour aux obligations de la volonté. Cette assimilation se heurte à l'objection, et sur ce point Scheler suit Kant, qu'il appartient « à l'essence de l'acte de foi et de l'acte d'amour que ces actes soient indéterminables par

---

1. *Ibid.*, p. 609. Dans son livre *Kulturkrise und Soziologie um die Jahrhundertwende. Zur Genese der Kultursoziologie in Deutschland* (Francfort-sur-le-Main, 1996), Klaus Lichtblau place heureusement Scheler dans le contexte étudié aujourd'hui la plupart du temps à cause de Max Weber, mais il me semble trop rapprocher Scheler de Nietzsche.

2. Martin Heidegger, « Andenken an Max Scheler », in : Good (dir.), *Max Scheler im Gegenwartsgeschehen der Philosophie* (*op. cit.*), p. 9. Sur la relation entre Heidegger et Scheler, cf. vor allem Michael Theunissen, « Wettersturm und Stille. Über die Weltdeutung Schelers und ihr Verhältnis zum Seinsdenken », in : Good (dir.), *ibid.*, p. 91-110 ; cf. aussi Patrick Gorevan, « Heidegger and Scheler. A Dialogue », in : *Journal of the Britisch Society of Phenomenology* 24 (1993), p. 276-282 (avec d'autres références bibliographiques).

3. Il en traite dans le chapitre « Éthique des valeurs et éthique impérative », surtout p. 282 ss.

4. Surtout dans la *Critique de la raison pratique*, cf. E. Kant, *Œuvres*, vol. 2, Paris, Gallimard (Pléiade), 1985, p. 607-804, ici p. 709 (AA V, 83).

des impératifs et des normes. Au sens rigoureux du terme, il ne saurait y avoir d'"obligation à croire ou à aimer"[1]. » Dès que l'on considère la foi et l'amour comme un objet d'obligation, on court le risque soit de réduire leur intensité émotionnelle pour n'en faire plus qu'une simple forme de bienveillance et de bienfaisance, soit de l'objectiver dans les œuvres ou des symbolisations cultuelles. La longue histoire de la polémique protestante contre la (prétendue) piété catholique des « œuvres » a rendu ces dangers familiers. L'intention du catholique qu'était Scheler ne consiste pas à prolonger cette polémique, mais, au contraire, à attaquer la façon dont Kant interprète à tort l'idée chrétienne d'amour comme un devoir d'amour. Pour Kant, l'idée d'amour du prochain devient un commandement – et prend du coup une forme paradoxale puisque l'amour ne peut pas faire l'objet d'un commandement. Pour Scheler en revanche, l'idée d'amour du prochain tire justement son excellence spécifique de ce qu'elle est l'expression d'une relation fondamentale de l'être humain à Dieu et à l'autre homme, une relation « dont le sens dépasse de loin tout "ordre" et toute "obéissance"[2] ». Cette relation fondamentale exprime certes qu'il est bon qu'un comportement soit mû par l'amour du prochain ; mais on la manquerait si on la reformulait comme une norme. La question consiste bien plutôt à savoir quelle forme l'idée d'amour doit prendre si elle s'adresse à la volonté des sujets. « Invitation à suivre le Christ » – tel est le premier essai de Scheler pour désigner cette forme[3]. Kant ne peut pas aller dans cette direction ; il en est empêché par son dualisme opposant devoir (*Pflicht*) et inclination. Parce que Kant doit comprendre l'amour comme une inclination au sens d'un « plaisir sensible à l'objet », il se demande si

---

1. Scheler, *Le Formalisme* (*op. cit.*), p. 234.
2. *Ibid.*, p. 236.
3. *Ibid.*, p. 237 (traduction modifiée).

l'amour pour Dieu peut être compris ainsi. Comme Dieu n'est justement pas un « objet des sens », cette possibilité n'entre pour lui pas en ligne de compte. Scheler prend en revanche conscience que derrière le mot « inclination » peuvent se cacher des réalités très différentes, et que nous ne sommes nullement réduits à ne comprendre sous ce terme que des pulsions sensibles. On peut aussi appeler « inclination » de façon générale toute « motion immédiate vers une valeur (sans norme ni prescription préalable)[1] ». Alors le concept d'un amour, pour Dieu ou pour l'être humain, qui ne résulte pas du respect pour un commandement et possède néanmoins une valeur morale apparaît comme un concept sensé. Kant a certes reculé devant les conséquences logiques de ses réflexions et n'a pas vraiment rejeté le soi-disant commandement d'amour. Il l'a plutôt réinterprété de façon à réduire le sens complet de l'amour au seul « amour pratique » (Kant) : « Aimer Dieu signifie dans cette acception, exécuter *volontiers* ses commandements ; aimer son prochain : remplir *volontiers* tous ses devoirs à son égard[2]. » Scheler considère toutefois que cette réinterprétation n'est pas convaincante, même si l'on admet les prémisses de Kant. En effet, si l'amour pratique doit être une espèce du genre « amour », pourquoi doit-il pouvoir faire l'objet d'un commandement alors que l'amour tour court ne peut pas être ordonné ? À l'inverse, s'il s'agit de modes de comportement et si ceux-ci peuvent fort bien faire l'objet de commandements, il est alors manifeste que Kant a quelque chose d'autre en tête que « l'amour » et qu'il le masque en recourant au concept hybride d'« amour pratique ». La bienveillance et la bienfaisance peuvent aussi se nourrir d'autres motifs que l'amour, et l'amour peut conduire à d'autres formes de comportement que la bienveillance et la bienfaisance.

---

1. *Ibid.*
2. Kant, *Critique de la raison pratique* (*op. cit.*), p. 709.

Comme Kant l'avait vu de façon particulièrement claire, la bienveillance et la bienfaisance n'ont pas toujours une valeur morale, par exemple lorsqu'elles résultent de considérations utilitaristes égoïstes. Alors que Kant place la valeur morale dans l'accomplissement du devoir, Scheler oppose à cette idée son interprétation du message de l'Évangile, à savoir que « bienveillance et bienfaisance ont exactement autant de valeur qu'elles recèlent effectivement d'amour[1] ». À l'inverse : pour une morale du devoir conséquente, la question de savoir si nous accomplissons volontiers notre devoir devrait être sans pertinence. Cette idée conduit à la question bien connue – depuis Schiller – de savoir si les actions que nous accomplissons par amour et dont le caractère de devoir ne nous est par conséquent pas conscient ont moins de valeur morale que les actions que nous accomplissons en combattant nos inclinations. Scheler prend expressément la défense de Kant contre le simple reproche que telle aurait été sa conception et qu'il n'aurait voulu reconnaître comme moralement bonne que l'action accomplie en résistant à nos inclinations. Si l'on suit la lecture de Kant que Scheler propose, ce ne sont pas les arguments de Kant qui provoquent l'impression de rigorisme, mais plutôt le pathos qui anime son exposé. Kant a bien sûr reconnu qu'une « belle âme » qui fait de son propre mouvement ce que le devoir commande a la même valeur morale que l'homme de devoir. Scheler considère toutefois cette concession comme insuffisante, car, à ses yeux, la « belle âme » dans les inclinations de laquelle le bien s'est incarné n'est pas seulement de même valeur morale, mais d'une valeur morale supérieure. Or Kant n'aurait jamais pu accorder cette supériorité morale.

Kant était néanmoins suffisamment conséquent pour élargir l'idée qu'un commandement d'amour était absurde au plaisir mis à l'accomplissement du devoir. Si l'on ne

---

1. Scheler, *Formalismus* (*op. cit.*), p. 239.

peut pas commander d'accomplir avec plaisir son devoir, le commandement ne peut pas porter sur l'attitude elle-même, mais seulement sur l'aspiration à cette attitude. Plusieurs étapes ont ainsi conduit, chez Kant, à faire de l'idée chrétienne d'amour un commandement prescrivant d'aspirer à un « amour pratique ». « Qu'on veuille bien se représenter d'*un seul* regard la presque incroyable transformation qu'il a fait subir aux paroles puissantes. "Aime Dieu par-dessus tout et ton prochain comme toi-même" est devenu "Efforce-toi d'obéir volontiers aux préceptes de Dieu et de remplir tes devoirs envers ton prochain"[1]. » Pour Scheler, cette réinterprétation met brutalement en lumière les contraintes intellectuelles et les erreurs fondamentales dont souffre toute « éthique de l'impératif ». Sa critique est plus fondamentale que celle des penseurs que nous avons abordés jusqu'à présent parce qu'elle s'attaque à la source de l'erreur et n'ignore pas largement Kant, comme James, ni ne se contente d'inverser les prémisses de Kant, comme Nietzsche ; plus clairement que chez Simmel, ou même chez Durkheim, on a affaire chez Scheler à une contre-proposition qui s'oppose de façon fondamentale à Kant.

Le mot-clé décisif pour caractériser en première approche cette contre-proposition a déjà été mentionné ; il s'agit de la compréhension emphatique de l'idée chrétienne d'amour. C'est à partir de cette idée que Scheler avait – comme nous l'avons déjà développé plus haut[2] – récusé la thèse nietzschéenne faisant naître le christianisme du ressentiment. Compris ainsi, « l'amour » consiste justement en une surabondance, en épanchement de force, et non en une idéologie des défavorisés. Scheler établit même une relation éloquente entre le caractère problématique d'un commandement d'amour et son analyse

---

1. *Ibid.* p. 240.
2. Cf. le chapitre 2 de ce livre, p. 64-68.

du ressentiment. Ce lien est mis en évidence par Scheler dans le cadre d'une discussion portant sur la question de savoir dans quelle mesure la valeur morale de personnes et d'actions augmente lorsque les coûts et les sacrifices à consentir deviennent plus importants. On peut laisser ici de côté la question elle-même. L'aspect qui nous importe est le suivant : si l'on suit Scheler, il y a une différence fondamentale entre un renoncement consenti en faveur d'une valeur supérieure malgré la reconnaissance de la valeur concurrente et un renoncement qui dévalorise le bien sacrifié et le prétend sans valeur. C'est cette seconde attitude qui est caractéristique de la « pseudo-ascèse du ressentiment[1] », tandis que l'ascèse véritable ne nie pas la valeur d'un bien tout en étant capable de renoncer à ces biens malgré leur valeur par amour pour des valeurs supérieures. « Ce n'est que dans la mesure où la possession, le mariage, la volonté propre sont des biens positifs que le libre renoncement du chrétien, par exemple, à l'égard de ces biens et au profit de biens encore supérieurs, peut constituer un acte qui ait une valeur[2]. » Contre Kant *et* Nietzsche, Scheler souligne que l'idée chrétienne d'amour est en excès. C'est à partir d'elle que Scheler veut développer son alternative à « l'éthique de l'impératif ».

« L'amour », Scheler le définit comme cet « acte originel par lequel un étant – sans cesser d'être cet étant limité – se quitte soi-même pour avoir part et prendre part à un autre étant comme *ens intentionale*, de sorte que tous deux ne deviennent pas de quelque façon des parties réelles l'un de l'autre[3] ». Par rapport à l'idée d'amour de la Grèce antique, l'idée chrétienne d'amour

---

1. Scheler, *Le Formalisme en éthique* (*op. cit.*), p. 245 (traduction modifiée).
2. *Ibid.*
3. Max Scheler, *Schriften aus dem Nachlaß*, vol. I, in : id., *Werke*, vol. 10, p. 356.

représente une « inversion du mouvement[1] » tout à fait fondamentale, comme le fait valoir Scheler dans son essai sur le ressentiment. L'amour n'est en effet plus restreint à l'aspiration de l'inférieur vers le supérieur, mais devient maintenant un caractère essentiel de Dieu, l'être suprême. « Cette inversion du mouvement de l'amour repose sur une *nouvelle manière de fonder* l'amour et la connaissance, mais aussi la valeur et l'être[2]. » Avec toute son énergie, Scheler se bat contre une conception qui n'accorderait à l'amour qu'une importance secondaire dans la connaissance, comme si nous établissions d'abord une relation purement cognitive aux objets de notre connaissance pour ensuite seulement faire porter des sentiments sur les objets ainsi constitués. Pour lui, la perception de la valeur (*Wertnehmung*) précède toujours la perception par les sens (*Wahrnehmung*). L'idée « que l'amour rendrait "aveugle" plutôt que "voyant", que toute véritable connaissance du monde ne pourrait donc reposer que sur la retenue *la plus extrême* des actes émotionnels et sur l'abstraction concomitante quant aux différences de valeur entre les objets dont les valeurs sont, avec ces vécus en acte, dans un lien profond reposant sur l'unité du vécu » est une position qu'il qualifie de façon tranchée de « jugement bourgeois spécifiquement moderne[3] ». L'avènement de la bourgeoisie a ainsi pour conséquence que l'on passe à nouveau à côté de la manière dont le christianisme avait élevé l'amour au rang de principe constitutif de la connaissance. Dans la tradition grecque comme dans la tradition indienne, on avait

1. Max Scheler, « Das Ressentiment im Aufbau der Moralen », in : id., *Vom Umsturz der Werte* (*Werke*, vol. 3), p. 33-148. Traduction française : *L'Homme du ressentiment*. Traduction revue et corrigée, Paris, Bartillat, 2022.

2. Max Scheler, « Liebe und Erkenntnis », in : id., *Schriften zur Soziologie und Weltanschauungslehre* (*Werke*, vol. 6), Berne, 1963, p. 77-98, ici p. 88.

3. *Ibid.*, p. 77.

certes reconnu l'amour comme un agent du progrès de la connaissance ; mais c'est seulement dans le christianisme que l'on avait inscrit dans cette idée la conception que la connaissance elle-même ne serait *rendue possible* que par l'amour d'une personne. Selon l'idée chrétienne d'amour, « toute nouvelle connaissance sur Dieu [...] est portée par l'*acte d'amour* de son *auto*-manifestation en Christ comme par son fondement créateur[1] » ; l'amour reste une relation entre deux personnes aimantes, la personne de Dieu et celle du croyant, qui, quelle que soit la façon dont il s'offre à Dieu, ne renonce pas à sa forme de personne ni ne cherche à la dépasser, mais au contraire entend l'affermir : « la personne se gagne elle-même lorsqu'elle se perd en Dieu[2]. »

Aux yeux de Scheler, l'histoire de la philosophie chrétienne semble profondément déficiente. L'expérience vive fondamentale de l'amour, au sens qu'on vient d'expliquer, a été la plupart du temps déformée par l'appareil catégoriel de la philosophie grecque au lieu qu'il permette de l'articuler. Scheler voit des exceptions surtout dans la mystique ainsi que chez Augustin et Pascal. Il est manifeste qu'il considère sa propre pensée comme l'accomplissement d'une mission à laquelle il confère une importance énorme : procurer enfin une articulation adéquate à l'idée chrétienne de l'amour et l'introduire ainsi dans les débats modernes. Cette intention n'a rien à voir avec une orientation scolastique rétrograde, si caractéristique de la pensée catholique. Ce n'est pas un Nietzsche catholique qui parle ici, mais un penseur qui, à la façon d'un Augustin moderne, brûle de conférer toute son efficace à la radicalité nullement obsolète de l'idée chrétienne d'amour dans la crise de la culture symbolisée par le nom de Nietzsche.

---

1. *Ibid.*, p. 89.
2. *Ibid.*, p. 90.

Dans la réalité institutionnelle de la philosophie, ces intentions grandioses doivent toutefois être transformées dans la menue monnaie d'argumentations détaillées. La forme de l'exposé doit se garder de donner l'impression que Scheler ne se serait pas astreint à cette tâche. Tant pour ce qui concerne la « raison pure » que la « raison pratique », Scheler développe en détail sa critique de Kant dont l'éthique représente pour lui – malgré toutes ses objections – « la doctrine *la plus aboutie* que nous possédions en matière d'éthique philosophique, sinon dans les formes de la vision du monde et de la conscience croyante, du moins dans la forme de l'idée rigoureusement scientifique[1] ». Dans notre contexte, savoir si ses arguments sont toujours contraignants dans le détail et s'ils rendent totalement justice à Kant n'a pas besoin de nous intéresser[2], ou plutôt ne nous intéresse que dans la mesure où cela contribue à répondre à la question de la genèse des valeurs. On peut ainsi laisser de côté ses développements détaillés sur l'identification kantienne de la distinction formel/matériel et de la distinction a priori/a posteriori. On mentionnera en revanche la façon dont Scheler – d'une façon très semblable à ce que firent les pragmatistes[3] – essaie d'ébranler les constructions épistémologiques et éthiques de Kant en critiquant leurs fondements psychologiques.

---

1. Max Scheler, *Le Formalisme en éthique* (*op. cit.*), préface de la première édition, p. 12 (traduction modifiée).

2. Les travaux d'Imtiaz Moosa sont ceux que je trouve les plus éclairants dans la littérature secondaire consacrée à la relation entre Scheler et Kant. Cf. I. Moosa, « Formalism of Kant's A Priori versus Scheler's Material A Priori », in : *International Studies in Philosophy* 27 (1995), p. 33-47 ; id., « A critical examination of Scheler's justification of the existence of values », in : *The Journal of Value Inquiry* 25 (1991), p. 23-41 ; id., « Are Values Independent Entities ? Scheler's Discussion of the Relation between Values and Persons », in : *Journal of the Britisch Society for Phenomenology* 24 (1993), p. 265-275.

3. On sait que Scheler a discuté longuement le pragmatisme, même si cette discussion n'est guère convaincante, et qu'il lui a consacré une

C'est justement ainsi qu'il espère, contre la « fausse *unité* qui a réuni jusqu'ici apriorisme et rationalisme », pouvoir faire avancer l'idée d'un « apriorisme de l'émotionnel[1] ».

Pour Scheler, le formalisme et l'apriorisme de Kant ne sont compréhensibles que si on les comprend comme contrepoids à une psychologie qui conçoit le monde extérieur et intérieur de l'être humain comme un « chaos » – le chaos des impressions sensibles et le chaos des motions pulsionnelles – face auquel c'est l'entendement comme principe ordonnateur qui doit produire cohérence et structure. Kant aurait repris cette manière de penser de la tradition britannique (Hume surtout), sans la soumettre à la critique ; à partir de ces prémisses, ses constructions sont parfaitement valables. « Résumons notre pensée : pour exister, la *nature selon Hume aurait besoin d'un entende-ment de type kantien ; et l'être humain selon Hobbes aurait besoin d'une raison pratique de type kantien*, pour autant que l'on voulût rapprocher cette nature et cet homme de l'état de fait tel qu'il se présente à l'expérience naturelle. Mais si l'on commence par rejeter la présupposition fondamentalement erronée d'une nature à la façon de Hume et d'un être humain à la façon de Hobbes, on peut se passer de cette hypothèse ; et par là même, on cesse d'avoir besoin de concevoir l'apriorique comme "lois fonctionnelles" de ces activités organisatrices[2]. » Ni la structure perceptive ni la structure motivationnelle de l'être humain ne correspondrait donc à cette conception « sensualiste »

---

ample étude. Cf. Max Scheler, *Erkenntnis und Arbeit. Eine Studie über Wert und Grenzen des pragmatischen Motivs in der Erkenntnis der Welt*, Francfort-sur-le-Main, 1977 (identique à : Max Scheler, *Werke*, vol. 8, Berne, 1960, p. 191-382). Sur cette question, cf. Hans Joas, *Pragmatismus und Gesellschaftstheorie*, Francfort-sur-le-Main, 1992, p. 125ss. ; Kenneth Stikkers, « Introduction », in : Max Scheler, *Problem of Sociology of Knowledge*, Londres, 1982, p. 1-30, ici p. 24 ss.

1. Scheler, *Le Formalisme en éthique* (*op. cit.*), p. 87.
2. *Ibid.*, p. 87 (traduction légèrement modifiée).

erronée. Ce qui avait attiré Scheler dans la phénoménologie de Husserl, c'est qu'elle avait dégagé une tout autre constitution du percevoir humain et qu'elle avait développé sa démarche à partir de là. Mais plus encore qu'à la perception et la connaissance, c'est à l'éthique que Scheler s'intéresse. Dans ce domaine, il veut démontrer en suivant la méthode phénoménologique que le concept kantien d'inclination est conçu d'une façon erronée. Pour Kant, les « inclinations » sont moralement neutres ; elles appartiennent intégralement à la nature animale de l'homme et sont en lutte avec la volonté marquée au sceau de la raison, cette volonté qui seule permet d'accéder à la sphère susceptible d'une évaluation morale. Si nous ne pensons pas l'homme de cette façon dualiste, comme composé d'inclinations basses et d'une volonté d'un ordre supérieur, nous découvrons alors que déjà dans nos « aspirations » (*Strebungen*) – c'est le concept utilisé de préférence par Scheler – on peut identifier une relation aux valeurs. Avant toute transformation des aspirations en désirs par la représentation de buts matériels – ou même en fins volontaires par une décision de réaliser ces buts matériels –, nos aspirations sont d'emblée dirigées vers quelque chose et s'éloignent d'autre chose. Les aspirations ont des buts, et notre agir orienté en finalité naît d'une relation à cette orientation préréflexive de nos aspirations. « Rien ne peut devenir une fin qui n'était pas au préalable un but ! La fin est fondée sur le but ! Il peut y avoir des buts sans qu'il y ait des fins, mais aucune fin *sans* un but préalablement donné. Nous ne pouvons pas créer une fin à partir de rien ou la "poser" sans au préalable une "aspiration à quelque chose"[1]. » Scheler rompt ainsi l'assimilation profondément ancrée et lourde de conséquences

---

1. *Ibid.*, p. 63 (conformément à l'usage actuel dans la traduction de Kant, on traduit *Zweck* par « fin » et *Ziel* par « but » ; Gandillac avait fait le choix inverse ; de même, on traduit *Strebung* par « aspiration » plutôt que par « tendance » [*N.d.T.*]).

entre intentionnalité et finalité[1] ; il peut alors faire voir que ce n'est pas la volonté qui, la première, produit la relation entre la personne et les valeurs. L'idéal qu'il a en vue n'est pas la force de la volonté, mais le façonnement éthique de la personne. Pour lui, l'être humain qui se situe au sommet de l'échelle morale est celui chez qui « l'apparition automatique et involontaire des stimulations de ses aspirations et des valeurs matérielles qu'elles "visent" se produit déjà selon un *ordre de la préférence*[2]. » Chez des personnes différentes, des objets tout différents peuvent stimuler les aspirations – pour Scheler, savoir desquels il s'agit n'est justement pas indifférents pour le jugement moral que l'on porte sur une personne. Aussi Scheler consacre-t-il de vastes sections de son œuvre à démontrer que, à l'encontre de la position de Kant, une éthique matérielle n'est pas condamnée à devenir une éthique du succès ou du plaisir. Les « aspirations » appartiennent au noyau de l'agir – à la différence des conséquences causées par l'action ; elles sont intrinsèquement liées aux valeurs et ne constituent pas une relique de la nature préhumaine au cœur de la personne.

Pour mettre son éthique sur les rails, Scheler s'appuie donc sur une conception de l'agir humain, du rôle de la perception et des motions pulsionnelles qui est radicalement différente de celle de Kant. Cette conception alternative, Scheler ne l'a pas véritablement développée dans son livre sur *Le Formalisme en éthique* ; les arguments y sont dispersés, tant il est vrai que toute l'œuvre se comprend comme de simples prolégomènes à une éthique. Dans des ouvrages ultérieurs, qui jouèrent un rôle essentiel pour le développement d'une anthropologie

---

1. Je me suis efforcé longuement de proposer une interprétation « non téléologique » de l'agir dans : Joas, *La Créativité de l'agir* (*op. cit.*), p. 158-177.

2. Scheler, *Le Formalisme en éthique* (*op. cit.*), p. 66 (traduction modifiée).

philosophique en Allemagne[1], Scheler a entrepris d'autres pas pour donner plus de substance à sa théorie, qui sort de l'opposition entre les modèles d'action utilitaristes et les modèles d'action normatifs[2]. Mais cette question d'une théorie de l'action n'est pas la ligne qu'il nous faut suivre ici. C'est une autre question qui doit nous occuper. Il s'agit de montrer que, sur la base de cette autre compréhension de l'agir, Scheler ouvre deux perspectives liées l'une à l'autre : une perspective sur une « éthique matérielle des valeurs » et une perspective sur une « phénoménologie des sentiments », et que le potentiel de ces deux perspectives n'est pas épuisé par l'œuvre de Scheler et ses traits souvent idiosyncrasiques. L'idée chrétienne d'amour ne reste pas chez lui un postulat venant se heurter à la réalité ; elle lui fournit au contraire la motivation pour développer une alternative radicale – même si elle n'est pas élaborée de façon systématique – à l'utilitarisme et au kantisme dans le champ de la théorie anthropologique de l'agir et de l'éthique. C'est à ces deux projets de Scheler, liés l'un à l'autre dans l'éthique, qu'il nous faut jeter un coup d'œil plus précis en nous demandant quelle réponse à la question de la « genèse des valeurs » ils pourraient préparer ou apporter.

Que signifie donc l'idée d'une « éthique matérielle des valeurs » esquissée par Scheler ? Elle ne signifie *pas* que Scheler voulait faire retour à une fondation religieuse ou

---

1. Cf. par exemple Max Scheler, « Die Stellung des Menschen im Kosmos », in : id., *Späte Schriften* (*Werke*, vol. 9), Berne, 1976, p. 7-71. Traduction française : *La Situation de l'homme dans le monde*, Paris, Aubier, 1951. À propos de cette tradition allemande, cf. Axel Honneth et Hans Joas, *Soziales Handeln und menschliche Natur*, Francfort-sur-le-Main, 1980. Traduction anglaise : *Social Action and Human Nature*, préface de Charles Taylor, Cambridge, 1988.
2. Cf. l'introduction de ce livre, p. 54.

métaphysique de l'éthique, ou à une éthique objective des fins ou des biens qui se prévaudrait d'un savoir sur les biens suprêmes ou sur la véritable fin ultime de toutes les aspirations de la volonté. Scheler accorde une grande importance à ne pas être compris comme un aristotélicien ou comme un scolastique ; il refuse même la façon dont Nicolai Hartmann le loue pour avoir fait une « synthèse de l'éthique antique et de l'éthique moderne[1] ». Tout au moins quant à son intention, l'« éthique matérielle des valeurs » n'est pas un essai pour revenir derrière Kant, mais une tentative de le dépasser. « C'est seulement *après* l'effondrement des éthiques des biens et des fins, c'est-à-dire après l'effondrement des univers de biens "absolus" sûrs d'eux-mêmes, que l'"éthique matérielle des valeurs" *a pu* voir le jour. Elle *pré*suppose la *destruction* de ces formes d'éthique par Kant[2]. » Cette intention, qui paraît paradoxale à beaucoup, Scheler peut la poursuivre parce qu'il voit une possibilité de ne pas rester prisonnier de l'impasse du formalisme kantien malgré la critique de l'insuffisance d'une éthique des biens ou des fins instruite par Kant. Il voit cette possibilité parce qu'il trouve une relation axiologique déjà dans les aspirations préréflexives de l'être humain. Cette relation axiologique peut s'y trouver parce qu'il conçoit les valeurs comme des « objets d'actes intentionnels du sentiment ».

De même que Husserl a établi que notre connaissance nous donne accès à des objets « idéaux » (comme les couleurs ou les formes géométriques), Scheler entend établir que la vie de nos sentiments nous donne accès à une autre classe d'objets idéaux, les valeurs. Pour comprendre cette idée, il faut d'abord être attentif à la distinction établie par Scheler entre « perception affective » (*Fühlen von etwas*)

---

1. Nicolai Hartmann, *Ethik*, Berlin, 1926, p. VII, cité ici d'après Scheler, *Le Formalisme en éthique* (*op. cit.*), p. 23 (traduction corrigée).
2. *Ibid.*, p. 23 s.

et un simple « état émotionnel » (*Gefühlszustand*)[1]. Ce que
Scheler appelle « états émotionnels », ce sont par exemple
des douleurs ou des états de plaisir, mais aussi des états
très vagues comme des manifestations « indéfinissables »
de tristesse ou de joie. De tels états ne possèdent aucune
relation immanente à un objet. Je peux certes me rapporter à eux par la pensée, et apprendre par exemple à saisir
certains de ces états émotionnels comme des symptômes
d'une maladie en train de commencer. Mais cette relation
ne repose sur aucune nécessité intrinsèque : je peux me
tromper dans l'interprétation de mes symptômes ! Il en
va tout autrement avec la « perception affective » (*das
Fühlen*). « Ici, nous ne sentons pas "au sujet de quelque
chose", nous sentons au contraire immédiatement *quelque
chose*, une certaine qualité axiologique[2]. » Quand j'aime,
je ne peux pas me tromper ; même si l'entendement peut
me donner des raisons de ne pas aimer, cela ne change
rien au caractère directionnel de ma perception affective.
Le caractère intentionnel de la perception affective ne
naît pas d'un acte de représentation ou de jugement. Le
caractère originaire de la perception affective et de son
intentionnalité est le plus manifeste, selon Scheler, là où
celle-ci porte sur un état émotionnel. Par une perception
affective, je peux ainsi me rapporter de façons très différentes à un état de douleur ; l'éventail va de la souffrance à
la volupté en passant par l'accoutumance ou la tolérance.

Pour le projet de Scheler, ce ne sont pas les états émotionnels, mais les « fonctions intentionnelles de l'affectivité » qui sont décisives. Dans de longues argumentations,
relevant d'ailleurs souvent davantage de l'histoire des
idées que de la phénoménologie, il essaie de démontrer
que nous ne pouvons rendre justice à cette « perception

---

1. *Ibid.*, p. 265 ss (je modifie à nouveau certaines options terminologiques de Gandillac [*N.d.T.*]).
2. *Ibid.*, p. 271 (traduction modifiée).

affective » qu'à condition de le comprendre à partir de ses objets. Ces objets d'une « affectivité intentionnelle » – les valeurs – ne sont pas pour lui les produits d'une abstraction ; il tient pour erronée toute interprétation qui conteste leur existence autonome et les ramène aux sujets humains de ces états affectifs, prétendument seuls à exister, ou aux biens incarnant ces valeurs. Il récuse également l'interprétation qui voit dans les jugements de valeur des expressions d'états affectifs ou la manifestation d'un désir ou d'un ordre. Toutes ces réinterprétations réductionnistes de notre sentiment de valeur rendent en définitive incompréhensible la raison pour laquelle il existe quelque chose comme des jugements de valeur. « Pourquoi les humains, au lieu d'exprimer directement leurs intérêts et leurs désirs, les déguisent-il en jugements de valeur[1] ? » C'est seulement si nous admettons qu'il y a effectivement des valeurs qu'il y a un sens à s'en prévaloir trompeusement, conformément à la vieille sottise voulant que l'hypocrisie soit un hommage rendu à la vertu.

Scheler aurait sans doute dû élucider avec plus de soin le caractère exact de l'intentionnalité propre à notre sentiment pour les valeurs au lieu de se contenter de récuser les conceptions philosophiques s'y opposant. Mais son impatience le pousse à continuer, et même dans plusieurs directions. D'une part, il ne lui suffit pas de pouvoir tirer d'une analyse de l'acte de perception affective des arguments pour l'existence objective des valeurs ; il veut aussi pouvoir y lire les structures internes du monde des valeurs. Dans le « préférer » et le « poursuivre », nous saisissons selon Scheler non seulement, comme dans la perception affective, les valeurs en tant que telles, mais aussi leur rang. Scheler développe une vaste typologie des valeurs qui nous est accessible dans l'acte du sentiment[2].

---

1. *Ibid.*, p. 193 (traduction légèrement modifiée).
2. *Ibid.*, p. 120 ss.

Les valeurs forment des ordres hiérarchiques définis-
sables, et ces ordres sont accessibles par une démarche
phénoménologique. D'autre part, Scheler réclame que
l'on rende justice à la diversité de notre sentiment pour
les valeurs dans des études spécifiques. Ce n'est pas tant
dans son livre sur *Le Formalisme en éthique* que dans une
importante série d'études spécifiques[1] qu'il entreprend
d'analyser de façon pénétrante les sentiments moralement
pertinents : repentance et honte, respect et humilité, la
diversité des sentiments de sympathie, et naturellement
le ressentiment. Scheler consacre aussi une étude spécifique aux « actes religieux » dont on sentait la présence
constante à l'arrière-plan de son éthique sans qu'ils ne
reçoivent dans ce cadre une pleine attention[2]. Tous les

---

1. Par exemple sur l'humilité et le respect : Max Scheler, « Zur
Rehabilitierung der Tugend », in : id., *Vom Umsturz der Werte*
(*op. cit.*), p. 13-31 ; sur la honte : Max Scheler, « Über Scham und
Schamgefühl », in : id., *Schriften aus dem Nachlaß*, vol. 1 (*Werke*,
vol. 10), p. 65-154. Traduction française : *La Pudeur*, Paris, Aubier-
Montaigne, 1952 ; sur la repentance : Max Scheler, « Reue und
Wiedergeburt », in : id., *Vom Ewigen im Menschen* (*Werke*, vol. 5),
Berne, 1954⁴, p. 27-59 ; sur les sentiments de sympathie : Max
Scheler, *Wesen und Formen der Sympathie*, Berne, 1974 (réimpres-
sion de 1926³) ; traduction française : *Nature et forme de la sympathie.*
Contribution à l'étude des lois de la vie affective, Paris, Payot, 1928 ;
Payot & Rivage, 2003² ; sur le ressentiment, *ibid.* Peut-être la prophétie de Bühl se réalisera-t-elle encore et verra-t-on Scheler devenir l'auteur classique d'une sociologie des émotions, cf. Bühl, *op. cit.*, p. 219.
2. Max Scheler, « Probleme der Religion. Zur religiösen
Erneuerung », in : id., *Vom Ewigen im Menschen* (*op. cit.*), p. 101-354,
surtout p. 240 ss. Ses développements ne peuvent pas se mesurer
ici avec la richesse de la phénoménologie de l'expérience religieuse
de James ; pour la plupart, ses critiques occasionnelles sur James
induisent en erreur. La façon dont Scheler défend, contre le dernier
Simmel, un concept de religion limité à un Dieu personnel (*loc. cit.*)
est intéressante. Pendant la Première Guerre mondiale, Scheler sera
dans un premier temps aussi excessif que Simmel dans ses efforts
pour légitimer la guerre. Comme la plupart des théologiens des deux
confessions, le catholique Scheler contribue à encenser la guerre.

détails de ces travaux doivent rester de côté ici. Il semble incontestable qu'avec ces études Scheler a fourni d'importants travaux préalables pour toute éthique qui accorde une place aux sentiments moraux en général. Bien qu'il ait pour but un ordre hiérarchique, certes richement structuré, du monde des valeurs, sa phénoménologie de la perception affective des valeurs est conduite par un sens profond pour la pluralité irréductible de nos sentiments ; les sentiments qu'il étudie ne sont pas des variations d'une substance unitaire, mais naissent de la complexité de l'agir interhumain inscrit dans un monde des valeurs. Tandis que de nombreux penseurs se concentrent exclusivement sur quelques rares sentiments intentionnels – quels

---

Lorsque s'articulent des réserves mettant en doute que l'expérience de la guerre puisse véritablement conduire à la christianisation espérée de la société moderne, Scheler se montre « ébranlé comme jamais que le Moloch par trop vorace de la nation » puisse détruire « aussi cette solidarité supranationale la plus profonde et la mieux enracinée [de l'Église catholique] ». Alors qu'il venait juste d'acclamer la guerre, il lui retire en 1916 le nom de « guerre » et reconduit au capitalisme la « dévastation de l'Europe » qui s'annonce ! La nouvelle interprétation de la guerre y voit un « appel à la conversion » pour l'unité de la culture européenne et le socialisme européen ; plus tard viennent même s'y ajouter des motifs pacifistes. Cf. Max Scheler, *Der Genius des Krieges und der deutsche Krieg*, Leipzig, 1915 ; on trouve d'autres textes in : *Gesammelte Werke*, vol. 4, Berne, 1982 ; Iring Fetscher, « Max Schelers Auffassung von Krieg und Frieden », in : Good (dir.), *Max Scheler im Gegenwartsgeschehen der Philosophie* (*op. cit.*), p. 241-258 ; Richard van Dülmen, « Der deutsche Katholizismus und der Erste Weltkrieg », in : *Francia* 2 (1974), p. 347-376. La première citation est tirée d'une lettre de Scheler à Carl Muth du 6 septembre 1915, reproduite in Good (dir.), *Max Scheler im Gegenwartsgeschehen der Philosophie* (*op. cit.*), p. 46 ; la seconde est tirée de la préface de Scheler à « Der Krieg als Gesamterlebnis », in : id, *Gesammelte Werke*, vol. 4, p. 269 s. Pour l'interprétation de la théorie de la religion de Scheler, le livre de Georg Pfleiderer est d'un grand secours : id., *Theologie als Wirklichkeitswissenschaft. Studien zum Religionsbegriff bei Georg Wobbermin, Rudolf Otto, Heinrich Scholz und Max Scheler*, Tübingen, 1992, surtout p. 193-224.

sentiments connaît donc Durkheim au-delà de l'indignation morale (dans *La Division du travail social*) et l'extase
collective (dans la théorie de la religion) ? quels sentiments
connaît le Heidegger d'*Être et Temps* par-delà la peur et
le souci ? –, Scheler essaie de présenter une typologie de
tous nos sentiments moralement pertinents en prenant en
compte la réalité anthropologique dans toute son ampleur.

Telle que Scheler comprenait sa démarche, il n'y avait
aucune contradiction entre sa sensibilité pour une large
palette de nos sentiments moralement pertinents et sa
proclamation d'un « strict absolutisme et objectivisme
éthique[1] ». Il pouvait parler dans le même souffle d'« intui-
tivisme émotionnel » et d'« apriorisme matériel[2] » pour
caractériser sa conception. Il ne voyait pas non plus de
problèmes à relier la riche diversité culturelle et historique
des systèmes de valeurs avec sa théorie de l'évidence d'une
orientation axiologique unitaire. La foi en des « valeurs
éternelles » allait pour lui de pair avec une culture historique d'une profondeur extraordinaire et un sens aigu
pour la variabilité historique et culturelle des systèmes
de valeurs. Contre l'universalisme formaliste de l'éthique
kantienne, Scheler affirme que son éthique matérielle des
valeurs est portée par un esprit particulièrement attentif à
la relativisation historique de sorte qu'il est possible dans
son cadre de considérer même « l'humanisme rationnel de
l'éthique kantienne comme un simple moment dans l'histoire de l'esprit humain[3] ». Ses intérêts anthropologiques
et psychologiques amènent également Scheler à dynamiser
l'apriori kantien comme une réalité s'inscrivant dans l'histoire de la nature. Enfin, Scheler est en outre l'un des fondateurs de la sociologie de la connaissance. L'élaboration
effective d'une éthique systématique positive l'intéresse

---

1. Scheler, *Le Formalisme en éthique* (*op. cit.*), p. 17.
2. *Ibid.*
3. *Ibid.*, p. 24 (traduction modifiée).

visiblement moins qu'une « *philosophie du développement de la conscience morale* dans l'histoire et la société[1] ». Cette évolution ultérieure est déjà visible dans le livre sur *Le Formalisme en éthique* ; là déjà, Scheler n'avait nullement adopté une attitude défensive dans sa discussion de la relativité historique des appréciations axiologiques. Il ne craint que cela contraigne à ces conséquences sceptiques concernant l'existence d'un monde des valeurs, mais passe même à l'offensive et propose de développer une théorie systématique des dimensions de la possible relativité des appréciations axiologiques. Grâce à une telle théorie, il espère que nous parvenions progressivement à saisir l'histoire culturelle des évaluations, qui nous apparaît d'abord confuse, comme l'appropriation d'un monde existant objectivement, sur le modèle de ce qui est le cas dans l'histoire de la connaissance. Le « royaume de ces appréciations axiologiques et de leurs contenus qui nous apparaît [au début] comme une palette sur laquelle on aurait renversé des pots de peinture » peut alors « lentement [acquérir] le sens cohérent d'un tableau grandiose – ou du moins de fragments d'un tel tableau –, où l'on verrait l'humanité, en dépit du bariolage de ses diversités, se rendre maîtresse, par l'amour, la perception affective et l'action, d'un univers de valeurs objectives (indépendantes d'elle et de ses structures), et de leur hiérarchie objective, pour les attirer dans son existence[2] ». Mais cet espoir est-il justifié ? Le simple fait que Scheler contestât si massivement l'existence d'une tension entre son objectivisme éthique et sa conscience historico-sociologique de

---

1. *Ibid.*, p. 26 (traduction corrigée).

2. *Ibid.* p. 306 (traduction modifiée). Scheler distingue cinq dimensions de « la relativité de la dimension morale » : les variations du sentiment pour les valeurs, du jugement de valeur, des types d'intuition, de la moralité pratique et des mœurs et usages traditionnels (cf. *ibid.*, p. 308 ss). Je n'aborde pas ici l'application de cette typologie.

la diversité des évaluations ne saurait suffire à emporter la conviction. Cette tension n'existe-t-elle pas ? Ou bien Scheler est-il un maître de la dénégation, qui se cacha continuellement l'existence de cette tension ? On ne peut donner de réponse à cette question, décisive pour juger du projet de Scheler qu'à condition de regarder comment il conçoit la *genèse* des valeurs. Un monde des valeurs indépendant peut seulement être découvert et reconnu ; sa genèse – pour autant qu'on puisse se la représenter – n'aurait rien à faire avec l'être humain agissant. Scheler parvient-il ici à sauvegarder la façon dont il relie une phénoménologie des sentiments moraux avec sa prétention à fonder une éthique matérielle des valeurs ?

On relèvera d'abord que Scheler cherche effectivement une réponse à cette question. C'est un fait remarquable. On ne pourrait l'attendre de quelqu'un qui défendrait une conception objective des valeurs avec l'intention de faire retour derrière Kant. Mais l'éthique de Scheler veut être, comme l'indique le sous-titre du livre sur *Le Formalisme en éthique*, un « nouvel essai pour fonder un personnalisme éthique » ; et c'est effectivement à cette tâche qu'est consacrée toute la seconde moitié de l'œuvre. Il n'est pas possible de donner ici une idée de la richesse de la doctrine de la personne de Scheler. Ce qui est essentiel pour nous, c'est qu'ici aussi, Scheler veut dépasser Kant, et non retourner derrière lui. Il accorde volontiers, en accord avec l'argumentation proposée par Kant, que les éthiques des biens et des fins rabaissent la valeur de la personne en la plaçant sous la valeur des biens suprêmes ou en mesurant cette valeur à l'aune de sa contribution à la réalisation d'une fin. Mais il se demande ensuite si l'éthique kantienne, de même que toute « éthique formaliste de la raison ou de la loi [...], ne *prive* pas la personne de sa dignité en la plaçant sous la domination d'un *nomos* impersonnel auquel elle serait d'abord tenue d'obéir pour devenir pleinement une personne[1] ». Cette question semble pousser Scheler dans la direction dont nous avons fait connaissance avec les réflexions de Simmel sur la « loi individuelle[2] ». Mais sa critique radicale d'une éthique de l'impératif le préserve de la tentation d'établir la relation à l'individu par le biais d'une individualisation du devoir. Contre Simmel, Scheler objecte expressément que celui-ci s'est empêtré dans des contradictions insolubles à cause de sa dépendance vis-à-vis de Kant. Sa « tentative de maintenir la doctrine fondamentale de Kant, c'est-à-dire la doctrine affirmant qu'est "bon" ce qui est obligatoire (*das Gesollte*), tout en combattant par ailleurs la doctrine kantienne de la validité universelle de l'obligation (*Pflicht*)[3] » serait condamnée à l'échec parce qu'elle ne permettrait pas de distinguer les caprices du vrai devoir (*Sollen*) sans introduire à nouveau le principe d'universalisation qu'on vient pourtant de récuser. Pour échapper à ce dilemme, il faut rompre avec l'éthique de l'impératif comme le fait justement l'éthique matérielle des valeurs. Elle promet par conséquent de mieux satisfaire aux motifs radicalement individualistes de Simmel que sa propre formulation. On n'aurait pas affaire alors à une « loi individuelle », mais bien à une « réalité axiologique individuelle » dont pourrait résulter aussi l'expérience vive d'un devoir (*Sollen*) individuel, « une expérience vive du caractère obligatoire (*das Gesolltsein*) d'un contenu, d'une action, d'un acte, d'une œuvre par *moi*, et le cas échéant *seulement* par moi en tant que je suis cet individu[4] ». La réalité axiologique individuelle peut être – comme chaque valeur – saisie

---

1. *Ibid.*, p. 376 (traduction modifiée).
2. Cf. chapitre 5, p. 168 ss.
3. *Ibid.*, p. 490 (traduction modifiée) sur le débat avec Simmel, cf. p. 490-495. Scheler connaissait l'article de Simmel « La loi individuelle » dans la version publiée dans la revue *Logos* 4 (1913), p. 117-160.
4. *Ibid.* (traduction modifiée).

objectivement. Font prioritairement partie des valeurs saisies objectivement les valeurs de la personne, et en particulier la valeur de ma personne. Scheler frappe la formule d'apparence paradoxale affirmant qu'il y a une « connaissance évidente du "bien en soi", mais justement du "bien en soi pour *moi*"[1] ». Cette formule serait véritablement paradoxale si Scheler avait voulu réaliser une totalité auto-contradictoire en joignant par un tour de force l'« en-soi », qui est censé exprimer l'indépendance par rapport à l'expérience vive, avec la relation à la personne. Mais ce n'est pas ce qu'il veut exprimer. Ce qu'il a en vue, c'est l'expérience vive de la « vocation », de la « mission » et de l'« élection » : prendre conscience des valeurs objectives peut être vécu comme un appel personnel à agir dans le sens de ces valeurs. Pour Scheler, la foi dans le « bien en soi » n'est pas en opposition à l'individualisation de l'expérience axiologique ; cette foi est au contraire le présupposé logique pour pouvoir penser l'idée d'un bien pour moi comme personne individuelle et pour ne pas le masquer par la maxime de la validité universelle. Dans la discussion, ici et lorsqu'il se démarque de Simmel, Scheler recourt régulièrement à une langue religieuse parce qu'il est plus facile d'articuler ses idées dans cette tradition riche d'expérience et de sagesse. La réalité axiologique individuelle est alors le « salut » personnel ; l'amour de Dieu est, formulé ainsi, dirigé vers moi comme individu et me rend libre de poursuivre l'image que Dieu a de moi : « sous l'influence *téléologique* de cet idéal axiologique de la personne individuelle, cet idéal dans lequel est fixée la place singulière que chaque personne occupe dans le royaume du bien existant en soi[2]. »

---

1. *Ibid.*, p. 491 (traduction modifiée).
2. *Ibid.*, p. 492, note 1 (traduction modifiée).

Pour Scheler, l'individualisation de l'expérience axiologique est donc compatible avec son objectivisme axiologique ; mais qu'en est-il de la transmission et de la genèse des valeurs ? Déjà le grand article consacré au « ressentiment », qui instruisait la critique de Nietzsche, nous a montré que Scheler est à la recherche d'une réponse à la question de la genèse des valeurs. S'il avait voulu récuser cette question comme une question dépourvue de sens, il aurait dû rejeter totalement la thèse de Nietzsche sur la genèse d'un système de valeurs dans le ressentiment. Au lieu de cela, il n'a contesté que sa validité pour la genèse du christianisme, affirmant lui-même que l'éthique bourgeoise du travail et de la profession était le produit d'une inversion des valeurs proprement chrétiennes sous la pression du ressentiment[1]. Sur un plan plus général, nous disposons pour l'instant, comme point d'appui pour une réponse à la question de la genèse des valeurs, seulement de la formule « invitation à suivre [le Christ] », que Scheler avait opposée à l'interprétation erronée de l'idée d'amour comme devoir d'amour. Le livre sur *Le Formalisme en éthique* développe cette idée plus avant quand il aborde le rôle du « modèle[2] ». Ici aussi, Scheler commence par se démarquer de Kant, pour qui le modèle peut seulement donner forme intuitive à la loi morale, mais ne saurait bien sûr la remplacer ; dans une éthique du Devoir

---

1. Ce n'est pas l'endroit pour commenter et discuter plus avant cette thèse, qui paraît aujourd'hui très inhabituelle au vu de la dominance exercée en sociologie par la thèse de Weber sur l'éthique protestante. Cf. sur cette question maintenant Lichtblau, *Kulturkrise und Soziologie um die Jahrhundertwende* (*op. cit.*), p. 158 ss. Scheler recourt à la thèse du ressentiment aussi dans des travaux obéissant à une tout autre orientation.

2. Scheler, *Le Formalisme en éthique* (*op. cit.*), p. 571 ss. Le manuscrit posthume « Vorbilder und Führer », in : Scheler, *Schriften aus dem Nachlaß*, vol. 1 (*op. cit.*), p. 255-344, contient d'autres développements sur ce thème.

(*Sollensethik*), c'est une position tout à fait conséquente. Dans une éthique des valeurs en revanche, l'importance du modèle est bien supérieure. La relation au modèle représente une relation à l'« essence axiologique » d'une autre personne. Cette relation se distingue d'un Devoir par trois traits. Premièrement, elle n'est pas orientée sur un faire, mais sur un être. Scheler fait une différence précise entre « imitation » et « suivance ». Un modèle ne doit pas être imité dans ses actions concrètes, mais il motive à s'orienter par une prise de conscience propre sur les valeurs incarnées dans le modèle. Deuxièmement, le rapport au modèle est fondé dans l'amour ; tout devoir résulte de cette relation nourrie de respect. Scheler parle d'« attrait » et d'« attirance » pour décrire cette relation ; il la démarque de l'expérience vive de l'obligation aussi bien que de l'objectif conscient ou de la simple suggestion. « Les modèles attirent à eux la personne pour laquelle ils sont des modèles ; on *ne* va *pas* vers eux d'un mouvement propre ; le modèle en vient à déterminer un but, mais on n'aspire pas à lui comme à un but, encore moins est-il posé comme fin. Cet attrait n'apparaît toutefois pas sous la forme d'une contrainte aveugle, comme la "force suggestive" qui émane d'une personne. L'attrait possède au contraire une conscience fondatrice du devoir-être (*Sollsein*) et de l'être-juste[1]. » Face à un modèle ainsi compris, il existe la possibilité d'un « *libre* abandon à son contenu axiologique personnel accessible à un discernement autonome[2] » et cette possibilité est opportune. Et, troisièmement, Scheler souligne la priorité génétique des modèles personnels face aux normes et affirme que tout respect d'une norme est finalement fondé non seulement génétiquement, mais aussi structurellement, dans le

---

1. Scheler, *Le Formalisme en éthique* (*op. cit.*), p. 578 (traduction modifiée).
2. *Ibid.*, p. 579 (traduction modifiée).

respect des personnes, et celui-ci à son tour dans l'amour pour ces personnes. Le modèle serait ainsi « le véhicule *primaire* de toutes les modifications qui se produisent dans le monde moral[1] ». Scheler reconnaît tout à fait qu'à la place du modèle on peut avoir affaire aussi à un « contre-modèle » ; cela signifie que cela peut justement être le rejet d'une personne incarnant certaines valeurs qui donne forme à l'orientation éthique d'une autre personne. Pour Scheler, la doctrine du modèle n'est que le point de départ de réflexions beaucoup plus amples en vue d'une typologie des personnes incarnant des valeurs et d'une systématique sociologique des modalités à chaque fois caractéristiques d'une unité sociale. Comme la doctrine de l'individualisation de l'expérience axiologique, la doctrine du modèle reste entièrement dans le cadre de l'objectivisme des valeurs. Pour Scheler, il ne fait pas de doute que l'acte d'élection d'un modèle est précédé par un acte de prise de conscience de la valeur par le moyen d'une perception affective (par exemple un acte d'amour) – mais pas par un jugement de valeur ! Même l'amour caractérisé expressément de « créateur[2] » peut être appelé ainsi dans le cadre de l'objectivisme des valeurs seulement parce qu'il joue un rôle heuristique, et non parce qu'il jouerait un rôle véritablement créateur. « Les valeurs ne peuvent être ni créées ni anéanties. Elles existent indépendamment de toute organisation d'êtres spirituels déterminés[3]. » L'amour joue donc un rôle qualifié de créateur « non à l'égard des valeurs existant en soi, mais bien à l'égard du cercle et de l'ensemble des valeurs qu'un être peut percevoir et préférer »[4]. Contre Kant *et* Nietzsche, contre un subjectivisme transcendantal aussi bien que

---

1. *Ibid.*, p. 574 (traduction modifiée).
2. *Ibid.*, p. 273.
3. *Ibid.* (traduction modifiée).
4. *Ibid.* (traduction modifiée).

contre un subjectivisme empiriste, Scheler défend la thèse que « la personne est exclusivement l'ultime *porteur* de valeur, mais pas, et en aucun sens, l'instance *qui pose* les valeurs[1] ». La focalisation de son éthique sur la personne ne saurait donc pour lui mettre en question l'existence objective d'un monde des valeurs.

La tension entre les deux pôles de la réflexion éthique de Scheler gagne toutefois en acuité lorsqu'on pose la question de savoir si même les « personnes axiologiques » suprêmes, les modèles les plus puissants dans leur invitation à la suivance, doivent être comprises seulement comme porteuses de valeurs, ou s'il faut peut-être les comprendre aussi comme des instances qui posent des valeurs[2]. C'est en particulier dans le cas des fondateurs de religion que cette question devient inévitable puisque, pour Scheler, le sacré qu'ils incarnent ne saurait être pensé comme « une sorte de synthèse du bien, du vrai et du beau[3] », mais doit être compris comme un phénomène *sui generis*. Si, pour rester fidèle à son objectivisme des valeurs, Scheler était contraint de considérer Jésus-Christ comme la simple incarnation de valeurs préexistantes, il se rapprocherait de Kant plus qu'il ne le souhaite et s'éloignerait des motifs guidant sa pensée emphatique de l'amour. C'est ici que Scheler introduit le concept du « saint originaire » – un saint qui ne se contente pas de suivre un autre saint, mais qui crée lui-même l'idéal que lui et ses adeptes suivent[4]. Scheler en trouve une expression paradigmatique dans les paroles de Jésus « Je suis le chemin, la vérité et la vie. » Il ne s'agit pas de la communication d'un énoncé vrai,

---

1. *Ibid.*, p. 516 (traduction modifiée).
2. Dans ce paragraphe, je suis en partie l'argumentation de Moosa, « Are Values Independent Entities ? » (art. cit.). Moosa s'appuie essentiellement sur l'article de Scheler « Vorbilder und Führer » (art. cit.).
3. Scheler, *Probleme der Religion* (*op. cit.*), p. 311.
4. Scheler, « Vorbilder und Führer » (art. cit.), p. 278 ss.

mais de l'incarnation personnelle d'un chemin à suivre. « *Au-dessus* de la personne du saint originaire, il n'y a pas d'étalon universellement valable, pas de norme à l'aune de laquelle pourraient être mesurée la valeur de son vouloir, de son faire, de son effet et de lui-même[1]. » C'est justement ce qui fait la qualité « charismatique » d'un saint originaire[2]. Outre Jésus-Christ, Scheler cite comme exemples de saints originaires Bouddha, Mahomet, Confucius et Lao-Tseu. Dans tous ces cas, il est sans conteste plausible de parler d'une création de valeurs. Mais cette thèse n'est pas compatible avec la conception d'un monde éternel des valeurs. Les analyses phénoménologiques de Scheler le poussent par conséquent dans une position inconsistante dès qu'il quitte le domaine de l'éthique et veut rendre justice au phénomène du sacré. Si les saints originaires peuvent créer des valeurs, alors le monde des valeurs n'est pas là avant eux et indépendamment d'eux. Le meilleur moyen d'éviter cette conséquence consisterait pour Scheler à ne doter qu'un seul fondateur de religion du prédicat de saint originaire, comme le ferait une dogmatique religieuse ; on pourrait alors considérer qu'en lui seul a eu lieu une révélation de l'ordre axiologique valable de toute éternité. Mais Scheler ne le fait pas ; toute utilisation plus large du concept de charisme, comme on la trouve chez Max Weber, rendrait de toute façon par trop manifeste la tension avec l'objectivisme des valeurs. On rencontre en effet le phénomène de la suivance aussi là où Scheler lui-même ne parlerait certainement pas d'incarnation de valeurs. Ce sont justement les traits charismatiques des mouvements

---

1. *Ibid.*, p. 280.

2. Scheler parle lui-même aussi de « charismatique », il utilise donc le concept rendu célèbre surtout par la sociologie du droit et de la domination de Max Weber. Sur les forces et les limites de la conception wébérienne du charisme, cf. Joas, *La Créativité de l'agir*, p. 52 ss et la littérature indiquée dans ces pages.

totalitaires du XXe siècle qui rendent plus difficile de proposer aujourd'hui une reconstruction des idées de Scheler sur le modèle et la suivance dans la forme qui leur serait adéquate. Dans ses dernières années, Scheler s'est lui-même sensiblement éloigné de l'objectivisme des valeurs qu'il avait défendu auparavant avec tant d'engagement, même si cette prise de distance ne fut ni claire ni conséquente. Il ne l'abandonna pas complètement ni ne rétracta tous ses développements antérieurs, mais il attribua à l'être humain en général – et pas seulement aux fondateurs de religion – un rôle « cocréateur » aussi pour la réalité des valeurs. Il se tourne contre l'idée d'une providence qui ouvrirait le chemin à la création du monde ; parce qu'il n'y a rien de ce genre, « notre participation à la réalisation de ces actes n'est pas une simple détection ou découverte d'un étant ou d'une entité indépendant de nous, mais une participation à la production, une coproduction des unités essentielles, des idées, des valeurs et des buts associés au logos éternel, à l'amour éternel et à la volonté éternelle, à partir du centre et de l'*origine* des choses elles-mêmes[1] ». C'est ainsi qu'il formulait la chose dans son anthropologie tardive, qui faisait partie d'une nouvelle métaphysique de Scheler restée à l'état de fragment.

Cette traversée riche en revirements des réflexions sinueuses de Scheler se conclut-elle dans la perplexité ? Nullement. Il convient d'abord de retenir que Scheler a entrepris l'essai probablement le plus réfléchi et le plus complexe pour fonder et déployer une éthique des valeurs dans les conditions d'une pensée post-métaphysique, se basant à cette fin sur une phénoménologie des sentiments. Mais il a adopté pour cela une démarche si radicale qu'il a doublement dépassé le but visé et s'est trouvé chargé de problèmes que doit éviter une tentative actuelle de

---

1. Scheler, *Die Stellung des Menschen im Kosmos* (*op. cit.*), p. 40 ; trad. franç., p. 65 (traduction corrigée).

briser l'emprise d'une « éthique de l'impératif ». D'une part, Scheler a surestimé dès le départ la portée de ses analyses phénoménologiques des actes intentionnels de la perfection affective. Il a certes montré de façon convaincante qu'ils nous permettent de faire effectivement diverses expériences de la dimension axiologique et que ces expériences sont bien différentes des expériences du Devoir. Mais il s'est mépris en donnant de cette démonstration réussie une interprétation ontologique, comme si l'expérience assurée de la dimension axiologique établissait la préexistence des valeurs indépendamment de l'expérience[1]. Le domaine religieux montre de façon particulièrement claire à quel point Scheler surestime son argument qui, finalement, n'a plus l'air que d'un simple postulat. Il conclut du fait de la religion à l'existence de Dieu et déclare simplement qu'un monde avec religion, mais sans Dieu, serait un « fait totalement irrationnel[2] ». Avec la même assurance, Durkheim avait proclamé avoir prétendument révélé grâce à la sociologie le secret dont vivrait toute religion – tout comme Feuerbach, Marx, Nietzsche et Freud prétendaient chacun avoir donné la réponse définitive à cette question. William James avait, pour sa part, procédé de façon plus prudente, plus tâtonnante et plus dialogique. Scheler fut d'ailleurs prompt à se méprendre sur sa phénoménologie de l'expérience religieuse, dans laquelle James affirmait certes l'existence d'un objet religieux, mais le laissait en définitive indéterminé : Scheler y voit une simple psychologie empirique de la religion qui resterait sans importance du point de vue

---

1. Cf. Moosa, « A critical examination » (art. cit.).
2. Scheler, « Probleme der Religion » (art. cit.), p. 256 ; cf. aussi Pfleiderer, *Theologie als Wirklichkeitswissenschaft* (*op. cit.*), p. 220 ss. Ailleurs, Scheler propose même une preuve « sociologique » de l'existence de Dieu à partir de l'expérience de la communauté. Cf. Max Scheler, « Die christliche Liebesidee und die gegenwärtige Welt », in : *Vom Ewigen* (*op. cit.*), p. 355-401, ici p. 374.

religieux[1]. Il ne peut pas voir que, pour James, l'attitude pragmatiste modeste est restée déterminante aussi pour les questions concernant le salut de l'âme et la rédemption : au lieu d'annoncer un savoir salutaire certain, il s'agit de le chercher avec curiosité et tolérance, et d'être disposé à l'accueillir[2]. L'idée d'une intentionnalité des actes dans lesquels s'expriment des sentiments, formulée par Scheler, peut donc être conservée sans la surcharger d'une prétendue évidence de la connaissance des valeurs. Il doit exister d'autres possibilités d'articuler notre expérience des valeurs et de la requête qu'elles nous adressent que la façon dont Scheler parle des valeurs comme de « véritables objets[3] ».

L'autre point sur lequel Scheler a été trop loin consiste à avoir intégralement subsumé le Devoir (*Sollen*) sous les valeurs. Aussi impressionnant que soit son essai pour restituer sa visibilité à la dimension des valeurs contre la réduction de l'éthique au Devoir, et donc de l'éthique religieuse à une sorte d'obéissance à Dieu[4], cette argumentation n'en devient pas moins unilatérale si l'on n'attribue plus au Devoir qu'un statut secondaire par rapport aux valeurs. Scheler ne se contente pas de refuser que les jugements de valeur puissent être reconduits à des jugements sur le Devoir ; il affirme carrément le contraire : « là où il est question d'un Devoir, il faut toujours qu'ait été saisie une valeur [...], chaque Devoir se fonde sur une valeur[5] ». On masque ainsi la tension entre « valeur » et « devoir », cette tension qui était conçue chez James

---

1. Scheler, « Probleme der Religion » (art. cit.), p. 286 s. et 304 s.

2. Cf. sur ce point aussi Stikkers, « Introduction », in : Scheler, *Problems of Sociology of Knowledge* (*op. cit.*).

3. Scheler, *Le Formalisme en éthique* (*op. cit.*), p. 44 (traduction modifiée).

4. Il voit dans Schopenhauer le créateur de cette tendance, cf. Scheler, *ibid.*, p. 227.

5. *Ibid.*, p. 201 (traduction modifiée).

comme une tension entre la religion et la morale et chez Durkheim comme une tension interne à la morale. Là où Nietzsche avait largement conservé le dualisme kantien du devoir (*Pflicht*) et de l'inclination même s'il en inverse l'appréciation, où Simmel, sous l'influence de Kant et de Nietzsche, était resté sous l'emprise de l'éthique du Devoir (*Sollenethik*) malgré tous ses efforts pour s'en affranchir, Scheler considère toute concession à une origine autonome du Devoir (*Sollen*) comme un retour dans l'éthique du Devoir qu'il combat. C'est pourquoi le conflit entre deux principes de l'éthique, pourtant distingués par James et Durkheim, ne peut pas davantage être identifié chez lui qu'il ne l'était chez Nietzsche ou Simmel.

On peut même spéculer que ces deux conséquences excessives de l'argument de Scheler – l'interprétation ontologique de l'expérience des valeurs et la subordination sans reste de l'expérience du Devoir à l'expérience des valeurs – sont liées l'une à l'autre. C'est justement parce que Scheler ne mise que sur les valeurs dans son éthique et n'attribue pas au Devoir une dimension autonome d'objectivation et d'universalisation, comme le faisaient Kant et ses successeurs, qu'il peut éviter une contingence radicale des actes d'évaluation en leur reconnaissant seulement un appui dans l'existence objective d'un monde des valeurs. On peut en trouver une confirmation dans la façon dont Scheler, surtout dans son œuvre tardive, interprète la religion comme un « désir de sauvetage » (*Drang nach Bergung*)[1], c'est-à-dire comme une tentative de l'être humain pour se sauver lui-même, confronté qu'il est à l'expérience incontestable de la contingence. Mais, dans sa philosophie des valeurs, Scheler présente lui-même une tentative pour faire rapidement taire l'expérience de contingence à laquelle le monde moderne expose l'être humain, une tentative qui par ailleurs recourt volontiers

---

1. Scheler, *Stellung des Menschen im Kosmos* (*op. cit.*), p. 69.

à la rhétorique et ne craint pas de clore brutalement les discussions – William James, lui, explore de façon courageuse et ouverte quelles possibilités d'attachement aux valeurs sont offertes par les conditions modernes. Il peut alors sembler que la seule alternative au « combat éternel » soit la foi en une « hiérarchie éternelle des valeurs[1] ». Mais ces deux solutions sont inadéquates. Le chemin ouvert par William James a conduit à des conceptions – à nouveau de l'autre côté de l'Atlantique – qui échappent à cette mauvaise alternative.

---

1. C'est de cette façon que Lichtblau (*Kulturkrise und Soziologie* [*op. cit.*], p. 492) conclut sa comparaison instructive entre Max Weber et Max Scheler. Il reste toutefois sous l'emprise d'une pensée d'origine nietzschéenne qu'il reconstruit excellemment – sans s'interroger sur des alternatives de principe. On mentionnera également que, dans sa polémique contre Scheler, Carl Schmitt passe complètement à côté de la véritable pointe de la position de Scheler. Cette polémique fut déclenchée par la façon dont une jurisprudence s'éloignant du positivisme juridique sans pour autant recourir à une argumentation jusnaturaliste faisait référence à l'« éthique matérielle des valeurs ». Schmitt renvoie avec beaucoup de sympathie à la conception de Max Weber selon laquelle l'individu humain « *pose* les valeurs en toute liberté de décision purement subjective » alors que les analyses de Scheler (comme celles de James) établissent qu'on est saisi par les valeurs qui, justement, ne peuvent pas être posées volontairement. C'est pourquoi Schmitt ne peut comprendre l'éthique matérielle des valeurs de Scheler que dans un sens nietzschéen, comme des désirs cachés d'imposer ses propres valeurs. « Qui dit "valeur" veut faire valoir et imposer. Qui affirme leur validité doit les faire valoir. Qui dit qu'elles sont valables sans qu'un être humain les fasse valoir veut tromper. » Il est étonnant de constater que le catholique Schmitt semble ne pas comprendre grand-chose à l'expérience religieuse en général, et chez le catholique Scheler en particulier. Cf. Carl Schmitt, « Die Tyrannei der Werte », in : *Säkularisation und Utopie. Ebracher Studiem. Ernst Forsthoff zum 65. Geburtstag*, Stuttgart et al., 1967, p. 37-62 (les citations se trouvent p. 54 et 55).

CHAPITRE 7

INTERSUBJECTIVITÉ DÉSTABILISANTE

(John Dewey)

Aucun penseur n'échappe à l'alternative tranchée entre l'objectivisme et le relativisme des valeurs avec autant de conséquence et d'originalité que John Dewey. Son œuvre développe des motifs articulés d'abord par James. Il s'agira d'examiner si ces développements ouvrent une perspective permettant de rassembler les lignes d'argumentation rencontrées jusqu'à présent.

C'est seulement assez tard dans le développement de sa pensée que John Dewey s'est penché en détail sur la question des valeurs, de leur rôle dans l'action et de leur genèse. On peut certes constater rétrospectivement que les fils qu'il reprendra consciemment plus tard parcourent déjà toute son œuvre antérieure ; mais c'est seulement dans les travaux des années 1930 que l'on peut repérer les contours exacts de la réponse qu'il apporte à notre question rectrice. Chez ce penseur aussi, c'est le livre qu'il consacre expressément à la religion qui est le plus important pour cette question. En 1934, l'année où paraît également son esthétique, John Dewey publie sous le titre *Une foi commune* (*A Common Faith*) un livre qui esquisse brièvement une théorie de la religion d'une grande richesse d'idées. Pour notre questionnement, même les travaux sur l'éthique et la théorie des valeurs, dont peut-être on attendrait plutôt une réponse,

se révèlent moins importants que cette théorie de la religion. Les autres écrits de son œuvre immense, qui inclut
tous les domaines de la philosophie, ne seront pris en
compte qu'afin de mieux comprendre l'argumentation
de Dewey dans ce livre, une argumentation qui donne
souvent l'impression d'être abrégée[1].

Pour diverses raisons, il peut de prime abord paraître
improbable d'attendre que Dewey fournisse une contribution qui fasse avancer notre recherche d'une réponse
à la question de la genèse des valeurs. C'est le cas même
si l'on laisse de côté les clichés les plus grossiers sur
le pragmatisme, dont Dewey devint le représentant le
plus important après la mort de James. Qui considère
le pragmatisme comme une école de pensée décidée à

---

1. John Dewey, *A Common Faith*, New Haven, Conn, 1934.
Traduction française : *Une foi commune*, Paris, La Découverte, 2011.
Sur la théorie des valeurs : John Dewey, « Theory of Valuation »,
in : *International Encyclopedia of Unified Science*, Chicago, 1939,
vol. II, n° 4. Traduction française : « Théorie de la valuation », in : id.,
La Formation des valeurs, Paris, La Découverte, 2011, p. 67-171.
Sur l'éthique : John Dewey/James Tufts, *Ethics*, New York, 1908 et
(révisé) 1932. La quantité et la qualité de la littérature sur Dewey a
énormément augmenté depuis les années 1970. Pour une présentation
d'ensemble de la vie et de l'œuvre de Dewey, le livre de Westbrook
restera encore longtemps indispensable : Robert Westbrook, *John
Dewey and American Democracy*, Ithaca, N.Y., 1991 ; cf. en outre Alan
Ryan, *John Dewey and the High Tide of American Liberalism*, New
York, 1995. Pour les domaines d'un intérêt particulier dans ce cha-
pitre, on mentionnera en outre : (sur la théorie de la religion) Steven
Rockefeller, *John Dewey. Religious Faith and Democratic Humanism*,
New York, 1991 ; (sur la théorie des valeurs) James Gouinlock,
John Dewey's Philosophy of Value, New York, 1972 ; (sur l'éthique)
Jennifer Welchman, *Dewey's Ethical Thought*, Ithaca, N.Y., 1995 ;
Axel Honneth, « Zwischen Prozeduralismus und Teleologie. Ein
ungelöster Konflikt in der Moraltheorie von John Dewey », in : Hans
Joas (dir.), *John Dewey – Philosophie der Demokratie*, Francfort-sur-
le-Main, 1998 ; (sur l'esthétique) Thomas Alexander, *John Dewey's
Theory of Art, Experience and Natur. The Horizons of Feeling*, Albany,
N.Y., 1987.

appréhender tous les phénomènes relevant de la nature et de l'histoire uniquement dans les perspectives des pratiques quotidiennes ne peut qu'être surpris qu'il existe quelque chose comme une théorie pragmatiste de l'art ou de la religion. Les réactions parfois consternées de certains contemporains[1] montrent que ce genre de clichés grossiers s'étaient répandus à cette époque même aux États-Unis (et pas seulement en Europe). Aussi injustifiés fussent-ils vis-à-vis de James comme de Dewey (et des autres représentants du pragmatisme[2]), dans le cas de Dewey il y a des éléments plus sérieux susceptibles de nourrir le soupçon qu'il aurait adopté une position réductionniste dans les questions touchant la théorie des valeurs. On trouve effectivement dans son œuvre des propos dans lesquels il refuse de façon tranchée de parler de « *ultimates and finalities*[3] », de valeurs ultimes, de validités absolues ou de qualités inhérentes. Et ce refus ne se manifeste pas simplement en passant, il est proclamé comme un programme, et sans la moindre équivoque. Il peut par conséquent sembler vraiment paradoxal d'attendre du penseur qui a cherché, comme peu d'autres, la possibilité de remettre en question les valeurs qu'il soit justement celui qui fournisse une réponse à la question posée par la genèse d'attachements axiologiques acceptés sans réserve. Pour résoudre ce qui semble être un paradoxe, il est utile de jeter d'abord un coup d'œil à la façon dont Dewey comprend les valeurs et leur rôle dans l'action.

---

1. Cf. sur ce point Richard Bernstein, *John Dewey*, New York, 1967, p. 147 s.

2. Cf. les développements correspondants au chapitre 3 de ce livre, ainsi que Hans Joas, *Pragmatismus und Gesellschaftstheorie* (*op. cit.*).

3. Ainsi dans sa réplique à des critiques : John Dewey, « Experience, Knowledge, and Value : A Rejoinder », in : Paul Arthur Schilpp (dir.), *The Philosophy of John Dewey*, Chicago, 1939, p. 517-608, ici p. 594 (aussi in : *Later Works*, vol. 14, p. 8-91, ici p. 77).

Certes, Dewey refuse de chosifier les valeurs pour en faire des entités *sui generis* et de les localiser dans une sphère séparée leur conférant une existence préalable. Mais ce serait sans conteste se méprendre sur sa conception que de prêter à ce refus l'intention d'attribuer à l'inverse aux valeurs une qualité purement subjective. Son livre sur la théorie des valeurs commence justement par récuser une interprétation des valeurs comme simples expressions de sentiments. Même dans les concepts « sentiment » et « expression », il flaire des formes de pensée dualistes, dans lesquelles le sentiment est opposé à l'entendement ou l'intérieur à l'extérieur. De telles formes de pensée dualistes ne rendent pas justice aux données phénoménales. Des cas élémentaires comme le sourire ou les cris d'un nourrisson, qui constituent soi-disant une expression de sentiment, ne sont rien d'autres pour Dewey qu'un comportement de l'organisme, compris par d'autres personnes comme un signe ou un symptôme, déclenchant du coup des réactions. Avec la maturation de l'enfant, cette connexion d'abord purement causale prend une forme intentionnelle ; le cri n'est alors plus seulement la partie d'un processus de l'organisme, mais il appartient maintenant à un médium de communication. D'une importance énorme, cette transformation ne fait toutefois pas des états de l'organisme un mystérieux monde intérieur habité de sentiments purement individuels. Ils restent au contraire inscrits dans un processus interpersonnel. Que l'on essaie de reconduire à un comportement purement expressif le fait d'accorder de la valeur à quelque chose : une réflexion plus précise sur le sens des concepts « sentiment » et « expression » contraindra à prendre conscience qu'ils ne peuvent pas être détachés des relations sociales entre les organismes et que – en tant que signes – ils peuvent en principe prendre le caractère d'énoncés[1]. Avec cette argumentation anthropologique, ici seulement esquissée, Dewey croit avoir réfuté le subjectivisme axiologique et le relativisme qui en résulte.

Pour Dewey, non seulement l'alternative entre le subjectivisme et l'objectivisme axiologiques ne constitue pas un dilemme sans issue ; au contraire, il voit même entre ces deux formes de pensée, semble-t-il opposées, une complicité secrète. La thèse affirmant que les valeurs sont données d'une façon totalement indépendante de l'agir humain, et celle déclarant qu'elles ne sont que l'expression d'une décision arbitraire prise au cas par cas, font pour Dewey l'une et l'autre abstraction du rôle observable des valeurs dans l'agir.

La critique du subjectivisme axiologique intéresse manifestement moins Dewey que celle de son pendant objectiviste. C'est de celui-ci que Dewey parle régulièrement ; la discussion de l'objectivisme axiologique contient aussi, de façon plus ou moins explicite, la biographie religieuse de Dewey. Tôt déjà, Dewey avait protesté contre la religiosité puritaine de son milieu d'origine ; elle lui semblait contraindre à séparer de façon tranchée l'idéal du réel. Tant son fort engagement pour le réformisme politique que son enthousiasme précoce pour la philosophie de Hegel trouvent leur origine dans la recherche de voies pour surmonter cette division. Dans des écrits de jeunesse, encore fortement marqués par le christianisme, Dewey s'insurge contre une religiosité qui porte une admiration sentimentale aux idéaux, mais ne leur donne aucun rôle pratique dans la vie quotidienne. Il plaide pour un « idéalisme pratique ». La confiance en Dieu lui apparaît comme un optimisme injustifié, inhibant l'action, et pas comme une confiance

---

1. Dewey, « Théorie de la valuation », p. 76-88, spécialement p. 84 ss.

fortifiante, la foi en un autre monde comme une fuite hors du quotidien, et pas comme une intensification du quotidien.

De la philosophie de Hegel, Dewey se promet une médiation historique du rationnel et du réel, ainsi qu'un dépassement de tous les dualismes vecteurs de souffrance, typiques d'une culture marquée par le puritanisme[1]. Dewey accordait certes dès le début plus d'importance que Hegel à l'ouverture de l'histoire et à la contingence, ressemblant en cela aux hégéliens de gauche davantage qu'au maître ; mais son orientation sur Hegel lui permit provisoirement de sublimer intellectuellement son orientation religieuse. Avec sa désaffection pour Hegel (vers 1894) et l'insistance de plus en plus marquée qu'il met sur la pratique humaine dans la réalité quotidienne, s'effondra la dernière forme de religiosité intellectuellement respectable aux yeux de Dewey. Dès cette époque, il en resta à considérer l'idéalisme et la religiosité comme deux versions d'une substantialisation de l'idéal à la défense de laquelle il ne pouvait plus reconnaître de bonnes raisons. D'un ton railleur, il définit l'idéalisme comme le groupe d'orientations philosophiques qui essaient « de démontrer, d'une manière ou d'une autre – cosmologique, ontologique ou épistémologique – que le Réel et l'Idéal ne sont qu'un, tout en introduisant en même temps des nuances qui visent à expliquer pourquoi finalement ce n'est pas

---

1. Cf. ces deux témoignages impressionnants pour ce développement : John Dewey, « Christianity and Democracy » (1893), in : id., *Early Works*, vol. 4, Carbondale, Ill., 1971, p. 3-10 ; traduction française : « Christianisme et démocratie », in : id., *Écrits sur les religions et le naturalisme* (introduction et traduction : Joan Stavo-Debauge), Genève, Éditions IES, 2019, p. 57-66 ; ainsi que la rétrospective autobiographique de 1930 : John Dewey, « From Absolutism to Experimentalism », in : *Later Works*, vol. 5, Carbondale, Ill., p. 147-160.

le cas[1] ». C'est seulement avec cet arrière-plan que la résistance de Dewey contre le discours sur des valeurs « inhérentes », « intrinsèques » ou « immédiates » prend son sens. Dewey soupçonne dans toutes ces manières de parler la tendance à détacher les valeurs des chaînes des fins et des moyens constituant l'agir humain, en particulier de les opposer au royaume des moyens et de dévaluer ainsi ce dernier. Or considérer que des fins puissent être justifiées sans nullement penser aux moyens à disposition, ou croire qu'une valeur serait quelque chose qui ne correspondrait à aucune finalité humaine, c'est faire violence à l'expérience quotidienne et aux concepts de maturité humaine et de sagesse personnelle utilisés dans la vie quotidienne. Dewey ne voit pas dans ce désintérêt pour les moyens et les fins réalisables une éthique de conviction étrangère au monde, mais l'indicateur d'un faible attachement aux valeurs, quel que soit le pathos avec lequel on affirme le contraire.

Il va sans dire qu'on n'échappe pas à l'alternative du subjectivisme et de l'objectivisme axiologiques en recourant à une simple formule de compromis affirmant que l'interaction des sujets avec le monde donné objectivement conduit à des actes dans lesquels on pose des valeurs (*Wertungen*). Cela vaut en tout cas si la subjectivité et l'objectivité sont pensées comme des réalités préconstituées. L'idée décisive de Dewey consiste ici à ne pas considérer que cette conception soit nécessaire. Il vise au contraire une interaction dans laquelle se constitueraient tant la subjectivité que l'objectivité, et dans laquelle prendraient naissance, comme moments de ce processus, des actes dans lesquels on pose des valeurs. La façon dont,

---

1. John Dewey, *The Quest for Certainty*, New York, 1980, p. 24 (aussi in : id., *Later Works*, vol. 4, p. 19 s.). Traduction française : *La Quête de la certitude* (Patrick Savidan, traduction), Paris, Gallimard, 2014, p. 316.

dans sa critique du subjectivisme Dewey comprend l'expression et la manière dont il interprète l'agir en finalité dans sa critique de l'objectivité nous donnent de premières indications sur la direction dans laquelle Dewey aimerait nous conduire. Pour lui, les apories des débats axiologiques trouvent une solution si l'on fait reposer la compréhension des valeurs sur une conception adéquate de l'action.

De l'écrit de Dewey sur les valeurs, on peut extraire le canevas suivant. Pour comprendre ce que sont les valeurs, nous devons partir du comportement de l'organisme lui-même. Il contient déjà des préférences, des correspondances non réfléchies entre les besoins de l'organisme et les caractéristiques des situations de l'environnement dans lesquelles se trouve l'organisme. L'état de nature n'est pas un état d'apathie. Les préférences ne résultent pas de décisions prises par choix. Au contraire, ces dernières deviennent nécessaires seulement lorsque les différentes préférences entrent en collision les unes avec les autres, ou avec les conditions de la situation. Lorsque cela se produit, il devient indispensable de réfléchir aux préférences et à la possibilité de les réaliser. Cette réflexion ne porte pas seulement sur les conditions de réalisation externes des orientations sur les besoins guidant l'action, mais pénètre à l'intérieur de ces orientations. C'est pourquoi, pour Dewey, les impulsions venant de l'organisme sont des conditions seulement nécessaires, mais pas suffisantes pour les désirs qui vont passer dans l'agir. « Les impulsions vitales sont sans conteste des conditions *sine qua non* de l'existence de désirs et d'intérêts. Mais ces derniers intègrent des conséquences anticipées, ainsi que des idées, comme autant d'indications de mesures (impliquant une dépense d'énergie) nécessaires pour certaines fins[1]. » Pour Dewey, les considérations sur la

---

1. Dewey, « Théorie de la valuation » (art. cit.), p. 95.

réalisabilité des désirs dans des conditions déterminées et avec des moyens limités ne restent donc pas sans effets sur les désirs ; sous l'influence de ce genre de réflexions, ils peuvent voir leur caractère modifié. Dewey appelle « valeurs » seulement ce qui porte un caractère réfléchi de ce genre – non les impulsions vitales à l'arrière-plan. En déclarant que les valeurs sont présentes seulement lorsqu'apparaissent des problèmes liés à l'action, il n'entend pas que nous ne serions pas guidés par des orientations dépassant la situation concrète ou que nous ne pourrions jamais reprendre d'autres personnes des orientations d'ordre général. Il récuse même expressément cette méprise[1] ; mais, pour lui, ce genre de généralisations ne sont pas du tout indépendantes des situations de l'action ; au contraire, elles constituent seulement des abstractions tirées d'un groupe de situations déterminées. C'est seulement lorsqu'un problème apparaît qu'il faut réévaluer consciemment à laquelle des orientations suivies jusqu'alors sans réflexion particulière il convient de donner la préférence, la façon dont on peut les suivre au vu de circonstances défavorables et la manière dont les désirs eux-mêmes doivent être interprétés et modifiés[2]. Si les désirs peuvent être modifiés par une prise de conscience,

---

1. *Ibid.*, p. 135 : « Des idées généralisées de fins et de valeurs existent indubitablement. Elles n'existent pas seulement comme expressions de l'habitude et comme idées échappant à la critique bien que probablement erronées, mais aussi de la même manière que des idées générales correctes émergeant sur chaque sujet. Des situations similaires reviennent, des désirs et des intérêts sont transposés d'une situation à l'autre et sont progressivement consolidés. Il en résulte un programme des fins générales, constitué de valeurs « abstraites », au sens où elles ne sont pas directement reliées à un cas particulier existant, mais non au sens d'une indépendance à l'égard de tous les cas empiriques existants. »

2. Dewey fait une différence terminologique entre « vœux » (*wishes*) et « désirs » (*desires*) (*ibid.*, p. 90 s.), selon qu'ils s'accompagnent (désirs) ou non (vœux) d'« efforts ». Les « impulsions vitales »

c'est qu'ils possèdent une « composante idéale » (Dewey), un contenu de signification idéal. Les désirs peuvent même devenir objet de réflexions partagées. Dewey ne considère pas qu'il s'agisse là d'une surévaluation rationaliste de la signification revenant à la lucidité raisonnable et d'une ignorance du substrat pulsionnel de nos besoins ; tout être humain capable d'apprendre de l'expérience entreprend sans cesse de mettre ses désirs en relation avec les moyens dont dispose son action et des conséquences qu'il peut prévoir. En faire abstraction signifierait faire des enfants gâtés et des adultes irresponsables les prototypes de l'agir humain[1]. Toutes les autres personnes sont en revanche familières de la distinction que Dewey introduit à ce point de ses réflexions et qui joue un rôle clé dans sa théorie des valeurs. Il s'agit de la distinction entre ce qui de fait est simplement « désiré » (*desired*) et ce qu'un acteur tient pour « désirable » (*desirable*), c'est-à-dire ce qu'il déclare être digne d'être désiré après une réflexion critique sur sa situation[2]. Grâce à leur capacité à apprendre de leurs expériences, qui agit en vient nécessairement à prendre une position réflexive par rapport à ses désirs et à ses besoins. C'est pourquoi, dans le domaine de l'action humaine, l'être ne s'oppose pas sans médiation au Devoir (*Sollen*). Le scientifique ou le philosophe ne sont ni les seuls ni les premiers à évaluer les désirs et les actions ; qui agit ne peut éviter de réviser ses vœux et ses actions. Pas plus qu'il n'est possible d'agir durablement sans réfléchir à son action et évaluer son agir, pas plus n'est-il possible de concevoir que les évaluations puissent

---

ne sont ni des désirs ni des vœux, mais la base dans l'organisme de ces deux classes de phénomènes psychologiques.

1. *Ibid.*, p. 115.
2. *Ibid.*, p. 115 s. Cette distinction a été introduite par Dewey plus tôt, d'abord probablement dans *La Quête de la certitude* (*op. cit.*), p. 276, mais l'idée peut être identifiée déjà dans des écrits encore plus anciens.

exister indépendamment de ces actes de révision interne. « Le "désirable", ou l'objet qui *devrait* (*should*) être désiré (valué) ne descend pas d'un ciel *a priori* ni comme un impératif d'un mont Sinaï de la morale. Il vient de ce que l'expérience passée a montré qu'agir en toute hâte, en suivant sans examen son désir, conduisait à l'échec et potentiellement à la catastrophe. Le "désirable", en tant qu'il se distingue du "désiré", ne désigne donc pas une chose en général ni *a priori*. Il met en exergue la différence entre l'action et les conséquences d'impulsions irréfléchies, et celles de désirs et d'intérêts qui procèdent d'une recherche sur les conditions et les conséquences [...]. Mais à mesure que les êtres humains gagnent en maturité et perdent cette disposition infantile à "céder à" la moindre impulsion dès qu'elle apparaît, s'impose à eux la distinction entre le "c'est" d'un désir émergeant spontanément et le "ce devrait être" désir élaboré par une prise en compte des conditions réelles[1]. »

Avec ces réflexions, Dewey ne veut pas niveler la différence entre être et devoir ; conformément à la démarche pragmatique, il souligne la continuité qui sous-tend les différences, contre toutes les tendances au dualisme. De même que l'évaluation naît de la réflexion sur les impulsions préréflexives à laquelle contraint la nécessité d'agir, de même des évaluations améliorées naissent-elles d'une réflexion sur la réflexion – une fois encore, pas au sens où il s'agirait de distinguer des plans séparés, mais à la façon d'une poursuite continuelle de la réflexion, qui tient compte des conséquences de l'action et d'autres besoins à prendre en considération. Dans ce contexte, l'un des acquis les plus importants de la pensée de Dewey est la façon dont il démantèle un concept de fin indépendant de la situation et le remplace par la conception de finalités

---

1. *Ibid.*, p. 116.

adéquates à la situation : les « ends-in-view[1] ». Fixer des buts ou des fins sans quelque référence que ce soit à la situation ne déforme pas seulement la saisie théorique de l'agir, mais aussi l'agir lui-même. Cela conduit à ignorer et à écarter les effets collatéraux de l'action comme des moyens utilisés et des effets auxquels on a renoncé[2]. Or, dans le pragmatisme de Dewey, toutes les valeurs et tous les buts doivent pouvoir être les objets de réflexion et de discussion de la part des acteurs et des scientifiques.

Jusqu'ici, l'examen de la théorie des valeurs de Dewey a certes amené des corrections à l'image voulant que, dans le cadre du pragmatisme, seule une réduction des valeurs à des faits ou à des sensations subjectives soit possible. Mais ce sont justement ces corrections qui peuvent nourrir un soupçon sceptique selon lequel le pragmatisme de Dewey serait rationaliste, au sens où il attribuerait une portée illimitée à la correction raisonnable des valeurs opérée à la lumière de l'expérience. Aussi éclairante que soit la façon dont Dewey présente le rôle des valeurs dans la dynamique de l'action – pourrait-on argumenter –, cette analyse n'a guère contribué à expliquer la genèse des valeurs, si l'on comprend sous cette formule autre chose que la réinterprétation rationnelle des orientations de l'action à la lumière de l'expérience de situations problématiques. La pointe polémique de Dewey contre les tables de la loi en provenance du Sinaï ne peut que renforcer le soupçon qu'il n'avait pas de sensorium pour un cas de réorientation axiologique radical comme le sont les « conversions » mises en avant par James. Mais

---

1. Cf. sur ce point mes développements in : Joas, *La Créativité de l'agir* (*op. cit.*), p. 164 ss, ainsi que, dans ce livre, la critique générale de l'interprétation téléologique de l'agir.

2. Dewey, « Théorie de la valuation » (art. cit.), p. 132. C'est la source décisive pour la critique luhmanienne du concept de fin in : Niklas Luhmann, *Zweckbegriff und Systemrationalität*, Tübingen, 1968 ; sur cette question, Joas, *op. cit.*, p. 159 ss.

ce soupçon se heurte au fait que Dewey – déjà dans sa philosophie de la nature, mais surtout dans sa théorie de l'art[1] – a développé une théorie de l'action et de l'expérience qui va bien au-delà d'une compréhension pragmatique de l'action au sens usuel de cette expression. Dans ces travaux, il développe largement l'idéal d'une expérience holistique et d'un agir intégralement imprégné de sens, qu'il oppose à toute forme d'action qui ne satisfait l'acteur que par la réalisation des buts qu'il s'est fixés. Dewey pense ici à un agir qui, dans toutes ses phases, est rapporté à la réalisation des idéaux[2]. Cette perspective permet de dépasser une manière pragmatique de relativiser les finalités conçues sans référence à la situation de l'action. À la différence de ce qui est le cas dans sa théorie des valeurs, Dewey rapporte, dans sa théorie de la religion, ce concept ambitieux de l'action et de l'expérience au rôle des valeurs et à leur genèse.

Le livre *Une foi commune* ne saurait être comparé aux grandes œuvres de la philosophie tardive de Dewey (sur la nature et l'art, sur la logique et sur l'éthique) ni par sa simple longueur, ni par la richesse de son argumentation, ni par l'importance de l'intérêt que l'on porte aujourd'hui encore à cet écrit. Le plus important théologien protestant parmi les contemporains de Dewey aux États-Unis, Reinhold Niebuhr, qualifiait, et c'est tout à fait compréhensible, *Une foi commune* de simple note de bas de page sous une œuvre impressionnante[3]. Pour rendre justice à la grande importance que possèdent néanmoins

---

1. John Dewey, *Expérience et nature* (1929), Paris, Gallimard, 012 ; id., *L'Art comme expérience* (1934), Paris, Gallimard (Folio), 2010.

2. Pour plus de détails, cf. Joas, *La Créativité de l'agir* (*op. cit.*), p. 148 ss.

3. Reinhold Niebuhr, « A Footnote on Religion », in : *The Nation* 139 (1934), p. 358 s. (26 septembre 1934).

les trois cours que Dewey publia dans son livre, il faut à mon avis distinguer deux plans. Le livre est d'une part une intervention dans les débats sur la religion qui avaient cours aux États-Unis dans les années 1930, opposant les chrétiens libéraux, les courants fondamentalistes, les redécouvreurs du « Méchant » et les mouvements humanistes séculiers[1]. C'est dans ce contexte que viennent à s'exprimer les conceptions personnelles de Dewey sur la situation actuelle de la religion, sur ses effets et sur son avenir. D'autre part, l'écrit de Dewey sur la théorie de la religion représente une extension de sa théorie de l'action et de l'expérience à un nouveau domaine. On peut voir cette extension au moins comme une application, peut-être même comme un développement ou un point culminant de sa propre pensée, et par conséquent de l'approche inaugurée par William James[2]. C'est sur ce plan qu'il faut attendre de Dewey un apport systématique important. C'est pourquoi nous nous intéresserons d'abord à la théorie de l'expérience religieuse de Dewey, avant de discuter de son étrange tentative de sacraliser la démocratie.

Comme William James, Dewey sépare dès le début de ses développements – dans le cours intitulé « Le religieux sans la religion » – le religieux des formes institutionnalisées de la religion, qui constituent « un corpus particulier de croyances et de pratiques qui ont une organisation plus ou moins contraignante[3] ». Ce qui s'était avéré productif dans le livre de Dewey sur l'art – à savoir ne pas partir

---

1. La meilleure reconstruction de ces débats en lien avec Dewey se trouve chez Rockefeller, *op. cit.*, p. 466.

2. La thèse selon laquelle la théorie de la religion de Dewey serait, plus encore que sa théorie de l'art, le point culminant de la pensée de Dewey a été défendue d'abord, et de la façon la plus conséquente, par Robert Roth, S.J., *John Dewey and Self-Realization*, Englewood Cliffs, N.J., 1962, surtout p. 100 ss., et id., *American Religious Philosophy*, New York, 1967, p. 85 ss.

3. Dewey, *Une foi commune* (*op. cit.*), p. 93.

de l'art muséal figé, ainsi que de ses formes profession-
nalisées et commercialisées, mais d'étudier « l'art comme
expérience » – doit se produire de façon tout à fait parallèle pour le phénomène du religieux. D'emblée, Dewey se
défend contre une méprise qui guette ici le lecteur. Il n'a
nullement l'intention de remonter des formes culturelles
figées à leur origine dans l'expérience humaine pour se
contenter de reproduire ainsi sur le plan intellectuel les
frontières figées entre les sphères axiologiques différenciées dans la culture en recourant à une différenciation
des types d'expérience. Dewey ne croit pas à une expérience spécifiquement « esthétique » ou spécifiquement
« religieuse », mais à des dimensions esthétiques ou religieuses de l'expérience humaine. Plus encore que dans le
domaine de l'art, cette distinction apparaît à Dewey d'une
importance centrale quand il s'agit de religion. Toute sup-
position qu'il existerait une expérience religieuse séparée
lui semble être une forme de théologie cachée. Le dualisme entre le naturel et le surnaturel contre lequel Dewey
s'était battu durant tout son développement ferait retour
sur le terrain d'une théorie partant de « l'expérience ».
Durant les décennies qui séparent le livre pionnier de
James et l'étude de Dewey – entre 1902 et 1934 –, les théories de l'expérience religieuse étaient devenues presque
un phénomène de mode[1]. Dewey voit deux raisons à ce
développement. D'une part, les anciennes preuves de
l'existence de Dieu, qu'elles soient ontologique, cosmologique ou téléologique, n'étaient pas tombées en dis-
crédit seulement à cause de la critique historiquement
déterminante de Kant, mais aussi parce qu'on avait pris
conscience qu'une motivation religieuse produite de façon
rationaliste avait perdu tout crédit. D'autre part, dans

---

1. Le livre de Rudolf Otto sur *Le Sacré* (Breslau, 1918[2] ; traduction
française : Paris, Payot, 1929) joua un rôle encore plus important pour
ce développement que le livre de James.

une époque dominée par la science, la perspective de justifier la religion d'une manière analogue à la science avait un attrait certain : la religion pouvait alors apparaître comme quelque chose qui repose sur un type spécifique d'expérience, qu'on peut clairement distinguer du type scientifique. De même que les scientifiques « s'appuient sur certains types d'expérience pour prouver l'existence de certains genres d'objets, de la même façon, l'esprit religieux s'appuie sur un certain type d'expérience pour prouver l'existence de l'objet de la religion, et tout particulièrement de l'objet suprême : Dieu[1] ».

Mais, relève Dewey, cette preuve par l'expérience ne produit pas vraiment le résultat escompté. Comme le faisait Durkheim quand il se démarquait de James[2], Dewey objecte que l'expérience ne détermine pas elle-même son interprétation correcte. Il ne veut en aucun cas mettre en doute que se produisent des expériences du genre de celles qui sont restituées dans les descriptions de l'expérience religieuse. Mais les interprétations de ces expériences sont obtenues de la culture dans laquelle a grandi la personne qui fait des expériences de ce genre. Dewey fait preuve de davantage de retenue que Durkheim lorsqu'il s'agit de proposer comme la seule correcte sa propre interprétation ; mais, à la différence de James, il n'admet pas avec une curiosité de chercheur toutes les interprétations des personnes concernées. Visant clairement les religions institutionnalisées et traditionnelles, il veut au contraire récuser les interprétations religieuses, au sens étroit du terme, de ces expériences. Les véritables

---

1. Dewey, *Une foi commune* (*op. cit.*), p. 97.
2. Cf. ci-dessus chapitre 4, p. 130 ss. On relèvera que Dewey avait pris connaissance de la théorie de la religion de Durkheim en 1915 déjà (dans l'original français). Ses papiers contiennent des notes de lecture manuscrites du livre (cf. communication des archives de la Southern Illinois University à Carbonale, Ill., à l'auteur, en date du 20 avril 1993, contenant la datation indiquée).

origines de ces expériences restent du coup dans l'ombre. En pragmatiste, Dewey aborde la question des origines en élucidant les effets ; un phénomène est analysé d'abord à partir de ses effets. En ce qui concerne les expériences religieuses, cela signifie que l'existence d'expériences de ce genre ne permet pas de prouver leur provenance « surnaturelle », mais seulement le fait d'une « réorientation accompagnée d'un sentiment de sécurité et de stabilité[1] ».

S'il récuse l'idée d'un type bien délimité d'expériences religieuses et la preuve de l'existence de Dieu qui s'en réclame, en quoi consiste donc pour Dewey la qualité religieuse des expériences ? En quoi consiste le caractère spécifique des réorientations de vie provoquées par de telles expériences ? Pour répondre à ces questions, Dewey introduit d'abord une distinction conceptuelle. Il distingue trois types d'orientation de ce genre dans la vie et propose trois concepts différents, que l'on pourrait tous traduire par « adaptation », ignorant du coup les différences fondamentales que Dewey veut mettre en évidence. Un manque d'attention pour cette différenciation a souvent fait obstacle à la compréhension du pragmatisme[2]. L'adaptation au sens étroit du terme consiste à s'accommoder des circonstances qui ne peuvent être modifiées ; nous agissons toujours dans le cadre de conditions préexistantes et devons toujours en tenir compte.

---

1. Dewey, *Une foi commune* (*op. cit.*), p. 98 (traduction adaptée à la syntaxe de la phrase française).

2. Le pragmatisme a alors fréquemment été compris comme une philosophie de l'adaptation et non comme une philosophie de la créativité en situation. On peut toutefois se demander si Dewey lui-même, dans ses premiers écrits, a toujours respecté clairement cette distinction. C'est de la réponse à cette question que dépend la façon dont on appréciera les différences entre Scheler et Dewey. Cf. sur ce point : Kenneth Stikkers, « Technologies of the World, Technologies of the Self : A Schelerian Critique of Dewey and Hickman », in : *Journal of Speculative Philosophy* 10 (1996), p. 62-73.

Dewey appelle une adaptation, surtout passive, de certains modes de notre comportement à des circonstances de ce genre « accommodation » ; si cette forme inévitable d'adaptation est généralisée et détermine tout notre comportement, on parle de résignation fataliste ou de soumission aux circonstances.

Il existe cependant une deuxième forme d'adaptation, clairement différente de cette première forme ; on pourrait plutôt la caractériser comme une adaptation du monde à nous, comme sa « transformation pour le mettre au service de la vie » (Arnold Gehlen). Dewey appelle ce deuxième type « adaptation » ; son trait saillant est le moment actif dans la relation entre organisme et environnement. Par-delà ces deux formes d'adaptation, Dewey en conçoit une troisième, qu'il appelle « ajustement » ; c'est cette troisième forme que ses réflexions conceptuelles visent à élaborer. La différence principale entre ce troisième type et les deux précédents consiste dans son caractère holistique. C'est notre personne tout entière qui est concernée, et pas seulement certains désirs ou besoins en lien avec les conditions de l'environnement. En raison de son caractère holistique, affirme Dewey, ce genre de modifications jouit d'une stabilité durable, aussi face aux changements des conditions de l'environnement. Il n'est pas facile de le comparer aux deux autres sous l'angle de l'activité ou de la passivité. Les réorientations fondamentales de nos personnes peuvent certes être dites volontaires – mais pas au sens où nous le faisons lorsqu'il s'agit de décisions volontaires. Avec ce genre de réorientations, c'est notre volonté qui se modifie, et pas seulement quelque chose dans ou par notre volonté. « Il constitue un changement *de* volonté, conçu comme la plénitude organique de notre être, et non un changement particulier qui interviendrait *dans* la volonté[1]. » Ici, le caractère

---

1. Dewey, *Une foi commune* (*op. cit.*), p. 101.

volontaire (*Freiwilligkeit*) contient donc très clairement un moment passif. Mais il faut se garder de confondre ce moment passif avec une résolution stoïque qui reste impassible sous les coups du destin. Cette attitude est « plus conviviale, plus disponible et plus joyeuse[1] » qu'un simple stoïcisme.

Quelles expériences Dewey veut-il saisir avec ces distinctions terminologiques et ces descriptions tâtonnantes ? Voilà une question à laquelle on n'a pas encore de réponse très claire. Il est sans doute inévitable de se rappeler des descriptions plastiques que James donnait des effets libérateurs provoqués par les expériences religieuses. Dewey a effectivement en vue la prétention des religions à opérer des changements holistiques et durables dans les attitudes d'une personne. Mais, en accord avec son intention de distinguer entre expérience et interprétation, Dewey ne veut pas reconnaître cette prétention comme quelque chose qui va de soi. C'est pourquoi sa méthode inverse la relation entre cause et effet. Du coup, on ne reconduit pas les changements fondamentaux d'orientation au fait que les personnes se seraient ouvertes à des influences surnaturelles dans des expériences religieuses ; on qualifie au contraire de « religieux » tout changement fondamental d'orientation de ce genre. « Ce n'est pas *une* religion qui la suscite, mais lorsqu'elle intervient, pour une raison ou une autre, par un moyen ou un autre, il y a posture religieuse et il y a fonction religieuse[2]. »

À première vue, ce premier pas de Dewey pourrait sembler n'être qu'une pseudo-solution obtenue par voie de définition. On peut facilement concéder à Dewey que les religions au sens courant du terme ne sont pas seules à pouvoir provoquer une réorientation fondamentale de la personne ; la même chose vaut du fait que, chez de

---

1. *Ibid.*
2. *Ibid.*, p. 101 s.

nombreux croyants, la religion ne pénètre que les régions superficielles de leur caractère de sorte qu'on peut facilement surestimer l'influence de la religion sur le développement des personnes. Si Dewey voulait simplement souligner ces points, on n'aurait guère de peine à le suivre ; on objecterait peut-être seulement que qualifier de « religieuses » toutes les réorientations de ce genre, y compris celles qui sont sans rapport avec les formes institutionnelles de religion, ne contribue pas vraiment à la clarté des concepts. Dewey aurait même pu faire l'économie de la distinction entre les « expériences religieuses » et la « dimension religieuse des expériences » puisque, pour lui, le concept du « religieux » avait perdu tout lien avec les formes institutionnalisées de la religion, et surtout avec un royaume du surnaturel. Mais une interprétation de ce genre sous-estimerait complètement la profondeur de la pensée de Dewey. On ne peut éviter cette méprise que si l'on lit les développements de Dewey avec, à l'arrière-plan, sa compréhension de l'action et de l'expérience. Le traitement tortueux qu'il réserve au concept du religieux n'est par conséquent pas seulement une complication terminologique ou la conséquence de ses relations difficiles avec les institutions religieuses ; il résulte de sa tentative pour identifier dans la dimension potentiellement religieuse de toute expérience un phénomène qui se distingue du morcellement de l'expérience dans le quotidien, tout en représentant davantage que le dépassement contextuel de ce morcellement dans l'expérience esthétique[1].

---

1. La relation, chez Dewey, entre la dimension esthétique de l'expérience et sa dimension religieuse fait l'objet de débats. Robert Roth, *John Dewey and Self-Realization* (*op. cit.*) a souligné de façon particulièrement résolue la continuité, mais aussi les différences entre les deux. Pour les questions abordées dans ce qui suit, on recommandera plus particulièrement les titres suivants, outre ses livres et les monographies déjà mentionnées de Richard Bernstein et Steven Rockefeller : William Shea, « John Dewey : Aesthetic and Religious

Le pas décisif de Dewey consiste à mettre l'expérience religieuse en relation avec un lien *imaginaire* à un *soi intégral*. Avant Dewey, tant William James que Georg Simmel étaient déjà allés dans cette direction. Dans son analyse des conversions, James avait interprété celles-ci comme une transformation du soi grâce à laquelle il passait d'un état de dislocation à un état d'unification ; Simmel avait reconnu dans le Moi prenant conscience de sa finitude le point de commutation indispensable pour la genèse des validité idéales et avait mis en évidence la dimension axiologique de la formation du moi[1]. Mais ni l'un ni l'autre n'était parvenu à extraire ces idées de leur version intuitive pour les transposer dans la clarté du concept. Dewey ajoute à leurs approches au moins quelques éclaircissements.

Il montre ainsi que l'idée d'un soi intégral est imaginaire de part en part. Pas plus que les valeurs n'existent dans un royaume idéal transcendant, pas plus le soi intégral n'est-il présent quelque part dans une perfection statique, par exemple dans le noyau de la personne, où il

---

Experience », in : id., *The Naturalists and the Supernatural. Studies in Horizon and an American Philosophy of Religion*, Macon, Ga, 1984, p. 117-141 ; John Herman Randall, Jr., « The Religion of Shared Experience », in : Horace M. Kallen (éd.), *The Philosopher of the Common Man. Essays in Honor of John Dewey to Celebrate His Eightieth Birthday* ; New York, 1940, p. 106-145 ; John Blewett, S.J., « Democracy and Religion : Unity in Human Relations », in : id. (dir.), *John Dewey : His Thought and Influence*, New York, 1966, p. 33-58 ; Horace L. Friess, « Dewey's Philosophy of Religion », in : Jo Ann Boydston (dir.), *Guide to the Works of John Dewey*, Carbondale, Ill., 1970, p. 200-217 ; Edward Schaub, « Dewey's Interpretation of Religion », in : Paul Arthur Schilpp (dir.), *The Philosophy of John Dewey*, Evanston, Ill., 1939, p. 393-416 ; John K. Roth, « William James, John Dewey, and the "Death-of-God" », in : *Religious Studies* 7 (1971), p. 53-61.

1. Cf. chapitre 3, p. 112 ss. pour James, et chapitre 5, p. 162 ss. pour Simmel.

attendrait simplement d'être réalisé dans la vie pratique[1]. Il n'y a pas la moindre possibilité sensible, une perspective visuelle par exemple, de percevoir le soi comme tout. Mais nous ne pouvons pas davantage établir un lien holistique à nous-mêmes dans une activité pratique ou dans un acte de réflexion. L'interaction avec d'autres personnes ne concerne elle aussi jamais qu'un secteur de notre personne.

Cela ne nous empêche pas de parler d'un soi intégral ou de réalisation de soi, ce qui ne fait sens que s'il est possible d'attribuer au soi actuellement réel quelque chose qui n'est pas encore réalisé, mais qui, avant sa réalisation, doit être présent d'une façon ou d'une autre, et non advenir seulement dans sa réalisation. Dewey attaque la conception d'un soi donné, non pour détruire l'idée d'un soi intégral et d'une réalisation de soi[2], mais pour mettre en évidence le caractère imaginaire de cette idée. « Le soi intégral est un idéal, une projection imaginaire[3]. » Cet accent mis sur l'imaginaire n'est pas à comprendre comme une réduction ; Dewey se défend d'une méprise de ce genre en soulignant que nous ne pouvons prendre conscience de toutes les possibilités qu'au moyen de notre imagination[4]. Il n'y a chez Dewey aucun dualisme entre

---

1. Ainsi Gouinlock, *John Dewey's Philosophy of Value* (*op. cit.*), p. 145.

2. Dans sa phase néo-hégélienne, le concept de réalisation de soi était central pour la pensée éthique de Dewey. Cf. John Dewey, « Self-Realization as the Moral Ideal » (1893), in : *Early Works*, vol. 4, Carbondale, Ill., 1971, p. 42-53 ; Robert Roth, *John Dewey and Self-Realization* (*op. cit.*), fait de l'idée de réalisation de soi le fil directeur d'une interprétation d'ensemble du développement de la pensée de Dewey ; c'est une option tout à fait plausible.

3. Dewey, *Une foi commune* (*op. cit.*), p. 104 (traduction modifiée).

4. *Ibid.*, p. 132. L'usage langagier de Dewey, sans doute influencé par George Santanya, ressemble à celui de Cornelius Castoriadis dans son livre important *L'Institution imaginaire de la société* (Paris, Seuil, 1975).

le réel et le possible ; au contraire, le réel contient des possibilités et les humains possèdent, avec leur imagination, un organe pour saisir le possible. Dewey loue son contemporain et adversaire George Santayana pour avoir introduit dans la compréhension de la religion la dimension de l'imaginaire au sens qu'on vient de dire. Dewey qualifie de « pensée très pénétrante » la démarche de Santayana[1] consistant à chercher entre l'esthétique et le religieux non une différence d'essence, mais une différence entre un rôle d'« intervention » et un rôle de simple « survenance » de l'imagination. La question est de savoir si l'imagination se contente d'ajouter quelque chose à notre vie ou si elle la pénètre de part en part et la modifie ; cela peut se produire par le biais de l'art *et* de la religion, tout comme l'art *et* la religion peuvent rester de simples accessoires superficiels de la conduite de vie. Sans un « mouvement créatif de l'imagination », toute perception resterait réduite et toute discipline serait simple répression ; avec lui en revanche naissent des idéaux qui pénètrent notre perception du monde et notre morale. Par le lien à l'imaginaire, Dewey peut reconnaître les idéaux sans leur attribuer une préexistence séparée. Plus tôt déjà, il avait affirmé : « L'idéal n'est pas un but à atteindre. C'est une signification à ressentir, à apprécier[2]. » Il élargit maintenant cette détermination par la définition des valeurs et des idéaux *comme résultats de processus créateurs idéalisant des possibilités contingentes*. Un idéal émerge, pour Dewey, « lorsque l'imagination idéalise l'existence en saisissant les possibilités offertes à

---

1. *Ibid.*, p. 103. Sur la théorie de la religion de Santayana, on a un guide précieux avec : Henry Levinson, *Santayana, Pragmatism, and the Spiritual Life*, Chapel Hill/Londres, 1992.

2. John Dewey, *Human Nature and Conduct. An Introduction to Social Psychology*, New York, 1922, p. 263 (aussi in : id., *Middle Works*, vol. 14, p. 503).

la pensée et à l'action [...]. L'imagination idéalisatrice se saisit des choses les plus précieuses qu'elle trouve dans les moments privilégiés de l'existence et elle les projette. Nous n'avons pas besoin de critères externes pour garantir leur teneur en bien [goodness]. On les a, elles existent comme bonnes, et à partir d'elles nous forgeons nos finalités idéales[1]. » Cela dépasse de loin ce qui ne serait qu'une modification intelligente des buts en fonction de leurs chances de réalisation ; Dewey conçoit la genèse des valeurs comme une performance créatrice de notre imagination.

Cette conception le rapproche d'une compréhension adéquate des idées du soi intégral et de la réalisation de soi. Dans toutes les contradictions entre nos aspirations ou entre le devoir et l'inclination, et dans toute notre souffrance à propos des chances manquées et des potentialités jamais réalisées, nous pouvons, par le biais d'une idéalisation créatrice, imaginer une totalité qui n'a jamais été donné et qui ne sera jamais donnée, même si elle nous paraît plus réelle que toutes les réalisations partielles. Elle nous apparaît réelle parce qu'il y a des expériences dans lesquelles nous l'avons vécue comme réelle avec la plus forte intensité. C'est de cette sorte que sont les expériences religieuses ou – pour Dewey – les expériences qui contiennent une telle dimension religieuse, quel qu'en soit le cadre, parce qu'elles « interpénètr[ent] tous les éléments de notre être[2] » et donnent sens et cohérence à notre soi. Si nous avons vécu cette percée nous donnant accès à notre propre réalisation intégrale dans des expériences émotionnelles intenses, alors ce « sens des valeurs » nous porte à travers des « périodes sombres de désespoir à tel point que ces temps d'obscurité perdent

---

1. Dewey, *Une foi commune* (*op. cit.*), p. 137 s. (citation légèrement modifiée).
2. *Ibid.*, p. 103.

leur caractère dépressif habituel[1] ». Ni les échecs de nos aspirations pratiques, ni même les coups du destin ou le sentiment d'avoir défailli face aux exigences morales que nous nous posons à nous-mêmes, ne peuvent détruire ce noyau de notre soi. Ce qui apparaît comme un éclair dans les expériences d'un moment est établi dans la durée par les idéaux. Les idéaux sont des agents d'intégration. La croyance dans ces idéaux représente une unification de notre soi « par l'allégeance à des finalités inclusives, que l'imagination nous présente et auxquelles réagit la volonté humaine en les considérant comme dignes de présider à nos désirs et à nos choix[2] ».

Si l'on suit Dewey, l'unification de notre soi ne saurait être comprise comme une clôture du soi face au monde. Une personne ne peut faire l'expérience d'elle-même comme d'une unité dans tout ce qu'elle accomplit et vit, et même dans ses possibilités non réalisées, qu'à condition d'intégrer le monde dans la formation de cette unité du soi. « Le soi est toujours dirigé vers quelque chose qui le dépasse et par conséquent sa propre unification dépend de l'idée de l'intégration des scènes changeantes du monde dans la totalité imaginaire que l'on appelle l'univers[3]. » Dewey définit l'univers comme la totalité des conditions avec lesquelles le soi se sait être en relation. La totalité de cet univers possède le même caractère imaginaire que la totalité du soi. Dewey sait fort bien que le sentiment de « dépendance absolue[4] » par rapport à quelque chose de plus grand qui

---

1. *Ibid.*, p. 99.

2. *Ibid.*, p. 120. En utilisant ici dans le texte les concepts « idéaux » et « valeurs » comme des concepts interchangeables, je suis l'usage qu'en fait John Dewey, qui ne semble pas non plus faire de distinction terminologique entre ces mots.

3. *Ibid.*, p. 104.

4. C'est la célèbre définition de la religion proposée par Schleiermacher, cf. Dewey, *op. cit.*, surtout p. 111.

soutient et porte nos efforts est un trait caractéristique de toutes les religions. Seules peuvent par conséquent être qualifiées d'areligieuses les conceptions qui reconduisent au seul être humain tout ce que l'être humain réalise et ignorent la coopération de son environnement. « Nos réussites dépendent de la coopération que nous apporte la nature. Le sentiment de dignité de la nature humaine est aussi religieux que le sentiment de crainte et de respect lorsqu'il repose sur le sentiment que la nature humaine est partie qui coopère avec un tout plus vaste[1]. » Dewey qualifie ce sentiment fondamental quasi religieux envers l'environnement de « *natural piety* », une expression provenant du romantisme anglais. Il ne veut pas comprendre ce terme au sens d'un engouement naïf pour la nature ou d'un déterminisme naturel fataliste, tant il est vrai qu'un sens pour la spécificité humaine au sein de la nature peut tout à fait aller de pair avec une piété face à la nature dans son ensemble[2].

La prise de conscience du caractère imaginaire de l'idée d'une totalité du soi et de l'univers conduit Dewey à souligner aussi le caractère à la fois actif et passif d'une telle expérience de la totalité, un point qu'il avait déjà circonscrit en introduisant le concept d'« ajustement ». Comme dans toutes les productions de l'imagination et dans toutes les actions créatrices, la résolution de la volonté n'est pas d'un grand secours pour cela. « Un "ajustement" saisit la volonté plutôt qu'il n'en est le

---

1. *Ibid.* (traduction légèrement modifiée).

2. Steven Rockefeller souligne que, grâce à son long séjour en Asie, et en particulier à son intérêt pour la philosophie chinoise, et surtout le taoïsme, Dewey a pu éliminer les traces d'une relation purement instrumentale à la nature, encore présentes dans son œuvre de jeunesse ; sa philosophie ultérieure pourrait acquérir une nouvelle actualité sous les auspices de la prise de conscience écologique. Cf. Rockefeller, *John Dewey. Religious Faith and Democratic Humanism* (*op. cit.*), p. 349 ss.

produit délibéré[1]. » C'est pourquoi on ne peut pas viser de façon immédiate des expériences de la totalité, ni les atteindre volontairement. Elles présupposent au contraire que l'on s'ouvre à certaines forces qui coulent de sources situées au-delà des réflexions et des visées conscientes[2]. Cela explique aux yeux de Dewey l'affinité que ce genre d'expériences entretient avec des « interprétations surnaturelles ». L'expression traditionnelle pour cette corrélation est que les expériences religieuses et la foi qui en résulte sont elles-mêmes l'expression d'une grâce divine. Sans le moindre lien avec des contextes théologiques, Dewey défend – comme William James – un concept de foi dont le centre n'est pas un tenir-pour-vrai cognitif de certaines réalités, mais consiste dans la conviction que certains idéaux sont présents, exercent sur nous une attraction et orientent notre comportement. Cette conviction résulte d'une expérience dans laquelle l'individu est saisi par quelque chose, et non d'une décision ; et bien que la cognition et la réflexion y jouent un rôle, elles n'en constituent pas le noyau. « Avoir une conviction au sens moral signifie être conquis, vaincu par une finalité idéale, et ce dans notre nature active. Cela signifie reconnaître cette finalité dans sa demande légitime à exercer son primat sur nos désirs et nos buts[3]. »

La réponse que donne Dewey à la question de la genèse des valeurs ressemble ainsi à celle que d'autres penseurs ont donnée. Comme James et Durkheim, mais aussi comme Simmel et Scheler, il ancre la genèse des attachements axiologiques dans des expériences d'auto-transcendance et de formation de soi. Mais il établit beaucoup plus clairement que les autres penseurs le lien entre la théorie des valeurs et la théorie de la formation

---

1. *Ibid.*, p. 104.
2. *Ibid.*
3. *Ibid.*, p. 106.

de soi. En revanche, il décrit moins précisément que les autres le contenu phénoménal des expériences dont résultent les attachements axiologiques. Dewey ne nous fournit pas de claires métaphores susceptibles d'orienter notre compréhension, comparables aux descriptions de la prière et de la conversion chez James, aux états d'extases collectives de Durkheim, aux réflexions de Simmel sur la mort et l'immortalité ou à la phénoménologie des sentiments moraux de Scheler. On trouve certes, dispersés dans toutes les phases de son œuvre, des exemples d'expériences riches d'une dimension religieuse, tirées de contextes fort divers. En font partie aussi bien des expériences de fusion avec la nature, des expériences esthétiques et des intuitions mystiques que de fortes émotions causées par la compassion ou l'amour, ou encore des sentiments d'unité dans une communauté heureuse. Mais, à l'exception des expériences esthétiques, ces expériences ne font presque jamais l'objet d'une analyse ; elles sont plutôt utilisées pour des argumentations conceptuelles ou servent d'accords conclusifs pathétiques.

C'est sans doute dans le chapitre sur la communication du livre que Dewey consacre à la philosophie de la nature qu'on saisit de la façon la plus concrète le contenu empirique de sa philosophie des expériences constitutives de valeurs[1]. Dans ce chapitre, Dewey confère une signification presque religieuse à la théorie anthropologique des spécificités de la communication humaine qu'avait développée son ami George Herbert Mead : « Rien n'est plus extraordinaire que la communication. Que les choses puissent passer du stade d'un processus externe à celui d'une révélation faite à l'homme et par là à elles-mêmes, et que de la communication naissent la participation et le partage, c'est un miracle à côté duquel

---

1. John Dewey, *Expérience et nature*, Paris, Gallimard, 2012, p. 160-195.

la transsubstantiation elle-même fait pâle figure[1]. » Dewey ne comprend donc pas la communication seulement comme une mesure fonctionnelle visant à coordonner l'action de différentes personnes, mais comme un processus qui peut ouvrir l'individu aux autres et qui rend ainsi possible l'expérience dont résulte l'attachement aux valeurs. Dewey voit dans l'expérience, lorsqu'elle conduit à une « expérience partagée » (*shared experience*), quelque chose qui fait sauter le centrage sur soi. Dans son œuvre de jeunesse, il avait encore rapporté cette idée au concept chrétien d'amour[2]. Même s'il n'établit plus ce lien dans son œuvre ultérieur, il demeure clair que Dewey défend une conception emphatique de l'altruisme dans laquelle l'altruisme n'est compris ni comme un renoncement à ses propres intérêts visant à augmenter le bénéfice pour les autres ni comme un développement de soi nourri de l'engagement pour les autres, mais comme une disponibilité radicale à se laisser ébranler par la personne d'autrui, et donc à se réaliser soi-même avec les autres et grâce aux autres, bref comme une intersubjectivité déstabilisante et bouleversante.

Deux aspects de l'argumentation de Dewey doivent être tout particulièrement soulignés dans ce contexte. D'une part, en focalisant sa description sur la communication, l'intersubjectivité et l'expérience partagée, Dewey trace une voie qui permet de sortir du mauvais dualisme de l'expérience individuelle et de l'expérience collective qui oppose James et Durkheim. Certes, on trouvait déjà chez James des prémisses pour une interprétation intersubjective de l'expérience religieuse solitaire[3], mais

---

1. *Ibid.*, p. 160 (traduction légèrement modifiée).

2. John Dewey, *Psychology* (*Early Works*, vol. 2), Carbondale, Ill., 1967, spéc. p. 282-295.

3. Cf. ci-dessus, chapitre 3 ; je ne vois pas de prémisses de ce genre chez Durkheim. C'est la raison pour laquelle je ne comprends

celles-ci restaient dispersées dans son œuvre et ne jouaient pas de rôle déterminant pour l'architectonique de sa théorie. John Dewey, en revanche, est si marqué par l'influence de la théorie anthropologique de la communication développée par George Herbert Mead qu'il met en relation la structure des expériences extra-quotidiennes avec une compréhension de l'agir humain en général frappée au coin de l'intersubjectivité. James et Durkheim avaient eux aussi vu dans l'ouverture de soi un aspect essentiel des expériences extra-quotidiennes ; mais Dewey conçoit cette ouverture comme un décentrement de l'acteur vers un autre, même lorsque cet autre est la nature ou Dieu. Il convient toutefois d'ajouter immédiatement que Dewey invoque certes constamment la genèse du soi dans des expériences intersubjectives – qu'elles soient ordinaires ou extra-quotidiennes – mais qu'il n'examine jamais de plus près ces expériences[1]. Dewey ouvre ainsi la voie à une combinaison entre une théorie intersubjective du soi et les questions posées par la genèse des valeurs, mais il ne va pas très loin dans cette direction.

D'autre part, il faut souligner que Dewey n'affirme pas seulement le caractère intersubjectif de l'expérience extra-quotidienne, mais aussi la possibilité de trouver dans la communication quotidienne elle-même un idéal digne de vénération. Participer à un dialogue peut provoquer une expérience de type holistique. Les attitudes que les participants doivent adopter pour qu'un dialogue réussisse ressemblent en effet à cette ouverture de soi décrite

---

pas pourquoi Jürgen Habermas, dans sa *Théorie de l'agir communicationnel*, pouvait considérer Durkheim, avec Mead, comme celui qui inaugure le changement de paradigme passant « de l'agir en finalité à l'agir communicationnel ».

1. Comme l'a aussi remarqué Gouinlock, *John Dewey's Philosophy of Value* (*op. cit.*), p. 93, note 64. Il critique aussi que Dewey utilise les résultats de George Herbert Mead sans reconnaître correctement ses mérites.

dans l'analyse des expériences religieuses. En retour, cette ouverture de soi rend plus vraisemblable que se produisent dans le dialogue ces expériences holistiques. L'ouverture de soi est le présupposé et la conséquence de l'expérience d'une intersubjectivité déstabilisante et bouleversante. Pour Dewey, le dialogue est le lieu où nous sommes confrontés aux valeurs des autres et, pour autant que nous nous ouvrions vraiment, où nous considérons à nouveaux frais nos propres valeurs. En même temps, le dialogue donne naissance – si tant est qu'il nous offre cette expérience – à un attachement axiologique à la pratique même de la parole échangée.

Dewey exprime fréquemment la possibilité de faire dans le dialogue même l'expérience d'une dimension « religieuse » avec la formulation selon laquelle la communication serait aussi bien un moyen qu'un but, une pratique à la fois instrumentale et finale[1]. « La communication réside dans un échange destiné à répondre à des attentes ; elle implique une prétention, un appel, un ordre, une direction ou une demande permettant de réaliser ce que l'on souhaite à moindre coût que ne le permettrait un effort personnel, puisqu'elle offre l'avantage d'une coopération des autres. La communication améliore également la vie de manière immédiate, elle est appréciée pour elle-même. […] Le langage est toujours une forme d'action et, dans son usage instrumental, il est toujours un moyen d'action concertée en vue d'une fin, tout en trouvant simultanément en lui-même tous les bienfaits liés à ses conséquences possibles. Car il n'y a pas de mode d'action plus satisfaisant et gratifiant qu'un consensus sur le plan de l'action. Il renferme en lui le sentiment d'un partage et d'une fusion dans le tout. […] Pour l'homme, l'expérience partagée est le plus grand de

---

1. Par ex., Dewey, *Expérience et nature* (*op. cit.*), p. 175, 191 et *passim* (182, 201).

tous les bienfaits. […] C'est en raison de sa finalité et de son entremise que la communication et ses objets sont dignes de respect, d'admiration et d'appréciation loyale. Ils ont une valeur en tant que moyens, parce qu'ils sont les seuls qui permettent à la vie de se révéler riche et variée quant à sa signification. Ils ont une valeur en tant que fin, parce que c'est dans de telles fins que l'homme se soustrait à son isolement immédiat et fait l'expérience du partage dans une communion de significations. Ici, comme pour beaucoup d'autres choses, il n'y a rien de pire que de dissocier les fonctions instrumentales et finales. […] À partir du moment où les fonctions instrumentales et finales de la communication entrent en même temps dans l'expérience, il existe une intelligence qui représente à la fois la méthode et la récompense de la vie commune et d'une société apte à susciter l'affection, l'admiration et la loyauté[1]. »

Dewey met ici l'accent sur l'expérience de la communication, sur la communication comme expérience. Il ne se fraie pas un passage de la relation interpersonnelle à la valeur de la communauté et de la démocratie au moyen d'une justification des principes démocratiques dans un discours idéalisé, mais au gré de la genèse d'un attachement axiologique à la pratique de la communication ancré dans l'expérience même de la communication[2].

---

1. *Ibid.*, p. 175, 191 et 193 s.

2. La relation de la démarche de Dewey avec l'éthique de la discussion de Jürgen Habermas et de Karl-Otto Apel, qui domine les discussions contemporaines, n'est pas discutée ici plus en détail, mais au chapitre 10. Pour la sémantique des concepts « communauté » et « démocratie » chez Dewey et dans la tradition de pensée américaine en général, ainsi que pour les méprises fréquentes auxquelles ces questions donnent lieu, cf. Hans Joas, « Gemeinschaft und Demokratie in den USA. Die vergessene Vorgeschichte der Kommunitarismus-Diskussion », in : Micha Brumlik/Hauke Brunkhorst (dir.), *Gemeinschaft und Gerechtigkeit*, Francfort-sur-le-Main, 1993, p. 49-62.

Une communication quotidienne sans barrières, ainsi que son institutionnalisation sous la forme des procédures et des institutions de la démocratie deviennent pour lui l'idéal suprême. Dans la réplique qu'il donne en 1939 aux critiques de sa philosophie, un texte qui constitue aussi un regard rétrospectif sur son développement philosophique, Dewey pouvait ainsi affirmer s'être efforcé toute sa vie d'expliciter les valeurs religieuses contenues dans l'esprit de la science, mais aussi « les valeurs religieuses contenues implicitement dans notre vie commune, spécialement dans la signification morale de la démocratie comme chemin pour vivre ensemble[1] ». La démocratie devient ainsi la religion séculière de Dewey. Devons-nous suivre le prophète de cette religion de la démocratie ?

Avec cette question, nous faisons retour à l'objectif que visait l'écrit de Dewey sur la religion à l'époque de sa publication ; nous l'avions provisoirement mis entre parenthèses. Pour le comprendre, il est utile de se remémorer brièvement à quel moment de sa biographie Dewey a rédigé ce texte. Déjà dans la phase néo-hégélienne, encore chrétienne, de sa jeunesse, Dewey avait effectivement – comme il l'affirme dans son coup d'œil rétrospectif – attribué un caractère quasi religieux à l'intelligence pragmatique et au processus décisionnel démocratique. Sa prédication devant des étudiants chrétiens à l'université du Michigan en 1892[2] se lit d'abord comme l'essai d'une justification chrétienne de la démocratie. Mais au cours de la lecture, il devient toujours plus clair qu'il en va de bien davantage pour Dewey ; dans l'esprit du spiritualisme américain, il recourt à l'idée d'une relation fondamentale du divin avec la vie quotidienne des êtres

---

1. John Dewey, « Expérience, Knowledge, and Value : A Rejoinder » (art. cit.), p. 597 (= *Later Works*, vol. 14, p. 79).

2. John Dewey, *Christianity and Democracy* (*op. cit.*).

humains pour développer une perspective permettant de dépasser le christianisme dans une démocratie sacralisée. L'esprit de la révélation est « sursumé » (*aufgehoben*) dans la recherche scientifique, l'incarnation de Dieu l'est dans la communauté démocratique. Dewey se demande si les institutions de la religion datant d'une époque prédémocratique et préscientifique peuvent se réjouir d'être remplacées par la démocratie et la science ou si, défendant leur autonomie, elles sont condamnées à se figer en se tournant vers le passé. Pour Dewey, il était clair à cette époque déjà que l'avenir ne pouvait appartenir qu'à la sacralisation de la science et de la démocratie. Après la fin de sa période néo-hégélienne, Dewey ne s'exprime certes que très rarement sur les questions concernant la religion et sa place dans la démocratie[1]. Mais lorsqu'il le fait, l'optimisme de la sécularisation de sa jeunesse reçoit une expression encore plus radicale[2]. Les tendances à la sécularisation ne sont en effet pas interprétées comme des symptômes de décadence morale et culturelle, mais comme un changement de forme des motifs religieux, libérés des carcans dogmatiques de la doctrine et de leurs corsets institutionnels. Si certaines Églises devaient venir à disparaître comme institutions, cela ne représenterait pas nécessairement une perte ; cela pourrait au contraire

---

1. Pour un exposé biographique et une interprétation d'ensemble, cf. Rockefeller, *John Dewey. Religious Faith and Democratic Humanism* (*op. cit.*), ainsi que Westbrook, *John Dewey and American Democracy* (*op. cit.*). Rockefeller a le mérite particulier d'avoir pris en compte aussi la poésie de Dewey dans son analyse du développement religieux de celui-ci. On trouve dans sa poésie des témoignages importants de la recherche de Dewey aussi à une époque où les publications n'abordent pas le thème de la religion. Cf. en particulier Rockefeller, *op. cit.*, p. 312 ss.

2. Par ex., John Dewey, « Religion and Our Schools », in : *Hibbert Journal* 6 (1908), p. 796-809 (aussi in : *Middle Works*, vol. 4, p. 165-177).

être l'expression d'une universalisation des impulsions chrétiennes, et donc un progrès historique. Cette combinaison d'un intérêt décroissant pour la religion et d'un optimisme historique ne résista toutefois pas aux tourmentes du XXe siècle. Après la Première Guerre mondiale, et plus encore après le début de la Grande Dépression, Dewey se persuada toujours davantage que sa conception de la démocratie ne parviendrait pas à s'affirmer contre les tendances de l'époque si elle ne trouvait pas le moyen de toucher le cœur des gens et d'emporter leur enthousiasme pour des réformes radicales[1]. Aussi, dès les années 1920, Dewey commença-t-il à essayer de conférer un caractère sacré à la démocratie elle-même. C'est dans le livre sur la religion que culminent ces essais.

Dans la perception de Dewey, il s'agit avant tout d'éviter de lier malencontreusement le religieux avec la croyance en des forces surnaturelles. Comme les sciences modernes ont progressivement fait reculer le savoir sur ce genre de forces et l'ont globalement privé de valeur, établir un tel lien conduit à une mauvaise alternative : soit rester croyant en payant le prix consistant à défendre des images du monde privées entre-temps de crédibilité, soit, comme athée attaché aux lumières des sciences, ne plus pouvoir trouver le moindre sens aux idéaux religieux. Qui n'accepte pas cette mauvaise alternative – Dewey le sait bien – sera blâmé par les deux côtés ; les représentants des religions verront en lui un adversaire de leurs doctrines, les athées militants un adepte tiède de la religion que plus rien ne peut sauver. Dewey croit cependant connaître une issue à ce dilemme. Elle consiste à déconnecter les idéaux et les valeurs de la croyance cognitive à des forces surnaturelles. S'il s'avère possible – et c'est justement la question sur laquelle porte le noyau théorique

---

1. Cf. Rockefeller, *John Dewey. Religious Faith and Democratic Humanism* (*op. cit.*), p. 446.

de son argumentation – de préserver un noyau rationnel du religieux en proposant une nouvelle interprétation de l'expérience et de l'agir qui renonce à toute la mythologie et à la dogmatique obérant les religions traditionnelles, alors la voie est libre pour une sacralisation des relations sociales quotidiennes des individus et de leur action au sein de la nature. Ce qui gêne Dewey dans le simple athéisme, c'est son penchant à dévaloriser le naturel dans le geste même par lequel il rejette le surnaturel. Mais dans la croyance en un « surnaturel », Dewey voit la synthèse de tout ce qu'il a combattu sa vie durant : la scission entre l'idéal et le réel. Si l'on suit Dewey, la liste des péchés des religions est longue. En substantialisant tout idéal dans la représentation d'un être existant préalablement, « Dieu », elles nous détournent de l'action quotidienne, elles nous bercent dans une sécurité trompeuse et nous incitent à l'inaction ; elles appauvrissent notre vie quotidienne parce qu'elles découragent l'appréciation positive de son potentiel ; elles détournent notre attention des autres êtres humains parce qu'elles fixent notre attention sur le salut individuel de notre âme ; et elles nous font miroiter des buts impossibles à atteindre, étouffant nos forces naturellement en exigeant trop d'elles. Tout cela est à mettre au compte de la croyance en un être « surnaturel ». Comme, en outre, cette croyance se donne la forme des Églises institutionnalisées, d'autres problématiques viennent s'y ajouter. Chacune de ces Églises prétend exercer un monopole sur notre expérience religieuse. De cette façon, elles mettent des obstacles à ce genre d'expériences plus qu'elles ne la favorisent. Elles entrent en outre en concurrence les unes avec les autres et dressent ainsi des barrières artificielles à l'intérieur du corps social. Pour protéger leurs prétentions intenables, elles empêchent une recherche scientifique sans préjugés ainsi que la libre communication des citoyens d'un État démocratique.

Contre toutes ces conséquences de la religion, Dewey ne propose nullement un programme pour son élimination par la contrainte, voire par la violence ; son but n'est pas la destruction de la religion, mais sa transformation. Cette transformation, il la comprend comme l'émancipation du religieux qui l'affranchit des formes institutionnelles de la religion. Pour la première fois dans l'histoire de l'humanité, « l'aspect religieux de l'expérience sera libre de se déployer selon sa propre loi[1] » ; quant à ceux qui se sentent « rebutés par les implications morales et intellectuelles de la religion telle qu'elle est aujourd'hui », ils prendront « conscience d'attitudes en eux-mêmes qui seraient authentiquement religieuses si elles pouvaient s'épanouir[2] ». Dans une nouvelle forme de religiosité de ce genre, le mot « Dieu » ne désignerait plus un être particulier au-delà du monde des humains mais, au lieu de cela, la « relation *active* entre l'actuel et l'idéal[3] ». Si cela devenait le nouveau sens du mot, même l'athéiste qu'est Dewey serait prêt à accepter la conception d'un « Dieu[4] ». Il en résulterait, si l'on suit Dewey, une « foi commune à l'humanité », « *the common faith of mainkind*[5] », présente dès toujours chez les êtres humains, mais encore en attente de son explicitation.

Mais est-il possible de croire en un tel Dieu ? Est-il exact que la religion institutionnalisée a toujours entravé

---

1. Dewey, *Une foi commune* (*op. cit.*), p. 85 (traduction modifiée).

2. *Ibid.*, p. 92 (traduction légèrement modifiée).

3. *Ibid.*, p. 141.

4. La tentative de Dewey, manifestement idiosyncratique, de proposer une nouvelle définition du concept « Dieu » a donné lieu à d'importantes débats et à de nombreuses interprétations abusives dans les années 1930. Cf. sur ce point aussi surtout Rockefeller, *John Dewey. Religious Faith and Democratic Humanism* (*op. cit.*), surtout p. 512 ss.

5. Dewey, *Une fois commune* (*op. cit.*), p. 180 (traduction légèrement modifiée).

le progrès intellectuel et moral ? Pouvons-nous encore, six voire huit décennies plus tard, partager l'optimisme de Dewey et considérer que la désinstitutionnalisation de la religion libérera et émancipera les impulsions véritablement religieuses ? À ces trois questions, il faut répondre par la négative. L'idée que la décision d'un philosophe d'utiliser ou d'autoriser l'usage du concept « Dieu » pour désigner une abstraction intellectuelle puisse pousser quelqu'un à quoi que ce soit, ou puisse provoquer la moindre transformation réelle, semble presque ridicule. Si l'on fait abstraction de l'usage que Dewey fait du concept de Dieu, la lacune sociologique qui obère son argumentation devient visible. Il se demande certes quels sont les idéaux capables aujourd'hui de « diriger l'action et [de] générer la chaleur de l'émotion et la lumière de l'intelligence[1] » pour soutenir en particulier les institutions démocratiques. Mais sa réponse à la question de l'enracinement affectif de la démocratie dans les individus et les sociétés reste faible et abstraite. De même, il n'est que trop facile de décrypter les objections de Dewey aux effets culturels et sociaux de la religion institutionnalisée comme une généralisation abusive de ses expériences avec le protestantisme piétiste de son enfance et de sa jeunesse. Très souvent, la religion n'a pas été une entrave mais un moteur du progrès intellectuel et moral. Dewey ne s'est jamais suffisamment occupé de l'histoire et de la sociologie de la religion pour pouvoir formuler des thèses d'aussi vaste portée. Il suffit de penser aux études détaillées que Weber consacra aux traits actifs et passifs, orientés vers l'ici-bas ou vers l'au-delà, des grandes religions mondiales pour se rendre compte qu'il faut disposer de davantage de connaissances que ce que propose Dewey si l'on entend juger des conséquences de

---

1. *Ibid.*, p. 142.

la religiosité institutionnalisée[1]. Non seulement Dewey ne propose aucune interprétation de la religiosité concrète ; on ne ressent en outre nulle part dans le style de ses développements cette curiosité passionnée face à la diversité des phénomènes du religieux qui est si caractéristique de James. Dewey conclut les débats avant même de les avoir ouverts[2]. Au contraire de son effort constant pour éviter tous les dualismes tranchés, il oppose sans médiation à la religion institutionnalisée le religieux en stabulation libre dans l'expérience de la démocratie. Même si, dans certains cas, sa critique de la prétention des Églises à l'exclusivité ou sa réflexion sur la façon dont les institutions religieuses entravent l'expérience peut être justifiée, son plaidoyer pour une désinstitutionalisation radicale est excessif. Comme on le voit aujourd'hui, la désinstitutionalisation de la religion ne conduit pas, selon toute vraisemblance, aux conséquences qu'en attend Dewey, mais à une subjectivisation de la religion – à ce que le groupe réuni autour de Robert Bellah a appelé le « sheila-ism[3] ». Ce terme désigne une forme purement personnelle de religion, dans laquelle la personne dont c'est la croyance strictement individuelle déclare son mélange idiosyncratique de diverses conceptions être une variante propre de religion. Une religiosité de ce type se coupe

---

1. Cf. les études de Max Weber consacrées à la sociologie des religions, de *L'Éthique protestante et l'esprit du capitalisme* aux travaux sur l'éthique économique des grandes religions mondiales. Ces études sont réunies en allemand dans les *Gesammelte Aufsätze zur Religionssoziologie* (*op. cit.*) ; elles ont été traduites en français par Isabelle Kalinowski dans la collection « Champs Flammarion » (*N.d.T.*).

2. Willard Arnett, « Critique of Dewey's Anticlerical Religious Philosophy », in : *Journal of Religion* 34 (1954), p. 256-266. On relèvera aussi que l'image du catholicisme est largement non informée et stéréotypée. Cf. pour sa récusation Blewett, « Democracy as Religion : Unity in Human Relations » (art. cit.), p. 52.

3. Robert Bellah *et al.*, *Habits of the Heart*, p. 221.

complétement des effets de rationalisation exercés par l'élaboration intersubjective de l'expérience religieuse, de la richesse des traditions millénaires et de la sagesse des spécialistes de l'expérience religieuse. Qui veut être religieux sans appartenir à une religion particulière spécifique est victime du même paradoxe que celui qui aimerait parler sans utiliser une langue déterminée[1].

La sacralisation de la démocratie proposée par Dewey aboutit ainsi à un paradoxe. C'est justement le penseur qui avait rapporté les questions de la genèse des valeurs à l'expérience formatrice de valeurs de la communication qui se soustrait à la tâche de clarifier la nature des forces particulières opérant l'attachement aux valeurs. Il ignore le particularisme de l'expérience toujours individuelle et finit dans l'universalisme vide du démocratique, dont la force motivationnelle reste introuvable[2]. C'est la voie que Charles Taylor a qualifiée, d'une formule dure mais pertinente, de « banalités post-Lumières[3] ». La tâche consiste par conséquent à prolonger au-delà de Dewey la connexion qu'il a inaugurée entre la théorie de la genèse des valeurs et une théorie de la formation du soi, tout en évitant d'aboutir aux mêmes paradoxes.

---

1. Ainsi que l'objecte George Santayana, « Reason in Religion », in : id., *Works*, vol. IV, New York, 1936, p. 3-206, ici p. 4 : « Vouloir parler sans parler une langue particulière est une démarche aussi désespérée que de vouloir avoir une religion qui ne serait pas une religion particulière. »

2. On pourrait argumenter que Dewey viole ainsi dans le champ de la théorie de la religion les postulats qu'il avait lui-même formulés dans son éthique et dans sa philosophie politique.

3. Charles Taylor, « Reply and re-articulation », in : James Tully (dir.), *Philosophy in an Age of Pluralism. The Philosophy of Charles Taylor in question*, Cambridge, 1994, p. 213-257, ici p. 229. La réponse de Taylor à la contribution de Michael Morgan à ce volume (« Religion, history and moral discourses », p. 49-66) ainsi que cette contribution elle-même sont du plus haut intérêt pour les questions discutées ici à partir de John Dewey.

CHAPITRE 8

L'IDENTITÉ ET LE BIEN
(Charles Taylor)

De Nietzsche à Scheler, de James à Dewey, pendant quelques décennies on assista à une riche discussion sur la question de la genèse des valeurs. Les penseurs traités dans cette étude ne sont nullement des figures isolées les unes des autres ; ils se réfèrent souvent les uns aux autres, explicitement ou non, et conçoivent fréquemment leurs propres contributions comme une reprise des autres apports à la discussion, ou comme une réplique à ces derniers. Ils ne sont d'ailleurs pas les seules voix participant à cette discussion ; leurs réponses constituent plutôt des prises de position particulièrement marquantes, qui se détachent du flux de la discussion, tant il est vrai qu'on ne cherche pas ici à proposer un panorama encyclopédique sur cette question[1]. Après les années 1930, cette discussion donne toutefois l'impression de s'épuiser. Faire un saut de cinquante ans et reprendre le fil

---

1. Bien évidemment, la présentation s'expose ainsi au reproche d'avoir ignoré des contributions essentielles. Je ne considère pas que la prise en compte de candidats qu'on évoquerait volontiers dans ce contexte – Max Weber, Martin Heidegger ou Martin Buber par exemple – aurait modifié l'argumentation proposée si l'on restreint la focale à la question de la *genèse* des valeurs. C'est faute de compétence que j'ai en revanche renoncé à aborder Sigmund Freud. Aujourd'hui, j'ajouterais des chapitres consacrés à Troeltsch et Royce, cf. préface de la traduction française, ci-dessus p. 13 s.

de la discussion seulement avec les écrits du philosophe canadien Charles Taylor datant des années 1980 est donc moins arbitraire qu'il pourrait y paraître à première vue. Il va de soi que, durant ce demi-siècle, on a repris de diverses manières les motifs présents dans les œuvres des penseurs que nous avons discutés dans les chapitres précédents ; de même trouve-t-on durant ce laps de temps de nouvelles approches qui puisent à de tout autres sources. Taylor cite lui-même dans ce contexte des écrits d'Iris Murdoch, Harry Frankfurt, Bernard Williams et Alasdair MacIntyre[1]. On peut cependant faire valoir qu'aucun de ces essais de reprise ou de renouveau n'a atteint la cohérence de la contribution de Taylor. C'est pourquoi il paraît justifié que nous nous concentrions ici sur la réponse que Taylor apporte à la question de la genèse des valeurs. Un aspect a dans ce contexte une importance particulière : la façon dont Taylor se situe par rapport à la solution se dessinant dans les écrits de John Dewey. Nous permet-elle d'en dépasser les difficultés, ou nous engage-t-elle dans de nouveaux embarras ? Nous serons pour cette raison particulièrement attentifs au lien entre une théorie des valeurs et une théorie intersubjective de la formation de l'identité.

Entre Dewey et Taylor, la question du lien entre la philosophie des valeurs et la théorie de la formation de l'identité n'a pas simplement été laissée de côté ; c'est très consciemment qu'on l'a évitée. La philosophie des valeurs, au sens d'une systématique des valeurs, devint toujours davantage un champ de travail stérile, considéré

---

1. Iris Murdoch, *La Souveraineté du Bien*, Cahors, Éditions de l'Éclat, 1994 ; Harry Frankfurt, « La liberté de la volonté et la notion de personne », in : Marlène Jouan (dir.), *Psychologie morale. Autonomie, responsabilité et rationalité pratique*, Paris, Vrin, 2008, p. 79-102 ; Bernard Williams, *L'Éthique et les limites de la philosophie*, Paris, Gallimard, 1990 ; Alasdair MacIntyre, *Après la vertu. Études de théorie morale*, Paris, PUF, 2012[2].

largement comme obsolète, auquel on ne travaillait
plus guère. En éthique philosophique, c'était de tout
autres courants qui dominaient la discussion internatio-
nale. Le naturalisme en éthique réduisait les valeurs à
des émotions subjectives ou à des projections sur un
monde lui-même indifférent aux valeurs. Quant aux
kantiens, avec leur concentration exclusive sur le devoir
et sa justification, ils ne parvenaient pas davantage à
trouver une place adéquate pour les idéaux qui nous
attirent et donnent sens à notre vie. Dans la philosophie
analytique, les explicitations éthiques substantielles se
virent remplacées durant un certain temps par l'essai
de concevoir une méta-éthique neutre, une discipline
qui cherche à clarifier le sens des énoncés éthiques tout
en obéissant elle-même à la norme de neutralité axiologique. L'éthique philosophique pouvait ainsi s'intégrer
dans l'univers des sciences empiriques dans lesquelles
cette norme avait acquis une validité qui semblait aller
de soi. Pour la même raison, un lien entre le travail sur
tel objet déterminé et la philosophie des valeurs ne pouvait qu'apparaître suspect. On avouait certes volontiers
que le choix d'objets scientifiques était guidé par des
valeurs ; mais dans cette manière de penser l'idée même
que la recherche pourrait avoir un effet en retour sur les
hypothèses axiologiques de départ apparaissait inconcevable. Cela valait pour tout l'éventail des disciplines
relevant des sciences sociales, même pour les recherches
portant sur la formation de l'identité. Dans l'œuvre de
George Herbert Mead, l'auteur classique incontesté de
cette tradition de recherche[1], les réflexions ressortissant

---

1. Cf. par ex. les fragments sur l'éthique dans l'annexe de son
œuvre principale et d'autres écrits éthiques in : George Herbert Mead,
Mind, Self, and Society, Chicago/Londres, The University of Chicago
Press, 1972[8], p. 379-389 ; ce fragment ne figure pas dans la traduction
française : id., *L'Esprit, le soi, la société* (traduction de Daniel Cefaï

à la théorie de socialisation et à l'éthique semblaient procéder organiquement les unes des autres. Mais dans la tradition de l'interactionnisme symbolique se réclamant de Mead, ce lien fut en général perdu de vue. Dans l'écrit programmatique central de cette école – dû à Herbert Blumer[1] –, on traite certes de la genèse intersubjective des significations, mais pas des évaluations ; alors que chez William James et Émile Durkheim, significations et évaluations sont fusionnées dans l'expérience du sacré, la séparation entre l'horizon axiologique et les champs sémantiques de l'agir humain apparaît ici comme quelque chose de naturel. Dans les recherches consécutives sur la formation de l'identité, on tient certes compte de façon souvent exemplaire de la dimension intersubjective ; mais les valeurs nécessairement présentes chez les personnes qui jouent un rôle pour la formation de notre identité restent non analysées[2]. Mettre, ou remettre en évidence le lien entre la philosophie des valeurs et la recherche sur la formation de l'identité présupposait par conséquent une modification des prémisses fondamentales, une résistance à l'hégémonie du scientisme dans les sciences et aux courants dominants de l'éthique philosophique.

Dans cette situation, Charles Taylor présentait des prédispositions particulièrement favorables en raison de son parcours universitaire[3]. Il avait d'abord fait parler de lui avec une critique minutieuse du béhaviorisme et

---

et Louis Quéré), Paris, PUF, 2006 ; id., *Gesammelte Aufsätze* (Hans Joas, éd.), Francfort-sur-le-Main, 1980 et 1983.

1. Herbert Blumer, *Symbolic Interactionism*, Englewood Cliffs, NJ, 1969.
2. Une argumentation plus détaillée sur ce point se trouve au chapitre suivant, qui est consacré plus spécialement à la conception sociologique de l'identité.
3. Cf. Charles Taylor, *The Explanation of Behaviour*, Londres, 1964 ; id., *Philosophical Papers*, 2 vol., Cambridge, 1985. En français, le lecteur pourra se reporter aussi à id., *La Liberté des modernes*

d'autres tentatives pour expliquer l'agir humain avec des modèles empruntés aux sciences de la nature. Son style d'argumentation relevait certes de la philosophie analytique, mais il faisait droit de façon substantielle à des motifs inspirés par ce qu'on appelle la pensée « continentale », en particulier par la phénoménologie de Maurice Merleau-Ponty. Cette ligne épistémologique et méthodologique de ses travaux l'a amené dans les années suivantes à quelques analyses devenues classiques, par exemple à une vaste discussion de la question de la neutralité axiologique en science politique[1]. Il y faisait valoir que des références axiologiques étaient inévitables dans les cadres de référence explicatifs auxquels recouraient les sciences sociales et mettait en garde devant le danger d'appauvrissement qui menaçait ces sciences si renoncer à ces références axiologiques devenait une ligne directrice du travail dans ces domaines. Mais Taylor ne tarda pas à élargir son champ de réflexion au-delà de ce premier champ thématique en s'interrogeant sur les raisons qui conféraient au scientisme et au naturalisme un tel prestige dans les sciences sociales – même lorsque la fertilité de ce genre d'orientations pour la recherche et le développement théorique restait modeste. Cette question le conduisit aux racines de cette pensée dans l'histoire des idées et l'amena à chercher des traditions alternatives. Sous l'influence d'Isaiah Berlin, il découvrit la contre-tradition de l'« expressivisme », cette tradition qui propose d'analyser le parler et l'agir humain sans recourir ni au schéma de la cause et de l'effet ni à celui du but et des

---

(traduction et présentation par Philippe de Lara), Paris, PUF, 1997. La monographie la plus détaillée sur Taylor, à laquelle je suis redevable de certains éclaircissements, est l'excellente thèse de doctorat de Hartmut Rosa, *Identität und kulturelle Praxis. Politische Philosophie nach Charles Taylor*, Francfort-sur-le-Main/New York, 1998.

1. Charles Taylor, « Neutrality in Political Science », in : id., *Philosophical Papers* (*op. cit.*), vol. 2, p. 58-90.

moyens, mais comme une *expression* de celui qui parle ou qui agit[1]. Le style de pensée et d'argumentation de Taylor cherche toutefois l'intégration plutôt que la polarisation. L'impression dominante à la lecture de ses écrits est qu'il ne règle par leur compte aux formes de pensée avec lesquelles il est en concurrence ou qu'il estime devoir critiquer, mais qu'il les traite comme les voix de partenaires de discussion dignes d'être traités avec le plus grand sérieux. Avec un art accompli de l'interprétation, Taylor leur arrache l'aveu de partis pris cachés ou d'inconsistances non réfléchies. Ainsi, il ne se contente pas d'opposer aux écoles intellectuelles dominantes en sciences sociales et en philosophie l'anthropologie de l'expression issue de Herder, Hamann et Humboldt, qui joua un rôle constitutif pour la tradition de l'herméneutique. Il s'efforce au contraire d'élaborer une synthèse des motifs justifiés provenant des traditions en concurrence. Il n'est dès lors pas étonnant qu'il ait trouvé à s'orienter sur le penseur qui, comme nul autre dans l'histoire moderne des idées, s'est efforcé d'intégrer non seulement les domaines du savoir les plus divers, mais aussi les grands courants intellectuels de son époque : Hegel. Taylor lui consacra une monographie[2], qui fit sa gloire comme philosophe, mais lui valut aussi d'être considéré comme « une sorte de phénomène post-hégélien marginal sur la scène philosophique anglo-saxonne[3] ». C'est

---

1. Isaiah Berlin, *Vico and Herder*, Londres, 1976 ; Charles Taylor, « Action as Expression », in : Cora Diamond/Jenny Teichman (dir.), *Intention and Intentionality. Essay in Honour of Gertrude E.M. Anscombe*, Brighton, 1979, p. 73-89, ainsi que de nombreux articles dans ses *Philosophical Papers* (*op. cit.*). Sur le modèle expressiviste de l'action, cf. Joas, *La Créativité de l'agir* (*op. cit.*), p. 84-94.

2. Charles Taylor, *Hegel*, Cambridge, 1975.

3. Ainsi Walter Reese-Schäfer, « "Nach innen geht der geheimnisvolle Weg." Einige kritische Bemerkungen zu Charles Taylors

seulement après avoir achevé son livre sur Hegel, mais en continuité avec les motifs qui s'y expriment, que Taylor a introduit pas à pas les innovations conceptuelles qui ont fait apparaître dans sa conception de l'agir et des valeurs les contours d'une anthropologie philosophique qui lui soit propre. C'est cette même démarche qui fit se dessiner une réponse à la question de la genèse des valeurs, conférant ainsi à l'œuvre de Taylor une importance pour la réflexion menée dans ces pages. Taylor a exposé sa réponse d'un seul tenant dans la partie systématique de son œuvre principale, *Les Sources du moi*, parue en 1989[1]. Les développements qui suivent s'appuient sur ce texte, ainsi que sur quelques-uns des travaux préliminaires et des précisions apportées ultérieurement dans la discussion avec ses critiques[2].

Le premier pas dans la théorie des valeurs de Charles Taylor est aussi le plus important et le plus lourd de conséquences. Il consiste à distinguer entre les évaluations « fortes » et les évaluations « faibles ». Avec cette distinction, Taylor transforme une suggestion qu'il a reprise de

---

Ontologie der Moralität un des modernen Selbst », *Deutsche Zeitschrift für Philosophie* 44 (1996), p. 621-634.

1. Charles Taylor, *Sources of the Self. The Making of the Modern Identity*, Cambridge (Mass.), 1989 ; trad. fr. : *Les Sources du moi*, Paris, Seuil, 1998. Je qualifie de partie systématique la partie I, p. 3-107 de l'édition américaine (p. 17-180 de la traduction française).

2. Sur l'œuvre de Taylor, il existe un volume collectif important ainsi que plusieurs numéros ou articles de revues consacrés à la discussion critique de son livre. Cf. James Tully (dir.), *Philosophy in an Age of Pluralism. The Philosophy of Charles Taylor in question*, Cambridge, 1994 ; numéros de revues, entre autres : *Inquiry* 34 (1991), p. 133-154 ; *Philosophy and Phenomenological Research* 54 (1994), p. 187-213 ; *Dialogue. Canadian Philosophical Review* 33 (1994), p. 101-131 ; *Deutsche Zeitschrift für Philosophie* 44 (1996), p. 621-670. Je reprends dans ce chapitre certains passages de ma propre contribution à ce dernier numéro (« Ein Pragmatist wider Willen ? », p. 661-670).

la distinction entre désirs de premier et de second niveau, proposée par Harry Frankfurt. Dans le cadre d'une discussion philosophique sur la spécificité du concept de personne, et donc aussi sur les caractéristiques de la personnalité de l'être humain en comparaison avec d'autres créatures, Harry Frankfurt avait rendu attentif à une particularité de la volonté humaine, une particularité qui distingue clairement l'être humain de ces autres créatures. Cette particularité consiste en ceci que les êtres humains n'ont pas seulement des désirs comme les ont aussi les autres créatures, mais qu'ils ont en outre des désirs qui se rapportent à leurs désirs. Ils peuvent avoir le désir d'avoir un désir, ou de ne pas l'avoir, et ils peuvent avoir le désir que l'un de leurs désirs soit réellement si fort qu'il motive leur volonté. « Outre qu'ils ont des désirs, font des choix et sont motivés pour *faire* ceci ou cela, les êtres humains peuvent aussi désirer avoir (ou ne pas avoir) certains désirs et certains motifs. Ils peuvent désirer être différents, quant à leurs préférences et leurs buts, de ce qu'ils sont. Beaucoup d'animaux possèdent apparemment la capacité de former ce que j'appellerai des "désirs de premier niveau", qui sont simplement des désirs de faire ou non telle ou telle chose. En revanche, aucun animal autre que l'homme ne paraît disposer de la capacité d'auto-évaluation réflexive qui se manifeste dans la formation des désirs de second niveau[1]. » Frankfurt poursuit un double intérêt : clarifier la structure fondamentalement réflexive du désir humain comme du vouloir humain. Pour faire place au rapport réflexif à ses propres désirs aussi dans le cas où ce rapport ne transforme pas ceux-ci en un vouloir motivant l'action, Frankfurt distingue au sein des désirs de second niveau les désirs qui peuvent être caractérisés comme des « volitions » de second niveau de ceux qui

---

1. Frankfurt, « La liberté de la volonté et la notion de personne » (art. cit.), p. 81 s.

sont de simples désirs de second niveau. Seules les volitions de second niveau définissent pour lui la personne humaine. Un être qui se contente de réfléchir ses propres désirs sans jamais vouloir lui-même que des désirs d'ordre supérieur deviennent capables de déterminer sa volonté, il l'appelle « insouciant » et « irresponsable » ; un irréflexif (*wanton*) de ce genre ne satisferait pas au concept de personne. En introduisant un niveau auquel l'être humain se rapporte réflexivement à ses propres désirs, Frankfurt ne veut nullement brosser l'image d'une personne paisiblement en accord avec soi, toujours orientée sur une évaluation stable d'elle-même ; au contraire : « Les désirs de second niveau, par exemple, peuvent receler autant d'ambivalence, de conflits, de duperie de soi, qu'il y en a concernant les désirs de premier niveau[1]. » Nos désirs de second niveau peuvent être en conflit les uns avec les autres, de sorte que nous devenons incapables de transformer l'un d'entre eux en une décision déterminant notre volonté. Nous ne pouvons pas non plus exclure qu'un tel conflit nous amène à des niveaux de plus en plus élevés et abstraits de réflexion. Ce qui l'empêche, en règle générale, c'est que nous nous « identifions[2] » (pour parler comme Frankfurt) de façon totale et décidée à nos désirs de premier ordre, de sorte qu'il ne reste plus de place pour une hésitation de la volonté ou des réflexions de troisième ou quatrième ordre.

Taylor reprend sans réserve à son compte cette argumentation de Frankfurt ; il y ajoute toutefois une distinction supplémentaire à l'intérieur des désirs de deuxième ordre[3] : la distinction entre ce qu'il appelle des évaluations

---

1. *Ibid.*, p. 94.
2. *Ibid.*, p. 95.
3. Selon Rosa, *Identität und kulturelle Praxis* (*op. cit.*), p. 46, cette distinction se trouve pour la première fois in : Charles Taylor, « Responsibility for Self », in : Amélie Rorty (dir.), *The Identity of*

« faibles » et « fortes ». Avec cette nouvelle distinction, il s'agit de savoir si, dans une situation donnée, nous excluons ou préférons certains désirs pour des raisons contingentes ou catégorielles. Pour le dire plus simplement : nous avons tous fait l'expérience de décisions dans lesquelles nous avions à choisir entre des désirs qui nous semblaient également légitimes, mais que nous ne pouvions pas tous satisfaire en même temps pour des raisons pratiques. Dans une telle situation, nous sommes contraints de choisir ; cela signifie que nous devons au minimum reporter la satisfaction de l'un de nos désirs ; il peut même s'avérer nécessaire d'y renoncer complètement. Nous pouvons essayer de développer des stratégies ingénieuses qui nous permettent de satisfaire de façon optimale le plus grand nombre possible de nos désirs. Pour mettre en œuvre une telle stratégie, nous pouvons former des désirs portant sur nos désirs, par exemple le désir que l'intensité d'un désir – comme notre sensation de faim – n'augmente pas trop rapidement afin d'éviter qu'elle ne fasse échouer notre stratégie compliquée. Dans le mode que Taylor qualifie d'« évaluation faible », toute évaluation de nos désirs reste limitée à des réflexions pragmatiques adaptées à la situation se rapportant à la réalisation de nos désirs. Il en va autrement lorsque nous récusons des désirs, pourtant parfaitement réalisables, parce que nous considérons leur satisfaction comme inacceptable. « Dans un cas de ce genre, nos désirs sont classés dans des catégories comme supérieur ou inférieur, vertueux ou vicieux, plus ou moins raffiné, profond ou superficiel, noble ou indigne. Ils sont qualifiés comme appartenant à des formes de vie qualitativement

---

Persons, Berkeley, Cal., 1976, p. 281-299. De façon plus détaillée et plus lourde de conséquences : Charles Taylor, « What is Human Agency ? », in : id., *Philosophical Papers*, vol. 1, Cambridge, 1986, p. 15-44.

différentes : fragmentée ou intégrée, aliénée ou libre, sainte ou seulement humaine, courageuse ou timorée[1]. » Dans ce cas, nous n'évaluons pas nos désirs seulement en fonction de la possibilité de les réaliser en pratique, mais selon des critères qui représentent autre chose que simplement une autre sorte de désirs.

Quelle est la nature de ces critères et quel rapport avons-nous avec eux ? Ces deux questions, Taylor les élucide en renvoyant à la dynamique de nos humeurs et de nos sentiments moraux. D'une façon très semblable à ce que proposait Scheler, Taylor souligne le caractère à la fois affectif et cognitif des sentiments moraux. Nous n'appliquons pas des critères à nos désirs dans une situation de neutralité affective ; nous sommes au contraire saisis par des sentiments d'indignation, de honte ou de culpabilité, de respect ou d'admiration. Ces sentiments sont l'expression émotionnelle du fait que nous reconnaissons des critères qu'il s'agit d'appliquer à nos désirs, même si nous souhaiterions peut-être en être affranchis ou si nous ne sommes pas conscients d'avoir ces critères. Dans nos sentiments moraux, nous faisons l'expérience immédiate qu'au-delà de nos simples désirs et intérêts il y a quelque chose que nous ne pouvons connaître qu'en réfléchissant aux raisons de nos sentiments moraux. Ce point de référence définit une forme de vie que nous tenons pour supérieure aux autres, un idéal, une représentation de la sorte de personne que nous voulons être selon nos propres critères. Ce sentiment qui reconnaît une valeur supérieure à une certaine forme de vie peut être transformé en énoncés qui caractérisent quelque chose comme désirable, et pas seulement comme effectivement objets d'un désir. De tels énoncés expriment le contenu de nos sentiments moraux, mais ils ne sont nullement l'origine de ces sentiments. Si certaines formulations de

---

1. *Ibid.*, p. 11.

Taylor ont parfois pu donner l'impression qu'il définissait les évaluations fortes par leur caractère réflexif et articulé, les réponses à ses critiques montrent clairement entre-temps que telle n'était pas son intention[1]. L'enjeu à ses yeux était bien plutôt la distinction entre « desired » et « desirable ». La question de savoir comment ce qui est vécu comme désirable parvient à la réflexion et à l'articulation est une question qui conduit plus avant dans l'anthropologie philosophique de Charles Taylor.

Le sujet fait l'expérience de ses propres évaluations fortes non comme s'il s'agissait de quelque chose qu'il pose lui-même, mais comme s'il avait affaire à quelque chose qui est donné indépendamment de lui, qui requiert son respect et qui peut être défendu par des raisons. « Dans l'expérience même que nous faisons quand nous sommes motivés par un bien supérieur, nous comprenons que nous sommes motivés par ce qu'il comporte de bon et non parce qu'il a de la valeur à cause de notre réaction. Il nous attire parce que nous comprenons que sa raison d'être est infiniment valable[2]. » Pour Taylor, il est indubitable qu'une phénoménologie des sentiments moraux nous révèle en ce sens une objectivité de nos critères de

---

1. Cf. surtout Taylor in Tully (dir.), *Philosophy in an Age of Pluralism* (*op. cit.*), p. 249. Les critiques importantes de la théorie des évaluations fortes développée par Taylor sont : Ernst Tugendhat, « Korreferat zu Charles Taylor « What is Human Agency ? », in : id., *Philosophische Aufsätze*, Francfort-sur-le-Main, 1992, p. 441-452 ; Owen Flanagan, « Identity and Strong and Weak Evaluation », in : id./Amélie Rorty (dir.), *Identity, Character, and Morality*, Cambridge (Mass.), 1990, p. 37-65 ; Joel Anderson, « Starke Wertungen, Wünsche zweiter Ordnung und intersubjektive Kritik. Überlegungen zum Begriff ethischer Autonomie », *Deutsche Zeitschrift für Philosophie* 42 (1994), p. 97-119 ; Daniel M. Weinstock, « The Political Theory of Strong Evaluation », in : Tully (dir.), *op. cit.*, p. 171-193. Sur la discussion de ces critiques, cf. Rosa, *Identität und kulturelle Praxis* (*op. cit.*), p. 98-126.

2. Taylor, *Les Sources du moi* (*op. cit.*), p. 128 s.

valeur. En outre, ces critères de valeur ne nous sont pas donnés dans l'expérience isolés les uns des autres ; ils forment au contraire un tout doté de sens. Taylor parle de « frameworks » de distinctions qualitatives, de « structures » dans lesquelles sont inscrites notre perception de nous-mêmes et des autres, les situations de notre agir et nos actions. La langue dans laquelle nous nous rendons compréhensibles à nous-mêmes et aux autres est sillonnée de distinctions qualitatives de ce genre ; les pratiques dans lesquelles nous grandissons et qui forment une sorte de socle pour tout notre agir conscient ne sont pas concevables sans être tissées d'évaluations fortes. C'est à partir de cette anthropologie herméneutico-pragmatique, dont je ne peux proposer ici qu'une esquisse grossière que Taylor acquiert les arguments pour sa thèse affirmant que la formation de l'identité est nécessairement rapportée à un cadre de ce genre, formé par des distinctions qualitatives.

Taylor avance trois arguments en faveur de cette thèse[1]. D'abord, toute réponse à la question de mon identité comprend une indication concernant mon appartenance sociale, mes « attachements et identifications » (« *commitments and identifications* ») ; il n'est pas nécessaire que je m'y identifie sans distance ; mais, quoi qu'il en soit, ils ouvrent un espace dans lequel je peux déterminer ce pour quoi et ce contre quoi je me positionne. En première approche, la question de l'identité trouve par conséquent sa réponse dans le renvoi à des appartenances choisies volontairement, ou à des appartenances qui n'ont pas fait l'objet d'un choix mais n'en forment pas moins l'arrière-fond de ma propre prise de position et évaluation. Dans les deux cas, la réponse contient une référence à des évaluations fortes. Comme deuxième argument, Taylor fait valoir que l'identité elle-même est un « *strongly valued*

---

1. *Ibid.*, p. 54 ss.

good » – elle nous confronte à l'exigence de lui être fidèle ou de justifier notre agir à l'aune de ses requêtes. Dans ce sens aussi, l'identité ne peut pas être comprise simplement comme une donnée factuelle. Troisièmement, et c'est l'argument principal, Taylor souligne que dans notre compréhension de nous-mêmes, dans notre réflexion sur les orientations de notre agir, notre identité ne peut jouer un rôle que si elle incarne des distinctions qualitatives. « Notre identité est ce qui nous permet de définir ce qui importe ou non pour nous. […] La notion d'une identité définie par une simple préférence *de facto*, sans évaluation forte, est incohérente[1]. »

Une description neutre de nous-mêmes, si tant elle qu'elle serait possible, n'aurait pas de conséquence pour nos actions. À quelle question devrait-elle apporter une réponse ? Si nous comprenons notre identité comme un réalisme impitoyable envers nous-mêmes, c'est seulement parce que nous pouvons en déduire une révision de notre appréciation de nous-mêmes. Mais, du coup, nous revenons à la case déterminée par la relation entre notre esquisse d'un soi que nous visons et la réalité de notre agir.

Avec ces arguments, Taylor pense avoir montré que notre identité se forme nécessairement dans des « *frameworks* » faits de distinctions qualitatives, et que de tels « *frameworks* » sont pour nous inéluctables. Ils ne le sont pas au sens où notre culture nous contraindrait à internaliser certaines valeurs déterminées et où nous n'aurions plus aucune chance de nous détacher de ces valeurs. Mais ils sont inéluctables en ce sens que le fait d'exister « dans un espace plein de questions concernant les biens qu'il estime fortement[2] » face auquel il faut prendre position fait partie intégrante de la capacité d'agir humaine.

---

1. *Ibid.*, p. 58.
2. *Ibid.*, p. 60.

Contre le pathos existentialiste et décisionniste du choix, Taylor souligne[1] que nous sommes certes souvent confrontés à des alternatives dans lesquelles nous devons choisir nous-mêmes, mais que ce n'est pas nous qui avons choisi les alternatives auxquelles nous nous trouvons confrontés. Il ne faut pas le comprendre comme une limitation de notre liberté, mais comme une condition constitutive pour pouvoir faire un choix sensé. Un choix qui ne serait pas structuré par des alternatives se transformerait en simple hasard[2]. Le monde dans lequel nous essayons à chaque fois de nous comprendre nous-mêmes est par conséquent, si l'on suit Taylor, un monde façonné par l'expérience de ces « *frameworks* » inéluctables et des valeurs exigeant notre respect, ces valeurs dont nous faisons l'expérience immédiate dans nos sentiments moraux.

Taylor explicite le rapport entre la personne et ses valeurs en recourant à une métaphore spatiale. Il parle d'un espace moral et de sa topographie, s'inscrivant ainsi dans la continuité des métaphores spatiales de la langue quotidienne dans laquelle on parle de valeurs supérieures ou inférieures, de personnes profondes ou superficielles et d'orientations intérieures ou extérieures. Si nos valeurs occupent pour nous une place dans un espace moral, il devient inévitable de nous demander où nous nous trouvons par rapport à l'emplacement de nos valeurs à tel ou tel moment. Nous ne pouvons donc pas éviter de poser la question de la direction que prend notre vie, de la façon dont on peut l'interpréter comme une visée ou une aspiration, et du succès de cette visée. « Ainsi notre problème ne consiste pas seulement à savoir où nous sommes, mais où nous *allons* ; et même si la première forme que

---

1. Taylor, « What is Human Agency ? » (art. cit.), p. 29.
2. Comme le relevait déjà Talcott Parsons, *The Structure of Social Action*, New York, 1937, p. 64 ; cf. sur ce point Joas, *La Créativité de l'agir* (*op. cit.*), p. 20-22.

prend ce problème peut être une question de plus ou de moins, la seconde est une question d'orientation, à savoir si on s'approche ou si on s'éloigne de quelque chose, un problème de oui ou de non. C'est la raison pour laquelle une question absolue encadre toujours nos questions relatives. Puisque nous ne pouvons nous passer d'une orientation vers le bien, puisque nous ne pouvons rester indifférents à notre situation par rapport à ce bien et puisque cette situation représente quelque chose qui doit toujours changer et se transformer, nous devons nous poser le problème de l'orientation de nos vies[1]. »

La structure quasi spatiale de notre relation aux valeurs confère ainsi une dimension temporelle à notre compréhension de nous-mêmes. Nous nous assurons du lieu de notre visée en racontant notre vie comme un récit. Pour Taylor, la structure narrative de notre compréhension de nous-mêmes est elle aussi inéluctable. « Afin de nous faire une idée de qui nous sommes, nous devons avoir quelque idée de la façon dont nous le sommes devenus et de la direction que nous prenons[2]. »

Il faut toutefois se garder de comprendre cela comme si nous devions conserver toute notre vie la même conception du bien et raconter nécessairement notre vie comme un récit sans rupture. La plupart du temps se modifie non seulement le lieu où nous a conduits notre aspiration, mais aussi notre conception de ce qui est digne d'être objet de notre visée. Nous intégrons rétrospectivement de telles modifications – comme les conversions, mises au premier plan avec tant de force par William James – dans le tout de l'histoire de notre vie ; le temps avant notre conversion nous apparaît alors comme une époque d'égarement ou de préparation à une transformation dont

---

1. Taylor, *Les Sources du moi (op. cit.)*, p. 85.
2. *Ibid.*, p. 85 s. Taylor reprend ici des réflexions de MacIntyre, *Après la vertu (op. cit.)*, p. 199 ss.

nous ne soupçonnions rien encore. Le caractère inéluctable de la forme narrative dans laquelle nous nous comprenons nous-mêmes ne saurait davantage être limité à l'individu. D'une part, les autres personnes jouent un rôle comme acteurs dans toute autobiographie ; mais là où, avec d'autres, nous venons à former un « nous », nous devons chercher une compréhension collective de nous-mêmes pour laquelle à nouveau la localisation du bien et la forme narrative de nos aspirations seront inéluctables[1].

Avec ces réflexions sur le lieu et le temps de notre rapport au bien, la conception de l'articulation des sentiments moraux proposée par Taylor acquiert des contours plus précis. Sur cette base, on peut formuler sa réponse à la question de la genèse des valeurs. Les sentiments moraux se distinguent d'autres sentiments par leur relation interne aux valeurs et à notre compréhension de nous-mêmes. S'ils étaient sans rapport à notre conception du bien, ils ne seraient tout simplement pas des sentiments moraux. Notre conception du bien pénètre toute notre compréhension de nous-mêmes ; c'est ce que Taylor s'efforce de montrer. C'est pourquoi nos sentiments moraux renvoient à nous-mêmes, pas seulement au sens où ces sentiments sont justement les *nôtres*. Nombre de ces sentiments perdraient leur signification s'ils étaient sans relation avec notre compréhension de nous-mêmes : la honte ou la culpabilité ne sont compréhensibles qu'en raison de leur relation constitutive à ce que nous reconnaissons comme moralement requis, ou au moins en vertu de la manière dont nous voulons apparaître en anticipant la validité de ces requêtes morales. En même temps,

---

1. Ce qui a l'air ici clair et univoque renvoie naturellement aux questions difficiles de la logique du récit historique, mais aussi de l'histoire du genre autobiographique ; il n'est pas possible de les discuter dans ces pages.

le fait que nos évaluations fortes se trouvent incarnées dans nos sentiments moraux ne reste pas lui-même sans conséquence. Entre nos sentiments moraux et nos valeurs réfléchies peut s'ouvrir un fossé. Il est possible que nous constations avec surprise que des sentiments de culpabilité ou d'indignation ne se manifestent pas, alors même que nous-mêmes ou d'autres avons enfreint quelque chose que nous considérions comme nos valeurs. À l'inverse, il se peut que nous soyons poursuivis par des sentiments de culpabilité ou que nous soyons déchirés par un sentiment d'indignation bien que nous pensions ne pas avoir fait violence aux valeurs que nous défendons consciemment. La relation entre les évaluations fortes incarnées dans nos sentiments moraux et les valeurs que nous défendons consciemment ne va donc pas sans tensions.

Le rôle de l'articulation consiste justement à surmonter le fossé entre les sentiments moraux et les valeurs assumées de façon réfléchie. Lorsque nous articulons nos sentiments moraux, nous leur donnons une forme dans laquelle ils peuvent être discutés. La discussion peut conduire à une confirmation, à un rejet ou à une modification de nos sentiments. La confirmation confère aux sentiments une nouvelle force et une vitalité renouvelée. Le rejet ne dissout pas simplement nos sentiments moraux, mais il peut être le point de départ d'un processus de réflexion dans lequel nous prenons conscience du caractère problématique de notre articulation et nous efforçons d'en proposer une autre articulation, susceptible de rencontrer l'approbation des autres, ou à l'inverse nous décidons de maintenir la façon dont nous les articulions jusqu'alors et de mettre ainsi en question les conventions sociales. Si nous parvenons à trouver et à reconnaître une autre articulation pour nos sentiments moraux, cela modifie notre propre compréhension de ces sentiments. Dans nos sentiments moraux, notre compréhension de nous-mêmes et notre relation aux valeurs forment une sorte d'alliage ; du coup, la modification de leur articulation entraîne une métamorphose des sentiments eux-mêmes. La contrainte sociale à l'articulation ne saurait toutefois être comprise comme une simple restriction, comme quelque chose qui nous empêcherait de vivre d'une façon pleinement authentique. Sans la prise que nous offrent les réactions des autres et les classifications des sentiments dans le répertoire d'une langue, nous ne pourrions en aucune façon identifier nos sentiments. Nous reprenons à notre compte des interprétations de sensations diffuses avant même de pouvoir défendre nos sentiments contre les interprétations que d'autres chercheraient à nous imposer. La dépendance de notre interprétation de nous-mêmes par rapport à des réseaux intersubjectifs – ce que Taylor appelle des « *webs of interlocution* » (« réseaux d'interlocution »)[1] n'est pas un trait spécifique seulement du développement de l'enfant ; elle demeure une condition qui nous accompagne toute notre vie. « Même comme adulte tout à fait indépendant, il y a des moments où je ne peux comprendre ce que ressens à moins de pouvoir en parler avec un ou plusieurs interlocuteurs particuliers qui me connaissent, qui possèdent une certaine sagesse ou avec qui j'ai des affinités. [...] C'est ce que signifie : on ne peut pas être un moi par soi-même. Je ne suis moi que par rapport à certains interlocuteurs : d'abord par rapport à des partenaires de dialogue qui ont été essentiels à la réalisation de ma définition de moi-même ; ensuite, par rapport à ceux qui sont actuellement essentiels à la maîtrise des langages de connaissance de moi-même que j'acquiers progressivement – et, bien entendu, ces groupes peuvent se recouper[2]. » Aussi la théorie de la formation de l'identité proposée par Taylor mérite-t-elle sans conteste d'être qualifiée d'« intersubjective ».

---

1. *Ibid.*, p. 68.
2. *Ibid.*, p. 67 s.

Le processus d'articulation de nos sentiments moraux n'a pas de direction déterminable de façon univoque. Il se déroule plutôt dans la forme du cercle herméneutique. Nous nous mouvons entre les plans définis par nos sentiments, par nos propres interprétations de ces sentiments et par les interprétations établies publiquement. Malgré la constitution intersubjective de notre interprétation, la façon dont nous nous interprétons présentement n'est pas nécessairement identique à l'interprétation publique de ce cas. En outre, même si nos sentiments requièrent une interprétation, ils ne se confondent pas totalement avec nos interprétations de nous-mêmes. À l'interaction de ces trois plans s'ajoute encore le fait qu'ils s'orientent tous trois sur des incidents, des événements ou des situations qui font intervenir avec insistance leur caractère propre. Taylor illustre l'interaction de ces quatre plans en recourant à la situation des membres d'une minorité ethnique victime de discrimination[1]. On peut mettre en évidence sur ce cas l'imbrication complexe de l'attribution culturelle d'infériorité, des sentiments possibles de moindre valeur des personnes concernées s'ils font leur cette attribution culturelle, la transformation de ces sentiments en soumission et en résignation, ou alors en bravade, et enfin la possible mobilisation dans une résistance contre la culture exerçant cette discrimination. Mais dans cette même interaction entre les plans surgit aussi quelque chose de nouveau. Si le groupe éprouve des difficultés,

---

1. Par exemple Charles Taylor, « Self-Interpreting Animals », in : *Philosophical Papers*, vol. 1 (*op. cit.*), p. 45-76, ici p. 69. Excellent sur cette question, Rosa, *Identität und kulturelle Praxis* (*op. cit.*), surtout p. 89 ss. La controverse de Taylor avec Kenneth Gergen est également très instructive pour la façon dont Taylor comprend l'interprétation et l'articulation, cf. Stanley Messer/Louis Sass/Robert Woolfolk (dir.), *Hermeneutics and Psychological Theory. Interpretive Perspectives on Personality, Psychotherapy, and Psychopathology*, New Brunswick, N. J., 1988, p. 28-61.

voire une impossibilité, à exprimer ses propres sentiments dans le vocabulaire offert par la culture ambiante, de nouvelles formes seront peut-être inventées ou empruntées à d'autres cultures. À cela s'ajoute pour Taylor que nous faisons nous-mêmes l'expérience de nos valeurs comme de valeurs hiérarchisées ; les valeurs supérieures peuvent mettre au défi ou récuser d'autres valeurs[1].

Dans ce dernier cas, les valeurs dépréciées ne vont pas nécessairement se dissoudre sans laisser de traces ; elles peuvent exercer une résistance et requérir une nouvelle expression. Le cercle herméneutique n'est donc pas une simple boucle qui nous ramènerait au point de départ sans que ce dernier s'en trouve modifié. Une fois que nos sentiments moraux ont été articulés, ils ne sont plus tout à fait les mêmes ; dans le processus de leur articulation, nous pouvons aussi modifier nos valeurs ou produire de nouvelles valeurs. Les valeurs qui rencontrent des difficultés à être articulées parce que d'autres valeurs exercent une hégémonie dans la sphère publique, ou peut-être même dans l'interprétation de soi individuelle, perdent en règle générale une part de leur vitalité[2]. L'articulation ne vient donc pas seulement s'ajouter à nos sentiments moraux ; Taylor croit au contraire que, sans articulation, ces sentiments vont s'atrophier.

Avec cette conception différenciée de l'interaction entre l'articulation et l'expérience, ou plutôt entre la situation vécue, l'expérience préréflexive, l'articulation individuelle et le réservoir culturel de modèles interprétatifs, Taylor esquisse la solution d'un problème qui était resté non réfléchi ou sans solutions chez ses prédécesseurs dans la

1. Taylor, *Les Sources du moi* (*op. cit.*), p. 114 s.
2. Ici, la conception de l'articulation développée par Taylor fait preuve de fortes ressemblances avec l'argument des deux langues développé par le groupe rassemblé autour de Robert Bellah ; cf. chapitre 1 ci-dessus.

discussion sur la genèse des valeurs. À la différence de Nietzsche, il ne tient pas l'élucidation des racines psychologiques et historiques d'une conception du bien pour une destruction qui la dépouillerait de son attractivité ; ce qui vaut justement pour les biens les plus élevés, c'est que nous ne pouvons pas les articuler sans défendre une certaine lecture de leur genèse[1].

À la différence de ce qui était le cas chez James et Durkheim, l'interprétation d'une expérience ne naît pas chez Taylor simplement de cette expérience ; il considère au contraire l'articulation et l'interprétation comme un processus complexe dans lequel nous aspirons à une cohérence entre plusieurs plans, une cohérence que nous atteignons rarement, et jamais de façon durable. Au cours de ce même processus naissent aussi – dans la tentative pour atteindre une telle cohérence – de nouvelles valeurs. Taylor laisse expressément ouvertes toutes les possibilités d'une genèse de ce genre. La transformation peut prendre son départ soit plutôt du plan des interprétations, soit plutôt de celui des expériences en lien avec nos manières de vivre et nos pratiques. « Il est clair que le changement peut se produire, pour ainsi dire, dans les deux sens : par des mutations et des développements dans les idées, y compris des visions et des perceptions nouvelles, qui entraînent des transformations, des ruptures, des réformes, des révolutions dans les pratiques ; et aussi par dérive, changement, répression ou extension des pratiques, entraînant la transformation, l'extension ou le déclin des idées. Mais même cela est trop abstrait. Il vaudrait mieux dire que, dans tout développement historique concret, le changement se produit dans les deux

---

1. Taylor, *Les Sources du moi* (*op. cit.*), p. 125 ss. De façon perspicace, Martin Seel a qualifié la conception de Taylor d'« anti-généalogie de la morale ». Cf. Martin Seel, « Die Wiederkehr der Ethik des guten Lebens », *Merkur* 45 (1991), p. 42-49, ici p. 49.

sens. Le véritable écheveau des événements mêle des fils qui vont dans les deux sens. Une nouvelle interprétation révolutionnaire peut surgir en partie parce qu'une pratique se trouve menacée, pour des raisons qui peuvent être étrangères aux idées. Ou une interprétation donnée des choses peut gagner en force parce que la pratique prend de l'expansion, encore une fois pour des raisons étrangères aux idées. Mais les changements de perspective qui en résultent auront des conséquences importantes bien à elles. L'écheveau des causes est inextricable[1]. »

Pour une théorie sociologique de la genèse des valeurs, proclamer que le réseau causal est inextricable ne saurait toutefois être le dernier mot. Comme le montre en particulier sa « Digression sur l'explication historique[2] », Taylor est parfaitement conscient de la différence entre une articulation interprétante de la force motivationnelle des idées et une analyse explicative de leur diffusion et de leurs effets. Pour sa propre entreprise, il se contente du but plus modeste que constitue une articulation et renonce explicitement au but plus ambitieux qui consisterait à *expliquer* au sens strict la genèse de nouvelles valeurs. Poursuivre le but plus modeste consistant d'abord à articuler les valeurs dont la genèse est en cause est une démarche qui, en tout état de cause, paraît de bon sens, tant il est vrai qu'aucune explication ne pourra être satisfaisante si elle n'est pas marquée au coin d'une compréhension pour la force motivationnelle de ces valeurs. La distinction entre l'articulation et l'explication exprime d'emblée une position opposée aux démarches explicatives partant de présupposés réductionnistes, c'est-à-dire à ces démarches qui refusent aux contenus culturels leur rôle causal spécifique. Aussi Taylor se démarque-t-il avec véhémence par exemple des courants de l'historiographie

---

1. Taylor, *Les Sources du moi* (*op. cit.*), p. 325.
2. *Ibid.*, p. 315-327.

marxiste auxquels on doit adresser ce reproche. Mais il s'oppose aussi aux visions évolutionnistes qui minimisent la possibilité de voir surgir, conditionnées par la culture, des innovations surprenantes. Les sources de l'orientation axiologique que nous pouvons mettre en lumière ne sont pas les seules qui soient logiquement possibles, mais des sources dont la genèse est contingente. Toute interprétation des Lumières comme une simple élimination des obstacles barrant la route à un progrès de l'humanité compris sur le modèle de l'évolution lui paraît aussi suspecte que les interprétations, optimistes ou pessimistes, voyant dans la sécularisation un processus inéluctable ou irréversible.

En même temps, Taylor sait que la distinction entre articulation et explication ne saurait être comprise comme une complète séparation. Une explication ne doit pas seulement – dans les termes de Max Weber – être « adéquate quant au sens[1] ». Elle reste par conséquent dépendante du processus d'articulation interprétante. Mais en outre, à l'inverse, comme l'énonce l'argument de Taylor contre la conception nietzschéenne de la généalogie, l'articulation implique une vision de la genèse qui n'est elle-même pas indifférente face aux démarches sociologiques visant à une explication causale. Si l'on prend également en compte les développements antérieurs de Taylor sur la neutralité axiologique dans les sciences sociales, on peut alors affirmer que l'interprétation et l'articulation interviennent à deux endroits dans la construction de théories explicatives sur la genèse des valeurs. D'une

---

1. Taylor se réfère ici, de façon approbative, au célèbre postulat de Max Weber, cf. Max Weber, *Économie et société*, Paris, Plon, 1971, vol. 1, p. 17. [La traduction française propose « se conformer à la signification » ; la formule de Weber est *sinnhaft adäquat*. Pour conserver le terme « adéquat », qui définit traditionnellement la vérité, il paraît préférable d'opter pour une traduction plus littérale (*N.d.T.*).]

part, seule une phase herméneutique intermédiaire, lors de laquelle on saisit le sens des valeurs, peut conférer à l'explication une adéquation à son objet ; d'autre part, l'explication dans son ensemble doit être intégrée en retour dans le cadre de référence, doté d'une dimension évaluative, d'une interprétation d'ensemble de l'histoire et du présent.

Sur les questions relevant des sciences sociales, Taylor adopte donc sciemment une posture méthodique modeste : il conduit son lecteur au seuil des théories explicatives sans toutefois franchir le pas. Il adopte en revanche une position claire et tranchée sur la question philosophique du statut de réalité des valeurs – mais d'une autre façon que Scheler et surtout que la tradition platonicienne. Pour comprendre le dispositif du projet de Taylor, il faut prendre en compte cet aspect de son argumentation.

Taylor démarque clairement son réalisme des valeurs d'un platonisme du bien[1] qui pense le bien comme une réalité indépendante de toute existence humaine. Taylor partage la conviction que nous autres modernes n'avons plus moyen de faire retour à une théorie métaphysique du bien. Comme Scheler, Taylor prend pour point de départ – dans sa phénoménologie des sentiments moraux et dans sa théorie des évaluations fortes – la dimension de l'expérience des valeurs. Mais, à la différence de Scheler dont il ne discute pas les thèses, Taylor n'interprète pas de façon abusive la certitude propre à notre expérience de la charge axiologique comme une preuve de la préexistence des valeurs, indépendamment de toute expérience[2]. Il maintient au contraire, de façon très conséquente, le lien

---

1. La distinction entre réalisme moral et platonisme du bien se trouve très clairement dans sa réplique aux contributions dans : *Philosophy and Phenomenological Research* 54 (1994), p. 211.

2. Cf. ci-dessus chapitre 6.

à la dimension de l'expérience, tout en tirant de cette dernière une forme spécifique du réalisme des valeurs[1].

Taylor recourt pour cela à ce qu'il appelle le principe BA, c'est-à-dire le principe du « *Best Account* », de la meilleure articulation possible d'une expérience[2]. Il introduit ce principe par une question rhétorique : « de quelle meilleure mesure de la réalité disposons-nous dans les affaires humaines que ces termes qui, à la réflexion critique et après correction des erreurs que nous pouvons y déceler, donnent le meilleur sens à nos vies[3] ? » Si j'articule les expériences de ma vie, je vais faire référence à des valeurs sans lesquelles je ne peux pas exprimer les orientations qui me guident. Je ne vis pas ces valeurs comme une dimension surajoutée à un monde axiologiquement neutre, mais comme des réalités présentes indépendamment de moi. Il va de soi que de nouvelles expériences ou les objections de tiers peuvent me convaincre que j'ai suivi des valeurs qui n'étaient pas dignes qu'on les suive. Mais cela transforme une articulation en une autre articulation, meilleure à mes yeux – cela ne m'amène pas à changer fondamentalement de niveau et à adopter un autre rapport à mes expériences que le rapport d'articulation. Taylor refuse avec force l'image du monde proposée par le scientisme, cette image qui décrit l'homme

---

1. On relèvera ici qu'en parlant du bien plutôt que des valeurs, Taylor encourage à mon avis la méprise qui voit dans son réalisme une forme de platonisme. Comme le montre Rosa, *Identität und kulturelle Praxis* (*op. cit.*), surtout p. 110. Taylor a introduit le concept du bien dans sa terminologie après avoir développé sa théorie des évaluations fortes. Je n'adopte pas le choix de vocabulaire de Taylor.

2. Rosa, *ibid.* p. 51, objecte à la traduction allemande de « best account » par « meilleure analyse » que Taylor n'a pas ici en vue une analyse, mais l'expression d'une expérience. [La traduction française par « meilleure explication » (d'où l'abréviation ME à la place de BA) reste aussi insatisfaisante. On la remplace par « meilleure articulation possible », suivant sur ce point la suggestion de Rosa (*N.d.T.*).]

3. Taylor, *Les Sources du moi*, p. 101.

dans des catégories par principe incapables d'intégrer la façon dont une personne se comprend elle-même. Nul d'entre nous ne peut ainsi se comprendre comme un être obéissant simplement au principe stimulus-réaction et se débrouiller dans sa vie quotidienne. La même chose vaut, pour Taylor, des théories qui comprennent les valeurs comme des projections ; elles aussi, ce point au moins est incontestable, ne rendent pas justice à l'expérience morale que chacun fait. S'il en est ainsi, on ne peut que se demander en quoi une description scientiste de moi-même pourrait prétendre être plus réaliste que mon auto-description réflexive. Taylor ne voit ni possibilité ni nécessité d'un saut sur un plan de description qui n'accorderait pas de place à l'expérience que je fais de moi-même. « Une fois que nous avons établi notre meilleure articulation possible (« *our best possible account* ») des questions concernant ce que nous devons prendre au sérieux pour vivre réellement notre vie, une fois que nous avons clarifié, en d'autres termes, quelles sont les hypothèses ontologiques que nous ne pouvons pas nous empêcher de faire lorsque nous menons notre vie, où donc pourrait-on trouver, au ciel ou sur la terre, des arguments pour nous convaincre que nous avons tort[1] ? » Si un saut de ce genre n'est ni possible ni souhaitable, il ne nous reste que la méthode du « raisonnement pratique » (« *practical reasoning* »)[2], dans laquelle nous n'établissons pas des standards irrévocables, mais progressons effectivement pas à pas dans notre réflexion, par la prise en compte de faits supplémentaires et par la résolution de contradictions. Toutes les articulations ne sont donc pas

---

1. Taylor in : Messer *et al.* (dir.), *Hermeneutics and Psychological Theory* (*op. cit.*), p. 56.

2. Taylor, *Les Sources du moi* (*op. cit.*), p. 125 ss, ainsi que : id., « Explanation and Practical Reason », in : id., *Philosophical Arguments*, Cambridge (Mass.), 1995, p. 35-60.

de la même qualité ; mais on ne peut aller au-delà de la meilleure articulation à notre disposition qu'en proposant une meilleure interprétation de notre expérience. Car nous ne pouvons jamais transcender complètement cette expérience. Taylor défend en détail[1] la possible validité d'une argumentation transcendantale – seulement dans un sens kantien, bien entendu, qui consiste à partir des traits incontestés de notre expérience pour nous interroger sur les conditions de possibilité de cette expérience. C'est par cette réflexion, si l'on suit Taylor, que nous arrivons aussi à dégager les traits fondamentaux d'une anthropologie philosophique ; celle-ci ne prétendra pas à une fonction de fondation, mais elle restera une partie de l'articulation de notre expérience[2]. Dans cette tentative pour trouver la meilleure articulation, certaines valeurs s'avèrent indispensables pour la description de nous-mêmes et pour notre orientation. La réalité de ces valeurs consiste exactement dans ce caractère indispensable. Cette réalité ne peut être ébranlée que de façon concrète, par une proposition visant à remplacer ces valeurs par d'autres valeurs – mais pas de façon abstraite, en donnant un caractère seulement fictif aux valeurs.

Jusqu'à présent, notre présentation a consciemment ignoré un autre aspect de la théorie des valeurs de Taylor. De façon analogue à la thèse de Scheler selon laquelle nous ne faisons pas seulement l'expérience des valeurs comme telles, mais que celles-ci peuvent être expérimentées comme les degrés d'une hiérarchie, Taylor ne distingue pas seulement différents biens, mais différents types de biens. Au-dessus du niveau des divers « biens

---

1. Charles Taylor, « La validité des arguments transcendantaux », in : id., *La Liberté des modernes* (*op. cit.*), p. 115-133.

2. C'est ainsi qu'Axel Honneth et moi-même avons défini le possible statut de l'anthropologie dans notre livre : *Social Action and Human Nature*, préface de Charles Taylor, Cambridge, 1988.

vitaux » se trouve le plan des « hyperbiens » qui permettent d'évaluer les biens vitaux ; à un degré supérieur encore, on trouve le niveau des « biens constitutifs », qui constituent les ultimes sources de notre orientation morale. Dans *Les Sources du moi*, la distinction de ces trois plans reste floue ; Taylor ne la clarifiera pas par la suite, mais la révoquera partiellement[1]. Dans notre contexte, il n'est pas nécessaire d'examiner en détail ces distinctions. Le résultat des réflexions de Taylor importe ici peut-être moins qu'une caractérisation de l'intention qui le guide. Il ne veut pas seulement souligner la hiérarchie des valeurs, mais entend montrer que la relation entre articulation et expérience prend une forme à chaque fois différente selon le niveau auquel se situent les biens en présence. Les « biens constitutifs » requièrent une autre forme d'articulation que les biens de vie et les hyperbiens. « Un dieu ou le Bien platonicien, le concept romantique de nature ou l'agir rationnel au sens de Kant peuvent être transmis et compris seulement comme des biens *articulés*. Cela ne requiert pas nécessairement leur définition formelle dans des théories doctrinaires mais permet aussi des articulations mythiques et narratives ; mais sans formulation explicite sous une forme ou une autre [...], ces biens ne représentent même pas des options[2]. » Taylor a besoin de cette distinction parce que c'est seulement ainsi qu'il peut formuler clairement son propre *« best account »* – et celui-ci est, avec quelques prudences, théiste. L'expérience morale et religieuse de l'individu peut demander une interprétation disponible dans le

---

1. Excellent sur cette question Rosa, *Identität und kulturelle Praxis* (*op. cit.*), p. 116 ss. Rosa s'appuie sur Taylor, « Leading a Life », in Ruth Chang (dir.), *Incommensurability, Incomparability, and Practical Reasoning*, Cambridge (Mass.), 1997, p. 170-183.

2. *Ibid.*, p. 158 s.

réservoir des schémas d'interprétation d'une culture ; elle peut avoir l'intention de les modifier, mais elle ne peut pas créer *ex nihilo* une interprétation qui n'aurait aucune relation avec le réservoir culturel. Taylor revendique le droit de trouver convaincante une interprétation dans laquelle un Dieu au sens de la croyance traditionnelle est indispensable. Cela n'exclut pas de reconnaître à d'autres cultures d'autres interprétations, tout aussi authentiques, d'expériences religieuses. Mais le chemin du dialogue avec elles passe par les particularités de notre religion ; il ne saurait les éviter pour se placer sur le terrain de généralités abstraites que nous aurions en commun. « [...] c'est par les particularités qu'elles animent nos vies. Même si nous supposons que la réalité ultime n'est ni l'amour de Dieu tel que je le comprends ni le Nirvana tel qu'il est compris par un bouddhiste, je ne peux pas le considérer comme un "je ne sais quoi" qui n'est ni l'un ni l'autre. La voie de Nathan le Sage est la voie des banalités post-Lumières, qui perdent très vite leur pouvoir transformateur[1]. » En opposition frontale à la conception de la religion de Dewey, Taylor défend ici un universalisme qui ne renonce pas à s'ancrer dans le particulier. Comme James, c'est avec les moyens d'une philosophie post-métaphysique que Taylor plaide pour le droit de croire. Et comme Scheler, qui prolonge la ligne augustinienne, Taylor défend un catholicisme moderne, sans autoritarisme ecclésial ni ressentiment antimoderne.

Dans l'œuvre de Taylor, les réflexions théoriques sur le lien entre formation de l'identité et valeur mais aussi sur la relation entre articulation et expérience ont certes la tâche de fournir les linéaments d'une anthropologie philosophique moderne. Mais elles sont présentées

---

1. Taylor in : Tully (dir.), *Philosophy in an Age of Pluralism* (*op. cit.*), p. 229.

surtout comme une simple préparation au projet consistant à articuler à nouveaux frais les relations aux valeurs comprises dans la façon dont la modernité se comprend elle-même. *Les Sources du moi* est une tentative héroïque et grandiose pour exposer de façon exhaustive l'ensemble des traditions culturelles ayant produit les relations aux valeurs (« hyperbiens ») vivantes encore aujourd'hui dans les sociétés occidentales. Taylor affirme que les traditions essentielles à ce titre sont au nombre de trois : une compréhension de « l'intériorité » remontant à Augustin et à Descartes ; la haute estime dans laquelle, après la Réforme, on tient le quotidien ; une interprétation expressiviste et romantique de la nature et du pouvoir créateur de l'imagination. La présente discussion n'a pas besoin de suivre l'auteur dans ces riches développements dont l'enjeu est une compréhension substantielle des valeurs de la modernité. Pour Taylor, il est tout à fait conséquent de s'engager ainsi dans l'histoire des idées. Il veut en effet fournir une contribution à l'articulation de l'expérience de soi moderne, une articulation qui ne peut faire l'économie d'une interprétation de la genèse des biens d'ordres supérieurs. De cette articulation, Taylor se promet une vivification de ces traditions. Justement parce que la façon dont la modernité se comprend elle-même inclut des conceptions d'après lesquelles la modernité est caractérisée par la rupture de toutes les orientations axiologiques, la fin de toutes les certitudes de ce type et de tous les consensus quant aux valeurs, rappeler et revivifier ces traditions contribue à une compréhension de soi plus adéquate de la modernité. En outre, Taylor espère qu'une articulation de ce genre pourra contribuer à une réconciliation des courants centrifuges de la culture moderne.

Ce n'est pas ici le lieu de discuter du bien-fondé historique de la reconstruction que Taylor propose de la genèse des valeurs sur lesquelles repose la modernité occidentale. Cette reconstruction prend la forme d'un examen approfondi de l'histoire intellectuelle occidentale, surtout européenne, de Platon à Nietzsche. En se limitant ainsi à la culture occidentale, en outre dans ses formes élitistes, elle s'attire aujourd'hui l'objection d'être d'emblée condamnée à la partialité. Cette limitation à la culture occidentale est toutefois justifiée lorsqu'il s'agit justement d'analyser les spécificités de cette culture. De même, se limiter aux traditions élitistes de cette culture ne serait insupportable que si Taylor avait en vue une histoire totale des mentalités européennes. On peut effectivement fort bien s'imaginer que d'autres travaux, à la suite de Taylor, entreprennent des recherches empiriques sur la diffusion sociale des modèles culturels dont Taylor a seulement fourni une typologie intellectuelle. Ainsi, quand bien même le modèle de la réalisation de soi expressiviste est effectivement né au XVIIIᵉ siècle, sa propagation dans de larges couches de la population est probablement une évolution qui débute pour l'essentiel à la fin des années 1960[1]. Sous cet angle, l'œuvre de Taylor n'est certainement qu'un début ; mais l'auteur se défend à plusieurs reprises contre la confusion des idées philosophiques avec des pratiques culturelles, ou contre la réduction de ces pratiques aux inaugurateurs philosophiques auxquels on en attribue la responsabilité causale[2]. Les coups d'œil qu'il jette sur le développement de la famille ou de l'architecture doivent par conséquent être lus comme des illustrations et comme des indicateurs de terrains d'étude

---

1. Taylor développe lui-même ce point dans son livre *Le Malaise de la modernité*, Paris, Cerf, 1994.

2. C'est pourquoi je tiens l'argumentation de Mario Moussa pour largement injuste ; cf. son étude critique « Writing the History of the "We" : The Claims of Practice », *Social Theory and Practice* 18 (1992), p. 211-229. Cf. en revanche les recensions sociologiques élogieuses d'Alan Wolfe, *Contemporary Sociology* 19 (1990), p. 627-628 et de Craig Calhoun, *Sociological Theory* 3 (1991), p. 232-263.

encore peu fréquentés. Critiquer Taylor sur ces deux points me paraît dès lors un peu facile puisque de telles critiques ne prennent pas en compte le but que l'auteur s'est fixé.

Ce n'est donc pas là que se trouve la faiblesse immanente de la conception exposée par Taylor. C'est seulement si nous prêtons attention à de possibles omissions dans le domaine qui constitue de façon visible et incontestable le champ de recherche de Taylor que nous pourrons mettre en lumière de telles faiblesses. Différents critiques ont d'ores et déjà relevé des omissions de ce genre. Où reste, par exemple, la discussion de la philosophie des valeurs du XXe siècle, de Max Scheler à John Dewey, des écrits auxquels on ne saurait reprocher d'avoir réduit le phénomène moral à la question des devoirs comme le critique Taylor[1] ? Pourquoi un livre qui plaide pour une interprétation théiste de nos sources morales et qui traite abondamment des épiphanies esthétiques ne consacre-t-il pas le moindre mot aux expériences religieuses et aux théologies existentielles du XXe siècle[2] ? Pourquoi un ouvrage sur l'histoire intellectuelle occidentale n'aborde-t-il que très superficiellement le développement américain[3] ? Comment est-il possible que l'interprétation d'un des grands développements moraux, à savoir « l'affirmation de la vie ordinaire », soit fortement influencée par le travail de Max Weber sur l'éthique protestante (surtout puritaine), alors que, dans son ensemble, le livre de Taylor

---

1. Cf. surtout la recension par J.B. Schneewind des *Sources du moi* in : *Journal of Philosophy* 88 (1991), p. 422-426.

2. Cf. l'excellente étude de Michael L. Morgan, « Religion, History, and Moral Discourses », in : Tully (dir.), *Philosophy in an Age of Pluralism* (*op. cit.*), p. 49-66. Effectivement, l'exposé de Taylor change de terrain pour les derniers cent ans et passe de l'histoire intellectuelle à la littérature.

3. Ainsi que le relève surtout Frances S. Adeney, recension de Taylor, *Sources of the Self*, in : *Theology Today* 48 (1991), p. 204-210.

ignore totalement aussi bien le reste de l'œuvre de ce classique de la sociologie que les théories sociologiques en général ?

Il est bien possible que Taylor ne voie dans nombre de ces indications que des compléments à son œuvre, et non des objections contre son argumentation. Il ne saurait bien évidemment dominer l'histoire des théories théologiques et sociologiques comme il maîtrise l'histoire de la philosophie ; peut-être ne voit-il dans l'histoire intellectuelle américaine que des variations de thèmes articulés bien plus clairement en Europe ; et à l'exception de renvois à Wittgenstein, Heidegger et Merleau-Ponty, la philosophie après Nietzsche ne joue quasiment aucun rôle comme référence positive. Mais là on trouve justement la première pointe de l'argument. Je fais valoir que Taylor ne reconstruit pas l'histoire de la philosophie jusqu'au point où les conditions de possibilité de sa propre position pourraient y être traitées réflexivement. L'histoire qu'il raconte ne conduit pas jusqu'à lui. Cela peut paraître particulièrement étonnant pour un penseur qui, comme Taylor, est formé à l'école de Hegel. Je n'entends naturellement pas qu'il eût dû développer sa propre position comme le couronnement de l'histoire universelle ou de l'auto-déploiement de l'Esprit absolu ; mais bien que toute l'argumentation de Taylor réclame qu'on fasse apparaître sa propre philosophie du bien comme une voie possible au sein des courants de la pensée moderne.

La façon dont il néglige complètement les traditions spécifiquement américaines, en particulier le pragmatisme, est carrément spectaculaire. La réputation de Taylor repose en partie (et à juste titre) sur le pont qu'il jette entre la pratique continentale-européenne et la pratique anglo-américaine (c'est-à-dire analytique) de la philosophie ; mais cette manière de mettre en relation ces deux formes de philosophie laisse d'emblée de côté justement la philosophie américaine non analytique. Dans ce qui suit, on va établir avec un peu plus de détails la façon dont Taylor délaisse cet aspect de la philosophie américaine. On montrera ensuite qu'il ne s'agit pas simplement d'un thème négligé par Taylor, mais que ce désintérêt ne reste lui-même pas sans conséquence pour l'argumentation systématique de Taylor.

Dans *Les Sources du moi* (comme d'ailleurs dans les autres livres de Taylor), l'histoire intellectuelle américaine n'est jamais qu'effleurée ; il jette à l'occasion un coup d'œil sur Emerson et le transcendantalisme, mais sinon on en reste à de brèves remarques sur le puritanisme et le présent américain. Dans *Les Sources du moi*, le pragmatisme n'est mentionné qu'une seule fois[1], de façon caractéristique alors qu'il est question des racines spirituelles d'une instrumentalisation universelle des choses dans le puritanisme. Cela aurait pourtant offert justement une chance de relever que le pragmatisme peut certes, à juste titre, être compris comme l'apothéose de l'éthos de la vie ordinaire, mais pas pour autant simplement comme l'apothéose de la raison instrumentale. On aurait alors vu apparaître le subtil mélange de motifs puritains et anti-puritains présents dans le pragmatisme. Le fondateur du pragmatisme, Charles S. Peirce ne fait pas l'objet de la moindre mention, alors que les efforts pour surmonter le cartésianisme de Taylor auraient trouvé des arguments justement chez ce penseur. Heidegger – et non Dewey –, Merleau-Ponty – et non Mead – sont les auteurs auxquels Taylor fait appel.

On comprend encore plus difficilement pourquoi Taylor ne semble pas s'intéresser à la provenance des concepts clés de tout son travail, à savoir le soi et l'identité. Il mentionne certes en passant[2] quelques prédécesseurs utilisant le concept de « soi » au XVIIIe siècle, mais n'entre pas plus

---

1. Taylor, *Les Sources du moi* (*op. cit.*), p. 364.
2. *Ibid.*, n. 43 p. 841.

avant en matière sur l'histoire de ces concepts. Le penseur qui a fait passer le concept de « soi » de la philosophie aux sciences empiriques, William James, n'est pas mentionné. On ne parle pas davantage de Charles Cooley, le plus important continuateur de James sur ces questions. George Herbert Mead, qui est largement reconnu aujourd'hui comme l'instigateur décisif d'une théorie de la genèse sociale du soi, voit son compte réglé dans une brève note[1]. Même la relation des deux concepts utilisés par Taylor, « identité » et « soi », reste fort peu claire[2].

Quant à la façon dont Taylor croit pouvoir se passer de la théorie de l'expérience religieuse de William James dans sa tentative de réhabiliter une fondation théiste de nos sources morales, elle reste tout à fait incompréhensible, tant il est vrai que James s'est avéré pour notre question être l'alternative moderne décisive à Nietzsche[3]. Ces brèves indications sur l'absence du pragmatisme dans l'exposé de Taylor ne concernent pas, il faut le relever, un courant de pensée qui s'éloignerait des options de Taylor,

---

1. *Ibid.*, n. 12 p. 801 s. Taylor reproche à Mead d'être béhavioriste et de négliger le rôle de la langue dans la constitution du soi. Pour une anticritique, cf. Joas, « Ein Pragmatist wider Willen ? » (art. cit.), p. 666, ainsi que id., *G. H. Mead (op. cit.)*. Il est déjà presque grotesque que la seule autre mention de Mead dans le livre de Taylor attribue à celui-ci la paternité du concept de « *significant other* » – c'est-à-dire d'un concept que Mead n'a jamais utilisé et qui n'apparaît que chez Harry Stack Sullivan.

2. Chez Taylor, « identité » désigne, semble-t-il, « l'ensemble des conceptions (en grande partie informulées) de ce que c'est d'être un agent humain » (Taylor, *Les Sources du moi [op. cit.]*, p. 9) – ce concept se rapporte à une constellation historico-culturelle déterminée. Le « soi » est en revanche la possibilité anthropologique de comprendre une telle identité en vertu de laquelle sont attribuées à un individu profondeur et complexité, ainsi qu'une orientation sur le bien. Mais Taylor ne semble pas utiliser cette distinction de façon vraiment consistante.

3. Cf. le chapitre 3 de ce livre. Au lieu de James, Taylor renvoie à Kierkegaard et à Dostoïevski.

mais bien une pensée qui, sur de nombreux points, converge avec la sienne. Cette impression d'une convergence va si loin que l'on a appelé Taylor un « *Deweyan without knowing it*[1] ». Il n'ignore pas une tradition qui menacerait ses convictions, mais une orientation de pensée dont il aurait pu tirer un soutien argumentatif, et même une inspiration. Il ne s'agit pas de spéculer ici sur les motifs biographiques de ce phénomène. Mais il est certainement préjudiciable à sa démarche que Taylor n'ait pas suffisamment explicité la spécificité de sa démarche face au pragmatisme – comme d'ailleurs face à d'autres courants apparentés de la pensée du XXe siècle.

Une autre question est beaucoup plus importante : malgré la proximité avec le pragmatisme, ne peut-on pas identifier aussi une différence ? La façon dont Taylor néglige le pragmatisme permet-elle d'identifier un problème systématique dans son argumentation ? Une telle difficulté existe bien. On la rencontre là où Taylor se laisse entraîner, par-delà la thèse d'une expérience dans laquelle on est saisi par le bien, à une manière essentialiste de parler du bien. Alors que la première est accessible à une phénoménologie de la vie morale, la seconde

---

1. Alan Ryan, *John Dewey and the High Tide of American Liberalism* (*op. cit.*), p. 361. Dans une réponse à Richard Rorty, in *Philosophy and Phenomenological Research* 54 (1994), p. 211-213, Taylor a expliqué pourquoi il n'est pas convaincu par la philosophie de Dewey : « Pourquoi est-ce que je n'ai pas envie de faire la paix avec la social-démocratie de Dewey, ainsi qu'avec son sens de l'importance de la créativité expressive ? Parce que je ne suis pas encore satisfait par les biens constitutifs de Dewey. Pire, je ne suis même pas sûr que Dewey ait vu le problème. Mon problème ici est d'essayer de délimiter les biens constitutifs. Il me semble que dans cette question, tout anthropocentrisme se paie au prix d'un appauvrissement terrible. Les écologistes profonds ont tendance à être d'accord sur un point de vue, les théistes sur un autre. Et j'arrive à cette seconde position, non à l'autre. ». Il serait naturellement tout à fait erroné d'étendre à James et à Peirce les réserves que l'on perçoit ici.

va au-delà de ce que justifie son argumentation et n'est pas compatible avec son intention déclarée. Le problème apparaît donc là où Taylor perd de vue le principe pragmatiste fondamental du lien à l'action. Ainsi critique-t-il la philosophie morale dominante alors qu'il écrivait son livre de la façon suivante : « On met l'accent sur les principes, les injonctions ou normes qui guident l'*action*, mais on néglige complètement les visions du bien. La morale s'intéresse étroitement à ce que nous devons *faire* mais pas également à ce qui a de la valeur en soi, ou à ce nous devrions admirer ou aimer[1]. » Mais l'opposition tracée dans ces lignes est biaisée : après la perte d'une fondation métaphysique du bien, ce qui est doté en soi de valeur, ce qui est digne d'admiration et d'amour ne nous est lui aussi accessible que dans la perspective de nos actions, ces actions dans lesquelles il se constitue pour nous ou y déploie ses effets. C'est justement ce qu'avait en vue l'éthique pragmatiste, la théorie pragmatiste de la religion et des valeurs ; pour le pragmatisme, il y a certes un bien, mais il s'agit nécessairement d'un bien pour nous. Taylor me semble voir les choses de la même manière dans les sections de son livre dans lesquelles il traite des « langages plus subtils » des modernes (Partie 5) – et pourtant il va trop loin et s'égare dans sa critique d'une philosophie morale centrée sur l'action non seulement quand il lui reproche de réduire le bien aux désirs ou aux obligations, mais quand il veut en outre dépasser toute forme de lien entre le bien et l'action. La question qu'il faut poser consiste bien plutôt à se demander *dans quelles actions* les personnes font l'expérience que quelque chose est bon « en soi pour eux[2] ». Si Taylor s'était intéressé

---

1. Taylor, *Les Sources du moi* (*op. cit.*), p. 144 s.
2. Cf. la formule de Max Scheler parlant du « bien-en-soi pour moi », in : id., *Formalisme* (*op. cit.*), p. 495 (sur ce point chapitre 6 ci-dessus).

de plus près à cette question dans sa phénoménologie de l'expérience morale et religieuse, il en aurait résulté en outre une ouverture sur une position de médiation surprenante concernant la question du primat du bien ou du juste. Il se pourrait en effet que le bien et le juste soient fondés dans des expériences à chaque fois différentes. Mais entre ces expériences fondatrices, il n'est pas nécessaire qu'il existe une relation de fondation. Quant à savoir si Taylor, comme Scheler, s'est laissé entraîner à subordonner l'expérience du devoir à l'expérience des valeurs parce qu'il n'a pas suffisamment déterminé le lieu exact de cette expérience dans l'action, c'est une question sur laquelle nous reviendrons dans le chapitre conclusif. Quoi qu'il en soit de cette question, cela ne diminue en rien sa contribution à notre compréhension de l'expérience et de la genèse des valeurs.

CHAPITRE 9

LE CONCEPT D'IDENTITÉ ET SA CONTESTATION POSTMODERNE

Dans les écrits de John Dewey et de Charles Taylor se dessine un lien entre la théorie des valeurs et une théorie intersubjective de la formation de l'identité. Au fil de nos discussions, ce lien s'est avéré de plus en plus nécessaire pour répondre de façon satisfaisante à la question de la genèse des valeurs. La thèse affirmant que les valeurs trouvent leur genèse dans les expériences de la formation de soi et de l'auto-transcendance reçoit ainsi un profil plus tangible. Mais avant de pouvoir donner à cette thèse une formulation résumant tout le parcours de notre discussion et de pouvoir la rapporter au problème, plusieurs fois abordé dans ces pages, de la relation entre l'expérience des valeurs et l'expérience du devoir, les valeurs et les normes, le bien et le juste, il nous faut une fois encore marquer une pause. La solution qui se dessine n'est-elle pas l'expression d'une image de l'être humain complètement obsolète ? La réflexion philosophique n'a-t-elle pas depuis longtemps pris congé de concepts comme la valeur et l'identité ? Les changements culturels et sociaux rassemblés sous l'étiquette de la « postmodernité » ne nous obligent-ils pas à déclarer une telle solution désespérément illusoire et dépassée dans les conditions contemporaines, si tant est qu'elle ait jamais fait sens ?

Pour discuter ces questions dans notre contexte, une possibilité consiste à comparer d'abord l'argumentation de Taylor avec celle d'un représentant des motifs post-modernes. Pour ce rôle, c'est Richard Rorty qui semble le plus approprié ; non content de présenter ces motifs avec la lucidité qu'il a apprise dans la philosophie analytique, il a plusieurs fois croisé le fer directement avec Taylor[1]. Il existe ainsi une sorte de terrain commun pour cette discussion critique.

La théorie de Taylor a pour point de départ une inter-prétation de nos « évaluations fortes » qui affirme que, lorsque nous faisons de telles expériences, nous faisons l'expérience immédiate de valeurs que nous ne posons pas par un acte de volonté. Dans ce sens (et seulement dans ce sens), nous faisons l'expérience, dans nos évaluations fortes, de quelque chose qui échappe à la contingence. Pour Taylor, l'absence d'une telle expérience signifie un aplatissement de la personne. Un conflit entre des éva-luations fortes représente pour lui une crise, et même une mise en danger de l'identité de la personne. La liaison qu'il établit entre la formation de l'identité et nos engagements axiologiques signifie que nous ne pouvons pas simplement préserver notre identité si nos valeurs viennent à s'effon-drer, de même que nous ne pourrions pas simplement maintenir nos engagements axiologiques si notre identité en venait à se trouver en crise. Sans évaluations fortes, une

1. La contribution autonome la plus importante de Rorty à ces questions est son livre *Contingence, ironie et solidarité*, Paris, A. Colin, 1993 ; d'autres travaux pertinents se trouvent dans les volumes d'articles de Rorty : Richard Rorty, *Objectivisme, relativisme et vérité*, Paris, PUF, 1994 ; id., *Essais sur Heidegger et autres écrits*, Paris, PUF, 1995 ; on trouvera des discussions critiques de Rorty avec Taylor (et les répliques de Taylor) par exemple in : *Philosophy and Phenomenological Research* 54 (1994), p. 197-201 (réplique : p. 211-213) et in Tully (dir.), *Philosophy in an Age of Pluralism* (*op. cit.*), p. 20-33 (réplique : p. 219-222). Une comparaison remarquable entre Taylor et Rorty est proposée par Nicholas Smith, « Contingency and Self-Identity. Taylor's Hermeneutics vs Rorty's Postmodernism », *Theory, Culture and Society* 13 (1996), p. 105-120.

personne ne peut développer un sentiment pour le sens de la vie, affirme Taylor. La perte du sens est pour lui la conséquence d'une perte des évaluations fortes.

Contre cette argumentation, on peut objecter qu'il ne s'agit pas de la démonstration d'une théorie, mais plutôt de l'indice d'un parti pris théorique. Peut-être en cas de conflit entre nos évaluations fortes souffrons-nous seulement parce qu'on nous a inoculé un idéal culturel de la non-contradiction et de la consistance. Peut-être la prétendue platitude d'une personne dépourvue d'évaluations fortes ne repose-t-elle pas sur un fait anthropologique, mais seulement sur une image normative déterminée de la personnalité qui doit nous refuser la possibilité de choisir si nous voulons ou non avoir des évaluations fortes. Si nous pouvions aspirer à ne pas faire une telle différence entre nos impulsions supérieures et inférieures, la recherche d'un vrai soi prendrait fin. Elle serait remplacée par un accord convenant que nous sommes dépourvus de centre de gravité, que nous sommes « des assemblages fortuits de besoins contingents et idiosyncratiques[1] ». Peut-être la participation des sciences sociales au mouvement s'inscrivant à la suite des Lumières nous pousse-t-elle justement à démasquer aussi dans la voix de notre conscience, et même dans l'attractivité de nos valeurs, les sédiments des conditions contingentes de notre socialisation. En cherchant à découvrir dans l'expérience de nos évaluations l'inéluctabilité d'un rapport au bien, la démarche de Taylor ne pourrait alors apparaître que comme la tentative désespérée de repasser derrière les Lumières, de conférer une nouvelle dignité à nos expériences contingentes des valeurs et du devoir, peut-être même de leur restituer une aura sacrée.

---

1. Rorty in : « Freud et la réflexion morale », in : id., *Essais sur Heidegger et autres écrits* (traduction par Jean-Pierre Cometti), Paris, PUF, 1995, p. 195-229, ici p. 215.

C'est en effet la direction dans laquelle Rorty argumente pour proposer une alternative à Taylor. Il nous invite à être plus détendus dans notre rapport à nous-mêmes. Si nous pouvions abandonner notre croyance à une substantialité de notre être intérieur et nous affranchir de la pression exercée par l'exigence de consistance, notre relation aux abîmes au sein de notre personne et à la contingence de notre être-tel (« *Sosein* ») serait plus détendue. Il en résulterait davantage de curiosité pour notre diversité intérieure ; justement parce que nous ne serions pas constamment contraints à nier nos désirs et à exclure d'autres aspects de notre personne, nous pourrions nous développer dans toute notre diversité et incohérence, et expérimenter de façon ludique avec elle. La contingence de notre existence ne serait alors plus un motif pour douter du sens et tomber dans la désespérance, mais une chance pour la créativité et la création de soi dans des contextes changeants. L'ironie devient ainsi la réponse appropriée à la prise de conscience de la contingence.

La conscience du caractère subjectif de l'évaluation (« *Werten* ») et de la contingence des valeurs qui constitua le point de départ de la philosophie des valeurs[1] s'en trouve une fois encore radicalisée. Sensible dans toute la discussion sur la genèse des valeurs, la tendance à maintenir malgré tout le caractère d'engagement (« *Bindungscharakter* ») des valeurs est considérée par Rorty comme une aberration. De la prise de conscience de la contingence, on ne peut à ses yeux que tirer un impératif de la création de soi – et rien de plus. La réflexion revient ainsi à son point de départ dans l'œuvre de Nietzsche – même si la tonalité est toute différente. Plus trace ici du désespoir, de la souffrance et de la haine de Nietzsche, ni même du ton strident de ses euphories. Chez Michel Foucault, qui avait précédé Rorty sur cette voie, on sentait

---

1. Cf. le début du chapitre 2 de ce livre.

encore la dramatique de Nietzsche, avant qu'elle ne cède la place, dans l'œuvre tardive, à la recherche d'une sagesse renouvelant l'art de vivre antique[1]. Rorty nous propose une version civilisée, domestiquée même, des motifs nietzschéens. Toutefois, sur deux plans, sa pensée va au-delà d'un simple néo-nietzschéisme.

D'une part, Rorty est tout à fait conscient des dangers politiques susceptibles de résulter d'un éthos radical de la création de soi. Il en tient compte en reléguant entièrement cet éthos dans la vie privée des citoyens d'une démocratie libérale – tout en souhaitant lui accorder dans ce cadre les plus grandes possibilités de réalisation. « Le compromis qu'il prône dans son livre revient à dire : *Privatiser* la quête nietzschéo-sartro-foucaldienne d'authenticité et de pureté afin de ne pas se laisser entraîner vers une attitude politique qui conduirait à penser qu'il est un objectif social plus important que d'éviter la cruauté[2]. » Rorty n'essaie justement pas ce qu'ont tenté le romantisme politique ou le marxisme, à savoir « autocréation et justice, perfection privée et solidarité humaine[3] ». Il défend une position diamétralement opposée : « le plus près que nous puissions être de faire se rejoindre ces deux quêtes consiste à considérer que le but d'une société juste et libre est de laisser ses citoyens être aussi privatistes, "irrationalistes" et esthétisants qu'il leur plaît de l'être s'ils le font sur leur temps à eux : qu'ils ne causent pas de tort à d'autres et qu'ils n'emploient pas les ressources nécessaires aux moins avantagés. Il est des mesures pratiques à prendre pour accomplir cet objectif pratique. Mais sur un plan

---

1. Michel Foucault, « Nietzsche, la généalogie, l'histoire » (1971), in : id., *Dits et Écrits 1954-1988*, tome II, Paris, Gallimard, 1994, p. 136-156.

2. Rorty, *Contingence* (*op. cit.*), p. 102. Cf. sur ce point ma prise de position in Joas, *Créativité* (*op. cit.*), p. 271 s. et la littérature indiquée dans ces pages.

3. Rorty, *Contingence* (*op. cit.*), p. 14.

théorique, il n'y a pas moyen de marier l'autocréation avec la justice. Le vocabulaire de l'autocréation est nécessairement privé : il ne partage pas plus qu'il ne se prête à la discussion. Le vocabulaire de la justice, en revanche, est nécessairement public et partagé : il est l'instrument d'un échange argumenté[1]. » Les motifs nietzschéens se trouvent ainsi domestiqués dans un cadre résolument libéral.

Bien évidemment, cela suscite tout de suite la question de savoir à quel point cette solution de compromis est tenable. L'attribution de domaines de vie à la sphère privée ou à la sphère publique peut-elle être tranchée de façon facile et univoque, ou dépend-elle à son tour de décisions axiologiques, elles-mêmes publiques ? La sphère publique peut-elle conserver sa vitalité si la frontière entre « l'ironie » et « la solidarité » est tracée comme le propose Rorty ? Un éthos du respect pour la réalisation de soi des autres, et même du renoncement à des ressources « utilisées par quelques rares privilégiés » peut-il être assuré dans ces conditions ? Ces questions pourraient inciter à se désintéresser rapidement du compromis proposé par Rorty ; il est cependant hors de doute que Rorty, pour sa personne, met en œuvre cette séparation, dans son œuvre et dans son activité publique[2]. Politiquement, Rorty est donc aussi éloigné que possible de Nietzsche. Par suite, dans sa discussion avec Taylor, Rorty réclame John Dewey comme son précurseur ; il considère ce dernier comme exemplaire pour la capacité d'une tradition de pensée sociale-libérale à produire des « hyperbiens » dotés d'une véritable force de motivation[3]. Il reprend à

---

1. *Ibid.*, p. 14 s.
2. Il est facile de le montrer à l'exemple de l'abondante production d'essais politiques de Rorty, cf. par exemple « Fraternity Reigns », *The New York Times Magazine*, 29 septembre 1996.
3. Rorty, recension de Taylor in *Philosophy and Phenomenological Reserach* (art. cit.), p. 199. Il est cependant surprenant que Rorty semble être infidèle à son plaidoyer pour une stricte séparation des

son compte, avec quelques hésitations, même la perspective sur laquelle Dewey conclut son livre sur la religion : dans une culture démocratique mise en œuvre de façon adéquate, la solitude métaphysique de l'être humain après « la mort de Dieu » peut être compensée par la sacralisation des communautés humaines elles-mêmes[1].

Dewey est également d'une grande importance pour l'autre plan sur lequel Rorty se démarque d'un pur néonietzschéisme. Rorty est en effet beaucoup plus attentif que d'autres auteurs post-modernes à la justification de sa critique. Il ne se contente pas de simples citations de Nietzsche en guise d'arguments. Il a au contraire largement développé[2] les raisons qui nous contraignent à laisser derrière nous la conception de la connaissance comme un miroir de la nature et de rapporter en lieu et place la connaissance à l'agir humain dans des conditions contingentes. C'est une idée qu'ont développée chacun à sa manière Heidegger, Wittgenstein et Dewey. Rorty voit en particulier dans le pragmatisme de Dewey et dans certains développements pragmatistes au sein de la philosophie analytique[3] un appui pour cette position. Il s'efforce de montrer qu'avec ce tournant pragmatiste il faut aussi laisser tomber l'idée d'une essence de la personne

---

sphères privées et publiques quand il écrit : « La pensée politique sociale-démocrate utopique n'a-t-elle pas généré des mots de pouvoir qui ne sont ni réducteurs ni privatisés ? Pourquoi l'imagination créative sociale ne devrait-elle pas être un hyperbien ? Qu'est-ce qui ne va pas avec Dewey comme exemple d'une façon d'être à la fois un naturaliste anti-réducteur et un romantique social ? »

1. Il est intéressant que Rorty reprenne ainsi à son compte l'aspect de la théorie de Dewey que nous avons critiqué au chapitre 7 – et non la théorie de l'action et des valeurs, également présente chez Dewey.

2. Cf. Richard Rorty, *La Philosophie et le miroir de la nature* (1979), Paris, Seuil, 2017.

3. Rorty s'appuie en particulier régulièrement sur les travaux de Donald Davidson, par exemple in Rorty, « Un physicalisme non réductionniste », in : *Objectivité, relativisme et vérité* (*op. cit.*), p. 135-152.

telle qu'elle était contenue dans l'image traditionnelle de la relation sujet-objet : « dans l'image traditionnel de la situation de l'homme, les êtres humains ne sont pas simplement des réseaux de croyances et de désirs, mais plutôt des êtres qui *ont* ces croyances et ces désirs. Le point de vue traditionnel est qu'il existe un moi profond (« *core self* ») capable d'observer, de choisir, d'utiliser ces croyances et ces désirs ou de s'exprimer à travers eux[1]. » En outre, selon cette conception, les convictions et les désirs portent sur une réalité sur la base de laquelle ils peuvent être critiqués. Certaines convictions peuvent être fausses si elles ne restituent pas correctement la réalité ; certains désirs peuvent ne pas être corrects s'ils ne correspondent pas à la nature essentielle de celui dont ils sont les désirs. Il est indubitable que Rorty a raison de remarquer que, après le tournant pragmatiste, on ne peut pas se contenter de reconduire simplement ce genre de conceptions. Mais à ses yeux cela implique que tout l'horizon normatif auquel renvoyait l'idée d'un noyau essentiel et ferme de la personne est du coup devenu caduc. C'est au minimum un pas trop rapide. Rorty aurait pu se sentir invité à plus de prudence s'il avait été attentif à la façon dont, au sein du pragmatisme, on avait abordé cette situation[2]. La conception de l'identité à laquelle recourent

---

1. Rorty, *Contingence* (*op. cit.*), p. 30.

2. Une discussion avec George Herbert Mead, le pragmatiste le plus important pour cette question, fait totalement défaut chez Rorty. De façon générale, on peut relever que Rorty revendique de façon spectaculaire le pragmatisme pour sa position, mais fait preuve étonnamment de peu d'intérêt pour les conceptions et les intentions des auteurs classiques de cette tradition. En conséquence, il y a une littérature critique s'interrogeant sur l'exactitude de l'interprétation de. Dewey et du pragmatisme proposée par Dewey. J'ai rassemblé et commenté celle-ci in : Hans Joas, *Pragmatismus und Gesellschaftstheorie* (*op. cit.*), p. 305 ss. On trouvera d'importantes contributions sur Rorty ainsi que ses répliques in : Herman Saatkamp Jr. (dir.), *Rorty and Pragmatism. The Philosopher Responds to his Critics*, Nashville

les sciences sociales est, rappelons-le, un enfant intellectuel du pragmatisme américain. Pour décider si la mise
au défi postmoderne de cette conception sociologique
de l'identité, représentée par Rorty, contraint aux conséquences tirées par ce dernier, il convient par conséquent
de jeter un bref regard rétrospectif sur cette conception[1].

L'origine de la conception sociologique de l'identité
remonte aux années 1890 aux États-Unis. Les auteurs
qui participèrent à ce progrès qui a fait époque – à mon
avis – dans le travail théorique des sciences sociales sont
aujourd'hui pour partie oubliés, pour partie devenus des
classiques justement en raison de leurs travaux sur cette
question[2]. C'est la *Psychologie* de William James, parue en
1890, qui marqua le point de départ de tous les essais en
ce sens qui surgirent subitement, et tout spécialement la
tentative qu'on y trouvait pour comprendre la conscience
non plus comme une sorte de contenant dans lequel les

(Tenn.), 1995. Jürgen Habermas a publié une remarquable discussion
critique des thèses de Rorty in : « Vérité et justification. Le tournant pragmatique de Rorty », in : id., *Vérité et justification*, Paris,
Gallimard, 1999, p. 167-201.

1. Dans ce qui suit, j'utilise des développements tirés de mon
article : Hans Joas, « Kreativität und Autonomie », in : Annette
Barkhaus *et al.* (dir.), *Identität, Leiblichkeit, Normativität. Neue
Horizonte anthropologischen Denkens*, Francfort-sur-le-Main, 1996,
p. 357-369 ; aussi in : Christoph Görg (id.), *Gesellschaft im Übergang,
Perspektiven kritischer Soziologie*, Darmstadt, 1994, p. 109-119.

2. Une vue d'ensemble particulièrement claire des différents essais
entrepris à cette époque pour développer une telle conception se
trouve in : Hans-Joachim Schubert, *Demokratische Identität. Der
soziologische Pragmatismus von Charles Horton Cooley*, Francfort-
sur-le-Main, 1995, surtout p. 245-323. Également utile, et intégrant
les développements ultérieurs : Andrew Weigert, « Identity. Its
Emergence within Sociological Psychology », in : *Symbolic Interaction*
6 (1983), p. 183-206. Une histoire du concept « Identity » est proposée par Philip Gleason, « Identifiyng Identity : A Semantic History »,
in : *Journal of American History* 69 (1983), p. 910-927.

impressions du monde extérieur seraient engrangées et mises en ordre, mais comme un flux dans lequel des idées et des sentiments apparaissent et disparaissent selon des lois propres à ce flux[1]. Au nombre des îles stabilisées dans ce flux, James compte de façon essentielle le « *self as known* », le soi non comme sujet mais comme objet de la connaissance. Ce « soi empirique », qui forme avec le Moi pur comme sujet de la connaissance le « *total self* », se décompose selon James pour former un « *material self* », un « *social self* » et un « *spiritual self* », selon qu'il se forme en relation avec le monde des choses, des autres êtres humains ou de ses propres sentiments et capacités[2]. Une génération d'auteurs plus jeunes fut aussitôt déçue de ce qu'elle considéra comme une approche à trop courte vue d'un motif nouveau. Pour eux, la fluidification de la conscience opérée par James avait offert la chance de parvenir à une conception radicale de la constitution du « *self* » dans les relations sociales ; ils étaient par conséquent déçus que, pour James, le « *social self* » ne constitue qu'un aspect parmi d'autres du « *empirical self* », tandis que la formation du « moi pur » semblait être un problème irrésolu. Le motif de leur opposition et de leur insistance à aller plus loin est facile à comprendre. Ils attaquaient toute croyance en un soi substantiel, en un caractère pré- et extrasocial de l'identité par-delà l'individualité biologique, parce qu'ils voyaient dans ce genre de conception un appui pour l'individualisme possessif, et donc pour cette mentalité, centrale justement dans les pays anglo-saxons, qui était considérée par les intellectuels américains de l'époque comme un obstacle à des réformes sociales en profondeur et à un affranchissement de la culture puritaine. Dans ce contexte, dépasser James

---

1. William James, *The Principles of Psychology* (1890), Cambridge (Mass.), 1981, p. 219-278.
2. *Ibid.*, p. 279-379

signifiait : par-delà la métaphore du flux de la conscience, mettre en lien le concept de conscience avec celui de l'action et penser le soi avec tous ses aspects comme le résultat d'une interaction sociale, c'est-à-dire attribuer de façon radicale à la relation à soi de l'être humain un caractère communicatif. Il paraissait possible de prendre ainsi en compte ce qui méritait d'être préservé dans les héritages de l'hégélianisme et du transcendantalisme américain. De diverses variantes de ces essais, par exemple chez James Mark Baldwin, Charles Horton Cooley et George Herbert Mead, c'est celle de Mead qui s'est imposée. Mead a développé une théorie anthropologique des spécificités de la communication et de la socialité humaine en général et, à la suite de cela, une analyse génétique du développement du « *self* » chez l'enfant. Selon sa théorie[1], le « *self* » ne désigne pas la structure de la personnalité qui se développe progressivement, mais la structure de la relation à soi d'une personne, dans la mesure où celle-ci parvient à synthétiser d'une façon tendanciellement cohérente les rapports aux divers autres en concurrence, et ceci sur la durée de toute une vie. En lien étroit avec les concepts du rôle, de l'autre généralisé, du contrôle de soi et du contrôle social, cette conception devint la base théorique de nombreuses recherches entreprises par la sociologie américaine[2]. Mais, si je vois bien, la conception sociologique de l'identité n'a pas fait l'objet d'une réception européenne dans la première moitié du XXe siècle. La marche triomphale de cette conception demeura d'abord limitée aux États-Unis.

---

1. Cf. George H. Mead, *Esprit, identité, société* (*op. cit.*) ; id. *Gesammelte Aufsätze* (*op. cit.*). Sur ce point, Joas, *George Herbert Mead* (*op. cit.*).

2. Hans Joas, « Pragmatisme et sciences sociales. L'héritage de l'école de Chicago », in : Daniel Cefaï/Isaac Joseph (dir.), *L'Héritage du pragmatisme. Conflits d'urbanité et épreuves de civisme*, Paris, Éditions de l'Aube, 2002, p. 17-49.

Cela changea seulement lorsque, après 1945, une autre branche de pensée et de recherche s'occupa du « self ». Erik Erikson développa sa conception de l'identité du moi et de son développement sur la base de la psychanalyse, dans l'intention de justement se démarquer du modèle freudien de la personnalité. Freud lui-même n'avait certes pas parlé terminologiquement de l'identité, mais bien de « l'identification » ; il avait considéré la personne « certes pas comme un système de relations sans conflits, mais comme un système soumis toutefois à des exigences de cohérence[1] ». Bien qu'il soit manifestement influencé par le concept de « self » de la tradition américaine, Erikson parla d'« identité » et utilisa ainsi le concept qui s'imposa progressivement aussi dans la tradition issue de Mead, ainsi que dans les traductions allemandes de textes anglophones[2]. Avec son concept, Erikson a en vue les actes, conscients et inconscients, de la synthèse du moi, de la construction et reconstruction d'une continuité de la personne dans le temps, ou de la consistance de la personne face à la diversité de ses impulsions et aux attentes différenciées de son environnement social. Presque immédiatement après ses premières publications s'engagent, à la fin des années 1940, les premières tentatives pour relier les deux branches

---

1. Cf. Jürgen Straub, « Identität und Sinnbildung. Ein Beitrag aus der Sicht einer handlungs- und erzähltheoretischen Sozialpsychologie », *Jahresbericht 1994/95 des Zentrums für interdisziplinären Forschung*, Bielefeld 1996, p. 42-90, ici p. 42 s.

2. Erik Erikson, *Identity and the Life Cycle. Selected Papers*, New York, 1959. C'est surtout Tugendhat qui a protesté énergiquement contre l'utilisation du concept d'identité en sociologie et en psychologie sociale, cf. Ernst Tugendhat, *Conscience de soi et auodétermination*, Paris, A. Collin, 1995, surtout p. 205 et 237 ss. Je l'ai contredit et justifié la traduction de *self* par « identité (du moi) » dans mon introduction aux *Gesammelte Aufsätze* de Mead (*op. cit.*), surtout p. 17 s.

de la conception de l'identité. Sans atteindre un accord unanime sur la conceptualité, ces combinaisons entre Mead et Erikson se propagèrent et occupèrent dès les années 1960 une position centrale dans les débats en sciences sociales, aussi en dehors des États-Unis ; en Allemagne, Jürgen Habermas joua un rôle essentiel dans cette réception[1]. Si l'on porta un tel intérêt à la conception de l'identité, c'est aussi parce que, au zénith de la discussion sur le renouveau pédagogique, on en espérait une reformulation moderne et scientifique des idéaux de formation et d'émancipation.

Il est par conséquent indubitable que la conception sociologique de l'identité comporte aussi une dimension normative. Les opérations de synthèse en vue d'une identité consistante et persistante ne firent pas seulement l'objet d'une description ; chez Mead et Erikson, comme chez tous ceux qui s'en réclamèrent et en poursuivirent le travail, régnait à l'arrière-plan l'idée implicite qu'il était bon de former une identité – au moins au sens, susceptible d'être aussi confirmé empiriquement, que le degré de santé mentale et corporelle ainsi que le sentiment subjectif de bonheur étaient plus élevés lorsqu'on parvenait à former une identité. Mais la formation d'une identité était réputée bonne également en un sens plus profond, et clairement normatif, à savoir que la formation d'une identité représenterait un gain en autonomie ; du coup, l'échec des tentatives pour former une identité était assimilable à la perpétuation d'un état de minorité. Dans

---

1. Cf. Jürgen Habermas, « Stichworte zur Theorie der Sozialisation », in : id., *Kultur und Kritik*, Francfort-sur-le-Main, 1973, p. 118-194 ; id., « Moralentwicklung und Ich-Identität », in : id., *Zur Rekonstruktion des historischen Materialismus*, Francfort-sur-le-Main, 1976, p. 63-91. Une synthèse très influente de l'état de la recherche a été proposée par Lothar Krappmann, *Soziologische Dimensionen der Identität. Strukturelle Bedingungen für die Teilnahme an Interaktionsprozessen*, Stuttgart, 1971.

cette tradition, l'idée qu'on pourrait voir dans la perte de l'identité du moi ou dans l'échec de la formation d'une identité autre chose qu'un malheur pour les personnes considérées paraissait totalement aberrante.

C'est justement contre cette évidence que protesta une pensée qui – malgré des figures de précurseurs comme Nietzsche ou Adorno – ne commença à s'articuler de façon plus claire qu'à partir de 1968 environ. Dans le discours poststructuraliste et postmoderne, on ne déplore plus l'accroissement de la difficulté à former une identité comme un trait de l'époque, mais à l'inverse on souligne la contrainte exercée par l'exigence – aussi par l'exigence adressée à soi-même – de consistance et de continuité de la personne. Un certain temps, les représentants de la conception sociologique de l'identité ont pu ignorer cette mise en question des prémisses normatives, d'autant plus qu'elle se développait pour l'essentiel dans la philosophie et dans la critique de la culture, c'est-à-dire à l'extérieur de la pratique professionnelle des sciences sociales. Mais avec l'écho que la mise en question du modèle de l'identité rencontra dans le féminisme, dans le mouvement homosexuel et dans les débats sur le racisme et l'ethnicité, cette ignorance ne pouvait persister éternellement. À cela s'ajouta qu'un certain nombre d'indices empiriques dans les espaces d'expériences les plus divers semblait plaider pour une augmentation drastique des expériences de contingence et de différence. On localise certes de façon fort diverse les causes responsables de ces changements. On relève ainsi à ce titre la modification des structures de l'organisation du travail, l'augmentation rapide de l'importance revenant aux technologies de la communication, la psychologisation de la façon dont les individus se comprennent eux-mêmes, ou simplement la multiplication des relations sociales dans lesquelles sont inscrits de nombreux contemporains[1]. Ces développements sont l'occasion de proclamer la (sur-)saturation communicative de la personne et la dissolution du soi jadis cohérent en une identité fragmentée, en un « patchwork » d'identités, une personne pas seulement « schizophrène » mais « multiphrène[2] ». D'autres auteurs, plus circonspects[3], n'identifient pas sans autres les tendances au changement avec un changement complet, même si leurs thèses vont dans la même direction. Comment alors la conception de l'identité développée dans les sciences sociales peut-elle se maintenir face à la mise au défi postmoderne ?

Une réaction simple, mais certainement trop simple, consisterait à récuser les critiques postmodernes comme la conséquence d'une méprise. Cette réaction semble suggérée par le fait que fréquemment, surtout dans les textes épigonaux, la position attaquée, ou réputée obsolète, est présentée de manière totalement fallacieuse[4]. On ne saurait ainsi reprocher à la tradition des sciences sociales

---

1. On trouve un excellent panorama de la littérature sur ces questions in : Harald Wenzel, « Gibt es ein postmodernes Selbst ? Neuere Theorien und Diagnosen der Identität in fortgeschrittenen Gesellschaften », *Berliner Journal für Soziologie* 1 (1995), p. 113-131.

2. Particulièrement important : Kenneth Gergen, *The Saturated Self. Dilemmas of Idendity in Contemporary Life*, New York, 1991. Le concept « identité patchwork » provient des nombreux travaux de Heiner Keupp sur ce thème, par ex. id., « Grundzüge einer reflexiven Sozialpsychologie. Postmoderne Perspektiven », in : id. (dir.), *Zugänge zum Subjekt. Perspektiven einer reflexiven Sozialpsychologie*, Francfort-sur-le-Main, 1994, p. 226-274, ici p. 243.

3. Tôt déjà, argumentant à partir de la tradition classique : Ralph Turner, « The Real Self : From Institution to Impules », *American Journal of Sociology* 81 (1975/76), p. 989-1016 ; Anthony Giddens, *Modernity and Self-Identity. Self and Society in the Late Modern Age*, Redwood City, 1991. Je ne peux aborder ici les questions empiriques qui se posent dans ce contexte.

4. Symptomatique : Dietmar Kamper, « Die Auflösung der Ich-Identität », in : Friedrich A. Kittler (dir.), *Austreibung des Geistes aus den Geisteswissenschaften*, Paderborn, 1980, p. 79-86.

qu'elle n'ait eu aucune conscience de la menace permanente mettant en danger l'identité. On ne peut vraiment
pas parler d'une croyance naïve affirmant que, normalement, la formation de l'identité réussit facilement. James
déjà avait souligné toujours à nouveau, de sa psychologie
à sa théorie de la religion, les conflits internes de la personne et la menace pesant sur son intégrité[1]. Erikson était
lui-même clairement conscient des énormes exigences
auxquelles étaient confrontés par exemple les soldats,
les migrants ou les Indiens pour former leur identité. La
polémique et la moquerie portant sur une croyance en un
soi substantiel passent manifestement à côté de leur cible
quand elles visent la ligne Mead-Erikson. Nulle part ailleurs on n'a mis aussi clairement en évidence le caractère
construit de l'identité du moi. C'est déjà le pragmatisme,
et pas seulement la critique postmoderne, qui a accompli la rupture avec l'essentialisme de la personne dans la
pensée américaine[2]. En outre, on trouve fréquemment
dans la critique postmoderne une confusion fallacieuse
entre structure de la personnalité et identité du moi, une
confusion que n'évitent d'ailleurs pas toujours les auteurs
sociologiques. Quand on met en doute l'attribution univoque d'une identité hétérosexuelle ou d'une identité
de genre masculine ou féminine clairement différenciée,

---

1. Cf. sur la théorie de la religion le chapitre 3 de ce livre.
2. Pour la France, alléguer que l'idée cartésienne d'une transparence à soi du Moi n'a rien perdu de sa validité apparaît plus
plausible. À l'intérieur de la tradition de recherche remontant à
Mead, l'interactionnisme symbolique, une controverse intéressante
s'est développée pour savoir ce que la tradition pragmatiste a à
apprendre des approches postmodernes. L'éventail des positions va
de Norman Denzin, qui défend avec force un pragmatisme postmoderne et a introduit pour cela le terme de « post-pragmatisme »,
à David Maines, qui ne voit dans la pensée postmoderne qu'une
pâle copie de motifs qui ont été beaucoup mieux développés dans
la tradition pragmatiste-interactionniste. Cf. entre autres Norman
Denzin, « Post-Pragmatism. A Review of Hans Joas, *Pragmatism*

parler de l'identité comme d'une contrainte sociétale peut paraître compréhensible – mais cela n'a rien à voir avec la compréhension de ce concept chez Mead ou Erikson. Car il s'agit dans ce cas d'attentes sociétales vis-à-vis de certaines qualités de la personnalité individuelle, et non comme chez Mead ou Erikson, de la structure communicative de la relation à soi de la personne. Pourtant, même si l'on rectifie tous les malentendus, un aiguillon demeure. Et celui-ci ne peut pas être éliminé par un débat simplement normatif. Bien entendu, il peut y avoir de bonnes raisons de défendre la valeur de l'autonomie individuelle ou collective et de récuser la manière souvent légère avec laquelle la pensée postmoderne flirte avec l'apocalypse et la catastrophe, ou se complaît à parler du caractère totalitaire de la personne cohérente ou de l'affranchissement que promet une « patchwork identity ». Mais une réaction qui en resterait ainsi à la question normative aurait quelque chose de l'esquive. Car la mise en question des prémisses normatives de la conception de l'identité dans les sciences sociales provoque sous trois aspects au moins une nouvelle manière de voir les processus de formation de l'identité. C'est ces trois formes possibles d'une prise en compte, dans la tradition de Mead et d'Erikson, de la mise au défi postmoderne qu'il convient maintenant d'aborder.

Le premier de ces trois points est une clarification plutôt qu'une révision – ou alors une révision pour certaines

---

and Social Theory », in : *Symbolic Interaction* 19 (1996), p. 61-75 ; David Maines, « On Postmodernism, Pragmatism, and Plasterers : Some Interactionist Thoughts and Queries », *Symbolic Interaction* 19 (1996), p. 323-340 (ainsi que la réplique de Denzin : « Prophetic Pragmatism and the Postmodern : A Comment on Maines », *ibid.*, p. 341-355, et la duplique de Maines « On Choice and Criticism : A Reply to Denzin », *ibid.*, p. 357-362). Éclairant aussi : Vincent Colapietro, « The Vanishing Subject of Contemporary Discourse : A Pragmatic Response », *Journal of Philosophy* 87 (1990), p. 644-655.

variantes seulement de la conception de l'identité. Il s'agit de savoir si les conceptions de l'identité sont prisonnières d'une compréhension de l'autonomie de la personne qui, pour ainsi dire, serait antérieure à la prise de conscience freudienne affirmant que *le moi n'est pas maître chez lui*. Si l'on place une telle compréhension de l'autonomie au fondement de la théorie de la constitution sociale de l'identité, le résultat ne peut être qu'une conception « sur-socialisée » de la personne. C'était le concept polémique de Dennis Wrong contre la théorie sociologique de la personnalité développée par Talcott Parsons[1], mais on peut naturellement l'utiliser contre d'autres variantes de la théorie de la socialisation. En revanche, il me paraît difficile d'adresser ce reproche à Mead ou à Erikson. Avec la catégorie du « je » (« *I* »), la théorie de la personnalité de Mead dispose d'une instance censée désigner la racine biologique commune de l'impulsivité et de la spontanéité. Au début, Mead avait sans doute en tête des hypothèses relevant d'une psychologie des instincts ; par la suite, il s'est plutôt rallié à la distinction de Freud entre des pulsions fondamentales solidaires et agressives. Quelle que soit la manière dont il convient de concevoir plus précisément cette instance, Mead souligne que la personne peut être surprise par ses propres pulsions, de façon positive aussi bien que négative. Ces pulsions ne sont jamais totalement intégrées dans la cohérence consciente de la personne ; leur libération contrôlée joue un rôle central pour l'analyse pragmatiste de la créativité. Comparé à Parsons, Erikson est resté certainement lui aussi un freudien orthodoxe, au moins au sens où il n'achète pas l'élargissement du modèle freudien de la personnalité par le concept de l'identité du Moi en renonçant

---

1. Dennis Wrong, « The Oversocialized Conception of Man in Modern Sociology », *American Sociological Review* 26 (1961), p. 183-195.

aux résonnances naturalistes de l'instance du Ça. Mais on ne saurait nier que ce plaidoyer ne peut prétendre valoir pour tous les représentants sociologiques de la conception de l'identité. Même Habermas s'expose comme Parsons au moins au danger de simplifier de la sorte la conception de l'identité ; c'est ce que montre par exemple sa critique de Castoriadis dans les conférences consacrées au *Discours philosophique de la modernité*[1]. Il y reproche à la formule de Castoriadis parlant du « noyau monadique » du petit enfant de ne pas « offrir une figure qui fasse la médiation entre l'individu et la société ». Mais, avec cette formule, Castoriadis ne pense pas à un isolement originel de l'enfant – ce qui serait absurde – mais à une expérience originelle d'unité, donc à un état symbiotique originel, comme base du développement pulsionnel.

En opposition frontale à Lacan, Castoriadis développe en effet des idées portant sur un concept d'autonomie morale qui ne repose pas sur une auto-répression[2]. Sa démarche décisive consiste à mener le conflit entre les pulsions et la réalité par le biais de l'élaboration imaginaire des deux. Les productions imaginaires du Moi rendent possible l'autonomie de la personne face à la réalité comme face à ses propres pulsions. « Un sujet autonome est celui qui se sait fondé à conclure : cela est bien vrai et : cela est bien mon désir[3]. » La parenté avec la conception sociologique de l'identité saute aux yeux. La formation de l'identité ne signifie pas dans ce contexte

---

1. Jürgen Habermas, *Le Discours philosophique de la modernité. Douze conférences* (1985), Paris, Gallimard, 1990, ici p. 394.

2. Cornelius Castoriadis, *L'Institution imaginaire de la société*, Paris, Seuil, 1975. Pour la discussion avec Castoriadis, cf. aussi mon article « L'institutionnalisation comme processus créateur. Sur la signification sociologique de la philosophie politique de Cornelius Castoriadis », *Revue européenne des sciences sociales* 27 (1989), p. 173-190.

3. Castoriadis, *L'Institution imaginaire* (*op. cit.*), p. 133.

la maîtrise définitive de soi, mais l'établissement d'une relation ouverte de communication entre la personne et son monde. Pour la communication de la personne avec la réalité, les autres êtres humains et soi-même, les productions imaginaires de l'imagination créatrice jouent un rôle constitutif.

Le deuxième des trois aspects pour lesquels les débats autour de la pensée postmoderne me semblent contraindre de façon salutaire à une clarification de la conception sociologique de l'identité ne réclame peut-être lui aussi qu'une accentuation plus claire de ce qui a toujours été compris en fait dans cette conception. C'est l'idée que la thèse de la constitution sociale de l'identité du moi et de la structure de la personnalité ne doit pas conduire à sous-estimer la *différence radicale entre les individus socialisés*. Si l'individuel est pensé comme une dimension pré- et extra-sociale, on est amené tout naturellement à voir dans la dimension sociale une intersection des individus qui ne saurait jamais englober les personnes dans leur totalité. Si, en revanche, on affirme justement la constitution sociale de la personnalité et de sa relation à soi, comme c'est le cas dans la recherche sociologique sur la socialisation, cela peut être l'occasion de « bagatelliser » la différence des individus individualisés en recourant à l'idée de leur concertation culturelle préalable – comme si la formation de tous les individus par une langue et une culture commune était une garantie qu'ils parviennent à se comprendre sans reste[1]. Un exemple littéraire peut aider à rendre compréhensible cette idée. Le roman de William

---

1. Dans la discussion avec la critique de l'idée d'intersubjectivité par Manfred Frank, Lutz Wingert a très bien explicité l'idée, présente aussi chez Habermas, d'une « intersubjectivité nécessairement brisée », cf. Lutz Wingert, « Der Grund der Differenz : Subjektivität als ein Moment von Intersubjektivität », in : Micha Brumlik/Hauke Brunkhorst (dir.), *Gemeinschaft und Gerechtigkeit*, Francfort-sur-le-Main, 1993, p. 290-305.

Faulkner *Le Bruit et la fureur* retrace la même histoire d'attirance et de rejet au sein d'une fratrie dans quatre perspectives différentes – mais pas comme si chacune de ces perspectives donnait simplement une vue partielle à chaque fois subjective d'un objet qui existerait en soi, de sorte que nous pourrions, au moins à long terme, nous imaginer intégrer ces vues partielles dans une vision commune grâce à une communication se déroulant dans des conditions idéales. Ce qui se passe entre des personnes est au contraire quelque chose qui n'est pas seulement visé dans des perspectives différentes, mais quelque chose qui est constitué par les participants, et pour lequel la multiplicité des perspectives est par conséquent constitutive. Bien entendu, même dans des événements interpersonnels, les différentes perspectives peuvent être intégrées dans une construction commune de la réalité – et la recherche sociologique sur l'identité est riche en exemples montrant notamment comment une relation conjugale conduit à la production d'une réalité commune[1]. Mais cette réalité commune est une nouvelle réalité ; elle n'est jamais une réalité commune sans reste ; et elle est à son tour différenciée en perspectives à chaque fois individuelles sur la réalité commune sans que cette dimension individuelle puisse être pensée comme constituée autrement que dans la dimension sociale. Les expériences religieuses et sexuelles de la fusion et de l'auto-transcendance tirent leur intensité justement du fait que les individus constitués socialement dans une culture commune ne peuvent faire eux aussi l'expérience vive de l'unité avec d'autres qu'en transgressant brièvement les frontières du moi[2].

---

1. Célèbre : Peter L. Berger/Hansfried Kellner, « Marriage and the Conversion of Reality », in : Hans-Peter Dreitzel (dir.), *Recent Sociology n° 2. Patterns of Communicative Behavior*, Londres, 1970, p. 49-72.

2. Cf. sur ce point le chapitre « La socialité primaire » in : Joas, *La Créativité de l'agir* (*op. cit.*), p. 210-221.

Le troisième aspect me paraît être celui qui exige sérieusement une révision de la conception sociologique de l'identité, une révision par ailleurs tout à fait possible. Il s'agit de la dimension *de pouvoir et d'exclusion dans les processus de la formation de l'identité*. On l'a dit, reprocher à Mead et à Erikson une image secrètement totalitaire de la personne comme une instance qui se contrôlerait totalement, éliminerait et exclurait de façon compulsive toutes les contradictions, est une compréhension fautive. Mais un autre reproche me semble envisageable, qu'il n'est pas si facile de rejeter. Il ferait valoir que Mead et Erikson ne connaîtraient que les structures dialogiques et discursives de la formation de l'identité, et non les effets stabilisateurs pour l'identité de l'exclusion et de la marginalisation. Une lecture « déconstructive » de Mead pourrait le montrer. La théorie explicite de Mead ne connaît que la formation de l'identité par le biais de l'interaction et de l'adoption de rôles. Selon cette théorie, l'enfant acquiert peu à peu la capacité à interagir avec un nombre toujours plus élevé d'autres et à s'inscrire dans des structures de plus en plus abstraites de communication et de coopération ; pour la conscience morale de l'enfant, cela implique une universalisation progressive du jugement. Mais il existe des textes de Mead qui montrent qu'il connaissait parfaitement d'autres formes de la formation d'identité que les formes dialogales. Il les rejette certes dans une perspective normative, mais il les connaît ; il doit donc être permis de se demander dans quelle mesure sa théorie officielle parvient à rendre justice à ces phénomènes. On pensera d'une part à son étude sur la psychologie de la justice pénale, dans laquelle il aborde l'effet stabilisateur de l'étiquetage des actions comme « crimes » et de l'exclusion du criminel[1]. Il s'agit

---

1. George Herbert Mead, « The Psychology of Punitive Justice », *American Journal of Sociology*, 23 (1918), p. 577-602.

d'autre part des analyses du nationalisme dans le contexte de la Première Guerre mondiale ; ici, Mead oppose l'intégration sociale par le biais des procédures démocratiques à l'intégration sociale recourant à la schématisation des ennemis intérieurs et extérieurs[1]. À chaque fois, Mead entend nous montrer que la formation de l'identité par le dialogue et la démocratie est meilleure que l'exclusion des criminels et des ennemis – mais sa théorie a-t-elle jamais sérieusement pris en compte de façon empirique cette seconde possibilité ? Il se pose encore une autre question du même ordre : pouvons-nous nous représenter la progression vers l'universalisation du jugement moral comme une sorte de conséquence logique ? Chaque assouplissement des liens particuliers, chaque acte de subsomption sous des critères de jugements plus universels s'expose au risque d'être trop exigeant et d'entraîner un retour en arrière à des niveaux inférieurs du jugement moral. Une psychologie matériellement riche du développement du jugement moral comme celle de Mead ne peut pas s'affranchir de ce dilemme en tirant une frontière tranchée entre la logique du jugement moral et la psychologie du développement moral. Comment Mead aurait-il pu réagir à cette question ? On pourrait sans doute imaginer qu'il essaie d'opérer avec la distinction suivante : la formation de l'identité ne peut réussir que dans des circonstances dialogales ; la violence et l'exclusion servent certes à *stabiliser* les identités et sont en ce sens des équivalents fonctionnels de la stabilisation dialogale, mais elles ne sont pas en mesure de *former* l'identité. Cette position jouirait d'un bon appui empirique dans la mesure où, en effet, la réflexivité constitutive de la relation à soi d'une personne ne peut pas être augmentée par le biais de la violence ou

---

1. Id., « The Psychological Bases of Internationalism », *Survey* 33 (1915), p. 604-607 ; id., « National-Mindedness and International-Mindedness », *International Journal of Ethics* 39 (1929), p. 385-407.

de l'exclusion et qu'une structure des premières relations de groupe qui ne soit pas déterminée par la violence est absolument nécessaire pour les premiers degrés de la formation de l'identité. Mais cette première réplique à l'objection resterait tout de même quelque peu insatisfaisante parce qu'elle maintient la répartition des deux formes de la formation de l'identité (par le dialogue et l'exclusion) dans deux domaines distincts de la réalité. Or l'enjeu est de rendre justice à l'imbrication des deux formes dans *une seule et même* réalité. Pour réfuter l'image idyllique d'une formation purement dialogale de l'identité dans la famille, il ne suffit certes pas de faire valoir que de telles familles ne sont pas la règle générale et que les violences familiales sont fréquentes ; la situation devient cependant plus difficile dès qu'on prend conscience du fait que les familles sont elles-mêmes le résultat d'une démarcation. Le niveau d'empathie susceptible d'être atteint entre les membres d'une famille ne s'applique pas de façon non spécifique ; les enfants du conjoint et les enfants placés en pension s'en trouvent déjà souvent exclus. De façon analogue, les procédures démocratiques ne s'appliquent en règle générale qu'à une collectivité délimitée à l'intérieur et à l'extérieur ; il n'existe aucune garantie que les procédures applicables aux personnes exclues d'une démocratie soient animées d'un esprit démocratique. Dans sa forme classique, la conception sociologique de l'identité n'a pas saisi de façon adéquate cette imbrication du dialogue et de l'exclusion[1].

Mais cela ne saurait être une raison suffisante pour pousser les représentants de la conception sociologique de

---

1. En reprenant Hegel (et Mead), Axel Honneth essaie de rendre subtilement justice à cette imbrication dans une théorie de la lutte pour la reconnaissance, cf. Axel Honneth, *La Lutte pour la reconnaissance* (1992), Paris, Cerf, 2000 ; repris sous le titre *Le Combat pour la reconnaissance*, Paris, Gallimard, 2013.

l'identité à passer avec armes et bagages dans le camp des postmodernes. Car la prise de conscience de l'imbrication du dialogue et de la démarcation ne concerne pas seulement une pensée qui se concentre sur la constitution dialogale de l'identité ; elle réfute aussi une perspective qui souligne seulement que la formation de l'identité repose sur un acte exclusif de détermination (*Setzung*), et donc sur une forme de pouvoir. Dans la philosophie de Richard Rorty, ce qu'a d'intenable une telle manière de voir, et par conséquent le caractère incontournable de la constitution dialogale de la consistance du soi, devient évident à un endroit tout à fait inattendu. Après la séparation tranchée de la sphère privée et de la sphère publique, ainsi que la stricte restriction de la « création de soi » à la sphère privée des citoyens, une question s'avère inéluctable : un éthos commun doit-il régner dans la sphère publique et, si tel est le cas, en quoi pourrait consister un tel éthos ? Butant sur cette question, Rorty voit dans la prévention de la cruauté le noyau d'un tel éthos. Cela sonne d'abord comme une simple condition minimale, comme la radicalisation de l'idée libérale classique que la poursuite de ses propres intérêts est limitée par le bien-être de l'autre. Mais si l'on y regarde de plus près, on constate que la réflexion de Rorty est plus profonde. On pourrait en effet s'interroger immédiatement sur ce que signifie plus précisément le terme « cruauté ». Rorty sait que nous partageons la sensibilité à la douleur non seulement avec tous les êtres humains, mais aussi avec d'autres êtres vivants. Ce qui nous relie à tous les autres êtres humains, et avec eux seulement, c'est d'être sensibles « à ce genre singulier de douleur que les animaux ne partagent pas avec les humains – l'humiliation[1] ». C'est d'ailleurs souvent l'humiliation que vise la torture, et pas la douleur physique. Cette forme de cruauté peut se passer de violence

---

1. Rorty, *Contingence* (*op. cit.*), p. 135 (traduction modifiée).

physique. « Car la meilleure façon d'infliger aux êtres humains une douleur durable est de faire paraître futile, obsolète ou vain ce qui leur paraissait d'une importance suprême. Voyez ce qui se passe quand les trésors d'un enfant – ces petites choses autour desquelles il tisse les rêveries qui le rendent un peu différent de tous les autres enfants – sont redécrits comme des "fadaises" et jetées aux ordures. Ou voyez ce qu'il advient lorsqu'on tourne en ridicule ses trésors en comparaison de ceux d'un autre enfant plus riche. C'est vraisemblablement aussi ce qui arrive à une culture primitive lorsqu'elle est conquise par une culture plus avancée. Une chose du même genre arrive aux non-intellectuels en présence d'intellectuels[1]. » Pour Rorty, tous ces exemples ne sont que des formes plus légères de ce que la torture porte à la perfection. En s'appuyant sur des scènes du roman de George Orwell *1984*, Rorty montre que dans l'humiliation les modalités spécifiques de la relation au monde d'un être humain ne sont pas simplement dévalorisées ; la menace de violence peut aussi être utilisée pour amener des êtres humains à accomplir des actes qui ne sont plus intégrables dans leur monde, en profitant pour cela du vide créé par cette dévalorisation : on peut « employer cette douleur de telle manière que, la souffrance éteinte, la victime n'est plus capable de reprendre pied. L'idée est de l'obliger à faire ou à dire des choses – et, si possible, à croire et à désirer des choses, voire à concevoir certaines pensées – qu'elle ne pourra ensuite supporter d'avoir faites ou pensées. […] on peut ainsi « défaire l'univers » de quelqu'un en le mettant dans l'impossibilité de se servir du langage pour décrire ce qu'il a été[2] ».

L'intention que poursuit Rorty avec cette analyse inquiétante de la cruauté est claire. Dans la protection

---

1. *Ibid.*, p. 132 (traduction légèrement modifiée).
2. *Ibid.*, p. 244.

contre l'humiliation, il voit la base commune à tous les êtres humains, l'éthos qui doit donner forme à la vie publique, le sens de la « solidarité ». Dans ce contexte, la solidarité n'est justement pas donnée par un but commun ou par des valeurs communes, mais par l'espoir commun d'une protection contre l'humiliation. Rorty veut nous apprendre à ne pas rechercher des valeurs communes, mais à donner une forme pratique à l'éthos minimaliste de la prévention de la cruauté en développant notre sensibilité pour les conceptions des autres, et donc pour le risque de les humilier[1]. Mais en justifiant la conception de la solidarité qui le conduit à une analyse empathique des humiliations, il tombe sur un phénomène qui ne devrait pas exister après son attaque contre le concept traditionnel du soi : la perte du respect de soi par un être humain. La perte du vocabulaire propre, avec ce qu'il a d'indispensable, suffit peut-être à décrire l'humiliation elle-même. Mais les actions accomplies sous la menace de la torture, ces actions dans lesquelles « le monde a été aboli », ne peuvent être réintégrées parce que la personne ne peut vivre sans consistance intérieure. S'il en allait comme Rorty le proclame, c'est-à-dire si nous n'étions qu'un conglomérat idiosyncrasique de pulsions et de représentations, dépourvu de centre et d'évaluations fortes – pourquoi donc certaines actions pourraient-elles durablement nous faire souffrir moralement ? Pourquoi ne pourrions-nous pas simplement séparer sans problème de notre soi présent les actes accomplis sous la menace de la violence ?

Dans sa justification d'un minimum de solidarité publique, Rorty se heurte ainsi, contre son intention, à la dimension des sentiments moraux et à la consistance du soi dont la critique postmoderne avait voulu se débarrasser. Ses développements sur l'humiliation montrent

---

1. *Ibid.*, p. 135.

à quel point l'imbrication du dialogue et de l'exclusion peut devenir fertile pour comprendre la formation et la perte de l'identité[1]. Dans une perspective normative, prendre conscience de cette imbrication nous place face à la tâche de réfléchir aux formes que pourrait prendre la démarcation dans la formation des identités individuelles et collectives pour permettre de tolérer comme l'autre ce qui est exclu par la démarcation. Cela vaut de « l'étranger intérieur » (Sigmund Freud) de nos pulsions comme du caractère étrange des autres êtres humains et des autres cultures. La discussion autour de la postmodernité nous enseigne ainsi que le décentrement de notre idée de sujet ne nous contraint nullement à renoncer aux contenus normatifs du concept d'identité, mais que, grâce à un décentrement, même l'idée d'autonomie morale peut être préservée et regagnée[2].

Charles Taylor est parmi les penseurs contemporains celui qui a développé de la façon la plus conséquente la relation inhérente entre les valeurs et l'identité. Il a lui aussi pris congé de l'idée d'un soi homogène compris comme un centrage réalisé une fois pour toutes. Il est

---

1. Dans différentes études sur la violence et les conséquences de la violence, je me suis efforcé, à partir de ce point, d'analyser un peu plus avant des phénomènes comme les effets euphorisants d'expériences de violence et les modifications de l'identité consécutives à la violence commise et subie, cf. en particulier « Sprayed and Betrayed. Gewalterfahrung im Vietnamkrieg und ihre Folgen » (1994) et « Handlungstheorie und Gewaltdynamik » (1997), in : Hans Joas, *Kriege und Werte. Studien zur Gewaltgeschichte des 20. Jahrhunderts*, Weilerswist, Vellbrück Wissenschaft, 2000, p. 165-180 et 272-284. En principe, il serait nécessaire d'élaborer les points communs irritants entre la créativité et la destructivité, les expériences d'engagement axiologique et la traumatisation, tout en prenant garde de ne pas brouiller leurs différences. Mais cela sortirait de la tâche que se fixe ce livre.

2. Cela va dans le sens indiqué par Castoriadis. La formulation dans le texte se réfère à : Axel Honneth, « Dezentrierte Autonomie.

donc lui aussi « postmoderne », si cela doit signifier qu'il considère que tant la vision des Lumières d'un soi rationnel que la vision romantique d'un soi s'exprimant soi-même sont devenues une fois pour toutes impraticables. « Il est impossible de vivre en fonction d'un seul de ces deux modes, mais ils ne peuvent pas non plus être associés ou ramenés à une synthèse. La vue humaine se passe irréductiblement à plusieurs niveaux. L'épiphanie et la réalité ordinaire mais indispensable ne peuvent jamais concorder de façon parfaite, et nous sommes condamnés à vivre à plus d'un niveau – à moins de subir l'appauvrissement du refoulement[1]. » Dans les différences au cœur desquelles nous sommes placés, comme dans la tension irréductible entre les idéaux de vie, il y a pour Taylor un mieux et un pire – et pas seulement un laissez-faire muet bien qu'amical comme pour Rorty. « L'ironie n'est pas la seule alternative au platonisme[2]. » Pour Taylor, même dans le plaidoyer de Rorty nous invitant à échapper à la pression des évaluations fortes sur nos désirs et notre image de nous-mêmes, on trouve paradoxalement, comme

---

Moralphilosophische Konsequenzen aus der modernen Subjektkritik », in : Christoph Menke/Martin Seel (dir.), *Zur Verteidigung der Vernunft gegen ihre Liebhaber und Verächter*, Francfort-sur-le-Main, 1993, p. 149-163. Les travaux de Jürgen Straub vont énergiquement dans la même direction, par exemple Jürgen Straub, « Identitätstheorie im Übergang ? Über Identitätsforschung, den Begriff der Identität und die zunehmende Beachtung des Nicht-Identischen in subjekttheoretischen Diskursen », *Sozialwissenschaftliche Literaturrundschau* 23 (1991), p. 49-71 ; ders., « Geschichte, Identität und Lebensglück. Eine psychologische Analyse *unzeitgemäßer Betrachtungen* », in : Klaus Müller/Jörn Rüsen (dir.), *Historische Sinnbildung*, Reinbek, 1997, p. 165-194. À partir de réflexions pragmatistes, Philip Selznick va dans la même direction dans sa discussion avec le bouddhisme : Philip Selznick, *The Moral Commonwealth. Social Theory and the Promise of Community*, Berkeley, 1992, p. 224 s.

1. Taylor, *Les Sources du moi* (*op. cit.*), p. 736.
2. Smith, « Contingency and Self-Identity » (art. cit.), p. 116.

dans chaque éthos – aussi éloigné soit-il de la théologie et de la métaphysique – une évaluation forte, et donc « un moment où l'on reconnaît quelque chose qui n'est pas fait ou décidé par l'être humain, et qui montre un chemin déterminé conduisant à ce qui est bon et admirable[1] ».

Élargie et reformulée, la théorie de la formation de l'identité peut ainsi fort bien résister à la mise au défi de la critique postmoderne. Le lien entre la genèse de valeurs et la formation de l'identité ne s'effondre pas davantage ; elle peut au contraire répliquer avec de bonnes raisons à l'opposition abstraite que représente un éthos de la différence. Même s'il est tout à fait correct de reprocher à une conception figée de l'identité et du consensus d'éliminer le potentiel créateur de la différence, il faut en sens inverse faire valoir que ce potentiel disparaît si la différence perd toute tension interne parce qu'aucune des personnes impliquées ne se sent liée à quelque chose qui lui serait propre de façon déterminée, parce que personne ne fait l'expérience immédiate de l'autre comme d'une provocation peut-être salutaire à un changement sérieux de soi et parce que toute orientation vers un possible consensus – fût-ce sur la différence – a disparu[2]. Comprise non au sens de caractères stables, mais comme une relation communicative et constructive de l'être humain à soi-même et à ce qui n'appartient pas au soi, l'identité est le présupposé d'une relation créatrice avec l'autre et d'un éthos de la différence.

---

1. Taylor, « Reply to Richard Rorty » (art. cit.), p. 212.
2. Cf. Joas, *La Créativité de l'agir* (*op. cit.*), p. 270

CHAPITRE 10

VALEURS ET NORMES : LE BIEN ET LE JUSTE

Les efforts herméneutiques résistent à voir leurs résultats trop facilement résumés. C'est la diversité des constructions conceptuelles et des langages en concurrence qui rend nécessaires ces efforts ; ce sont eux aussi qui empêchent de disposer au terme du parcours d'une conceptualité indépendante des chemins de pensée qui furent les objets de l'interprétation. Dans ce livre, nous n'avons pas procédé de façon inductive, partant de résultats empiriques pour conclure à des régularités universelles ayant forme de lois, pas plus que nous n'avons opté pour une démarche déductive, qui aurait déduit des affirmations particulières à partir de thèses initiales et de définitions claires. Il s'agissait bien plutôt d'élucider progressivement une idée énoncée dès les premières pages en traversant un univers de discours d'une grande diversité. Au terme de ces efforts herméneutiques, l'idée initiale n'est plus la même. La réflexion lui a fait gagner en clarté, tant en ce qui concerne sa cohérence interne que son ancrage contextuel. Il devient alors possible de rapporter, dans un geste critique, cette idée à de nouveaux contextes – les nôtres.

Dans les pages qui précèdent, nous avons essayé de répondre à la question – aujourd'hui pressante aussi bien en théorie qu'en pratique – de la genèse des valeurs à la lumière d'une discussion qui, de Nietzsche à Dewey, s'était consacrée à cette question. Ces dernières décennies, cette discussion est si largement tombée dans l'oubli que même les auteurs contemporains qui s'intéressaient plus ou moins directement à la question posée dans ces pages le font en général sans se souvenir des réponses proposées après Nietzsche[1]. Notre traversée nous a fait rencontrer des conceptions rectrices fort différentes les unes des autres, ainsi qu'un grand nombre de phénomènes générateurs de valeurs. C'est dans l'œuvre de Nietzsche que la question qui nous occupe a été posée pour la première fois. Sa réponse voit s'affronter sans autre médiation l'affirmation de la genèse des valeurs judéo-chrétiennes de justice et d'amour dans le ressentiment et la perspective d'une autoposition de sa propre valeur par l'individu souverain. Dans l'essai de rendre justice à la diversité des expériences religieuses, nous avons trouvé chez William James une réponse plus féconde à la même question, posée de façon tout aussi radicale. De son étude de l'expérience religieuse, surtout de la conversion et de la prière, on peut tirer des thèses susceptibles de valoir pour la genèse de tous les engagements axiologiques. Émile Durkheim s'inscrit directement à la suite de William James et de sa fondation de la théorie de la religion dans une interprétation des expériences, mais il oppose à l'individualisme unilatéral de James un collectivisme tout aussi unilatéral. Avec ce collectivisme, en particulier avec son étude du rituel et de l'extase collective, il ouvre certes un vaste champ à la recherche sociologique en matière de religion. Mais certains problèmes restés peu clairs ou sans solution chez James le restent aussi chez Durkheim. En font partie la relation entre l'individualité, l'intersubjectivité et la collectivité, qui demeure sans

---

1. On a relevé au chapitre 8 le silence de Taylor sur ces aspects. Il vaut toutefois la peine de remarquer à quels points aussi des auteurs plus jeunes contournent tout le champ entre Nietzsche et la philosophie anglo-saxonne contemporaine. Par exemple : Martin Seel, *Versuch über die Form von Glück* (*op. cit.*).

clarification ; la question de la requête d'interprétation, mais aussi de l'ouverture à l'interprétation de toute expérience, pour lesquelles l'un et l'autre manquent de sensibilité ; enfin le problème du rapport entre l'agir quotidien et l'expérience extra-quotidienne. À la recherche de solutions pour ces problèmes, nous nous sommes tournés vers la théorie de la religion de Georg Simmel. Malgré quelques idées fort prometteuses, il s'avéra qu'elle ne permettait pas vraiment de faire progresser la discussion. Empruntée à la philosophie de la vie, la langue de Simmel ne fournit pas les différenciations conceptuelles qui seraient nécessaires pour répondre à ces questions. Dans le cas de Simmel, seul l'élargissement de la focale au-delà du domaine paradigmatique de la religion ouvrait l'accès à ses contributions les plus importantes. D'un point de vue phénoménologique, il s'agit d'abord de l'expérience vive de la guerre et de l'expérience enthousiaste de l'unité soudaine de la nation ; on pouvait y voir brièvement l'instant historique dans lequel se révélait un équivalent moderne de l'intégration sociale assurée par la religion. Après leur rétractation résignée, Simmel reprend certains de ses travaux antérieurs pour proposer, en particulier dans ses réflexions sur la mort et l'immortalité, des idées qui font avancer les débats. Il introduit la relation axiologique constitutive du moi et la personnalité devenant consciente de sa finitude comme deux éléments nécessaires pour répondre à la question de la genèse des valeurs.

Pour éviter l'effet limitatif d'une approche centrée sur la moralité comprise comme sentiment de l'obligation et expérience du Devoir – une approche que l'on retrouve chez Simmel comme chez tous les auteurs (Nietzsche y compris) qui s'orientent sur Kant –, nous nous sommes ensuite tournés vers l'œuvre de Scheler pour poursuivre notre discussion critique. On y trouve une riche phénoménologie des sentiments moraux et de l'expérience des valeurs attirantes. Elle s'inscrit dans l'audacieux projet d'une éthique moderne des valeurs et d'un dépassement de l'éthique de l'impératif, un projet qui se nourrit d'une idée chrétienne d'amour défendue avec passion. Scheler surcharge toutefois ses analyses de l'expérience des valeurs avec une thèse insoutenable sous cette forme, qu'il rétractera d'ailleurs largement dans la suite de son développement intellectuel ; selon cette thèse, l'expérience certaine de la charge axiologique est la preuve d'une préexistence des valeurs indépendante de l'expérience. La théorie des valeurs de John Dewey ouvre quant à elle une voie entre le relativisme axiologique et l'objectivisme des valeurs. Davantage encore que cette voie, qui suit la concrétisation et la spécification des valeurs dans des situations données, c'est la théorie de la religion de Dewey qui offre une réponse féconde à notre question, malgré sa visée trop liée à son époque et sa perspective sans plausibilité historique. Dewey met en effet en relation une compréhension intersubjective de la formation de l'identité avec la prise en compte du rôle de l'imagination et de la créativité dans la genèse des valeurs ou des idéaux. Il a en vue l'idéalisation des possibilités contingentes et le lien imaginaire à un soi total. Chez Dewey, c'est l'expérience du dialogue et de la communication, ou l'ébranlement par l'autre, qui, même s'il ne l'évoque qu'à demi-mot, conduit sa pensée dans cette direction théorique.

Un demi-siècle plus tard, on retrouve des réflexions similaires dans l'œuvre de Charles Taylor, mais sans référence à ces devanciers. Taylor établit plus consciemment que Dewey la liaison entre la philosophie des valeurs et la théorie de la formation de l'identité. Comme Scheler, il revendique pour son argumentation une phénoménologie des sentiments moraux – qu'il n'expose d'ailleurs pas véritablement. Il partage avec Dewey (et Mead) une pensée de l'intersubjectivité. Taylor traite de façon beaucoup plus différenciée que tous les autres la relation entre l'expérience et l'interprétation. Il nous renvoie à un cercle herméneutique entre ces dimensions, ce qui empêche toute réduction à l'un des pôles en présence : l'interprétation et l'expérience ne sont ni indépendantes l'une de l'autre ni réductibles l'une à l'autre. Sa théorie des « biens consti-tutifs » assigne également une place à la relation entre l'agir quotidien et l'expérience extra-quotidienne, bien que certaines questions restent ici ouvertes. Sur ce point comme sur la question de la relation entre l'expérience des valeurs et l'expérience du devoir, la théorie de Taylor ne saurait prétendre valoir comme le mot de la fin pour les questions qui nous occupent dans ces pages. Dans la discussion avec la mise au défi postmoderne des concepts « identité » et « valeur », représentée exemplairement par Richard Rorty, la question de la contingence posée au début de notre enquête s'est trouvée une fois encore radicalisée. La réflexion à son propos a mis en évidence la nécessité de mieux imbriquer qu'il n'est d'usage dans la tradition sociologique les dimensions de dialogue et d'exclusion en jeu dans la constitution de l'identité. Dans la justification que Rorty donne de la solidarité publique en faisant appel à la nécessité d'éviter la cruauté et dans sa sensibilité pour l'humiliation comme forme spécifi-quement humaine de cruauté, nous avons retrouvé, pour ainsi dire dissimulées derrière la critique postmoderne, la dimension des sentiments moraux et une consistance du soi confronté à la contingence. Grâce à cette traversée de l'histoire des débats, l'idée dont est partie notre étude a gagné en prégnance et s'est avérée résister aussi à sa mise en question radicale : les valeurs surgissent dans les expé-riences de la formation de soi et de l'auto-transcendance.

C'est ici le lieu d'aborder trois possibles méprises à propos du caractère exact de cette idée. Pour deux de ces méprises, il s'agira seulement de dissiper brièvement les doutes qui en résultent ; élaborer véritablement les alternatives qu'elles impliquent sortirait du cadre de ce livre. C'est à la troisième méprise que nous consacrerons le reste de nos développements.

La première méprise concerne le statut revenant dans notre cadre aux analyses phénoménologiques de la genèse des valeurs. Dans chacune des théories que nous avons traitées, la mise en lumière de certains phénomènes occupait une place importante pour l'ensemble de l'argumentation. Ressentiment et affirmation souveraine d'une valeur, conversion et prière, extase collective dans le rituel archaïque et dans l'enthousiasme nationaliste pour la guerre, confrontation avec la mort, honte et faute, repentir et humilité, ouverture du soi dans le dialogue et dans l'expérience vive de la nature, expérience d'évaluations fortes et peur de l'humiliation – nous avons fait appel à tout cela et à bien plus encore, mais sans jamais véritablement l'approfondir. Les analyses phénoménologiques n'ont été développées que dans la mesure qui était utile à l'argumentation théorique. Mais il ne doit nullement en aller toujours ainsi. Ce serait se méprendre gravement sur l'intention de l'argumentation proposée dans ces pages que de supposer qu'il faille par principe contraindre les analyses phénoménologiques à entrer dans le corset des démonstrations théoriques. Pour chacun des auteurs que nous avons abordés, on pourrait au contraire distinguer l'un de l'autre résultat théorique et apport empirique. Il existe certes, dans la plupart des cas, une certaine affinité entre une théorie et les phénomènes mis en avant, mais une théorie améliorée devrait faire la preuve de sa supériorité aussi à l'épreuve des phénomènes auxquels avaient fait appel ses concurrents. Qu'aurait eu à dire James du ressentiment, Durkheim de l'enthousiasme nationaliste pour la guerre ou Dewey de la confrontation de l'individu avec la mort ? La contribution présentée dans ce livre ne saurait faire l'économie d'une exposition à la riche phénoménologie de l'expérience des valeurs. Dans ce cadre, outre l'humiliation et la mort, les expériences marquantes de perte et de traumatisme devraient jouer un rôle plus important que cela n'a été le cas dans ces pages. En tant qu'elle constitue l'inversion radicale de l'expérience de l'auto-transcendance, l'ouverture des frontières sacrées de notre moi par la violence doit elle aussi devenir une pierre de touche de cette théorie.

Une deuxième méprise résulte de la plurivocité du mot « genèse » (all : *Entstehung*). La « genèse » des valeurs peut être comprise en quatre sens. Premièrement, il peut s'agir de la primauté historique, de la première proclamation en date d'une valeur ; deuxièmement, il peut être question de l'adoption et de la défense de cette valeur par un groupe de disciples, d'abord réduit puis progressivement plus important ; troisièmement, on peut entendre par ce terme la genèse de nouveaux attachements à des valeurs dans les individus, par exemple par une conversion, alors que ces valeurs ne sont absolument pas nouvelles en un sens historique ; quatrièmement, enfin, on peut désigner ainsi la revitalisation de valeurs qui avaient perdu leur force de motivation ou étaient tombées dans l'oubli. Pour une sociologie historique s'intéressant à la genèse et à la propagation des valeurs, ou à la mutation des valeurs, une telle différenciation est naturellement d'une importance décisive. Il faut que l'on sache clairement quels sont les processus de genèse des valeurs que la recherche a en vue[1]. Pour notre propos, nous pouvions en revanche ignorer cette différenciation. Certes, les valeurs ne surgissent pas toujours sous la forme éruptive dans laquelle les visionnaires charismatiques en font l'expérience et les proclament. Elles peuvent aussi trouver leur direction à partir d'un difficile équilibre entre expérience, articulation et ressources d'interprétation culturelles[2]. Mais elles

---

1. Comme exemple impressionnant, l'étude sur la genèse de la valeur de « liberté » dans l'Antiquité à partir des expériences d'un ordre social reposant sur l'esclavage : Orlando Patterson, *Freedom*, vol. 1 : *Freedom in the Making of Western Culture*, New York, 1991.

2. Cf. chapitre 8, p. 265 ss.

ne peuvent en aucun cas faire l'économie des expériences de la formation de soi et de l'auto-transcendance ; même les formes de revitalisation périodiques des valeurs figées dans des rituels sont une manière d'essayer de rendre possibles de telles expériences, ou tout au moins de les citer. En ce sens, la thèse défendue dans ce livre trouve sa place avant la différenciation de la sociologie historique des valeurs en divers champs thématiques. Dans ces champs thématiques, on fait à chaque fois, explicitement ou implicitement, des hypothèses sur la genèse des valeurs qui appartiennent au même plan que l'idée défendue dans ces pages.

La troisième méprise est sans doute la plus dangereuse pour l'argumentation présentée ici. Elle consiste à lire dans l'insistance mise sur le caractère contingent de la genèse des valeurs un plaidoyer contre les prétentions d'une morale universaliste – un *impetus* relativiste, et peut-être même antimoral. Ce serait l'exact contraire de mes intentions. Sur ce point, il est manifestement nécessaire de clarifier les choses. La question du rapport entre le caractère attractif des valeurs et le caractère obligatoire des normes a accompagné la discussion de toutes les contributions à la genèse des valeurs sans jamais en venir à occuper une place centrale. C'est ce que nous devons maintenant corriger. Après un bref regard rétrospectif sur le rapport entre le Bien et le Juste chez les penseurs abordés dans les chapitres précédents, nous proposerons une thèse sur l'intégration de la genèse des valeurs à une conception universaliste de la morale. Cette thèse sera encore une fois précisée au gré d'une discussion critique avec l'un des projets les plus influents d'une théorie universaliste de la morale, « l'éthique de la discussion » de Jürgen Habermas ; en conclusion, elle sera proposée comme une contribution aux controverses contemporaines entre le libéralisme et le communautarisme, qui tournent pour l'essentiel autour de la relation correcte entre le Bien et le Juste.

La relation entre le Bien et le Juste n'a pas attendu l'apparition de la philosophie des valeurs, au XIXe siècle, pour devenir un thème de la réflexion éthique. Il ne faudrait toutefois pas croire que la définition des deux concepts en présence ait fait l'unanimité et que seule leur relation fût objet de contestation[1] ; la conception du Bien et du Juste dépend au contraire d'autres positions, de nature anthropologique et métaphysique. Dans la période qui fait l'objet de notre enquête, délimitée par la discussion sur la genèse des valeurs, c'est d'abord la tentative de Nietzsche pour « dépasser la morale » qui s'avéra être à tel point prisonnière de la dichotomie kantienne opposant le devoir et le penchant, ainsi que des prémisses de la morale qu'il attaquait, qu'il ne parvint qu'à inverser et non à résoudre le dilemme qu'il avait reconnu. Dans l'œuvre de William James, qui ignore presque complètement Kant, nous avons rencontré au contraire une séparation tranchée de la « religion » et de la « morale » ; la morale y apparaît exclusivement comme une forme impérative et restrictive, tandis que la religion est attractive, ouvrant des possibilités d'action et motivant à l'agir. Durkheim prenait Kant beaucoup plus au sérieux que James. Du coup, la tension existant chez James entre religion et morale est transposée chez Durkheim à l'intérieur de la morale. De même que le Sacré est tout à la fois aimé et craint, le Bien et le devoir sont présents dans toutes les actions morales, dans des mélanges compliqués et changeants. Aucun des deux composants de la morale ne peut toutefois prétendre à une quelconque primauté.

---

1. Abraham Edel l'exprime très bien dans son excellent survol de l'histoire de ce problème : « L'histoire du Bien et du Juste n'est pas [...] l'histoire de deux concepts philosophiques isolés assis dans une variété de poses plus ou moins grandioses. » (id., « Right and Good », in : Philip Wiener [dir.], *Dictionnary of the History of Ideas*, vol. 4, New York, 1973, p. 173-187, ici p. 173.

Dans la tentative radicale de Georg Simmel pour repenser l'éthique kantienne dans les conditions d'un monde de l'individualité différenciée, le concept de « Devoir » (*Sollen*) devient si large – comme le montre déjà sa formule de « loi individuelle » – que les tensions internes entre le Bien et le Juste, que Durkheim et James exprimaient chacun à sa manière, s'en trouvent plutôt masquées. La vaste entreprise de Max Scheler est beaucoup plus féconde ; sur la base d'une phénoménologie de l'expérience des valeurs, il entend briser le sortilège exercé en éthique par la morale de l'impératif et par le formalisme pour accéder ainsi à une nouvelle « éthique matérielle des valeurs ». Scheler aboutit toutefois à une position elle aussi unilatérale, mais en un sens contraire. Pour lui, le Devoir trouve son origine dans les valeurs ; il soupçonne toute concession faite à une origine indépendante du Devoir – qu'il faut bien présupposer si l'on veut faire droit à la tension entre le Bien et le Juste – de faire retour à cette éthique du Devoir qu'il combat. Chez John Dewey, la discussion de la théorie des valeurs et de la religion n'offrit pas l'espace pour aborder la relation entre le Bien et le Juste dans son œuvre ; pour cela, il aurait été nécessaire de prendre en compte son éthique[1], mais cette dernière n'aurait rien apporté de nouveau pour la question de la genèse des valeurs. Dewey part lui aussi de l'idée que le Bien et le Juste ne peuvent être réduits l'un à l'autre dans un sens ou dans l'autre. Son intérêt propre concerne la pratique réflexive dans laquelle nous parvenons à un jugement lorsque différents biens sont en conflit. Il interprète aussi les devoirs comme des

---

1. Dewey/Tufts, *Ethics* (*op. cit.*). Sur la question de la relation entre le Bien et le Juste dans l'éthique de Dewey, cf. Welchman, *Dewey's Ethical Thought* (*op. cit.*), p. 157 ss., et Honneth, « Zwischen Prozeduralismus und Teleologie » (art. cit.), ainsi qu'Edel, « Right and Good » (art. cit.), p. 185 s.

biens, afin qu'ils puissent entrer en concurrence avec d'autres biens. Qui demande à Dewey si c'est le Bien ou le Juste qui doit l'emporter en dernière analyse trouvera sa réponse mitigée ; Dewey entend certes parvenir à un équilibre entre les deux, mais il penche sans doute pour une priorité du Bien. Ce n'est pas sur ce point qu'il faut chercher le véritable résultat de ses réflexions, mais dans sa concentration sur la médiation entre des biens en concurrence. Nous allons encore y revenir.

Chez Taylor, on peut constater que, au fil du développement de sa réflexion, il fait preuve d'une compréhension toujours plus grande pour le droit relatif d'une éthique du Devoir et des devoirs face à une éthique des biens et des valeurs. Son point de départ l'incitait à pencher d'abord pour un accent unilatéral sur le Bien au détriment du Juste – même là où il s'agissait de questions classiques concernant le Juste[1]. Dans un premier temps, il ne voyait aucune difficulté à comprendre dans la tradition culturelle occidentale – et pas nécessairement dans celle-là seulement – le Juste comme une dimension du Bien. Considéré de cette façon, le Juste peut très bien faire valoir son droit face à d'autres biens et face à des urgences situatives ; mais il perd ce caractère inéluctable, et naturellement aussi l'inconditionnalité que la tradition kantienne a toujours soulignée avec tant de force. Dans le débat avec des tentatives contemporaines d'« éthique procédurale » formelles, Taylor essaie de prendre ces dernières à revers et de montrer que même leurs variantes les plus ambitieuses argumentent à partir de l'horizon implicite du Bien qu'elles nient toutefois dans leur développement[2]. On trouve une argumentation similaire dans

---

1. Ainsi in Charles Taylor, « The Nature and Scope of Distributive Justice », in : id., *Philosophical Papers*, vol. 2, p. 289-317.

2. Ainsi surtout dans la discussion avec Habermas, in : Charles Taylor, « Die Motive einer Verfahrensethik », in : Wolfgang Kuhlmann (dir.),

son œuvre principale, *Les Sources du moi*[1]. Taylor y fait valoir que l'ambition des défenseurs d'une éthique procédurale ouvre un trou béant lorsqu'il s'agit de savoir ce qui pourrait nous motiver à agir de façon morale, à entrer dans la démarche prônée par les éthiques procédurales et à nous sentir liés par ses résultats[2] ; malgré sa compréhension pour les motifs des défenseurs d'une éthique procédurale et l'estime qu'il porte aux biens qu'ils articulent sans le vouloir, la priorité du Bien face au Juste reste à ses yeux incontestable. Dans deux simples notes[3], Taylor nuance cependant cet argument en introduisant des différenciations dignes d'attention. Il distingue d'abord le domaine de la morale de celui de la politique, de sorte qu'il paraît possible de dissocier les prises de position sur la primauté du Bien et du Juste dans ces deux domaines. Pour parer aux dangers rousseauistes et jacobins d'une tyrannie de l'unité, les garanties de procédures formelles mises en avant dans les traditions libérales ont, aussi pour Taylor, un grand mérite politique. Certes, même dans le domaine politique, Taylor ne rejoint pas les défenseurs de la priorité du Juste ; ce n'est toutefois pas parce qu'il ne reconnaîtrait pas ces mérites, mais parce qu'il considère

---

Moralität und Sittlichkeit. Das Problem Hegels und die Diskursethik, Francfort-sur-le-Main, 1986, p. 101-135 ; id., « Language and Society », in : Axel Honneth/Hans Joas (dir.), *Communicative Action. Essays on Jürgen Habermas' « The Theory of Coummunicative Action »*, Cambridge, 1991, p. 23-35. Dans la discussion avec John Rawls en outre : Charles Taylor, « Le juste et le bien », *Revue de métaphysique et de morale* 93 (1988), p. 33-56. Dans la controverse entre le libéralisme et le communautarisme, Taylor tend dans l'ensemble plutôt à une position de médiation, cf. Charles Taylor, « Cross-Purposes : The Liberal-Communitarian Debate », in : Nancy Rosenblum (dir.), *Liberalism and the Moral Life*, Cambridge (Mass.), 1989, p. 159-182.

1. Taylor, *Les Sources du moi* (*op. cit.*), p. 112 s., 129-131.
2. *Ibid.*, p. 150-153.
3. *Ibid.*, notes 60, p. 811 s. et 66, p. 812 s. Pour l'argument de Taylor, l'ouvrage de Bernard Williams *L'Éthique et les limites de la*

malgré tout qu'un accent unilatéral mis sur les procédures n'articule pas suffisamment les principes de la démocratie libérale. En philosophie morale, Taylor distingue trois significations différentes de la thèse affirmant la primauté du Juste. Si, premièrement, elle signifie, au sens de Kant, que les obligations morales ne peuvent jamais être déduites des biens (compris en un sens utilitariste) que visent les désirs des acteurs, Taylor peut approuver cette thèse ; il protesterait simplement contre la restriction de la compréhension de nos désirs à ces désirs de premier ordre. Si la thèse signifie, deuxièmement, que seuls les devoirs peuvent intervenir dans les délibérations morales parce que toutes les valeurs ou les prises en compte de la situation sont à exclure d'emblée, il s'agit alors d'une compréhension totalement injustifiée de la morale. Taylor refuse une priorité du Juste qui n'accorde pas au Bien, au moins en principe, le droit d'entrer en concurrence avec le Juste dans nos délibérations morales. En revanche si, troisièmement, la thèse signifie qu'une telle concurrence peut fort bien survenir, mais que nous avons toujours et dans tous les cas à accorder la priorité au Juste

_____

philosophie (traduction de Marie-Anne Lescouret), Paris, Gallimard, 1990, joue un rôle important, surtout le chapitre 10 (p. 188 ss.). Williams résume son argumentation comme suit : « La moralité est cousue d'un grand nombre d'erreurs philosophiques. Elle se méprend sur les obligations, sans voir qu'elles ne constituent qu'un genre de considérations éthiques. Elle se méprend sur la nécessité pratique, qu'elle considère comme propre aux obligations. Surtout, la moralité fait croire aux gens que, sans ses obligations spécifiques, il n'y a que des inclinations ; que, sans sa volonté absolue, il n'y a que la force ; que, sans sa justice pure, il n'y a pas de justice. Ses erreurs philosophiques sont seulement les expressions abstraites d'une conception erronée de la vie profondément enracinée et encore très puissante. » (p. 211.) Williams montre très bien que cette forme de philosophie morale se comporte comme une sorte de religion, mais – à la différence de la religion chrétienne – une religion qui pense pouvoir se passer du concept de grâce et de l'amour divin.

– compris comme nos obligations envers les autres ou envers tous – face au Bien – compris comme la visée d'une vie saturée de valeurs –, Taylor accorde que cette conception exprime une position éthique authentique ; mais il y résiste parce qu'il voit dans cette orientation monomaniaque sur la Justice au détriment de toutes les autres valeurs un geste par lequel nous exigeons trop de nous-mêmes et une forme d'hybris à la limite de l'autodestruction. En morale aussi, Taylor rejette donc en dernière analyse la prétention d'une primauté du Juste sur le Bien. Mais il serait faux de voir dans ce refus une justification pour la primauté inverse, celle du Bien sur le Juste. Le refus d'une forme de primauté n'exclut pas la possibilité que les relations entre le Bien et le Juste soient d'un tout autre ordre que celui de la subordination ou de la supériorité de l'un sur l'autre. Le manque d'intérêt de Taylor pour une fondation du Devoir dans des expériences spécifiques, indépendantes des expériences axiologiques, peut susciter ici quelque méfiance. Cependant, dans sa réplique à la critique que Richard Rorty avait faite de son œuvre principale, Taylor fait valoir, de façon surprenante, une idée supplémentaire, nouvelle dans son œuvre. Outre notre orientation sur les « biens constitutifs » et notre prudence face à de possibles illusions sur nous-mêmes, il mentionne maintenant notre sens préalable pour le Juste et estime que nous avons à chercher un équilibre entre ces trois points de vue : « Aucun d'entre eux n'a la primauté. Il s'agit de parvenir à un équilibre réflexif, pour utiliser la terminologie de Rawls[1]. » Mais d'où provient ce sens préalable pour le Juste ? Si ce Juste était seulement un Juste dérivé au préalable d'un Bien, on en resterait à une primauté du Bien. Si Taylor entend prendre au sérieux l'idée d'un équilibre réflexif entre le Bien et le Juste, il

---

1. Taylor, in : *Philosophy and Phenomenological Research* 54 (1994), art. cit., ici p. 213.

doit reconnaître au Juste une fondation propre dans l'agir, une fondation qui soit indépendante des valeurs.

Chez Rorty enfin, le dernier penseur à apparaître dans notre parcours, la tension entre le Bien et le Juste est résolue par le découpage entre la réalisation de soi privée et la solidarité publique. Mais cette solution n'est qu'apparente, comme le montrent les questions inévitables auxquelles la philosophie de Rorty ne propose pas de réponses. Des questions de justice ne se posent-elles jamais dans la sphère privée ? Les affaires publiques peuvent-elles être réglées avec les moyens offerts par l'éthos minimal de la protection face à l'humiliation[1] ? La délimitation entre la sphère privée et la sphère publique n'est-elle pas justement controversée ? De quelle nature sont censées être les raisons pour ou contre une démarcation déterminée ? Chez d'autres penseurs postmodernes aussi, l'orientation sur le Bien présente derrière l'accent mis sur le contingent, devient de plus en plus manifeste, alors qu'elle était restée longtemps inarticulée ; mais je n'aperçois nulle part une contribution qui ferait progresser la discussion du rapport entre le Bien et le Juste[2].

La solution proposée ici trouve son point de départ dans la concentration de Dewey sur la formation réflexive du jugement et sur la délibération, ainsi que dans l'idée, brièvement apparue chez Taylor, d'un équilibre réflexif

---

1. Cf. ici, en comparaison, les excellentes remarques de Philip Selznick à propos de la question du Bien dans les domaines de la politique de l'éducation, de la défense, de la santé ou de l'environnement : id., *The Moral Commonwealth* (*op. cit.*), p. 380 ss, ici p. 384.

2. On ne saurait naturellement en faire ici la démonstration à propos des différents penseurs rassemblés sous cette étiquette, tels Foucault, Lyotard ou Derrida. Très bon sur la question des dimensions éthiques dans les œuvres de ces auteurs : Richard Bernstein, *The New Constellation. The Ethical-Political Horizons of Modernity/Postmodernity*, Cambridge (Mass.), 1992.

entre le Bien et le Juste[1]. Elle émane de l'esprit du pragmatisme que défend John Dewey et qui se fait sentir dans l'œuvre de Taylor, sans son accord toutefois[2]. Pour donner tout son poids à cette solution et pour éviter que le refus d'accorder la primauté au Bien ou au Juste ne soit perçu comme un juste milieu entre deux extrêmes ou comme un compromis mou, il faut se rappeler que le pragmatisme ne contient pas seulement – chez James et chez Dewey – une théorie de la genèse contingente des valeurs, mais aussi – chez Dewey et Mead – une conception de l'universalité de la morale. Comment doit-on se représenter le lien entre ces deux éléments théoriques dans l'esprit du pragmatisme ?

Pour répondre à cette question, il faut commencer par rappeler deux particularités de l'éthique pragmatique ; elles la distinguent de bien d'autres approches[3]. D'abord, l'éthique pragmatiste repose sur le développement d'une

---

1. L'idée d'un équilibre réflexif provient de la *Théorie de la justice* de John Rawls, mais elle a dans ce contexte une autre signification. Rawls rapporte ce concept à la concrétisation de la « position originelle » qu'il postule. Cf. John Rawls, *Théorie de la justice* (1971), Paris, Seuil, 1987, p. 44. Dans les débats récents, Rawls est la référence la plus importante pour la thèse du primat du Juste face au Bien. Je ne discute pas ici l'atténuation et la modification progressive de sa thèse dans le cadre de la controverse entre le libéralisme et le communautarisme, pas plus que je n'aborde la relation entre la conception présentée ici et sa pensée en général.

2. Cf. chapitre 8 de ce livre, p. 265 ss. Les réflexions de Taylor sur le « raisonnement pratique », qu'il développe surtout dans l'article « Explanation and Practical Reason » (art. cit.), conviennent fort bien à cet essai de solution, même si lui-même ne les rapporte pas à la question de la relation entre le Bien et le Juste.

3. J'ai mis en évidence ces deux particularités dans deux travaux consacrés à George Herbert Mead. Cf. Hans Joas, « The Creativity of Action and the Intersubjectivity of Reason. Mead's Pragmatism and Social Theory », in : id., *Pragmatism and Social Theory*, Chicago, University of Chicago Press, 1993, 238-261.

théorie anthropologique de l'agir humain en général et de la communication humaine en particulier. Dewey et surtout Mead ont développé les traits fondamentaux d'une telle théorie, exposant les présupposés biologiques des capacités spécifiquement humaines[1]. Sans entrer ici en matière sur ces questions, on peut cependant retenir que le seul fait de s'essayer à une telle théorie implique de poser qu'il existe des structures universelles de l'agir humain qui le distinguent du comportement animal et qu'il est possible d'obtenir des énoncés substantiels sur ces structures anthropologiques universelles. Pour Dewey et Mead, il est hors de doute que des dysfonctionnements typiques sont inscrits dans ces structures universelles ; il en résulte une requête de régulation. C'est surtout George Herbert Mead – et sous son influence par la suite aussi Dewey – qui interprète comme le présupposé requis pour résoudre ces dysfonctionnements la capacité anthropologique universelle à « assumer un rôle », qui constitue la caractéristique décisive de la communication typiquement humaine. Le développement de cette capacité, et les conditions sociales rendant possible son développement, sont donc de la plus haute importance empirique. Mais Dewey et Mead voient aussi dans cette capacité observable empiriquement la base d'un idéal substantiel : « Le discours universel est ainsi l'idéal formel de la communication[2]. » Mead montre comment la capacité à utiliser des symboles signifiants fait sortir chaque participant à la communication de sa communauté immédiate et le met en relation avec un univers virtuel de significations idéales. L'éthique pragmatiste s'oppose ainsi manifestement à un relativisme culturel de la morale et souligne le besoin

---

1. John Dewey, *Human Nature and Conduct* (*op. cit.*) ; id., *Expérience et nature* (*op. cit.*), p. 160 ss ; Mead, *L'Esprit, le soi, la société* (*op. cit.*).

2. Mead, *L'Esprit, le soi, la société* (*op. cit.*), p. 363.

universel de régulation normative propre à la coopération[1] et à la sollicitude humaines, ainsi que la possibilité
de trouver un idéal substantiel dans la solution que la
communication apporte à ces problèmes de coopération.

La seconde particularité de l'éthique pragmatiste consiste
en ceci qu'elle est une éthique dans la perspective de l'acteur[2]. Chez Dewey et Mead, ce n'est pas la question de la
fondation des normes, ni même celle de la justification des
actions, qui se trouve au centre de l'intérêt, mais la question
de la solution des problèmes de l'action. Ce qui fait l'originalité de la critique que Mead adresse à l'éthique kantienne,
c'est l'idée que, comme tel, l'impératif catégorique ne peut
servir qu'à soumettre les actions à un test d'universalisation, mais pas à trouver quelles actions seraient en général
adéquates[3]. L'agir lui-même requiert une esquisse créative ;
quand Mead parle de la méthode expérimentale en éthique,
il n'entend pas que les problèmes moraux pourraient être
résolus par une recherche expérimentale sur les faits, mais
qu'on ne peut développer une conception correcte de son
propre agir que par la voie expérimentale, au moyen d'une
esquisse créative dans des conditions contingentes. Pour
caractériser cet accent mis sur les réalisations créatives
et risquées de l'agir, il n'est guère approprié de parler
d'« application » des normes ou des valeurs. Il est bien sûr
possible de soumettre une valeur, ou l'« application » d'une
valeur, à une discussion sur sa justification ; mais l'éthique
pragmatiste distingue la perspective propre à une discussion de ce genre de la perspective existentielle de l'acteur.

---

1. Sous cet angle, la théorie pragmatiste n'est pas sans similitude
avec la théorie du choix rationnel et la psychologie du développement
dans la tradition de Piaget et Kohlberg. Sur la position de Durkheim
par rapport à l'idée d'une morale de la coopération universelle, cf.
Joas, *Créativité de l'agir* (*op. cit.*), p. 67-69.
2. Joas, *Pragmatismus und Gesellschaftstheorie* (*op. cit.*), p. 298-302.
3. Mead, « Fragments on Ethics » in : id., *Mind, Self, and Society*
(*op. cit.*), p. 379-389.

Si l'on tient ensemble ces deux particularités, on voit comment dans une perspective pragmatiste la conception universaliste de la morale et la théorie de la genèse contingente des valeurs peuvent être assemblées pour former un tout. De ce point de vue, il n'y a pas d'autre instance supérieure pour justifier les normes que le discours. Mais dans la perspective de l'acteur qui esquisse son action dans des conditions contingentes, la priorité ne revient pas à la justification, mais à la spécification du Bien et du Juste dans une situation concrète d'action. Même si, comme acteurs, nous aimerions accorder une claire primauté à une forme déterminée de Bien ou de Juste tels que nous les comprenons, nous ne disposons nullement d'un savoir certain sur ce que nous avons à faire pour cela. Nous pouvons certes chercher honnêtement à augmenter le Bien ou à agir exclusivement conformément au Juste ; mais cela ne nous confère aucune certitude d'y parvenir effectivement par les actions auxquelles nous nous décidons, avec toutes les conséquences et répercussions dont nous sommes la cause. À la lumière des conséquences de l'action, toute conception du Bien et du Juste va être soumise à une contrainte de révision[1]. Aucune nouvelle spécification ne pourra nous en affranchir. On ne peut imaginer que ce processus aboutisse à un achèvement clair puisque les situations dans lesquelles nous agissons sont toujours nouvelles et que la recherche de la certitude reste à jamais insatisfaite[2]. Dans l'abstrait, c'est-à-dire dans un discours détaché des situations dans lesquelles l'action s'accomplit, nous pouvons obtenir la certitude que, étant donné certains

---

1. À la suite de la théorie des valeurs de Dewey, c'est ce que voit très clairement Henry Richardson, « Beyond Good and Right : Toward a Constructive Ethical Pragmatism », in : *Philosophy and Public Affairs* 24 (1995), p. 108-141, en particulier p. 113.

2. *Ibid.*, p. 132.

présupposés sur les aspects à prendre en compte, certains buts de l'agir doivent jouir d'une priorité. Dans les situations concrètes de nos actions, en revanche, nous atteignons certes un sentiment subjectif de certitude, mais au plan intersubjectif nous ne pouvons prétendre qu'à une certaine plausibilité[1]. Rétrospectivement nous pouvons certes – devenus plus intelligents – en savoir davantage sur l'adéquation réelle de notre agir mais, là aussi, il ne saurait s'agir d'un jugement définitif et certain parce que l'avenir va produire d'autres conséquences de nos actions et donner naissance à de nouvelles perspectives susceptibles de mettre en question notre appréciation.

Il est naturellement possible que certains acquiescent à cette description de notre agir mais contestent qu'il en résulte une réponse à la question du rapport entre le Bien et le Juste. En quel sens souligner la créativité de l'agir suggère-t-il une telle réponse ? À première vue, il pourrait sembler que cette insistance est dans le meilleur des cas banale, et dans le pire des cas dangereuse[2]. Elle est dangereuse si elle souligne exclusivement le caractère toujours situé de nos décisions et ouvre ainsi les portes à l'absence de principes et à l'arbitraire. Elle est banale si elle se contente de rappeler ce que personne n'a jamais contesté, même pas le défenseur le plus ferme d'une éthique de la conviction, à savoir que de la volonté bonne ne procèdent pas toujours les actes justes. Mais la manière dont les pragmatistes font valoir l'argument de la créativité de notre agir dans des contextes éthiques n'ouvre pas n'importe quel espace à l'arbitraire ; elle déclare seulement

---

1. Cf. Paul Ricœur, *Soi-même comme un autre*, Paris, Seuil, 1990, p. 211. Pour l'argumentation exposée ici, développée à partir du pragmatisme, je trouve rétrospectivement soutien et renfort dans la lecture des chapitres éthiques du livre de Ricœur (p. 199-344). Cf. en outre id., *Amour et justice*, Paris, Seuil, 2008, p. 13-42.

2. Richardson, « Beyond Good and Right » (art. cit.), p. 127 ss.

acceptables certaines révisions et spécifications. Et il n'est pas banal d'inclure dans le concept d'une volonté bonne le devoir moral de prendre connaissance des conditions empiriques de réalisation de cette volonté. De la conception de l'action des pragmatistes et du dispositif de leur éthique comme éthique conçue dans la perspective de l'acteur, il résulte que, dans la situation de l'action, le point de vue limitatif du Juste *doit* inévitablement intervenir, mais qu'il *peut* intervenir seulement comme un point de vue à côté des orientations visant le Bien.

Cette double thèse requiert des explications complémentaires. Dans cette conception, le Juste *doit* intervenir parce qu'il représente les exigences anthropologiques universelles de la coordination de l'agir social et que cette dernière est inévitable au vu de l'indispensable inscription de l'agir dans des contextes sociaux. Tout agir est inévitablement inscrit socialement parce que la capacité d'agir est elle-même d'ores et déjà constituée socialement et parce que notre agir ensemble ne vise nullement des biens imputables seulement à l'individu, mais aussi des biens irréductiblement sociaux[1]. Dans toute la diversité de nos orientations, le point de vue du Juste est toujours présent ; la révision en situation de nos visées ne dégénère pas en arbitraire parce qu'elle doit passer au « crible de la norme » (Ricœur) potentiellement universelle.

Dans cette conception, le Juste *peut* apparaître seulement comme un point de vue parmi d'autres dans la situation de l'acteur parce que « le crible de la norme » n'aurait rien à examiner si l'acteur n'était pas orienté sur

---

1. Sur la compréhension par Mead du « social act » comme une complexe activité de groupe, cf. Mead, *L'Esprit, le soi, la société* (*op. cit.*), p. 100, note 1 ; sur la thèse d'une « socialité primaire » de la capacité d'agir, cf. Joas, *La Créativité de l'agir* (*op. cit.*), p. 195-210 ; sur la thèse des « irreducibly social goods », Charles Taylor, *Philosophical Arguments* (*op. cit.*), p. 127-145.

différentes conceptions du Bien dont il ne peut pas être certain qu'elles soient acceptables dans la perspective du Juste. Même le moraliste décrit par Taylor, ce moraliste trop exigeant avec soi qui est tout à fait décidé à donner toujours la priorité au processus d'universalisation, peut bien vouloir éliminer ses inclinations ; dans cette procédure, il n'aura néanmoins rien d'autre à examiner que ses propres conceptions d'actions possibles. Insister sur la créativité de l'agir, c'est prendre conscience que le principe d'universalisation ne permet pas de déduire les actions elles-mêmes, mais seulement d'examiner si une action possible est acceptable de ce point de vue ; c'est là une des pointes de cette conception. Même celui qui veut éliminer les inclinations ne peut éliminer ainsi les candidats à l'examen mis en œuvre par la règle d'universalisation[1]. Ces candidats sont nos conceptions de nos devoirs d'une part, nos aspirations de l'autre ; elles aussi contiennent potentiellement une prétention à la validité universelle. Si, chez Kant et ses successeurs, il n'est pas clair si l'examen d'universalisation mis en œuvre par l'impératif catégorique porte sur nos inclinations ou sur les maximes de notre agir, cela tient à une compréhension déficitaire de l'interaction entre nos aspirations préréflexives et nos intentions conscientes[2]. Si l'on part en revanche d'une théorie de l'action qui ancre justement l'intentionnalité dans la réflexion en situation sur nos aspirations préréflexives, il devient alors clair que le Juste ne peut jamais être qu'une instance d'examen – sauf s'il devient lui-même le Bien, la valeur de Justice.

---

1. Ricœur, *Soi-même comme un autre* (*op. cit.*), p. 238 ss.

2. Outre l'interprétation de Kant proposée par Ricœur, c'est dans ce sens que vont aussi les critiques de Kant formulées par Dewey (in : *Ethics* [*op. cit.*], p. 219-225 ; *Later Works*, vol. 7) et Mead (in : « Fragments on Ethics » (art. cit.), p. 379-382), ainsi que par Scheler (cf. chapitre 6 du présent livre).

Dès lors, dans une situation d'action, il n'y a pas de primauté du Bien ou du Juste. Il ne règne pas ici une relation de subordination ou de supériorité, mais de complémentarité. Dans la situation de l'acteur, les orientations irréductibles sur le Bien, d'ores et déjà contenues dans nos aspirations, se heurtent à l'instance critique du Juste. Ce que nous pouvons atteindre dans de telles situations, ce n'est jamais qu'un équilibre réflexif entre nos orientations. La mesure dans laquelle nous soumettons nos orientations à cet examen peut certes varier. Le point de vue du Juste contient par conséquent un potentiel permanent, jamais assouvi, de modification du Bien qui vise à le rendre capable de réussir l'examen d'universalisation. Mais de l'universalité du Juste ne suit ni que, dans des situations d'action, nous dussions tout naturellement donner la priorité au Juste face à d'autres considérations, ni que nous ne dussions pas le faire. Le débat sur la primauté du Bien ou du Juste doit être clairement distingué du débat sur l'universabilité du Juste. Dans la perspective pragmatiste, le débat sur l'universabilité du Juste n'a pas besoin d'être mené – non parce que cette possibilité serait refusée, mais parce qu'elle est déclarée incontestable en vertu des prémisses de la théorie anthropologique de l'action. L'accent mis ici sur le caractère situé et créatif de l'agir ne contient ainsi nul scepticisme face à l'idée d'une universalité du Juste[1]. Mais, pour le pragmatiste, il ne suit pas de cette idée que, au cœur d'une situation d'action, il *faille* tout naturellement donner à l'examen d'une orientation à l'aune du principe d'universalisation

---

1. Ricœur défend une conception similaire, *op. cit.*, p. 329 : « Comme nous l'avons maintes fois affirmé, les conflits qui donnent crédit aux thèses contextualistes se rencontrent sur le trajet de l'effectuation plutôt que sur celui de la justification. Il importe d'être clair sur cette différence de *site*, afin de ne pas confondre les arguments qui soulignent l'historicité des choix à faire sur ce second trajet avec les arguments sceptiques qui s'adressent à l'entreprise de fondation. »

la priorité face à toutes les autres considérations. Dans son éthique, John Dewey répond à la question de la primauté du Bien et du Juste que, dans le processus de la délibération, il n'y a pas de primauté, alors que dans la pondération des biens la primauté revient au Bien. Malgré les apparences, cette réponse n'est ni un faux-fuyant ni une position inconsistante[1]. En ce qui concerne l'analyse des situations d'action, cela apparaît au contraire comme la solution qui s'impose empiriquement ; quant au problème de la pondération des biens, c'est au moins une réponse possible et défendable, même si l'on approuve une morale universaliste.

Les acteurs individuels ne sont pas les seuls à se trouver en situation d'action ; c'est aussi le cas pour des collectifs, des sociétés ou des cultures entières. Lorsque nous traitons des acteurs collectifs et des agrégations d'actions, renonçons à la conceptualité philosophique du « Bien » et du « Juste » et revenons à l'usage sociologique, qui parle de « valeurs » et de « normes ». Comme les acteurs individuels, les collectifs se trouvent dans une tension entre leurs systèmes axiologiques particuliers, dont la genèse est contingente, et le potentiel d'une morale visant à l'universalité. On peut parfaitement constater empiriquement l'existence de structures de moralités universellement présentes. Les normes fondamentales de l'équité peuvent ainsi être découvertes par les enfants simplement en se concentrant sur le besoin interne d'une régulation de la coopération ; elles sont connues, semble-t-il, dans toutes les cultures, jusques et y compris la formulation réflexive qu'elles reçoivent dans « la Règle d'or[2] ». Ce phénomène

---

1. À l'encontre de ce que postule Honneth dans son étude sur l'éthique de Dewey, « Zwischen Prozeduralismus und Teleologie » (art. cit.).

2. Classique à ce sujet : Jean Piaget, *Le Jugement moral chez l'enfant* (1932), Paris, PUF, 1995[8] ; sur la question de la relativité

ne va pas sans difficulté pour une position qui se plaît à souligner la contingence des valeurs dans une intention relativiste ; à l'inverse, la tradition déontologique universaliste de la théorie morale a toujours pu trouver dans ces faits une confirmation supplémentaire de ses convictions. Il faut toutefois ajouter immédiatement une restriction à cette mention de la présence universelle de normes fondamentales : toute culture limite la portée de la morale potentiellement universelle en définissant son champ et ses conditions d'application. Savoir quels êtres humains (ou êtres vivants) et quelles situations relèvent de cette morale est question d'interprétation et varie en conséquence selon les cultures et les époques. On produit à chaque fois des justifications pour exclure les personnes d'autres nationalités, ethnies, races ou religions, de l'autre sexe, d'un autre âge, d'une autre complexion psychique ou d'une autre moralité ; sans justification de ce genre, le Juste serait une forme d'explosif pour une culture. Mais, une fois encore – comme dans le cas de l'acteur individuel –, ce serait une erreur d'oublier, saisi par l'enthousiasme du plaidoyer pour une morale universaliste, qu'aucune culture ne peut se passer d'un système axiologique particulier et d'une interprétation du monde elle aussi particulière. Dans ce contexte, « particulier » ne signifie naturellement pas « particulariste » ; la spécificité culturelle ne conduit pas à une incapacité à prendre en compte les points de vue universalistes. Au contraire. La question est justement de savoir quelles traditions culturelles particulières se prêtent le mieux à être reprises dans la perspective de l'universalité du Juste et comment, dans cette même perspective, d'autres traditions culturelles peuvent être prolongées et transformées de manière créative.

----

culturelle de la morale, cf. le volume collectif édité par Traugott Schöfthaler et Dietrich Goldschmidt (dir.), *Soziale Strukturen und Vernunft*, Francfort-sur-le-Main, 1984.

Pour le travail théorique des sciences sociales, cela signifie qu'il faut distinguer clairement entre l'intégration culturelle et l'intégration sociale. Mais cela signifie aussi que, au niveau de l'intégration sociale, il faut prendre en compte l'universalité potentielle des normes. La régulation normative de l'intégration sociale provient en partie des valeurs culturelles ; elle n'est toutefois pas simplement dérivée de ces dernières, mais résulte d'un équilibre réflexif entre la réflexion des acteurs coopérants sur leur collaboration et les interprétations culturelles. Si, chez Parsons, on avait l'impression que les normes n'étaient que des spécifications des valeurs eu égard à des situations, c'est qu'il commettait le paralogisme idéaliste consistant à réduire le social au culturel[1]. On ne saurait cependant faire valoir le social au détriment de son universalité potentielle et le réduire à de simples conflits d'intérêts et à des rivalités dans la répartition des ressources sans prendre aussi en compte le potentiel normatif intégré dans la coopération antagoniste. Cela reviendrait à remplacer le paralogisme idéaliste et culturaliste par un paralogisme matérialiste et utilitariste. L'analyse de l'interaction entre l'intégration culturelle et l'intégration sociale, entre les valeurs et les normes, doit prendre en compte l'observation que les différents systèmes de valeurs sont plus ou moins proches des normes résultant des structures universelles de coopération. Dans les systèmes axiologiques particuliers des sociétés démocratiques, nous trouvons des règles qui peuvent être comprises comme la traduction de règles morales universelles dans des institutions politiques

---

1. Cf. chapitre 1, p. 50 ss à propos des déficits de la conception des valeurs de Parsons. Très bon sur cette question, Jeffrey Alexander dans sa comparaison entre Parsons et Touraine. Cf. id., « Collective Action, Culture and Civil Society : Secularizing, Updating, Inverting, Redising and Displacing the Classical Model of Social Movements », in : Jon Clark/Marco Diani (dir.), *Alain Touraine*, Londres, 1996, p. 205-234, ici p. 217 ss.

particulières. Elles n'en restent pas moins irrémédiablement particulières et doivent, lors de chaque transposition dans une autre culture, être à nouveau soumises à un examen critique pour déterminer si leur particularité est un particularisme. Mais l'idée qu'il faille faire disparaître la particularité elle-même pour parvenir à surmonter le particularisme perd de vue le caractère nécessairement contingent des valeurs ; elle se condamne elle-même à rester une simple morale et, détachée de l'attractivité des valeurs, à déclarer possible une motivation reposant sur la morale pure.

La réponse donnée ici à la question posée par la relation entre le Bien et le Juste déclare donc que, dans la situation de l'action, il ne peut y avoir qu'un équilibre réflexif entre le Bien et le Juste, mais que le point de vue du Juste entre inévitablement en concurrence avec celui du Bien et exerce son effet en modifiant le Bien. En même temps, nous avons affirmé que, dans la perspective du pragmatisme – qui aborde les questions dans l'optique de l'acteur –, cette réponse est la théorie éthique appropriée. Il est cependant inévitable de relever que le projet contemporain sans doute le plus impressionnant d'une théorie morale universaliste, « l'éthique de la discussion », de Karl-Otto Apel et Jürgen Habermas aboutit à d'autres conclusions bien qu'il se réclame avec de bonnes raisons du pragmatisme. Jürgen Habermas[1] en particulier défend avec beaucoup de véhémence la primauté du Juste face au Bien et oriente dans ce sens ses contributions sur le

---

1. Cf. surtout : Jürgen Habermas, *De l'éthique de la discussion* (1991 ; trad. par Mark Hunyadi), Paris, Cerf, 1992 ; *Droit et démocratie. Entre faits et normes* (1992 ; trad. par Rainer Rochlitz et Christian Bouchindhomme), Paris, Gallimard, 1999 ; *L'intégration républicaine. Essais de théorie politique* (1996 ; trad. par Rainer Rochlitz), Paris, Fayard, 1998.

droit et sur l'État de droit démocratique dans le cadre de la théorie de la discussion. Or l'idée de discussion remonte à la philosophie des sciences de Charles Sanders Peirce et à l'éthique et à la théorie de la communication de George Herbert Mead, c'est-à-dire à deux éléments centraux de la tradition pragmatiste. Le progrès que l'éthique de la discussion marque par rapport à Kant consiste essentiellement dans l'idée pragmatiste que lors de la formation du jugement moral chacun n'est pas « suffisamment capable, *en vertu de sa propre imagination*, de se mettre à la place de tout autre. Or, si les participants ne peuvent plus se fier à une entente préalable de type transcendantal relativement à des conditions de vie et des intérêts plus ou moins homogènes, alors le point de vue moral ne peut plus se réaliser que dans des conditions qui garantissent que *tout un chacun* examine, y compris du point de vue de sa propre façon de se comprendre et de comprendre le monde, l'acceptabilité d'une norme érigée en pratique universelle. L'impératif catégorique est dès lors interprété à la lumière de la théorie de la discussion. Il est remplacé par le principe de discussion "D" selon lequel ne peuvent prétendre à la validité que les normes susceptibles de trouver l'assentiment de toutes les personnes concernées, pour autant qu'elles participent à une discussion pratique[1]. » Mais d'où provient alors cette divergence ? Nous ne posons pas cette question pour préserver une sorte d'orthodoxie pragmatiste – rien ne lui correspondrait moins –, mais pour déterminer quelles relations l'idée de discussion entretient avec l'explication de la genèse des valeurs que nous avons tenté de proposer dans ces pages.

Dans un premier temps, il faut relever que le problème d'un possible conflit entre deux conceptions qui se réclament de la même origine ne résulte pas de l'idée

---

1. Habermas, *L'Intégration républicaine* (*op. cit.*), p. 67.

de discussion elle-même, mais du statut logique qui est attribué à cette idée dans le tout d'une philosophie. Si la tâche de la théorie de la discussion consistait exclusivement à exposer une procédure pour examiner des prétentions à la validité en dehors de la situation d'action à proprement parler et si, en conséquence, une éthique de la discussion n'avait pas d'autre but que d'exposer et de défendre cette procédure d'examen des prétentions à la validité normative et évaluative, l'éthique de la discussion ne traiterait en aucune façon de l'objet d'une théorie de la genèse des valeurs. On ne peut d'ailleurs tirer des idées développées dans ce livre nul argument contre une telle compréhension de la théorie et de l'éthique de la discussion. Au sein de l'éthique pragmatiste, il n'y aurait alors nul conflit, mais une division du travail entre la justification des prétentions à la validité par l'éthique de la discussion et une éthique élaborée dans la perspective de l'agir en situation. Mais, chez Jürgen Habermas[1], il n'est pas clair que la tâche de l'éthique de la discussion soit vue de cette façon. De la façon dont il définit les tâches et les potentiels de l'éthique de la discussion résultent des problèmes dont la portée renvoie, au-delà des questions concernant l'architectonique interne des théories, à des différences de conception dans la discussion publique sur les valeurs.

La façon dont Habermas comprend le statut de la théorie de la discussion et de l'éthique de la discussion a passé au fil des ans par des modifications considérables. Il est hors de doute que, dès le départ, des motifs substantiels

---

1. Je renonce ici à discuter l'œuvre de Karl-Otto Apel. Pour la genèse de l'éthique de la discussion en Allemagne, sa réception et son interprétation magistrale de l'œuvre de Charles Sanders Peirce a certainement joué le rôle essentiel. Cf. Karl-Otto Appel, *Der Denkweg von Ch. S. Peirce*, Francfort-sur-le-Main, 1975 ; id., *Discussion et responsabilité* (2 vol., trad. par Christian Bouchindhomme, Marianne Charrière et Rainer Rochlitz), Paris, Cerf, 1996-1998.

importants l'ont poussé à souligner le potentiel de la communication publique et de l'interaction médiatisée symboliquement[1]. Des motifs de ce genre sont présents derrière la théorie de l'agir communicationnel dans son ensemble, et derrière l'éthique de la discussion en particulier. Au début, il comprenait en conséquence l'idée de discussion au sens de « l'apparaître d'une forme de vie[2] » comme une variante d'une forme de vie dont il est possible de faire aujourd'hui l'expérience vive dans la communication, alors même que cette forme de vie attend encore d'être pleinement réalisée au gré de la critique de la société et la politique. Habermas remarqua toutefois bientôt que les formes de vie ne pouvaient être globalement soumises à une approche normative et qu'il y avait une part d'hybris à vouloir dériver des structures de l'argumentation rationnelle la configuration correcte des formes de vie sociétales. Il se rabattit alors sur une conception procédurale formelle du statut de la discussion. L'œuvre systématique principale de Habermas, sa *Théorie de l'agir communicationnel* de 1981[3], fait clairement montre de cette modification de sa compréhension. Dans son voisinage immédiat, la prétention énorme

---

1. On le remarque clairement à son livre sur l'espace publique d'une part, à sa distinction en théorie de l'action entre « travail » et « interaction », qui s'inscrit à la suite de Hannah Arendt et George Herbert Mead. Cf. Jürgen Habermas, *L'Espace public. Archéologie de la publicité comme dimension constitutive de la société bourgeoise* (1962 ; trad. par Marc B. de Launay), Paris, Payot, 1978 ; id., « Travail et interaction. Remarques sur la *Philosophie de l'esprit* de Hegel à Iéna » in : id., *La Technique et la science comme « idéologie »* (1968 ; trad. par Jean-René Lamiral), Paris, Denoël, 1984, p. 133-211.

2. Jürgen Habermas, « Vorbereitende Bemerkungen zu einer Theorie der kommunikativen Kompetenz », in : id./Niklas Luhmann, *Theorie der Gesellschaft oder Sozialtechnologie – Was leistet die Systemforschung ?*, Francfort-sur-le-Main, 1971, p. 101-141, ici p. 141.

3. Habermas, *Théorie de l'agir communicationnel* (*op. cit.*), vol. 2, par ex. p. 120 ss.

dont il charge l'argumentation rationnelle dans la discussion se manifeste clairement dans la thèse, se référant à Durkheim, de « la mise en langage du sacré[1] ». Cette « mise en langage du sacré », Habermas la définit comme « le passage de la reproduction culturelle, de l'intégration sociale et de la socialisation des bases du sacré dans la communication linguistique et dans l'agir orienté vers la communication[2] ». Sur ce point, son hypothèse est que « les fonctions d'intégration sociale et d'expression, d'abord remplies par les pratiques rituelles, passent dans l'agir communicationnel : dès lors, l'autorité du sacré est progressivement remplacée par l'autorité d'un consensus tenu pour fondé à une époque donnée. [...] L'aura d'enchantement et d'effroi que diffuse le sacré, la force de *fascination* du sacré sont sublimées dans la force *contraignante* des prétentions à la validité critiquables et ramenées dans le quotidien[3]. » Cette thèse est certes développée en référence à Durkheim, mais c'est moins à son idée d'une persistance du sacré dans la société moderne qu'elle correspond qu'à la perspective de John Dewey, exposée et critiquée dans ce livre sous le titre d'une « sacralisation de la démocratie[4] ».

Après la *Théorie de l'agir communicationnel*, l'éthique de la discussion et sa fondation ont fait l'objet de maints élargissements et de moult modifications. Dans notre contexte, une présentation chronologique de l'évolution des idées de Habermas n'a pas d'intérêt. Aussi vaut-il mieux indiquer dans une perspective systématique les problèmes qui se posent à la réflexion sur le statut de l'éthique de la discussion et la façon dont Habermas y réagit. Dans notre contexte, nous ne pouvons dans la

---

1. *Ibid.*, p. 87 ss.
2. *Ibid.*, p. 120.
3. *Ibid.*, p. 88.
4. Cf. le chapitre 7 de ce livre.

plupart des cas qu'esquisser la question ; un seul point fera l'objet d'une présentation plus détaillée parce que c'est le point d'où résulte la différence lourde de conséquences avec l'argumentation présentée dans ce livre.

Je propose de distinguer six problèmes qui surgissent lors de la réflexion sur le statut de l'éthique de la discussion. Le premier problème (1) concerne la question, déjà apparue lors du coup d'œil rétrospectif sur l'évolution de Habermas : la discussion comme procédure formelle était-elle ou non véritablement détachable de tout présupposé axiologique ? Pour plus de clarté, les cinq autres problèmes peuvent être classés en fonction de leur place dans une chronologie imaginaire résultant de la tâche conférée à la discussion : examiner et justifier des propositions de solution pour les problèmes de l'action, aussi indirectes et détachées des situations concrètes de l'agir ces propositions soient-elles. On peut ainsi se demander d'où viennent les candidats à cet examen critique, et donc comment apparaissent des prétentions à la validité (2) ; d'où est censé venir la motivation à entrer dans une discussion et à s'en tenir à ses règles (3) ; quelle différenciation interne de la discussion nous devons accepter (4) ; comment les résultats obtenus doivent être appliqués dans l'action (5) ; enfin, par quel moyen la discussion elle-même peut acquérir le pouvoir de lier les participants (6).

En ce qui concerne le premier problème (1), les suggestions nouvelles ne viennent pas tant de Habermas lui-même, qui a opté sans hésitation pour une interprétation procédurale formelle de la discussion, que de critiques proches de Habermas qui rechignent à le suivre sans réserve ou qui veulent sonder plus avant le potentiel de la perspective abandonnée par Habermas. Ainsi Richard Bernstein, l'un des meilleurs connaisseurs de l'œuvre de Dewey, a-t-il fait valoir contre Habermas que, dans les explications qu'il donne de la discussion comme procédure, Habermas fait constamment référence à des vertus qu'il récuse par ailleurs[1]. Avec Dewey et contre Habermas, Bernstein souligne le caractère indispensable d'un « éthos démocratique » pour le succès de toute discussion tout en se refusant à identifier cet éthos avec les traits anti-pluralistes du républicanisme classique. Prenant parti avec le jeune Habermas contre le Habermas plus tardif, Axel Honneth défend les implications substantielles de l'éthique de la discussion. Il les identifie d'une part dans l'absence de contrainte, d'autre part dans « la liberté égalitaire face à la prise de position morale[2] », une liberté qui renvoie aux conditions de la reconnaissance sociale[3]. Habermas lui-même ne se laisse pas impressionner par ces objections ; contre Bernstein, il fait valoir qu'il n'a jamais mis en doute l'existence empirique de présupposés culturels de la démocratie mais que, justement, il ne fait pas « reposer en dernière instance *tout* le poids de la légitimation du droit positif sur la vertu politique

---

1. Richard Bernstein, « The Retrieval of Democratic Ethos », in : *Cardozo Law Review* 17 (1996), p. 1127-1146.

2. Axel Honneth, « Diskursethik und implizites Gerechtigkeitskonzept », in : Wolfgang Kuhlmann (dir.), *Moralität und Sittlichkeit. Das Problem Hegels und die Diskursethik*, Francfort-sur-le-Main, 1986, p. 183-193, ici p. 191. La caractérisation du mouvement de sa pensée fait référence à son livre *Critique du pouvoir. Michel Foucault et l'école de Francfort. Élaboration d'une théorie critique de la société* (1985), Paris, la Découverte, 2017. On peut peut-être lire les phrases suivantes de Habermas comme une réponse implicite à Honneth : « La répartition égalitaire des libertés de communiquer *à l'intérieur* de la discussion et l'exigence de sincérité *pour* la discussion sont des obligations et des droits *relatifs à l'argumentation* et nullement *d'ordre moral*. De même, l'absence de contrainte est relative au processus argumentatif lui-même, et non aux relations interpersonnelles *extérieures* à cette pratique. » (Habermas, *L'Intégration républicaine* [*op. cit.*], p. 86.)

3. Comme Honneth l'a développé dans un livre et dans de nombreux autres travaux. Cf. Axel Honneth, *La Lutte pour la reconnaissance* (1992 ; trad. de Pierre Rusch), Paris, Gallimard, 2013.

des citoyens réunis[1] ». C'est justement de renoncer à une interprétation éthique substantielle de la discussion qui met en évidence la signification du droit pour les sociétés modernes et la possibilité de réaliser la démocratie dans ces conditions.

L'origine des prétentions à la validité (2) est une question à laquelle Habermas n'accorde qu'une attention très marginale. Si l'on sépare de façon tranchée les questions de genèse et de validité, une théorie qui examine les prétentions à la validité n'a effectivement nul besoin de s'occuper de la genèse de ces dernières. Elles restent bannies dans une sphère irrationnelle dont elles ne sortent qu'au moment où elles font l'objet de la procédure d'examen discursif. Il ne s'agit certes pas de contester la distinction entre genèse et validité ; c'est seulement la manière trop tranchée dont elle est mise en œuvre qui laisse dubitatif. Même dans le cas des prétentions à la validité empirique, il n'est pas toujours possible de séparer clairement la genèse d'une hypothèse de l'examen de sa validité théorique[2]. À d'autant plus forte raison n'élève-t-on pas de façon arbitraire des prétentions à la validité normative. Le simple fait de soumettre à la discussion certaines normes est moralement exclu ; et nous pouvons considérer les personnes qui agissent naturellement de façon morale comme supérieures de ce point de vue à d'autres qui doivent d'abord être convaincues d'agir moralement[3].

---

1. Jürgen Habermas, « Réplique aux intervenants du colloque organisé par la Cardozo Law School », in : id., *L'Intégration républicaine* (*op. cit.*), p. 403-524, ici p. 407 (traduction modifiée).

2. C'est d'ailleurs la raison pour laquelle, dans la philosophie des sciences de Peirce, comme le sait fort bien Habermas, la théorie de la discussion allait de pair avec une logique de l'abduction, de la découverte d'hypothèses dignes d'être examinées.

3. Comme Scheler le fait valoir contre Kant, cf. le chapitre 6 du présent livre, p. 179 et 184. L'argument de l'évaluation de la simple discussion d'une possibilité est formulé avec un humour tout

Habermas accorde certes lui-même que la séparation de la genèse et de la validité est plus difficile lorsqu'il s'agit de questions axiologiques[1] ; mais cela ne l'amène pas à se tourner vers la question de la genèse des valeurs. Lorsque la procédure formelle de la discussion ne permet pas de tirer des conclusions substantielles, mais que, sur la base de discussions toujours spécifiques reposant sur des prétentions à la validité effectivement articulées, elle peut seulement développer une argumentation et atteindre un consensus à chaque fois particulier[2], c'est alors le moment où il apparaît justement indispensable d'articuler l'une à l'autre la genèse et la validité, d'entreprendre une explication autoréflexive de la genèse de certaines prétentions à la validité et de soumettre leur bien-fondé à un examen critique.

En revanche, Habermas est très clairement conscient du problème posé par la motivation à la discussion et à la moralité (3). Après la *Théorie de l'agir communicationnel*, il rétracte dans ses – trop rares – réflexions sur la religion[3] ses thèses imprudentes sur le développement

---

britannique par Bernard Williams, *L'Éthique et les limites de la philosophie* (*op. cit.*), p. 200 : « On se sent mal à l'aise avec un homme qui déclare, au cours d'une discussion sur la façon de traiter les concurrents en politique ou en affaires : "Bien sûr, nous pourrions les faire tuer, mais nous devrions écarter cette éventualité dès le départ." Il est caractéristique de la moralité qu'elle tende à ne pas prendre en compte la possibilité que la meilleure façon de traiter certaines options consiste à ne pas les mentionner dans la délibération. » (Traduction modifiée.)

1. Habermas, *Droit et démocratie* (*op. cit.*), p. 183.
2. Habermas, *L'Intégration républicaine* (*op. cit.*), p. 87 s.
3. Ce texte a été écrit en 1996 ; depuis lors, Habermas a consacré plusieurs ouvrages à la question de la religion. Cf. en particulier Jürgen Habermas, *Entre naturalisme et religion. Les défis de la démocratie* (2005 ; trad. par Christian Bouchindhomme), Paris, Gallimard, 2008 ; id., *Droit cosmopolite, monde vécu et religion* (Christian Bouchindhomme, éd.), Paris, Gallimard, 2017 ; id., *La Constellation occidentale de la foi et du savoir. Une histoire de la philosophie*, tome 1

de la religion en modernité et sur le remplacement sans reste des images religieuses du monde par une éthique universaliste de la responsabilité[1]. Ce faisant, Habermas supprime les traces d'une dogmatique du « Dieu est mort », héritière des Lumières et de Nietzsche, une dogmatique dont la présence se faisait sentir aussi dans son œuvre. Mais il ne va pas au-delà d'une position confessant une ouverture d'esprit agnostique et ne pose pas la question des possibilités d'une « religiosité postmétaphysique » ou, mieux, d'une religiosité dans des conditions post-métaphysiques, telle qu'on l'a abordée dans ce livre surtout en débat avec William James[2]. En ce qui concerne la question de la motivation à la moralité, son attitude est tout à fait défensive. Aussi bien dans les méditations consacrées à la pensée de Horkheimer sur la religion[3] que dans sa discussion des *Sources du moi*, de Taylor[4],

---

(2019 ; trad. par Frédéric Joly), Paris, Gallimard, 2021 ; id./Joseph Ratzinger, *Raison et religion. Dialectique de la sécularisation* (trad. par Jean-Louis Schlegel), Paris, Salvator, 2010. En allemand, une série de collectifs a été consacrée à ces questions, cf. entre autres : Herta Nagl-Docekal/Rudolf Langtahler (dir.), *Recht, Geschichte, Religion*, Berlin, Akademie Verlag, 2004 ; Michael Rieder/Josef Schmidt (dir.), *Ein Bewußtsein von dem, was fehlt. Eine Diskussion mir Jürgen Habermas*, Berlin, 2008 ; Eduardo Mendieta/Jonathan VanAntwerpen (dir.), *Religion und Öffentlichkeit*, Berlin, 2012. (*N.d.T.*)

1. Il s'agit pour l'essentiel de deux articles : Jürgen Habermas, « À propos de la phrase de Horkheimer : « Sauvegarder un sens inconditionné sans Dieu est chimère », et « Digression : Transcendance de l'intérieur, transcendance de l'extérieur » ; ces deux textes se trouvent in : id., *Textes et contextes. Essais de reconnaissance théorique*, Paris, Cerf, 1994, p. 69-84 et 85-110, ici p. 97. Il est venu s'ajouter un article consacré directement à la question de motivation à la morale : Jürgen Habermas, « Le contenu cognitif de la morale, une approche généalogique », in : id., *L'Intégration républicaine* (*op. cit.*), p. 13-90.

2. Cf. le chapitre 3 du présent livre.

3. Habermas, *Textes et contextes* (*op. cit.*), p. 83.

4. Habermas, *De l'éthique de la discussion* (*op. cit.*), p. 99-105, ici p. 105.

il explique que la philosophie post-métaphysique n'est pas susceptible d'assumer la tâche d'une motivation à la morale. « La philosophie peut bien, aujourd'hui, encore expliquer le point de vue moral sous l'égide duquel nous jugeons impartialement quelque chose comme juste ou injuste ; dans cette mesure, la raison communicationnelle ne se situe aucunement à égale distance de la moralité et de l'immoralité. C'est autre chose cependant que de donner une réponse motivante à la question de savoir pourquoi nous suivons nos intellections morales, et d'une façon générale, pourquoi nous devons être moraux[1]. » La connotation quasiment utopique qui accompagnait jadis la thèse de la « mise en langage du sacré » s'est presque complètement évaporée. La justification et le consensus acquis par l'argumentation ne se voient plus alloué que « la force réduite propre à la motivation rationnelle[2] ». Comme dans le cas de la question de la vertu des citoyens, cette attitude aspire Habermas du côté du droit, qui vient remplacer la force trop faible de la motivation rationnelle. « D'où la nécessité de compléter la morale, avec sa faible puissance de motivation, par un droit contraignant et positif[3]. »

Habermas accorde aussi la plus grande attention à la question de la différenciation de l'idée de discussion selon les tâches qui lui sont dévolues (4). Tandis que la *Théorie de l'agir communicationnel* avait distingué entre les prétentions à la validité de la vérité, de la justesse et

---

1. Habermas, *Textes et contextes, op. cit., loc. cit.*

2. Habermas, *Droit et démocratie* (*op. cit.*), p. 19. En 1983 déjà, Johannes Weiss avait argumenté dans ce sens. Cf. id., « Verständigungsorientierung und Kritik », maintenant in : id., *Vernunft und Vernichtung. Zur Philosophie und Soziologie der Moderne*, Opladen, 1993, p. 223-237.

3. Ainsi Habermas dans l'article « Le contenu cognitif de la morale » (art. cit.), p. 70, note 1. ; Dans cet article, Habermas discute frontalement ce problème à plusieurs reprises.

de l'authenticité et en avait tiré une typologie des argumentations possibles[1], Habermas a introduit par la suite une autre tripartition dont la relation aux deuxième et troisième types de la première classification reste toutefois fort peu claire. Depuis 1988, il distingue entre l'usage « pragmatique », l'usage « éthique » et l'usage « moral » de la raison pratique[2]. Selon le type de question, c'est un autre type de discussion qui est requis. « Les *questions pragmatiques* se posent du point de vue d'un acteur qui cherche les moyens appropriés permettant de réaliser des fins et des préférences données. [...] Les *questions éthico-politiques* se posent du point de vue des membres d'une communauté qui, à propos de certaines questions d'importance vitale, souhaitent savoir quelle forme de vie ils partagent et en fonction de quels idéaux ils devraient esquisser leur vie commune. [...] Dans le cas des *questions morales*, le point de vue téléologique, en fonction duquel nous réglons nos problèmes par une coopération ciblée, disparaît entièrement au profit du point de vue normatif en fonction duquel nous examinons la manière dont notre vie commune peut être réglementée dans l'intérêt égal de tous[3]. » Cette distinction réagit certes avec sensibilité à un important problème objectif. La terminologie choisie n'en reste pas moins malheureuse dans la mesure où, dans le cas d'espèce, la séparation entre la dimension éthique et la dimension morale ne correspond ni à l'utilisation antérieure de ces concepts en philosophie ni à celle qu'en fait par ailleurs Habermas dans son œuvre. Habermas remarque d'ailleurs lui-même qu'avec

---

1. Habermas, *Théorie de l'agir communicationnel* (*op. cit.*), vol. 1, p. 31 ss.

2. Habermas, « De l'usage pragmatique, éthique et moral de la raison pratique », in : id., *De l'éthique de la discussion* (*op. cit.*), p. 95-110.

3. Habermas, *Droit et démocratie* (*op. cit.*), p. 178, 179 et 181.

ce tournant terminologique, il entre en conflit avec les prémisses sur lesquelles repose son concept d'« éthique de la discussion » ; il faudrait maintenant parler d'une « théorie discursive de la morale[1] ». Mais la question de fond est beaucoup plus importante que ce problème terminologique : la distinction proposée par Habermas passe-t-elle objectivement au bon endroit ? Il faudra y revenir lorsque nous déterminerons la différence entre l'éthique pragmatiste et sa conception de l'éthique de la discussion.

Sous l'influence d'Albrecht Wellmer et de Klaus Günther, Habermas a tenu compte du problème de l'application des normes (5), ou plutôt du problème de la distinction entre la fondation d'une norme et la justification de l'application faite de la norme en élargissant sa typologie des formes de discussion par l'ajout d'une discussion portant sur l'application (*Anwendungsdiskurs*)[2]. C'est certainement un complément fécond de la conception de départ. Mais cela ne comble qu'à première vue le fossé entre une théorie de la discussion qui s'oriente sur la justification et une éthique centrée sur la solution des

_____

1. Habermas, *De l'éthique de la discussion* (*op. cit.*), préface, p. 1. Contre Habermas, Thomas McCarthy souligne « l'interdépendance *en pratique* de ces aspects susceptibles d'être distingués *analytiquement* [...]. Donc, *en pratique*, la délibération politique n'est pas tant une imbrication de discours séparés qu'un processus de communication à multiples facettes autorisant des transitions fluides entre des questions et des arguments de différentes sortes. » Cf. id., « Legitimacy and Diversity : Dialectical Reflections on Analytical Distinctions », in : *Cardozo Law Review* 17 (1996), p. 1083-1125, ici p. 1105. Habermas accepte ce point pour la théorie du droit, mais pas en général pour une théorie de la discussion. Cf. id., *L'Intégration républicaine* (*op. cit.*), p. 440 s.

2. Albrecht Wellmer, *Ethik und Dialog. Elemente des moralischen Urteils bei Kant und in der Diskursethik*, Francfort-sur-le-Main, 1986 ; Klaus Günther, *Der Sinn für Angemessenheit : Anwendungsdiskurse in Moral und Recht*, Francfort-sur-le-Main, 1988.

problèmes de l'action. Incontestablement, la sensibilité au contexte dans l'application des normes ainsi que la prise en considération de la particularité irréductible de chaque individu[1] s'en trouvent mieux honorées. Mais comme le reconnaît clairement Habermas les discussions portant sur l'application restent « comme les discussions portant sur la justification une pure affaire cognitive et n'offrent pour cette raison aucune compensation au découplage entre le jugement moral et les motifs de l'action[2] ». Dans les discussions portant sur l'application, on n'élabore pas de façon créative des « applications », de nouvelles actions, mais on argumente, détaché de la situation de l'action, pour déterminer si une application est justifiable ou non.

La question de savoir comment les résultats d'une discussion ont le pouvoir de lier les participants (6) se développe en parallèle à la question de la motivation à entrer dans la logique de la discussion. Plus Habermas prend clairement conscience de « la force faible de la motivation rationnelle », moins il fait confiance au pouvoir de lier les participants susceptible d'émaner d'un consensus produit par l'argumentation. Sur ce point, la différence entre Dewey et Habermas est instructive. Tandis que Dewey[3] reconnaît au dialogue – pas à l'argumentation rationnelle comme telle – le potentiel d'une expérience d'auto-transcendance dont peut procéder un lien affectif au partenaire de dialogue et à la possibilité de parler l'un à l'autre considérée comme une valeur, Habermas se prive

---

1. Comme l'a exigé avec force Axel Honneth, en réaction aux réflexions potsmodernes sur l'éthique. Cf. Honneth, « Das Andere der Gerechtigkeit. Habermas und die ethische Herausforderung der Postmoderne », in *Deutsche Zeitschrift für Philosophie* 42 (1994), p. 195-220.

2. Habermas, *De l'éthique de la discussion* (*op. cit.*), p. 106 (traduction modifiée).

3. Cf. le chapitre 7 du présent livre.

lui-même de cette possibilité en conférant toujours davantage au dialogue les traits d'une discussion argumentée. On ne peut en effet avoir les deux : si la discussion est seulement une procédure formelle, elle ne peut déployer de pouvoir capable de lier les participants. S'il convient qu'elle déploie un tel pouvoir, il faut lui concéder davantage que l'échange rationnel d'arguments.

Après ce survol rapide du monde de problèmes suscités par l'éthique de la discussion de Habermas, certaines tâches apparaissent réglées, d'autres sont encore en attente d'être traitées. Il reste incontestablement des questions ouvertes à propos de la provenance des prétentions à la validité, de la motivation à entrer dans le jeu de la discussion et du pouvoir de liaison revenant au consensus. Toutes ces questions renvoient au thème des valeurs. Dans la discussion, on soumet à un examen critique ce vers quoi les personnes se sentent attirées en matière de valeurs ; sans engagement axiologique, elles ne peuvent pas se sentir motivées à participer à la discussion et à respecter ses règles ; et elles se sentent liées par le résultat de cette discussion seulement si cela procède de leur engagement axiologique ou si cette participation elle-même fait naître un engagement axiologique. Dans ces trois questions, l'éthique de la discussion et la théorie de la genèse des valeurs sont par conséquent en contact l'une avec l'autre. Chez Habermas, il n'en résulte cependant aucun contact fécond parce qu'il distingue les types de discussion d'une manière qui empêche ce contact.

Ce qui apparaît très problématique, c'est en particulier la façon dont Habermas distingue le domaine éthique et le domaine moral, le Bien et le Juste, les valeurs et les normes. En ces matières, ses explications ne sont d'ailleurs pas toujours consistantes les unes avec les autres ; chez un penseur aussi porté sur la précision conceptuelle et l'autocritique, c'est en soi déjà l'indice que la problématique reste ouverte. Habermas fait appel essentiellement à trois caractéristiques pour définir sa distinction. Les normes et les valeurs diffèrent premièrement en ce qu'elles se rapportent soit à la dimension obligatoire soit à la dimension téléologique de l'agir ; à ses yeux, elles diffèrent deuxièmement par la portée de leur validité déontologique (*Sollgeltung*) : les normes prétendent à l'universalité, les valeurs en revanche à la particularité. Troisièmement Habermas explique que les normes concernent nécessairement la régulation des relations interpersonnelles tandis que les valeurs sont référées au *telos* de la vie personnelle de chacun et n'exigent par conséquent « nullement une rupture complète avec la perspective égocentrique[1] ».

Si l'on passe en revue ces trois éléments de définition, on constate que le premier correspond effectivement à la distinction usuelle entre le Bien et le Juste, ou à la distinction bien connue entre les normes et les valeurs ; c'est d'ailleurs elle qui se trouve aussi à la base du présent ouvrage[2]. Il en va tout autrement des deux autres éléments. La thèse affirmant que l'éthique ne comprend que des maximes formulant ce qui est bon « pour moi » ou « pour nous », alors que seule la morale viserait ce qui est bon pour tous est fausse. Habermas est victime de l'ambiguïté de l'expression « pour moi » ou « pour nous ». L'éthique ne désigne pas ce qui est bon « pour moi » au sens de mon bonheur, mais ce qui est bon « pour moi » au sens

---

1. Cf. sur ces définitions en particulier Habermas, *Droit et démocratie* (*op. cit.*), p. 278 et id., *De l'éthique de la discussion* (*op. cit.*), p. 99 (d'où provient la citation ; traduction modifiée). Je ne discute pas ici deux autres déterminations, la codification binaire ou graduelle de la prétention à la légitimité et la différence des critères pertinents pour la cohérence des « systèmes de normes » ou des « constellations axiologiques », car il me semble qu'il s'agit là seulement de propriétés logiques du premier caractère distinguant les normes des valeurs.

2. Habermas semble toutefois hésiter quant à la compréhension exacte du concept de valeur. Tandis que, dans *Droit et démocratie*

où je comprends honnêtement le Bien, où je suis saisi par les valeurs. Les deux significations n'ont en commun que leur sonorité. Dans un cas, c'est moi-même, mon bonheur et mon bien-être, qui suis l'étalon de mon jugement ; dans l'autre, je suis seulement conscient que, dans le jugement, c'est moi qui juge – l'étalon de ce jugement se trouve en revanche hors de moi-même. Prétendre que toutes les éthiques n'auraient jamais eu en vue que le bonheur des membres de leur propre culture ou de leur propre commu- nauté religieuse est – comme Richard Bernstein l'a formulé à l'encontre de Habermas avec une sévérité inhabituelle[1] – « une fiction qui tord les faits avec violence ». Elle est injuste envers toutes les traditions éthiques universelles (comme la tradition chrétienne), et même pour la réserve d'idéaux de justice et de conceptions axiologiques concer- nant l'attitude face aux étrangers que contient chaque éthos culturel. La même chose vaut pour le troisième élément. Il n'est simplement pas correct de dire que les éthiques ne s'orientent pas essentiellement sur l'organisa- tion à donner aux relations interhumaines et sociétales et que les éthiques universalistes ne nous motivent pas pour rompre avec les conceptions égocentristes.

Je prétends donc que, dans le développement de son éthique de la discussion, et en particulier chaque fois qu'il

---

(*op cit.*, p. 278) il définit encore les valeurs à la façon d'un utilitariste comme des « préférences partagées intersubjectivement », il écrit dans *L'Intégration républicaine* (*op. cit.*, p. 18 : « Ce qui possède chaque fois une valeur ou ce qui est authentique s'impose en quelque sorte à nous et se distingue des préférences pures et simples par une qualité obligatoire, autrement dit par une qualité qui renvoie au-delà de la subjectivité des besoins et des préférences. ») Ici (sous l'influence de Taylor ?), le sentiment, propre à l'expérience axiologique, d'être saisi par une force supérieure est exprimé de façon appropriée ; il s'agit d'un aspect qui doit être central dans une théorie moderne des valeurs.

1. Bernstein, « The Retrieval of the Democratic Ethos » (art. cit.), p. 1143.

s'occupe de la primauté du Juste ou du Bien, Habermas confond la distinction obligatoire/téléologique avec la distinction entre universalisme et particularisme, ainsi qu'avec celle entre égocentrisme et altruisme. Ces distinctions ne constituent nullement différentes dimensions d'une seule et même distinction ; il s'agit au contraire de distinctions différentes les unes des autres, qui entretiennent pour une forte part des relations variables les unes par rapport aux autres. Un système de valeurs universaliste est logiquement possible et empiriquement réel. À cela s'ajoute qu'aucune de ces trois distinctions ne coïncide avec la différence entre une éthique centrée sur la fondation et la justification et une éthique centrée sur la perspective de l'action. Cette distinction, constitutive pour comprendre l'éthique du pragmatisme, vient donc s'ajouter aux trois précédentes comme une quatrième distinction. Dans une éthique conçue dans la perspective de l'acteur, il faut qu'interviennent les valeurs *et* les normes ; comme nous l'avons décrit, le potentiel d'universalisation du normatif interagit avec les valeurs contingentes et produit différentes manières dont les systèmes axiologiques motivant l'action s'approchent de l'universalité potentielle des normes.

Si cette réflexion est correcte, toute une série de conséquences théoriques et empiriques que Habermas tire de sa conception du statut de l'éthique de la discussion s'avère caduque. Il est alors injustifié de craindre que, si la justice apparaît seulement comme une valeur parmi d'autres, elle ne soit plus disponible comme « un critère indépendant des contextes et permettant de formuler des jugements impartiaux[1] ». Si l'on suit l'argumentation exposée dans ces pages, l'étalon de la justice ne peut jamais, dans la perspective de l'acteur, représenter qu'un point de vue parmi d'autres ; mais, en raison de sa relation au problème anthropologique universel de la coordination de l'action,

---

1. Habermas, *L'Intégration républicaine* (*op. cit.*), p. 19.

ce point de vue est inévitable pour tout agir social. Tandis que Habermas suppose que la distinction entre normes et valeurs deviendrait sans objet si on prétendait à une validité universelle pour les valeurs ou les biens suprêmes[1] – ce qui, à son avis, est devenu impossible dans les conditions d'une pensée postmétaphysique –, notre argumentation fait valoir qu'il n'y a aucune condition concevable à laquelle la distinction entre l'obligatoire-restrictif et le motivant-attractif deviendrait caduque ; on soutient en même temps que la prétention à la validité universelle des valeurs peut être formulée même sous les conditions définies par la pensée postmétaphysique[2]. Habermas associe les trois modalités de l'usage de la raison pratique à trois grandes traditions de la philosophie morale[3]. Dans cette perspective, la tradition utilitariste correspond à l'usage pragmatique de la raison pratique, la tradition déontologique kantienne à son usage moral et la tradition aristotélicienne à son usage éthique. Mais, chez Habermas, cette répartition a aussi un sens stratégique. Elle sert à charger du poids des présupposés métaphysiques d'Aristote toutes les tentatives actuelles pour défendre la primauté du Bien face au Juste, ou même seulement à contester la primauté du Juste face au Bien, et donc à les déclarer d'emblée obsolètes dans les conditions de la pensée postmétaphysique. Il est certes correct qu'il existe un néo-aristotélisme contemporain pour lequel la reconstruction du potentiel critique d'une morale orientée vers l'universalisation est objet d'anathème. Mais Habermas parle de néo-aristotélisme même là où le lien avec les présupposés métaphysiques d'Aristote est expressément récusé et où l'on a affaire à une tentative de synthèse originale avec la

---

1. Habermas, *Droit et démocratie* (*op. cit.*), p. 279.
2. Cf. sur ce point les chapitres sur Scheler, Dewey et Taylor dans le présent ouvrage.
3. Habermas, *De l'éthique de la discussion* (*op. cit.*), p. 103.

tradition déontologique[1]. Il est encore plus étonnant que Habermas n'accorde pas la moindre attention à l'éthique pragmatiste dans sa présentation. S'il l'avait prise en compte, il serait devenu clair qu'en partant de l'usage pragmatique de la raison pratique on peut essayer de faire une synthèse avec les lignes aristotélicienne et kantienne tout aussi bien qu'on peut le faire en partant de la discussion – c'est-à-dire d'une prolongation intersubjective du kantisme. Parce que l'éthique du pragmatisme part de la créativité de l'agir, elle relativise le lieu de la discussion pour en faire le lieu d'une justification des prétentions à la validité ; c'est justement pour cette raison qu'elle rend mieux justice à la dynamique de l'action humaine qu'une théorie qui passe à côté de la réalité de l'action en se concentrant sur la justification discursive[2].

Dans une optique empirique, la théorie de Habermas entraîne un profond scepticisme à l'encontre de toute contribution des traditions axiologiques concrètes et des engagements axiologiques particuliers à l'intégration sociale des sociétés modernes. Pour Habermas, la voie royale menant à l'intégration des sociétés modernes est

---

1. Ainsi Taylor, « Motive einer Verfahrensethik » (art. cit.), p. 104 et 108, récuse expressément ce lien. L'argumentation la plus différenciée se trouve chez Ricœur, *Soi-même comme un autre* (*op. cit.*).

2. Je me réfère ici à ma critique de la *Théorie de l'agir communicationnel* de Habermas : cf. Hans Joas, « Die unglückliche Ehe von Hermeneutik und Funktionalismus » in : Axel Honneth/Hans Joas (dir.), *Kommunikatives Handeln*, Francfort-sur-le-Main, 1986, p. 144-176 (aussi dans mon livre : *Pragmatismus und Gesellschaftstheorie* [*op. cit.*], p. 171-204). J'ai essayé d'élaborer une théorie de l'action s'inscrivant dans la tradition pragmatiste dans : *La Créativité de l'agir* (*op. cit.*). De la même la façon qu'il utilise le concept de « néo-aristotélisme » dans le domaine de l'éthique, Habermas recourt au concept de « philosophie de la praxis » pour cacher les différences entre ceux qui se qualifient eux-mêmes ainsi, la philosophie de Taylor, le pragmatisme et d'autres positions encore (cf. Joas, *Créativité* [*op. cit.*], p. 111-115. Je trouve ce genre d'usage des concepts trompeur et gênant.

une morale universaliste et, là où elle s'avère trop faible, le droit moderne. Le droit moderne serait particulièrement adapté à l'intégration sociale des sociétés d'échanges commerciaux (*Wirtschaftgesellschaften*) parce que ces dernières « dépendent, dans des sphères d'action qui sont moralement neutralisées, de décision décentralisées, prises par des sujets individuels guidés par l'intérêt et recherchant par là le succès personnel[1] ». Mais le droit, continue Habermas, doit aussi « satisfaire aux conditions précaires d'une intégration sociale qui s'accomplit en fin de compte à travers les opérations d'intercompréhension réalisées par des sujets agissant au moyen de la communication[2] ». Cela se produit par le biais d'un cadre légal assurant les libertés d'action ; ce cadre légal tire quant à lui sa légitimité d'un processus législatif qui obéit au principe de la souveraineté populaire de sorte que – si l'on suit cette argumentation ingénieuse – la légitimité naît des droits de liberté des citoyens. Ce serait une fois de plus se méprendre sur le sens de l'argumentation que nous avons proposée dans ce livre si on la comprenait comme une contradiction opposée à cette conception. Le désaccord n'apparaît que là où Habermas exige trop de sa démonstration : non content d'affirmer la possibilité de voir naître de cette manière une légitimité, il déclare que cette possibilité est la seule acceptable. Ce point est atteint lorsqu'il affirme qu'une communauté morale se constitue « *uniquement* au moyen de l'idée négative consistant à abolir les discriminations et la souffrance, mais aussi à intégrer dans un respect réciproque ceux qui sont marginalisés – ou ce qui est marginalisé[3] ». Il est indubitable qu'une communauté peut se

---

1. Habermas, *Droit et démocratie* (*op. cit.*), p. 98 (citation légèrement adaptée syntaxiquement).

2. *Ibid.*

3. Comme on le lit dans la préface de *L'Intégration républicaine* (*op. cit.*), p. 8 (c'est moi qui souligne, HJ ; traduction modifiée, *N.d.T.*).

constituer de cette façon ; mais je conteste l'affirmation que seule une communauté constituée de cette manière mérite le prédicat « moral » !

Sur ce point, Habermas est toutefois loin d'être univoque. Dans son œuvre, on peut trouver aussi une autre manière de parler, une manière métaphorique, qui me semble plus adéquate. Habermas parle en effet de la morale et du droit comme de « cautions » (*Ausfallbürgschaft*) « pour les prestations d'intégration sociale de tous les autres ordres institutionnels[1] ». Nous ne recourons aux cautions que dans une situation critique ; nous essayons d'éviter d'en faire usage. Ce qui rend cette métaphore attractive, c'est qu'elle fait voir que la morale et le droit ne doivent pas être au premier plan de l'agir social. Il serait certes aujourd'hui inacceptable de se fier à une intégration passant par le lien communautaire et l'engagement axiologique ; aucun lien de ce genre ne peut par ailleurs exister sans la constante correction exercée par le potentiel d'universalisation du normatif. De même cependant que nous avons besoin de la rationalité procédurale du droit, de même faut-il reproduire les valeurs qui nous préserveront de devoir recourir aux cautions. Or la reproduction de ces valeurs ne peut se fier seulement à la faible motivation du consensus rationnel et aux effets de légitimation des libertés citoyennes. Les forces de la solidarité sociétale peuvent aujourd'hui se régénérer aussi « dans les formes des pratiques communicatives d'autodétermination[2] » – mais, contre Habermas, il ne s'agit pas de la seule possibilité encore disponible. Ce serait faire preuve d'affect antitraditionnaliste que de refuser cette capacité à tout lien traditionnel à des valeurs ou des communautés transmises par l'histoire.

---

1. Habermas, *Droit et démocratie* (*op. cit.*), p. 88 (traduction modifiée).
2. *Ibid.*, p. 474 (traduction modifiée).

Le but de ces développements comparant l'éthique pragmatiste et la théorie de la discussion dans le domaine de la morale, du droit et de l'État de droit démocratique serait atteint s'ils permettaient d'éviter une polarisation inutile entre la justification des actions et des institutions dans des perspectives universalistes d'un côté, les tentatives de clarifier les conditions pour la genèse et la transmission des valeurs démocratiques de l'autre[1]. Dans les controverses sur le libéralisme et le communautarisme, on a affaire à une fausse polarisation de ce genre[2]. Il ne peut en vérité être question d'opposer de façon non dialectique un simple particularisme à l'universalisme de la tradition libérale, l'importance des liens particuliers au rôle central de la valeur de justice et l'invocation des valeurs et de la communauté à l'orientation sur la morale et le droit. La critique communautarienne du libéralisme n'a

---

1. On signalera brièvement qu'il existe dans la littérature actuelle un grand nombre d'approches intéressantes pour penser ensemble le Bien et le Juste au sens d'un équilibre réalisé par l'acteur, mais aussi intégrer dans un tout une éthique du Devoir et une éthique téléologique. Il n'est pas possible d'en discuter dans ces pages. Outre les travaux déjà mentionnés dans ce contexte, on relèvera : Martin Seel, *Versuch über das Glück (op. cit.)* ; Hans Krämer, *Integrative Ethik*, Francfort-sur-le-Main, 1995 ; Wolfgang Schluchter, « Gesinnungsethik und Verantwortungscthik », in : id., *Religion und Lebensführung (op. cit.)*, vol. 1, p. 165-338 ; Christoph Menke, « Die Vernunft im Widerstreit. Über den richtigen Umgang mit praktischen Konflikten », in : id., *Zur Verteidigung der Vernunft gegen ihre Liebhaber und Verächter*, Francfort-sur-le-Main, 1993, p. 197-218 ; id., *Tragödie im Sittlichen. Gerechtigkeit und Freiheit nach Hegel*, Francfort-sur-le-Main, 1996 ; ainsi, naturellement que les derniers travaux de John Rawls, surtout son livre *Libéralisme politique* (1993 ; trad. par Catherine Audard), Paris, PUF, 2001.

2. Rainer Forst en a proposé la meilleure vue d'ensemble, même si ses résultats ne concordent nullement toujours avec les miens, cf. id., *Kontexte der Gerechtigkeit. Politische Philosophie jenseits von Liberalismus und Kommunitarismus*, Francfort-sur-le-Main, 1994.

de chance qu'à condition de pouvoir montrer qu'elle propose la version plus raisonnable de l'universalisme, qu'elle présente une conception mieux adaptée de la place de la justice dans l'action et qu'elle offre une critique plus équilibrée du « rights talk[1] » *et* du « values talk ». Ce qui est requis dans cette discussion, ce n'est ni la polarisation, ni le simple épuisement de la controverse, mais l'intégration des perspectives. En réalité les libéraux et les communautariens partagent en effet une même problématique : combien de respect l'individu doit-il témoigner à l'ordre social dont il attend une garantie de ses droits individuels[2] ?

Cette question fait un sort sur le plan politique à la « consigne de silence » (Martin Seel) que certains courants du libéralisme imposent à la question des valeurs. C'est ainsi seulement que s'ouvre à nouveau un espace pour le dialogue sociétal sur les valeurs, un dialogue qui ne saurait être réduit à une argumentation morale ou juridique, pas plus qu'il ne doit dégénérer en un conflit et une rivalité dans la répartition des ressources entre identités figées[3]. D'un point de vue éthique, seule la prise en compte des valeurs, suggérée par la question posée, empêche une réduction, toujours menaçante, de la justice à une simple réciprocité utilitariste[4]. Enfin, au

---

1. Sur la critique du « rights talk », cf. Mary Ann Glendon, *Rights Talk : The Impoverishment of Political Discourse*, New York, 1991.

2. J'ai utilisé cette formulation pour la première fois dans ma contribution : Hans Joas, « Angst vor der Freiheit ? » in *Die Zeit*, 11, avril 1997. Elle s'inspire naturellement de la « nouvelle Règle d'or » qu'Amitai Etzioni place au centre de son programme communautarien : « Respecte et fais respecter l'ordre moral de la société si tu veux que la société respecte et fasse respecter ton autonomie. » Cf. Amitai Etzioni, *The New Golden Rule. Community and Morality in a Democratic Society*, New York, 1996, ici p. XVIII).

3. Le mérite du livre d'Etzioni consiste à mon avis à proposer des contributions créatives pour cette ouverture.

4. C'est Ricœur qui le montre le mieux in *Amour et justice* (*op. cit.*).

niveau empirique qui est celui des sciences sociales, cette question nous renvoie aux conditions, à chaque fois particulières, dans lesquelles les valeurs présupposées pour la continuité des collectivités démocratiques peuvent surgir et se conserver[1]. C'est dans ces trois domaines que doivent faire leurs preuves les idées sur la genèse des valeurs que j'ai développées ici.

---

1. Pour les États-Unis, ce questionnement a été développé et travaillé par un groupe réuni autour de Robert Bellah. Cf. surtout Robert Bellah *et al.*, *Habits of the Heart. Individualism and Commitment in American Life*, Berkeley, University of California Press, 1985. Pour l'application de cette question à l'Allemagne, cf. provisoirement mes travaux : « Gemeinschaft und Demokratie in den USA » (art. cit.) ; et surtout : « Was hält die Bundesrepublik zusammen ? Alte und neue Möglichkeiten sozialer Integration », in : Friedhelm Hengsbach/Matthias Möhring-Hesse (dir.), *Eure Armut kotzt uns an. Solidarität in der Krise*, Francfort-sur-le-Main, 1995, 69-82, ainsi que id./Frank Adloff, « Milieuwandel und Gemeinsinn », in : Herfried Münkler/Harald Bluhm (dir.), *Gemeinwohl und Gemeinsinn*, vol. 4 : *Zwischen Normativität und Faktizität*, Berlin, Akademie-Verlag, 2002, p. 153–185.

BIBLIOGRAPHIE

Frances S. Adeney, « Rec. de CharlesTaylor, *Sources of the Self* », in : *Theology Today* 48 (1991), p. 204-210.

Jeffrey Alexander, « Collective Action, Culture and Civil Society : Secularizing, Updating, Inverting, Redising and Displacing the Classical Model of Social Movements », in : Jon Clark/Marco Diani (dir.), *Alain Touraine*, Londres, 1996, p. 205-234.

Jeffrey Alexander, « Theorizing the Good Society : Ethical, Normative and Empirical Discourses », in : *Canadian Journal of Sociology* 25 (2000), p. 271-309.

Jeffrey Alexander/Philip Smith, « The Discourse of American Civil Society : A New Proposal for Cultural Studies », in : *Theory and Society* 22 (1993), p. 151-208.

Thomas Alexander, *John Dewey's Theory of Art, Experience and Nature. The Horizons of Feeling*, Albany, N.Y., 1987.

Joel Anderson, « Starke Wertungen, Wünsche zweiter Ordnung und intersubjektive Kritik. Überlegungen zum Begriff ethischer Autonomie », in : *Deutsche Zeitschrift für Philosophie* 42 (1994), p. 97-119.

Robert J. Antonio, « Nietzsche's Antisociology : Subjectified Culture and the End of History », in : *American Journal of Sociology* 101 (1995), p. 1-43.

Karl-Otto Appel, *Der Denkweg von Ch. S. Peirce*, Francfort-sur-le-Main, 1975.

Karl-Otto Appel, *Discussion et responsabilité* (2 vol.), Paris, Cerf, 1996-1998.

Willard Arnett, « Critique of Dewey's Anticlerical Religious Philosophy », in : *Journal of Religion* 34 (1954), p. 256-266.

Zygmunt Bauman, *Postmodern Ethics*, Oxford/Cambridge (Mass.), 1995.

Eduard Baumgarten, *Die geistigen Grundlagen des amerikanischen Gemeinwesens*, 2 vol., Francfort-sur-le-Main, 1938.

Jens Beckert, *Grenzen des Marktes. Die sozialen Grundlagen wissenschaftlicher Effizienz*, Francfort-sur-le-Main, 1997.

Robert N. Bellah, « The Idea of Practices in "Habits". A Response », in : Charles H. Reynolds/Ralph V. Norman (éd.), *Community in America. The Challenge of « Habits of the Hearth »*, Berkeley, 1988, p. 269-288.

Robert N. Bellah *et al.*, *Habits of the Heart. Individualism and Commitment in American Life*, Berkeley, 1985.

Peter L. Berger/Hansfried Kellner, « Marriage and the Conversion of Reality », in : Hans-Peter Dreitzel (dir.), *Recent Sociology n° 2. Patterns of Communicative Behavior*, Londres, 1970, p. 49-72.

Isaiah Berlin, *Vico and Herder*, Londres, 1976.

Richard Bernstein, *John Dewey*, New York, 1967.

Richard Bernstein, *The New Constellation. The Ethical-Political Horizons of Modernity/Postmodernity*, Cambridge (Mass.), 1992.

Richard Bernstein, « The Retrieval of Democratic Ethos », in : *Cardozo Law Review* 17 (1996), p. 1127-1146.

Harold Bershady, « Introduction », in : Max Scheler, *On Feeling, Knowing and Valuing*, Chicago, 1992, p. 1-46.

John Blewett, S.J., « Democracy and Religion : Unity in Human Relations », in : id. (dir.), *John Dewey : His Thought and Influence*, New York, 1966, p. 33-58.

Werner Bloch, « Der Pragmatismus von Schiller und James », in : *Zeitschrift für Philosophie und philosophische Kritik* 152 (1913), p. 1-41 et 145-214.

Herbert Blumer, *Symbolic Interactionism*, Englewood Cliffs, NJ, 1969.

Walter Bühl, « Max Scheler », in : Dirk Kässler (éd.), *Klassiker des soziologischen Denkens*, vol. 2, Munich, 1978, p. 178-225.

Roger Caillois, *L'Homme et le Sacré*, Paris, Gallimard, 1939.

Craig Calhoun, « Rec. de Charles Taylor, *The Sources of the Self* », in : *Sociological Theory* 3 (1991), p. 232-263.

Donald Capps/Janet Jacobs (dir.), *The Struggle for Life. A Companion to William James' « The Varieties of Religious Experience »* (Society for the Scientific Study of Religion, Monograph Series, n° 9), s.l., 1995.

Cornelius Castoriadis, *L'Institution imaginaire de la société*, Paris, Seuil, 1975.

Mark Cladis, *A Communitarian Defense of Liberalism. Émile Durkheim and Contemporany Social Theory*, Stanford, 1992.

Vincent Colapietro, « The Vanishing Subject of Contemporary Discourse : A Pragmatic Response », in : *Journal of Philosophy* 87 (1990), p. 644-655.

James S. Coleman, *Foundations of Social Theory*, Cambridge (Mass.), 1999.

Coll., *Relire Durkheim, Archives de sciences sociales des religions* n° 69 (1990).

André Comte-Sponville, *Petit Traité des grandes vertus*, Paris, 1995.

Karen S. Cook *et al.*, « Exchange Theory : A Blueprint for Structure and Process », in : George Ritzer (éd.), *Frontiers of Social Theory. The New Syntheses*, New York, 1990, p. 158-184.

George Cotkin, *William James, Public Philosopher*, Urbana, Ill., 1994.

Paul Jerome Croce, *Science and Religion in the Era of William James. Eclipse of Certainty, 1820-1880*, Chapel Hill, N.C., 1995.

Norman Denzin, « Post-Pragmatism. A Review of Hans Joas *Pragmatism and Social Theory* », in : *Symbolic Interaction* 19 (1996), p. 61-75.

Norman Denzin, « Prophetic Pragmatism and the Postmodern : A Comment on Maines », in : *Symbolic Interaction* 19 (1996), p. 341-355.

Simon Deploige, *Le Conflit de la morale et de la sociologie*, Paris, 1911.

John Dewey, *A Common Faith*, New Haven, Conn., 1934. Traduction française : *Une foi commune*, Paris, La Découverte, 2011.

John Dewey, « Christianity and Democracy » (1893), in : id., *Early Works*, vol. 4, Carbondale, Ill., 1971, p. 3-10. Traduction française : « Christianisme et démocratie », in : id., *Écrits sur les religions et le naturalisme* (introduction et traduction : Joan Stavo-Debauge), Genève, Éditions IES, 2019, p. 57-66.

John Dewey, *Expérience et nature* (1929), Paris, Gallimard, 2012.

John Dewey, « Experience, Knowledge, and Value : A Rejoinder », in : Paul Arthur Schilpp (dir.), *The Philosophy of John Dewey*, Chicago, 1939, p. 517-608 (aussi in : *Later Works*, vol. 14, p. 8-91).

John Dewey, « From Absolutism to Experimentalism », in : *Later Works*, vol. 5, Carbondale, Ill., p. 147-160.

John Dewey, *Human Nature and Conduct. An Introduction to Social Psychology*, New York, 1922.

John Dewey, *L'Art comme expérience* (1934), Paris, Gallimard (Folio), 2010.

John Dewey, *Psychology* (*Early Works*, vol. 2), Carbondale, Ill., 1967.

John Dewey, « Religion and Our Schools », in : *Hibbert Journal* 6 (1908), p. 796-809 (aussi in : *Middle Works*, vol. 4, p. 165-177).

John Dewey, « Self-Realization as the Moral Ideal » (1893), in : *Early Works*, vol. 4, Carbondale, Ill., 1971, p. 42-53.

John Dewey, *The Quest for Certainty*, New York, 1980, p. 24 (aussi in : id., *Later Works*, vol. 4, Carbondale, Ill., 1984). Traduction française : *La Quête de la certitude* (Patrick Savidan, traduction), Paris, Gallimard, 2014.

John Dewey, « Theory of Valuation », in : *International Encyclopedia of Unified Science*, Chicago, 1939, vol. II, n° 4. Traduction française : « Théorie de la valuation », in : id., *La Formation des valeurs*, Paris, La Découverte, 2011, p. 67-171.

John Dewey/James Tufts, *Ethics*, New York, 1908 et (révisé), 1932.

Wilhelm Dilthey, « Das Problem der Religion », in : id., *Gesammelte Schriften*, vol. VI, Leipzig/Berlin, 1924, p. 288-305.

Émile Durkheim, « De la définition des phénomènes religieux » (1899), in : id., *Journal sociologique*, Paris, PUF, 1969, p. 140-165.

Émile Durkheim, *De la division du travail social*, Paris, Alcan, 1893 ; NE : Paris, Garnier, 2018 (Émile Durkheim, *Œuvres*, tome 2).

Émile Durkheim, « Détermination du fait moral », in : id., *Sociologie et philosophie*, Paris, PUF, 2010, p. 49-90.

Émile Durkheim, *Éducation et sociologie*, Paris, PUF, 1968.

Émile Durkheim, « Jugements de valeur et jugements de réalité », in : id., *Sociologie et philosophie*, Paris, PUF, 2010, p. 117-141.

Émile Durkheim, « L'individualisme et les intellectuels », in : *Revue bleue. Revue politique et littéraire* 35 (1898), p. 7-13 ; maintenant in : id., *La Science sociale et l'action*, Paris, PUF, 1970, p. 263-279.

Émile Durkheim, *Le Suicide. Étude de sociologie*, Paris, Alcan, 1895 ; NE : Paris, PUF, 2013[14].

Émile Durkheim, *Les Formes élémentaires de la vie religieuse* (1912), Paris, PUF, 1960[4].

Émile Durkheim, *Pragmatisme et sociologie. Cours inédit prononcé en Sorbonne et restitué par Armand Cuvillier d'après des notes d'étudiants*, Paris, Vrin, 1955.

Émile Durkheim/Marcel Mauss, « De quelques formes primitives de classification. Contribution à l'étude des représentations collectives » (1903), maintenant in : Marcel Mauss, *Essais de sociologie*, Paris, Seuil (Points), 1971, p. 193-219.

Abraham Edel, « Right and Good », in : Philip Wiener (dir.), *Dictionnary of the History of Ideas*, vol. 4, New York, 1973, p. 173-187.

Abraham Edel, « The Concept of Value and its Travels in Twentieth-Century America », in : Murray G. Murphy/Ivar Berg (éd.), *Values and Value Theory in Twentieth-Century America. Essays in Honor of Elizabeth Flower*, Philadelphie, 1988, p. 12-36.

James M. Edie, *William James and Phenomenology*, Bloomington, 1987.

Werner Eggenschwyler, « War Nietzsche Pragmatist ? », in : *Archiv für Geschichte der Philosophie* 26 (1913), p. 37-47.

Shmuel Eisenstadt, « Social Structure, Culture, Agency, and Change », in : id., *Power, Trust, and Meaning. Essays in Sociological Theory and Analysis*, Chicago, 1985, p. 1-40.

Erik Erikson, *Identity and the Life Cycle. Selected Papers*, New York, 1959.

Chr. Ertel, « Von der Phänomenologie und jüngeren Lebensphilosophie zur Existentialphilosophie M. Heideggers », in : *Philosophisches Jahrbuch der Görres-Gesellschaft* 51 (1938), p. 1-28.

Amitai Etzioni, *The Active Society*, New York, 1968.

Amitai Etzioni, *The New Golden Rule. Community and Morality in a Democratic Society*, New York, 1996.

Amitai Etzioni (dir.), *New Communitarian Thinking. Persons, Virtues, Institutions, and Communities*, Charlottesville, 1995.

Iring Fetscher, « Max Schelers Auffassung von Krieg und Frieden », in : Good (dir.), *Max Scheler im Gegenwartsgeschehen der Philosophie* (*op. cit.*), p. 241-258.

Horst Firsching, « Die Sakralisierung der Gesellschaft », in : Krech/Tyrell (dir.), *Religionssoziologie um 1900* (*op. cit.*), p. 159-193.

Horst Firsching, « Émile Durkheims Religionssoziologie – made in Germany ? », in : Krech/Tyrell (éd.), *Religionssoziologie um 1900* (*op. cit.*), p. 351-363.

Horst Firsching, *Moral und Gesellschaft. Zur Soziologisierung des ethischen Diskurses in der Moderne*, Francfort-sur-le-Main, 1994.

Owen Flanagan, « Identity and Strong and Weak Evaluation », in : id./Amélie Rorty (dir.), *Identity, Character, and Morality*, Cambridge (Mass.), 1990, p. 37-65.

Rainer Forst, *Kontexte der Gerechtigkeit. Politische Philosophie jenseits von Liberalismus und Kommunitarismus*, Francfort-sur-le-Main, 1994.

Michel Foucault, « Nietzsche, la généalogie, l'histoire » (1971), in : id., *Dits et Écrits 1954-1988*, Tome II, Paris, Gallimard, 1994, p. 136-156.

Marcel Fournier, *Marcel Mauss*, Paris, Fayard, 1994.

Harry Frankfurt, « La liberté de la volonté et la notion de personne », in : Marlène Jouan (dir.), *Psychologie morale. Autonomie, responsabilité et rationalité pratique*, Paris, Vrin, 2008, p. 79-102.

Harry Frankfurt, « The Importance of What We Care About », in : *Synthese* 53 (1982), p. 257-282.

Horace L. Friess, « Dewey's Philosophy of Religion », in : Jo Ann Boydston (dir.), *Guide to the Works of John Dewey*, Carbondale, Ill., 1970, p. 200-217.

Max Frischeisen-Köhler, « Georg Simmel », in : *Kant-Studien* 24 (1920), p. 1-51.

Hans-Georg Gadamer, « Das ontologische Problem des Wertes », in : id., *Kleine Schriften IV*, Tübingen, 1977, p. 205-217.

Harold Garfinkel, *Studies in Ethnomethodology*, Englewood Cliffs, NJ, 1967.

Kurt Gassen/Michael Landmann (dir.), *Buch des Dankes an Georg Simmel*, Berlin, 1958.

Jürgen Gebhardt, « Die Werte. Zum Ursprung eines Schlüssel-begriffs der politisch-sozialen Sprache der Gegenwart in der deutschen Philosophie des späten 19. Jahrhunderts », in : Rupert Hofmann, Jörg Jantzen und Henning Ottmann (éd.), *Anodos. Festschrift für Helmut Kuhn*, Weinheim, 1989, p. 35-54.

Werner Gephardt, « Soziologie im Aufbruch. Zur Wechsel-wirkung von Durkheim, Schäffle, Tönnies und Simmel », in : *Kölner Zeitschrift für Soziologie und Sozialpsychologie* 34 (1982), p. 1-25.

Kenneth Gergen, *The Saturated Self. Dilemmas of Idendity in Contemporary Life*, New York, 1991.

Volker Gerhardt, « Die Moral des Immoralismus. Nietzsches Beitrag zu einer Grundlegung der Ethik », in : Günther Abel/Jörg Salaquarda (dir.), *Krisis der Metaphysik*, Berlin/New York, 1989, p. 411-447.

Volker Gerhardt, « Die Tugend des freien Geistes. Nietzsche auf dem Weg zum individuellen Gesetz der Moral », in : Simone Dietz *et al.* (dir.), *Sich im Denken orientieren.*

Für Herbert Schnädelbach, Francfort-sur-le-Main, 1996, p. 198-213.

Volker Gerhardt, « Selbstbegründung. Nietzsches Moral der Individualität », in : *Nietzsche-Studien* 21 (1992), p. 28-49.

Hermann Gerson, *Die Entwicklung der ethischen Anschauungen bei Georg Simmel*, diss. phil., Université de Berlin, 1932.

Anthony Giddens, *Modernity and Self-Identity. Self and Society in the Late Modern Age*, Redwood City, 1991.

Philip Gleason, « Identifiyng Identity : A Semantic History », in : *Journal of American History* 69 (1983), p. 910-927.

Mary Ann Glendon, *Rights Talk : The Impoverishment of Political Discourse*, New York, 1991.

Paul Good (dir.), *Max Scheler im Gegenwartsgeschehen der Philosophie*, Berne/Münster, 1975.

Patrick Gorevan, « Heidegger and Scheler. A Dialogue », in : *Journal of the Britisch Society of Phenomenology* 24 (1993), p. 276-282.

Michael Großheim, *Von Georg Simmel zu Martin Heidegger. Philosophie zwischen Leben und Existenz*, Berlin, 1994.

Klaus Günther, *Der Sinn für Angemessenheit : Anwendungsdiskurse in Moral und Recht*, Francfort-sur-le-Main, 1988.

Jürgen Habermas, « À propos de la phrase de Horkheimer : "Sauvegarder un sens inconditionné sans Dieu est chimère" », in : id., *Textes et contextes. Essais de reconnaissance théorique*, Paris, Cerf, 1994, p. 69-84.

Jürgen Habermas, *De l'éthique de la discussion*, Paris, Cerf, 1992.

Habermas, « De l'usage pragmatique, éthique et moral de la raison pratique », in : id., *De l'éthique de la discussion*, Paris, Cerf, 1992, p. 95-110.

Jürgen Habermas, « Digression : Transcendance de l'intérieur, transcendance de l'extérieur », in : id., *Textes et contextes. Essais de reconnaissance théorique*, (*op. cit.*), 1994, p. 85-110.

Jürgen Habermas, *Droit et démocratie. Entre faits et normes*, Paris, Gallimard, 1999.

Jürgen Habermas, *L'Espace public. Archéologie de la publicité comme dimension constitutive de la société bourgeoise*, Paris, Payot, 1978.

Jürgen Habermas, *L'Intégration républicaine. Essais de théorie politique*, Paris, Fayard, 1998.

Jürgen Habermas, *Le Discours philosophique de la modernité. Douze conférences*, Paris, Gallimard, 1990.

Jürgen Habermas, « Moralentwicklung und Ich-Identität », in : id., *Zur Rekonstruktion des historischen Materialismus*, Francfort-sur-le-Main, 1976, p. 63-91.

Jürgen Habermas, « Réplique aux intervenants du colloque organisé par la Cardozo Law School », in : id., *L'Intégration républicaine* (*op. cit.*), p. 403-524.

Jürgen Habermas, « Simmel als Zeitdiagnostiker » (Nachwort), in : Georg Simmel, *Philosophische Kultur*, Berlin, 1983, p. 243-253.

Jürgen Habermas, « Stichworte zur Theorie der Sozialisation », in : id., *Kultur und Kritik*, Francfort-sur-le-Main, 1973, p. 118-194.

Jürgen Habermas, *Théorie de l'agir communicationnel*, Paris, Fayard, 1987.

Jürgen Habermas, id., « Travail et interaction. Remarques sur la *Philosophie de l'esprit* de Hegel à Iéna » in : id., *La Technique et la science comme « idéologie »*, Paris, Denoël, 1984, p. 133-211.

Jürgen Habermas, « Vérité et justification. Le tournant pragmatique de Rorty », in : id., *Vérité et justification*, Paris, Gallimard, 1999, p. 167-201.

Jürgen Habermas, « Vorbereitende Bemerkungen zu einer Theorie der kommunikativen Kompetenz », in : id./Niklas Luhmann, *Theorie der Gesellschaft oder Sozialtechnologie – Was leistet die Systemforschung ?*, Francfort-sur-le-Main, 1971, p. 101-141.

Nicolai Hartmann, *Ethik*, Berlin, 1926.

Michael Hechter, « The Role of Values in Rational-Choice Theory », in : *Rationality and Society* 6 (1994), S. 318-333.

Michael Hechter, « Values Research in the Social and Behavorial Sciences », in : Michael Hechter, Lynn Nadel et Richard E. Michod (éd.), *The Origine of Values*, New York, 1993, p. 1-28.

Martin Heidegger, *Être et Temps*, Paris, Gallimard, 1986.

Martin Heidegger, « Le mot de Nietzsche "Dieu est mort" », in : id., *Chemins qui ne mènent nulle part*, Paris, Gallimard, 1962, p. 243-322.

Horst Jürgen Helle, « Einleitung », in : Georg Simmel, *Gesammelte Schriften zur Religionssoziologie* (*op. cit.*), p. 7-35.

Wilhelm Hennis, « Die "spiritualistische" Grundlegung der "verstehenden Soziologie" : Ernst Troeltsch, Weber und William James' "Varieties of religious experience" », in : id., *Max Webers Wissenschaft vom Menschen. Neue Studien zur Biographie des Werkes*, Tübingen, 1996, p. 50-71.

Johann Gottfried Herder, « Abhandlung über den Ursprung der Sprache » (1772) in : id, *Werke*, vol. 2, Berlin/Weimar, 1982, p. 89-200.

Axel Honneth, *Critique du pouvoir. Michel Foucault et l'école de Francfort. Élaboration d'une théorie critique de la société* (1985), Paris, la Découverte, 2017.

Axel Honneth, « Das Andere der Gerechtigkeit. Habermas und die ethische Herausforderung der Postmoderne », in : *Deutsche Zeitschrift für Philosophie* 42 (1994), p. 195-220.

Axel Honneth, « Dezentrierte Autonomie. Moralphilosophische Konsequenzen aus der modernen Subjektkritik », in : Christoph Menke/Martin Seel (dir.), *Zur Verteidigung der Vernunft gegen ihre Liebhaber und Verächter*, Francfort-sur-le-Main, 1993, p. 149-163.

Axel Honneth, « Diskursethik und implizites Gerechtigkeitskonzept », in : Wolfgang Kuhlmann (dir.), *Moralität und Sittlichkeit. Das Problem Hegels und die Diskursethik*, Francfort-sur-le-Main, 1986, p. 183-193.

Axel Honneth, *La Lutte pour la reconnaissance* (1992), Paris, Cerf, 2000 ; repris sous le titre : *Le Combat pour la reconnaissance*, Paris, Gallimard, 2013.

Axel Honneth, « Zwischen Prozeduralismus und Teleologie. Ein ungelöster Konflikt in der Moraltheorie von John Dewey », in : Hans Joas (dir.), *John Dewey – Philosophie der Demokratie*, Francfort-sur-le-Main, 1998.

Axel Honneth/Hans Joas, *Soziales Handeln und menschliche Natur*, Francfort-sur-le-Main, 1980. Traduction anglaise :

Social Action and Human Nature, préface de Charles Taylor, Cambridge, 1988.

François-André Isambert, « L'élaboration de la notion de sacré dans l'école durkheimienne », in : *Archives de sciences sociales des religions* 21 (1976), p. 35-56.

Ronald Inglehart, *La Transition culturelle dans les sociétés industrielles avancées*, Paris, Economica, 1993.

Ronald Inglehart, *The Silent Revolution. Changing Values and Political Styles among Western Publics*, Princeton, 1977.

Henry James (éd.), *The Letters of William James*, 2 vol., Boston, 1920.

William James, « A Certain Blindness in Human Beings », in : William James, *Talks to Teachers on Psychology and to Students on Some of Life's Ideals*, New York, 1899, p. 132-149.

William James, « Bain and Renouvier » (1876), in : id., *Essays, Comments, and Reviews*, Cambridge (Mass.), 1987, p. 321-324.

William James, « La volonté de croire », in : *L'Immoralité de la croyance religieuse. William Clifford, L'Éthique de la croyance*, suivi de William James, *La Volonté de croire* (Benoît Gauthier, traduction et notes), Marseille, Agone, 2018, p. 45-85.

William James, *Philosophie de l'expérience. Un univers pluraliste*, Paris, Les Empêcheurs de penser en rond, 2007.

William James, « The Moral Philosopher and the Moral Life », in : id., *The Will to Believe and Others Essays in Popular Philosophy*, Cambridge, 1979, p. 141-162.

William James, *The Principles of Psychology* (1890), Cambridge (Mass.), 1983.

William James, *The Varieties of Religions Experience* (1902), Cambridge (Mass.), 1985.

William James, « The Will » in : id., *Talks to Teachers on Psychology and to Students on Some of Life's Ideals*, New York, 1899, p. 169-196.

Hans Joas, « Angst vor der Freiheit ? » in : *Die Zeit*, 11. April 1997.

Hans Joas, *Braucht der Mensch Religion ? Über Erfahrungen der Selbsttranszendenz*, Fribourg-en-Brisgau, 2004 (traduction anglaise : *Do We Need Religion ? On Experiences of Self-Transcendence*, Boulder, 2008).

Hans Joas, *Comment la personne est devenue sacrée. Une nouvelle généalogie des droits de l'homme*, Genève, Labor et Fides, 2016.

Hans Joas, « Die unglückliche Ehe von Hermeneutik und Funktionalismus » in : Axel Honneth/Hans Joas (dir.), *Kommunikatives Handeln*, Francfort-sur-le-Main, 1986, p. 144-176.

Hans Joas, « Durkheim et le pragmatisme. La psychologie de la conscience et la constitution sociale des catégories », in : *Revue française de sociologie* 25 (1984), p. 560-581.

Hans Joas, « Economic Action, Social Action, and the Genesis of Values. An Essay on Amitai Etzioni's Contribution to Social Theory », in : David Sciulli (éd.), *Macro Socio-Economics. From Theory to Activism*, Londres/Armonk, N.Y., 1996, p. 35-50.

Hans Joas, « Gemeinschaft und Demokratie in den USA. Die vergessene Vorgeschichte der Kommunitarismus-Diskussion », in : Micha Brumlik/Hauke Brunkhorst (dir.), *Gemeinschaft und Gerechtigkeit*, Francfort-sur-le-Main, 1993, p. 49-62.

Hans Joas, « Handlungstheorie und Gewaltdynamik », in : Wolfgang Vogt (dir.), *Gewalt und Konfliktbearbeitung*, Baden-Baden, 1997, p. 67-74.

Hans Joas, « Kreativität und Autonomie », in : Annette Barkhaus *et al.* (dir.), *Identität, Leiblichkeit, Normativität. Neue Horizonte anthropologischen Denkens*, Francfort-sur-le-Main, 1996, p. 357-369.

Hans Joas, *Kriege und Werte. Studien zur Gewaltgeschichte des 20. Jahrhunderts*, Weilerswist, 2000 (traduction anglaise : *War and Modernity*, Oxford, 2003).

Hans Joas, « L'institutionnalisation comme processus créateur. Sur la signification sociologique de la philosophie politique de Cornelius Castoriadis », *Revue européenne des sciences sociales* 27 (1989), p. 173-190.

Hans Joas, *La Créativité de l'agir*, Paris, Cerf, 1999.

Hans Joas, *Les Pouvoirs du sacré. Une alternative au récit du désenchantement*, Paris, Seuil, 2020.

Hans Joas, « Pragmatisme et sciences sociales. L'héritage de l'école de Chicago », in : Daniel Cefaï/Isaac Joseph (dir.), *L'Héritage du pragmatisme. Conflits d'urbanité et épreuves de civisme*, Paris, Éditions de l'Aube, 2002, p. 17-49.

Hans Joas, *Pragmatismus und Gesellschaftstheorie*, Francfort-sur-le-Main, 1992. Traduction anglaise : *Pragmatism and Social Theory*, Chicago, 1993.

Hans Joas, « Rec. de : W.S.F. Pickering, *Durkheim's Sociology of Religion* », in : *American Journal of Sociology* 92 (1986/1987), p. 740 s.

Hans Joas, « Was hält die Bundesrepublik zusammen ? Alte und neue Möglichkeiten sozialer Integration », in : Friedhelm Hengsbach/Matthias Möhring-Hesse (dir.), *Eure Armut kotzt uns an. Solidarität in der Krise*, Francfort-sur-le-Main, 1995, 69-82.

Hans Joas/Frank Adloff, « Milieuwandel und Gemeinsinn », in : Herfried Münkler/Harald Bluhm (dir.), *Gemeinwohl und Gemeinsinn*, vol. 4 : *Zwischen Normativität und Faktizität*, Berlin, 2002, p. 153–185.

Hans Joas/Wolfgang Knöbl, *Social Theory. Twenty Introductory Lectures*, Cambridge, 2009.

Robert Alun Jones, « Durkheim, Frazer, and Smith : The Role of Analogies and Exemplars in the Development of Durkheim's Sociology of Religion », in : *American Journal of Sociology* 92 (1986/1987), p. 596-627.

Robert Alun Jones, « On Understanding a Sociological Classic », in : *American Journal of Sociology* 83 (1977/78), p. 184-205.

Robert Alun Jones, « Robertson Smith, Durkheim and Sacrifice : An Historical Context for "The Elementary Forms of the Religious Life" », in : *Journal of the History of the Behavioral Sciences* 17 (1981), p. 184-205.

Dietmar Kamper, « Die Auflösung der Ich-Identität », in : Friedrich A. Kittler (dir.), *Austreibung des Geistes aus den Geisteswissenschaften*, Paderborn, 1980, p. 79-86.

Emmanuel Kant, *Critique de la raison pratique*, in : id., *Œuvres*, vol. 2, Paris, Gallimard (Pléiade), 1985, p. 607-804.

Walter Kaufmann, *Nietzsche. Philosopher, Psychologist, Antichrist*, Princeton, 1950, 2013[6].

Heiner Keupp, « Grundzüge einer reflexiven Sozialpsychologie. Postmoderne Perspektiven », in : id. (dir.), *Zugänge zum Subjekt. Perspektiven einer reflexiven Sozialpsychologie*, Francfort-sur-le-Main, 1994, p. 226-274.

Clyde Kluckhohn *et al.*, « Value and Value-Orientations in the Theory of Action. An Exploration in Definition and Classification », in : Talcott Parsons/Edward Shils (éd.), *Toward a General Theory of Action*, New York, 1951, p. 388-433.

Klaus Christian Köhnke, *Der junge Simmel in Theoriebeziehungen und sozialen Bewegungen*, Francfort-sur-le-Main, 1996.

Hans Krämer, *Integrative Ethik*, Francfort-sur-le-Main, 1995.

Lothar Krappmann, *Soziologische Dimensionen der Identität. Strukturelle Bedingungen für die Teilnahme an Interaktionsprozessen*, Stuttgart, 1971.

Volkhard Krech, « Religion zwischen Soziologie und Philosophie. Entwicklungslinien und Einheit des Religionsverständnisses Georg Simmels », in : *Simmel-Newsletter* 2 (1992), p. 124-138.

Volkhard Krech, « Zwischen Historisierung und Transformation von Religion : Diagnosen zur religiösen Lage um 1900 bei Max Weber, Georg Simmel und Ernst Troeltsch », in : Krech/Tyrell (dir.), *Religionssoziologie um 1900* (*op. cit.*), p. 313-349.

Volkhard Krech/Hartmann Tyrell, « Religionssoziologie um die Jahrhundertswende » in : id. (dir.), *Religionssoziologie um 1900*, Würzburg, 1995, p. 11-78.

Helmut Kuhn, « Werte – eine Urgegebenheit », in : Hans-Georg Gadamer/Paul Vogler (éd.), *Neue Anthropologie*, vol. 7, Stuttgart 1974, p. 343-373.

Edward Lehman, « The Cultural Dimensions of "The Active Society" », in : Wilson Carey McWilliams (dir.), *« The Active Society » Revisited*, Oxford, 2006, p. 23-52.

Paul Leinberger /Bruce Tucker, *The New Individualists. The Generation after the Organization Man*, New York, 1991.

James Leuba, « Studies in the Psychology of Religious Phenomena », in : *American Journal of Psychology* 7 (1896), p. 345-347.

Claude Lévi-Strauss, *Le Totémisme aujourd'hui*, Paris, PUF, 1962.

Henry Levinson, *Santayana, Pragmatism, and the Spiritual Life*, Chapel Hill/Londres, 1992.

Henry Samuel Levinson, *The Religious Investigations of William James*, Chapel Hill, N.C., 1981.

Klaus Lichtblau, *Kulturkrise und Soziologie um die Jahrhundertwende. Zur Genese der Kultursoziologie in Deutschland*, Francfort-sur-le-Main, 1996.

David Lockwood, *Solidarity and Schism. The Problem of Disorder in Durkheimian and Marxist Sociology*, Oxford, 1992.

Niklas Luhmann, *Zweckbegriff und Systemrationalität*, Tübingen, 1968.

Steven Lukes, *Émile Durkheim. His Life and Work*, Londres, 1975.

Jean-François Lyotard, *La Condition postmoderne. Rapport sur le savoir*, Paris, Minuit, 1979.

Alasdair MacIntyre, *Après la vertu. Études de théorie morale*, Paris, PUF, 2012[2].

David Maines, « On Choice and Criticism : A Reply to Denzin », in : *Symbolic Interaction* 19 (1996), p. 357-362.

David Maines, « On Postmodernism, Pragmatism, and Plasterers : Some Interactionist Thoughts and Queries », in : *Symbolic Interaction* 19 (1996), p. 323-340.

Martin Marty, *Modern American Religion*, vol. 1 : *The Irony of It All (1893-1919)*, Chicago, 1986.

Marcel Mauss, « Recension de William James, *Varieties of Religious Experience* », in : id., *Œuvres*, vol. 1, Paris, Minuit, 1968, p. 58-65.

Thomas McCarthy, « Legitimacy and Diversity : Dialectical Reflections on Analytical Distinctions », in : *Cardozo Law Review* 17 (1996), p. 1083-1125.

George Herbert Mead, *Gesammelte Aufsätze*, 2 vol., (Hans Joas, éd.), Francfort-sur-le-Main, 1980/1983.

George Herbert Mead, *Mind, Self, and Society*, Chicago/Londres, The University of Chicago Press, 1972[8]. Traduction française : *L'Esprit, le soi, la société* (traduction de Daniel Cefaï et Louis Quéré), Paris, PUF, 2006.

George Herbert Mead, « National-Mindedness and International-Mindedness », in : *International Journal of Ethics* 39 (1929), p. 385-407.

George Herbert Mead, « The Psychological Bases of Internationalism », in : *Survey* 33 (1915), p. 604-607.

George Herbert Mead, « The Psychology of Punitive Justice », in : *American Journal of Sociology*, 23 (1918), p. 577-602.

Kurt Meier, « Gibt es einen "Bruch" in Durkheims früher Religionssoziologie ? », in : Volkhard Krech/Hartmann Tyrell (dir.), *Religionssoziologie um 1900*, Würzburg, 1995, p. 129-157.

Louis Menan « W. James and the Case of Epileptic Patient », in : *New York Review of Books*, 17 décembre 1998, p. 81-93.

Christoph Menke, « Die Vernunft im Widerstreit. Über den richtigen Umgang mit praktischen Konflikten », in : id., *Zur Verteidigung der Vernunft gegen ihre Liebhaber und Verächter*, Francfort-sur-le-Main, 1993, p. 197-218.

Christoph Menke, *Tragödie im Sittlichen. Gerechtigkeit und Freiheit nach Hegel*, Francfort-sur-le-Main, 1996.

Maurice Merleau-Ponty, « Christianisme et ressentiment », in : *La Vie intellectuelle* 36 (1935), p. 278-306.

Stanley Messer/Louis Sass/Robert Woolfolk (dir.), *Hermeneutics and Psychological Theory. Interpretive Perspectives on Personality, Psychotherapy, and Psychopathology*, New Brunswick, N. J., 1988.

Imtiaz Moosa, « A critical examination of Scheler's justification of the existence of values », in : *The Journal of Value Inquiry* 25 (1991), p. 23-41.

Imtiaz Moosa, « Are Values Independent Entities ? Scheler's Discussion of the Relation between Values and Persons », in : *Journal of the Britisch Society for Phenomenology* 24 (1993), p. 265-275.

Imtiaz Moosa, « Formalism of Kant's A Priori versus Scheler's Material A Priori », in : *International Studies in Philosophy* 27 (1995), p. 33-47.

Michael L. Morgan, « Religion, History, and Moral Discourses », in : Tully (dir.), *Philosophy in an Age of Pluralism (op. cit.)*, p. 49-66.

Mario Moussa, « Writing the History of the "We" : The Claims of Practice », in : *Social Theory and Practice* 18 (1992), p. 211-229.

Horst Müller, *Lebensphilosophie und Religion bei Georg Simmel*, Berlin, 1960.

Richard Müller-Freienfels, « Nietzsche und der Pragmatismus », in : *Archiv für Geschichte der Philosophie* 26 (1913), p. 339-358.

Iris Murdoch, *La Souveraineté du Bien*, Cahors, Éditions de l'Éclat, 1994.

Alexander Nehamas, *Nietzsche. Life as Literature*, Cambridge (Mass.), 1985.

Reinhold Niebuhr, « A Footnote on Religion », in : *The Nation* 139 (1934), p. 358s. (26 septembre 1934).

Friedrich Nietzsche, *Ecce homo*, in : id., *Œuvres*, Paris, Flammarion, 2020, p. 1201-1297.

Friedrich Nietzsche, *L'Antichrist. Malédiction sur le christianisme*, in : id., *Œuvres*, Paris, Flammarion, 2020, p. 1125-1199.

Friedrich Nietzsche, *La Généalogie de la morale*, in : id., *Œuvres*, Paris, Flammarion, 2020, p. 843-973.

Friedrich Nietzsche, *La Naissance de la tragédie ou Hellénisme et pessimisme*, Paris, Le Livre de Poche, 1994.

Friedrich Nietzsche, *Le Crépuscule des idoles ou Comment philosopher avec le marteau*, in : id., *Œuvres*, Paris, Flammarion, 2020, p. 1017-1124.

Rudolf Otto, *Le Sacré*, Paris, Payot, 1929.

Talcott Parsons, « On the Concept of Value-Commitments », in : id., *Politics and Social Structure*, New York, 1969, p. 439-472.

Talcott Parsons, « The Place of Ultimate Values in Sociological Theory », in : *International Journal of Ethics* 45 (1935), p. 282-316.

Talcott Parsons, *The Structure of Social Action*, New York, 1937.

Blaise Pascal, *Œuvres complètes II* (Michel Le Guern, éd.), Paris, Gallimard (Pléiade), 2000.

Orlando Patterson, *Freedom*, vol. 1 : *Freedom in the Making of Western Culture*, New York, 1991.

Ralph Barton Perry, *The Thought and Character of William James*, Boston, 1935.

Georg Pfleiderer, *Theologie als Wirklichkeitswissenschaft. Studien zum Religionsbegriff bei Georg Wobbermin, Rudolf Otto, Heinrich Scholz und Max Scheler*, Tübingen, 1992.

Jean Piaget, *Le Jugement moral chez l'enfant* (1932), Paris, PUF, 1995[8].

W.S.F. Pickering, *Durkheim's Sociology of Religion*, Londres, 1984.

Bennett Ramsey, *Submitting to Freedom*, New York, 1993.

John Herman Randall, Jr., « The Religion of Shared Experience », in : Horace M. Kallen (éd.), *The Philosopher of the Common Man. Essays in Honor of John Dewey to Celebrate His Eightieth Birthday*, New York, 1940, p. 106-145.

Svend Ranulf, « Scholarly Forerunners of Fascism », in : *Ethics* 50 (1939), p. 16-34.

John Rawls, *Libéralisme politique* (1993), Paris, PUF, 2001.

John Rawls, *Théorie de la justice* (1971), Paris, Seuil, 1987.

Michael Reiter, *Opferordnungen. Philosophisches Unbehagen in der modernen Kultur und Faszination der Gewalt im Ersten Weltkrieg*, Freie Universität Berlin, 1995.

Charles Bernard Renouvier, *Essais de critique générale*, Paris, Bureau de la *Critique philosophique*, 1875.

Walter Reese-Schäfer, « "Nach innen geht der geheimnisvolle Weg." Einige kritische Bemerkungen zu Charles Taylors Ontologie der Moralität un des modernen Selbst », in : *Deutsche Zeitschrift für Philosophie* 44 (1996), p. 621-634.

Henry Richardson, « Beyond Good and Right : Toward a Constructive Ethical Pragmatism », in : *Philosophy and Public Affairs* 24 (1995), p. 108-141.

Paul Ricœur, *Amour et justice*, Paris, Seuil, 2008.

Paul Ricœur, *Soi-même comme un autre*, Paris, Seuil, 1990.

Steven Rockefeller, *John Dewey. Religious Faith and Democratic Humanism*, New York, 1991.

Richard Rorty, *Contingence, ironie et solidarité*, Paris, A. Colin, 1993.

Richard Rorty, *Essais sur Heidegger et autres écrits*, Paris, PUF, 1995.

Richard Rorty, « Fraternity Reigns », in : *The New York Times Magazine*, 29 septembre 1996.

Richard Rorty, *Objectivisme, relativisme et vérité*, Paris, PUF, 1994.

Richard Rorty, *La Philosophie et le miroir de la nature* (1979), Paris, Seuil, 2017.

Richard Rorty, « Rec. de Charles Taylor, *The Sources of the Self* », in : *Philosophy and Phenomenological Research* 54 (1994), p. 197-201.

Hartmut Rosa, *Identität und kulturelle Praxis. Politische Philosophie nach Charles Taylor*, Francfort-sur-le-Main/New York, 1998.

John K. Roth, « William James, John Dewey, and the "Death-of-God" », in : *Religious Studies* 7 (1971), p. 53-61.

Robert Roth, S.J., *American Religious Philosophy*, New York, 1967.

Robert Roth, S.J., *John Dewey and Self-Realization*, Englewood Cliffs, N.J., 1962.

Josiah Royce, *The Problem of Christianity* (1913), Washington, DC, 2001.

Alan Ryan, *John Dewey and the High Tide of American Liberalism*, New York, 1995.

Herman Saatkamp Jr. (dir.), *Rorty and Pragmatism. The Philosopher Responds to his Critics*, Nashville (Tenn.), 1995.

George Santayana, « Reason in Religion », in : id., *Works*, vol. IV, New York, 1936, p. 3-206.

Edward Schaub, « Dewey's Interpretation of Religion », in : Paul Arthur Schilpp (dir.), *The Philosophy of John Dewey*, Evanston, Ill., 1939, p. 393-416.

Max Scheler, « Das Ressentiment im Aufbau der Moral » (1915), in : id., *Vom Umsturz der Werte. Abhandlungen und Aufsätze* (Werke, vol. 3), Berne, 1955[4], p. 33-147. Traduction française : *L'Homme du ressentiment*. Traduction revue et corrigée, Paris, Bartillat, 2022.

Max Scheler, *Der Formalismus in der Ethik und die materiale Wertethik. Neuer Versuch der Grundlegung eines ethischen Personalismus* (*Werke*, vol. 2), Berne, 1954[4]. Traduction française : *Le Formalisme en éthique et l'''éthique matérielle des valeurs. Essai nouveau pour fonder un personnalisme éthique* (Maurice de Gandillac, trad.), Paris, Gallimard, 1955, 1991[2].

Max Scheler, *Der Genius des Krieges und der deutsche Krieg*, Leipzig, 1915.

Max Scheler, « Die christliche Liebesidee und die gegenwärtige Welt », in : id., *Vom Ewigen im Menschen* (*Werke*, vol. 5), Bern, 1954[4], p. 355-401.

Max Scheler, « Die Stellung des Menschen im Kosmos », in : id., *Späte Schriften* (*Werke*, vol. 9), Berne, 1976, p. 7-71. Traduction française : *La Situation de l'homme dans le monde*, Paris, Aubier, 1951.

Max Scheler, « Die Ursachen des Deutschenhasses », in : id., *Politisch-Pädagogische Schriften* (*Werke*, vol. 4), Berne, 1982, p. 282-372.

Max Scheler, *Erkenntnis und Arbeit. Eine Studie über Wert und Grenzen des pragmatischen Motivs in der Erkenntnis der Welt*, Francfort-sur-le-Main, 1977.

Max Scheler, *Gesammelte Werke*, vol. 4, Berne, 1982.

Max Scheler, « Liebe und Erkenntnis », in : id., *Schriften zur Soziologie und Weltanschauungslehre* (*Werke*, vol. 6), Berne, 1963, p. 77-98.

Max Scheler, « Probleme der Religion. Zur religiösen Erneuerung », in : id., *Vom Ewigen im Menschen* (*Werke*, vol. 5), Berne, 1954[4], p. 101-354.

Max Scheler, « Vorbilder und Führer », in : id., *Schriften aus dem Nachlaß*. Vol. 1 (*Werke*, vol. 10), Berne, 1957, p. 255-344.

Max Scheler, « Reue und Wiedergeburt », in : id., *Vom Ewigen im Menschen* (*Werke*, vol. 5), Berne, 1954[4], p. 27-59.

Max Scheler, « Über Scham und Schamgefühl », in : id., *Schriften aus dem Nachlaß*, vol. 1 (*Werke*, vol. 10), p. 65-154. Traduction française : *La Pudeur*, Paris, Aubier-Montaigne, 1952.

Max Scheler, *Wesen und Formen der Sympathie*, Berne, 1974. Traduction française : *Nature et forme de la sympathie. Contribution à l'étude des lois de la vie affective*, Paris, Payot, 1928 ; Payot & Rivage, 2003[2].

Max Scheler, « Zur Rehabilitierung der Tugend », in : id., *Vom Umsturz der Werte. Abhandlungen und Aufsätze* (Werke, vol. 3), Berne, 1955[4], p. 13-31.

Wolfgang Schluchter, *Religion und Lebensführung* (2 vol.), Francfort-sur-le-Main, 1988.

Carl Schmitt, « Die Tyrannei der Werte », in : *Säkularisation und Utopie. Ebracher Studiem. Ernst Forsthoff zum 65. Geburtstag*, Stuttgart *et al.*, 1967, p. 37-62.

Herbert Schnädelbach, *Philosophie in Deutschland 1833-1933*, Francfort-sur-le-Main, 1983.

Jerome Schneewind, « Review of Charles Taylor, *Sources of the Self* », in : *Journal of Philosophy* 88 (1991), p. 422-426.

Traugott Schöfthaler/Dietrich Goldschmidt (dir.), *Soziale Strukturen und Vernunft*, Francfort-sur-le-Main, 1984.

Hans-Joachim Schubert, *Demokratische Identität. Der soziologische Pragmatismus von Charles Horton Cooley*, Francfort-sur-le-Main, 1995.

Alfred Schütz, « Max Scheler's Philosophy » in : id., *Collected Papers*, vol. III, La Haye, 1966, p. 133-144.

Alfred Schütz, « Max Scheler's Epistemology and Ethics », in : id., *Collected Papers*, vol. III, La Haye, 1966, p. 145-178.

Martin Seel, « Die Wiederkehr der Ethik des guten Lebens », in : *Merkur* 45 (1991), p. 42-49.

Martin Seel, *Versuch über die Form des Glücks. Studien zur Ethik*, Francfort-sur-le-Main, 1995.

Philip Selznick, *The Moral Commonwealth. Social Theory and the Promise of Community*, Berkeley, 1992.

William Shea, « John Dewey : Aesthetic and Religious Experience », in : id., *The Naturalists and the Supernatural. Studies in Horizon and an American Philosophy of Religion*, Macon, Ga, 1984, p. 117-141.

Georg Simmel, *Das individuelle Gesetz* (Michael Landmann, éd.), Francfort-sur-le-Main, 1968.

Georg Simmel, *Der Krieg und die geistigen Entscheidungen*, Munich, 1917.

Georg Simmel, *Die Religion*, Francfort-sur-le-Main, 1906[1], 1912[2]. Traduction française : *La Religion*, Belfort, Circé, 1998.

Georg Simmel, *Einleitung in die Moralwissenschaft. Eine Kritik der ethischen Grundbegriffe* (1892-93), Francfort-sur-le-Main, 1989/1991.

Georg Simmel, *Gesammelte Schriften zur Religionssoziologie* (Horst Jürgen Helle, éd.), Berlin, 1989.

Georg Simmel, « Le conflit de la culture moderne », in : id., *Philosophie de la modernité*, T. II, Paris, Payot, 1990, p. 229-260.

Georg Simmel, *Kant et Goethe* (1914), Paris, Le Promeneur, 2005.

Georg Simmel, *Lebensanschauung*, Munich/Leipzig, 1918^1, 1922^2. Traduction française : *Méditations sur la vie. Quatre chapitres métaphysiques*, Belval, Circé, 2020.

Georg Simmel, *Philosophie de la religion*, Paris, Payot & Rivages, 2016.

Georg Simmel, *Philosophie des Geldes* (1900), Berlin, 1977. Traduction française : *Philosophie de l'argent*, Paris, PUF, 2007.

Georg Simmel, *Philosophische Kultur*, Berlin, 1983.

Georg Simmel, *Schopenhauer und Nietzsche*, Berlin, 1907.

Judith Squires (dir.), *Principled Positions. Postmodernism and the Rediscovery of Values*, Londres, 1993.

Peter Sloterdijk, « Chancen im Ungeheuren. Notiz zum Gestaltwandel des Religiösen in der modernen Welt im Anschluß an einige Motive bei William James », in : William James, *Die Vielfalt der religiösen Erfahrung*, Francfort-sur-le-Main, 1997, p. 11-34.

Nicholas Smith, « Contingency and Self-Identity. Taylor's Hermeneutics vs Rorty's Postmodernism », in : *Theory, Culture and Society* 13 (1996), p. 105-120.

Edwin Diller Starbuck, *Psychology of Religion*, New York, 1899.

Kenneth Stikkers, « Introduction », in : Max Scheler, *Problem of Sociology of Knowledge*, Londres, 1982, p. 1-30.

Kenneth Stikkers, « Technologies of the World, Technologies of the Self : A Schelerian Critique of Dewey and Hickman », in : *Journal of Speculative Philosophy* 10 (1996), p. 62-73.

Jürgen Straub, « Geschichte, Identität und Lebensglück. Eine psychologische Analyse *unzeitgemäßer Betrachtungen* », in : Klaus Müller/Jörn Rüsen (dir.), *Historische Sinnbildung*, Reinbek, 1997, p. 165-194.

Jürgen Straub, « Identitätstheorie im Übergang ? Über Identitätsforschung, den Begriff der Identität und die zunehmende Beachtung des Nicht-Identischen in subjekttheoretischen Diskursen », in : *Sozialwissenschaftliche Literaturrundschau* 23 (1991), p. 49-71.

Jürgen Straub, « Identität und Sinnbildung. Ein Beitrag aus der Sicht einer handlungs und erzähltheoretischen Sozialpsychologie », in : *Jahresbericht 1994/1995 des Zentrums für interdisziplinären Forschung*, Bielefeld 1996, p. 42-90.

Botho Strauss, « Anschwellender Bockgesang », in : Heino Schwilk/Ulrich Schlacht (dir.), *Die selbstbewußte Nation*, Berlin, 1994, p. 19-40.

Ellen Kappy Suckiel, *Heaven's Champion. William James's Philosophy of Religion*, Notre Dame, Ind., 1996.

Ann Swidler, « Culture in Action », in : *American Sociological Review* 51 (1986), p. 273-286.

Charles Taylor, « Action as Expression », in : Cora Diamond/ Jenny Teichman (dir.), *Intention and Intentionality. Essay in Honour of Gertrude E.M. Anscombe*, Brighton, 1979, p. 73-89.

Charles Taylor, « Cross-Purposes : The Liberal-Communitarian Debate », in : Nancy Rosenblum (dir.), *Liberalism and the Moral Life*, Cambridge (Mass.), 1989, p. 159-182.

Charles Taylor, « Die Motive einer Verfahrensethik », in : Wolfgang Kuhlmann (dir.), *Moralität und Sittlichkeit. Das Problem Hegels und die Diskursethik*, Francfort-sur-le-Main, 1986, p. 101-135.

Charles Taylor, « Explanation and Practical Reason », in : id., *Philosophical Arguments*, Cambridge (Mass.), 1995, p. 35-60.

Charles Taylor, *Hegel*, Cambridge, 1975.

Charles Taylor, *La Liberté des modernes* (traduction et présentation par Philippe de Lara), Paris, PUF, 1997.

Charles Taylor, « La validité des arguments transcendantaux », in : id., *La Liberté des modernes* (traduction et présentation par Philippe de Lara), Paris, PUF, 1997, p. 115-133.

Charles Taylor, « Language and Society », in : Axel Honneth/ Hans Joas (dir.), *Communicative Action. Essays on Jürgen*

Habermas' « The Theory of Coummunicative Action », Cambridge, 1991, p. 23-35.

Charles Taylor, « Le juste et le bien », in : *Revue de métaphysique et de morale* 93 (1988), p. 33-56.

Charles Taylor, *Le Malaise de la modernité*, Paris, Cerf, 1994.

Charles Taylor, « Leading a Life », in : Ruth Chang (dir.), *Incommensurability, Incomparability, and Practical Reasoning*, Cambridge (Mass.), 1997, p. 170-183.

Charles Taylor, « Neutrality in Political Science », in : id., *Philosophical Papers* (*op. cit.*), vol. 2, p. 58-90.

Charles Taylor, *Philosophical Papers*, 2 vol., Cambridge, 1985.

Charles Taylor, « Reply and re-articulation », in : James Tully (dir.), *Philosophy in an Age of Pluralism. The Philosophy of Charles Taylor in question*, Cambridge, 1994, p. 213-257.

Charles Taylor, « Responsibility for Self », in : Amélie Rorty (dir.), *The Identity of Persons*, Berkeley, Cal., 1976, p. 281-299.

Charles Taylor, *Sources of the Self. The Making of the Modern Identity*, Cambridge (Mass.), 1989. Traduction française : *Les Sources du moi*, Paris, Seuil, 1998.

Charles Taylor, *The Explanation of Behaviour*, Londres, 1964.

Charles Taylor, « The Nature and Scope of Distributive Justice », in : id., *Philosophical Papers* (*op. cit.*), vol. 2, p. 289-317.

Charles Taylor, « What is Human Agency ? », in : id., *Philosophical Papers*, vol. 1, Cambridge, 1986, p. 15-44.

Michael Theunissen, « Wettersturm und Stille. Über die Weltdeutung Schelers und ihr Verhältnis zum Seinsdenken », in : Paul Good (dir.), *Max Scheler im Gegenwartsgeschehen der Philosophie*, Berne/Münster, 1975, p. 91-110

Helmut Thome, *Wertewandel in der Politik ? Eine Auseinandersetzung mit Ingleharts Thesen zum Postmaterialismus*, Berlin, 1985.

Edward Tiryakian, « Durkheim, Mathiez, and the French Revolution. The political context of a sociological classic », in : *Archives européennes de sociologie* 29 (1988), p. 373-396.

Ferdinand Tönnies, *Der Nietzsche-Kultus. Eine Kritik*, Leipzig, 1897.

Alain Touraine, *Production de la société*, Paris, Seuil, 1973.

Ernst Troeltsch, *Der Historismus und seine Probleme* (GS 3), Tübingen, 1922.

Ernst Troeltsch, « Empirismus und Platonismus in der Religionsphilosophie. Zur Erinnerung an William James », in : id. *Zur religiösen Lage, Religionsphilosophie und Ethik* (*Gesammelte Schriften*, vol. 2), Tübingen, 1913, p. 364-385.

Ernst Troeltsch, *Psychologie und Erkenntnistheorie* (1905), in : id., *Schriften zur Religionswissenschaft und Ethik (1903-1912)*, éd. par Trutz Rendtorff en collaboration avec Katja Thörner (= *Kritische Gesamtausgabe*, vol 6.1), Berlin/Boston, p. 215-256.

Ernst Troeltsch, « Rez. von De William James, *The Varieties of Religious Experience. A study in human nature* (1902) », in : *Deutsche Literaturzeitung* 49 (Dez. 1904), col. 3021-3027, maint. in : id., *Rezensionen und Kritiken (1901-1914)* (= Kritische Gesamtausgabe, vol 4, Friedrich Wihelm Graf en coll. avec Gabriele von Bassermann-Jordan, éd.), Berlin/New York, 2004, p. 364-371.

Jérôme Truc, « Recension de : Hans Joas, George Herbert Mead. Une réévaluation de sa pensée. Paris, 2007 », in : *Réseaux* 153 (2009), p. 191-194.

Ernst Tugendhat, *Conscience de soi et auodétermination*, Paris, A. Collin, 1995.

Ernst Tugendhat, « Korreferat zu Charles Taylor "What is Human Agency ?" », in : id., *Philosophische Aufsätze*, Francfort-sur-le-Main, 1992, p. 441-452.

James Tully (dir.), *Philosophy in an Age of Pluralism. The Philosophy of Charles Taylor in Question*, Cambridge, 1994.

Ralph Turner, « The Real Self : From Institution to Impules », *American Journal of Sociology* 81 (1975/76), p. 989-1016.

Victor Turner, *Le Phénomène rituel : structure et contre-structure*, Paris, PUF, 1990.

Hartmann Tyrell, « "Das Religiöse" in Max Webers Religionssoziologie », in : *Saeculum* 43 (1992), p. 172-230.

Edna Ullmann-Margalit, *The Emergence of Norms*, Oxford, 1977.

Peter-Otto Ullrich, *Immanente Transzendenz. Georg Simmels Entwurf einer nach-christlichen Religionsphilosophie*, Francfort-sur-le-Main, 1981.

Peter Vogt, *Pragmatismus und Faschismus. Kreativität und Kontingenz in der Moderne*, Weilerswist, Velbrück, 2002.

Ernest Wallwork, « Durkheim's Early Sociology of Religion », in : *Sociological Analysis* 46 (1985), p. 201-208.

Ben Wattenberg, *Values Matter Most : How Republicans or Democrats or a Third Party Can Win and Renew the American Way of Life*, New York, 1995.

Max Weber, *Gesammelte Aufsätze zur Religionssoziologie* (3 vol.), Tübingen, 1920-1922.

Max Weber, « Introduction », in : id., *Sociologie des religions* (Jean-Pierre Grossein, présentation et traduction), Paris, Gallimard, 1996, p. 331-378.

Max Weber, *Le Judaïsme antique* (Isabelle Kalinowski, traduction), Paris, Flammarion, 2010.

Max Weber, *Sociologie de la religion* (Isabelle Kalinowski, traduction), Paris, Flammarion, 2006.

Max Weber, *Wirtschaft und Gesellschaft*, Tübingen, 1922. Traduction française : *Économie et société* (2 vol.), Paris, Plon, 1971.

Andrew Weigert, « Identity. Its Emergence within Sociological Psychology », in : *Symbolic Interaction* 6 (1983), p. 183-206.

Daniel M. Weinstock, « The Political Theory of Strong Evaluation », in : Tully (dir.), *Philosophy in an Age of Pluralism (op. cit.)*, p. 171-193.

Johannes Weiss, « Verständigungsorientierung und Kritik », maintenant in : id., *Vernunft und Vernichtung. Zur Philosophie und Soziologie der Moderne*, Opladen, 1993, p. 223-237.

Jennifer Welchman, *Dewey's Ethical Thought*, Ithaca, N.Y., 1995.

Albrecht Wellmer, *Ethik und Dialog. Elemente des moralischen Urteils bei Kant und in der Diskursethik*, Francfort-sur-le-Main, 1986.

Harald Wenzel, *Die Ordnung des Handelns. Talcott Parsons' Theorie des allgemeinen Handlungssystems*, Francfort-sur-le-Main, 1991.

Harald Wenzel, « Gibt es ein postmodernes Selbst ? Neuere Theorien und Diagnosen der Identität in fortgeschrittenen

Gesellschaften », in : *Berliner Journal für Soziologie* 1 (1995), p. 113-131.

Robert Westbrook, *John Dewey and American Democracy*, Ithaca, N.Y., 1991.

William H. Whyte Jr., *The Organization Man*, New York, 1956.

Ulrich Wickert, *Der Ehrliche ist der Dumme. Über den Verlust der Werte*, Hamburg, 1994.

Bernard Williams, *L'Éthique et les limites de la philosophie*, Paris, Gallimard, 1990.

Lutz Wingert, « Der Grund der Differenz : Subjektivität als ein Moment von Intersubjektivität », in : Micha Brumlik/ Hauke Brunkhorst (dir.), *Gemeinschaft und Gerechtigkeit*, Francfort-sur-le-Main, 1993, p. 290-305.

Mirko Wischke, « Der "Kampf der Moral mit den Grundinstinkten des Lebens". Über die Ambivalenz im Perspektivismus Friedrich Nietzsches », in : *Synthesis Philosophica* 21 (1996), p. 39-48.

Alan Wolfe, « Rec. de Charles Taylor, *Sources of the Self* », in : *Contemporary Sociology* 19 (1990), p. 627-628.

Dennis Wrong, « The Oversocialized Conception of Man in Modern Sociology », *American Sociological Review* 26 (1961), p. 183-195.

Bernard Yack, *The Longing for Total Revolution. Philosophic Sources of Social Discontent form Rousseau to Marx and Nietzsche*, Princeton, N.J., 1982, p. 310-364.

Photocomposition PCA, 44400 Rezé

Achevé d'imprimer en octobre 2023
par CPI BUSSIÈRE (18200 Saint-Amand-Montrond)
pour le compte des Éditions Calmann-Lévy
21, rue du Montparnasse, 75006 Paris

CALMANN
LÉVY s'engage
pour l'environnement en réduisant
l'empreinte carbone de ses livres.
Celle de cet exemplaire est de :
1,2 kg éq. CO_2
Rendez-vous sur
www.calmann-levy-durable.fr

PAPIER CERTIFIÉ

N° d'éditeur : 3467349/02
N° d'imprimeur : 2074412
Dépôt légal : septembre 2023
Imprimé en France.